G. Antonio.* Farini

**Durch die Kalahari-Wüste**

G. Antonio.* Farini

**Durch die Kalahari-Wüste**

ISBN/EAN: 9783742863621

Hergestellt in Europa, USA, Kanada, Australien, Japan

Cover: Foto ©Andreas Hilbeck / pixelio.de

Manufactured and distributed by brebook publishing software
(www.brebook.com)

G. Antonio.* Farini

**Durch die Kalahari-Wüste**

# DURCH
# DIE KALAHARI-WÜSTE.

## STREIF- UND JAGDZÜGE

## NACH DEM NGAMI-SEE IN SÜDAFRIKA.

VON

## G. A. FARINI.

AUTORISIRTE DEUTSCHE AUSGABE.

AUS DEM ENGLISCHEN

VON

## W. VON FREEDEN.

MIT 46 ABBILDUNGEN UND 2 KARTENSKIZZEN.

LEIPZIG:

F. A. BROCKHAUS.

1886.

# VORWORT DES VERFASSERS.

Sehr viele Schriftsteller pflegen sich im Vorwort oder in der Einleitung zu entschuldigen wegen des nachfolgenden Werks, und wenn dasselbe grosse Ansprüche auf die Nachsicht des Publikums erhebt, so mag die Methode eine gewisse Berechtigung haben. Weil dieser schriftstellerische Versuch indessen mein erstes Vorgehen dieser Art ist, so halte ich eine Rechtfertigung für ziemlich überflüssig. Sollte sie dennoch für nothwendig erachtet werden, so würde ich freilich schwerlich eine genügende Entschuldigung für mein Wagniss finden können. Ich überlasse es daher lieber dem Leser, die Fehler dieser schriftstellerischen Leistung ausfindig zu machen, statt die Arbeit einer Vertheidigungsrede zu übernehmen.

Eine Darlegung der Gründe, welche mich zu der in diesem Buche geschilderten Reise veranlassten, sowie eine Vorführung meiner Reisegefährten glaube ich jedoch dem Leser schuldig zu sein, und beeile mich deshalb, dieser Pflicht nachzukommen.

Vor etwa einem Jahre stellte ich dem Publikum eine Gesellschaft Erdmenschen aus der Kalahari vor. Diese Leute wurden von einem Halbblut-Jäger Namens Kert begleitet, welcher als ihr Dolmetscher fungirte, nachdem er sich mit ihrem der Sprache der Buschmänner nahe verwandten Idiom einigermassen bekannt gemacht hatte.

Nach Kert's Schilderungen der grasbedeckten Ebenen und fruchtbaren Savannen und Wälder, welche von allen Arten Wild wimmelten, schien die Kalahari ein Paradies für Jäger zu sein und nicht jene dürre Wüste, als welche sie uns bis dahin

dargestellt war. Des weitern versicherte er mir, eine gewisse
Stelle zu kennen, wo er selber Diamanten, und zwar einen
im Gewicht von 188 Karat, gefunden habe. Schenkte ich auch
anfangs diesen Geschichten wenig Glauben, so fand ich doch
später, als ich einige den Erdmenschen gehörende Gegenstände
durchmusterte und dabei nach Gift suchte, statt dessen einige
Diamanten, wodurch Kert's Mittheilungen einigermassen bestätigt wurden. Da mir nun zur Wiederherstellung meiner
Gesundheit eine Veränderung des Klimas empfohlen war, so
beschloss ich nach Afrika zu gehen, den alten Kert mitzunehmen und seine Aussagen an Ort und Stelle zu prüfen.

Eine solche Reise konnte jedoch nicht ohne den Beistand
eines verlässlichen Reisekameraden unternommen werden, und
ich kannte nur einen, auf welchen ich mich unbedingt verlassen konnte. Das ist der Herr, welcher im vorliegenden
Werk unter dem Namen Lulu auftritt.

Dem amerikanischen Publikum ist derselbe bekannt genug
durch seine vor einigen Jahren ausgeführten Kraftstücke und
Wagnisse; jetzt liegt er in Bridgeport. Connecticut, seinem
Beruf als Portraitmaler und Photograph ob.

Als ich mich zu meinem Ausfluge entschloss, war Lulu
bei mir, aber es kostete grosse Schwierigkeiten ihn zu über-
reden, dass er mich begleite. Nachdem ich ihm jedoch vorgestellt
hatte, welche vortreffliche Gelegenheit zur Erlangung neuer
photographischer Ansichten und Bilder er dort finden würde.
ging er mit vollster Theilnahme auf meinen Vorschlag ein,
schaffte sich die neuesten Verbesserungen in tragbaren photographischen Apparaten, Zeichenbüchern u. s. w. an, und dann
segelten wir ohne Verzug nach England und von da nach
Capstadt.

Bevor ich Amerika verliess, sagte mir einer der Mit-
besitzer meiner Viehzüchterei bei einem letzten Besuch, als
er mich Kert's glühende Beschreibung der Wüste wiederholen
hörte. dass ich schon schlechtere Geldanlagen vorgenommen
hätte, als den Ankauf eines zu einer Viehzucht im grossen Stil
geeigneten Landstrichs in der Kalahari. Das wirkte wie eine

neue Versuchung auf mich, das Land selber zu sehen: auf
diese Art haben Diamanten und Viehzucht die Veranlassung
geliefert zur Reise sowol wie auch zu diesem Buch.
Wir erhielten Empfehlungsbriefe an alle leitenden Per-
sönlichkeiten der Colonie, Sir Hercules Robinson, Sir Charles
Warren, Oberst Schermbrücker u. A.; weil jedoch Kert's Dia-
mantengeschichte ins Publikum gedrungen war, so nahmen
wir unsere Schiffsplätze unter falschen Namen.

Vermittelst dieses Auskunftsmittels bekamen wir Gelegenheit, verschiedene recht freie Urtheile über uns selber von seiten
mehrerer Passagiere an Bord des „Roslin Castle" zu hören.
Ein Herr wusste mir insbesondere davon zu erzählen, wie er
den filzigen Burschen, den Farini, genöthigt hätte, die Zeche
für ihn zu bezahlen, was er in seinem Leben noch nie gethan hätte — welche Geschichte mir natürlich eine schlechtere
Meinung von Farini beibrachte, als ich vorher von ihm hegte.

Auf der Hinreise machten wir die Bekanntschaft der
reizenden Fräulein Sauer und ihrer verheiratheten Schwester,
der liebenswürdigen Frau Caldecott; nach Ankunft in Capstadt
wurden wir Herrn Dr. Sauer und Herrn Caldecott, sowie Oberst
Schermbrücker, dem Minister der öffentlichen Bauten, vorgestellt, an welchen mir Sir Charles Mills, der Generalagent der
Capcolonie in London, einen Empfehlungsbrief mitgegeben
hatte; von ihm erhielten wir einen offenen Empfehlungsbrief
an alle Commissare und Magistrate in den von uns zu passiren-
den Gegenden, durch welchen sie aufgefordert wurden, uns allen
möglichen Beistand zu leisten.

Die wenigen Ruhetage in Capstadt verflossen in angenehm-
ster Weise. Hier wurde zu Mittag gegessen, dort wurden Be-
suche abgestattet und lustige Ausflüge unternommen, wenn
der Südost nicht gar zu hart blies. Einer der schönsten war der
über die Eisensteinchaussee nach Constantia, um den berühm-
ten Winzer Herrn Cloete zu besuchen, einen Holländer alten
Schlags und höchst liebenswürdigen Wirth, welcher das sauberste
und am besten verwaltete Landgut besitzt, das ich in ganz
Afrika gesehen habe. Ein anderer köstlicher Ausflug führte

uns längs des Löwenbergs nach dem Landsitz von Kapitän
Morrison, dem lustigsten Schotten, den ich je sah, und nach
einem Institut von „Malayville" bei Capstadt.

Lulu brachte die freien Tage dagegen auf dem Tafelberg
zu, von dem er einige sehr hübsche Bilder heimbrachte, welche
nebst den auf der Reise gemachten Aufnahmen auf der kürzlich abgehaltenen photographischen Ausstellung in London,
und nachher in einer Sitzung der Berliner Gesellschaft für
Erdkunde am 7. November 1885 ausgestellt wurden. In letzterer Gesellschaft hielt ich gleichzeitig einen deutschen Vortrag über meine Reise durch die Kalahari, wie ebenfalls später
in England, am 8. März 1886, vor der Königlichen Geogra-
phischen Gesellschaft in London.

Alle Illustrationen in diesem Werk stammen von photographischen Aufnahmen meines Reisegefährten Lulu, mit
alleiniger Ausnahme des Bildes von den grossen „Hercules-
Fällen" im Oranjefluss bei Hochwasser, welchem eine unter
den ungewöhnlichsten Umständen entworfene Zeichnung zu
Grunde liegt, wie an der betreffenden Stelle weiter ausgeführt ist.

Vielleicht darf ich noch hinzufügen, dass ausser der Herstellung der von gymnastischer wie von photographischer Seite
gleich schwierigen Aufnahmen der grössten und unzugänglich-
sten Wasserfälle der Welt, der Hundert Fälle des Oranjeflusses, meine Reise dazu beigetragen hat, die allgemein
herrschende Vorstellung zu beseitigen, dass die Kalahari eine
unfruchtbare Wildniss sei.

Die Genugthuung, mit welcher mich diese beiden Haupt-
resultate meiner Reise erfüllen, entschädigt mich mehr als
nöthig für alle Gefahren und Mühseligkeiten der Reise.

Um den Ansprüchen der Leser auch in naturgeschichtlicher
und geographischer Richtung einigermassen gerecht zu werden,
habe ich am Schlusse eine Schilderung der Fauna und Flora
der Kalahari nebst einem Schlüssel zu der beigegebenen
Kartenskizze folgen lassen.

Im März 1886.                    G. A. FARINI.

# VORWORT DES ÜBERSETZERS.

Es ist eine den meisten Europäern gewiss völlig un-
bekannte Gegend im Innern des südlichen Afrika, in die
unser Reisender uns führt. Jenseit des Schauplatzes der
frühern berüchtigten Kriege zwischen Engländern und Kaffern,
seitlich vom Zulu- und Transvaal-Lande, wo die Engländer
noch vor wenig Jahren gegen Zulu und Boers fochten, liegt
eine Gegend im Norden des Gebiets der Capcolonie, wohin
allerdings die Entdeckung reicher Diamantlager seit 1867
beziehungsweise 1870 eine ziemlich zahlreiche, theils wandernde
theils sesshafte weisse Bevölkerung zusammengezogen hat.
Aber über 29° bis 30° südl. Breite hinaus beginnt selbst auf
den neuesten Karten eine nur mit spärlichen Namen und
Reiserouten bezeichnete Fläche, welche noch so weiss aussicht, als vor acht Jahren das seitdem durch Stanley auf-
geschlossene Centrum des dunkeln Erdtheils. Sie erstreckt sich
von 29° bis 16° südl. Breite und von 27° bis 18° östl. Länge
und weniger, und war mit ihrem mehr als doppelten Flächen-
raum des Deutschen Reiches eigentlich bisjetzt nur als
Kalahari-Wüste, der Sahara-Wüste vergleichbar, bekannt.
Von diesem Wüstencharakter, d. h. der Abwesenheit von
Wasser und Cultur aller Art, zeugen am deutlichsten die
einfachen Striche, welche um den südöstlichen bis östlichen,
und den westlichen bis nordwestlichen Rand herum die Wege
einzelner Reisenden andeuten sollen, welche alle es nicht gewagt haben, in das Innere der verrufenen Terra incognita
einzudringen. Von Südosten kam der älteste Pionnier süd-

afrikanischer Wildnisse, Livingstone, welcher hier die Tochter
des Missionars Moffat zur Frau nahm, um mit ihr vereint
weiter nach Norden zu ziehen (vgl. S. 57 dieses Werkes), und
nach ihm eine Anzahl deutscher und englischer Reisenden;
von Nordwesten versuchten Hahn 1866 und mehrere andere in
die Wildniss einzudringen, welche Barnes und Andersson schon
1861 und 1863 auf direct östlichem Wege durchquert hatten.
Der südliche Theil aber sowie die nordsüdliche Axe des
weiten Gebiets blieben so gut wie unbetreten, wenn man
einige sporadische Jagdzüge nicht als Explorationen un-
bekannter Gegenden gelten lassen will.

Diese Lücke ist nun durch Farini's Reise in vorerst
genügender Weise ausgefüllt. Mit dem begrenzten Reiseplan
ausgerückt, die sogenannte Wüste darauf zu untersuchen, ob
sie sich zur Anlage von Viehzüchtereien im grossen nord-
amerikanischen Stil eigne, hat er die Anschauung gewonnen,
dass das Land vielfach mit Wald und fast allenthalben mit
hohen Büschelgräsern und Melonen bestanden ist, welche von
den dortigen Viehrassen gern gefressen werden; ferner dass
die Wüste von einer Menge kleiner Volksstämme bewohnt
wird, welche von Ackerbau, Viehzucht und Jagd leben, und
dass neben und um sie tausende und aber tausende der verschiedenen Vertreter der grossen und kleinen Antilopenarten,
ferner zahlreiche Strausse, Giraffen, Elefanten, Büffel, wie
auch Schakale, Hyänen und Löwen sich in dieses Paradies
für Jäger theilen. Farini's Darstellung seiner Reiseerlebnisse
ist eine überaus lebendige, da er sich und seinen Begleiter
und Landsmann — beiläufig den tapfersten Photographen, der
den anspringenden Löwen photographirt ohne zu zucken —
stets redend einführt, und auch sein Verkehr mit den Eingeborenen und zufällig gefundenen Reisegenossen sich fortwährend in dieser dramatischen Weise abspielt. Da Farini,
abweichend von der englischen Sitte, mit allen Leuten auf
menschlich vertraulichem Fuss zu verkehren versteht, so
kommen ihm alle auch mit Vertrauen entgegen und geben
ihm Gelegenheit, Land und Leute in gründlicherer Weise als

die bekannten Globetrotter kennen zu lernen und zu studiren. Mit den Afrikander Boers macht er freilich schlechte Erfahrungen, desto bessere mit einem von Hottentotten ausgeplünderten und beinahe todtgeschlagenen deutschen Landsmann und Händler, welchen er in der Wüste zufällig findet und seiner Reisegesellschaft als allbereite kundige Hand einverleibt. Unerschütterlicher Humor, selbst in den bedenklichsten Lagen, gesundester Menschenverstand, keckes Draufgehen und Wagen nach vernünftigem Erwägen, klare Auffassung der Verhältnisse zeichnen jede Blattseite des Buches aus. Geschmückt wird die Erzählung durch die hochinteressanten Episoden über die Geschichte der Entdeckung und Ausbeutung der südafrikanischen Diamantenlager, durch welche wir mitten hindurchgeführt werden, über den archäologisch merkwürdigen Fund alter in der Wüste aufgefundener Denkmäler früherer Baukunst und Cultur, über die Anfänge der Cultivation der Wüste durch bereits gegründete Viehzüchtereien im grossen, endlich durch die Schilderungen grossartiger landschaftlicher Schönheiten, wie der Hundert Fälle des Oranjeflusses, und die mitunter kaum glaublichen und doch so treu und wahr vorgetragenen Erlebnisse auf den verschiedenen Jagdzügen.

Für uns Deutsche knüpft sich an diese Darstellungen ein ganz besonderes Interesse, da Farini Deutschland kennt und weiss, dass die ganze von ihm durchwanderte Gegend das Hinterland unsers Küstenstrichs von Südwest-Afrika, im Norden und Süden von Angra Pequena, bildet, und Farini mit eigenen Ohren hörte, wie erwartungsvoll die Einwohner auf dessen Aufschliessung durch unsere Pionniere gespannt sind, deren Einer sich schon in amtlicher Eigenschaft im Herero-Lande eingeführt hat. Es wird hier also von völlig neutraler unparteiischer Seite — denn kein Land und Volk denkt wol weniger an coloniale Erwerbungen als das der Vereinigten Staaten von Nordamerika — gezeigt, welchen Werth das Hinterland unsers Küstenstrichs hat und mit welchem Maassstab gewisse fortschrittliche Witze im Reichstage zu messen sind.

Zweiflern möchte auch die Lektüre eines Aufsatzes in der
Revue maritime et coloniale, 1886, VI, zu empfehlen sein, in
welchem der Oberstabsarzt der französischen Marine Dr. Léon
Canolle, von Bord des Aviso „Segond“, sich über Angra Pequena selber folgendermassen ausspricht: „Wenn mir kurz und
bündig die Frage gestellt wird, hat die Colonie eine Zukunft?
so antworte ich: «Ich glaube es, ja!» weil das Klima gesund
und die Zähigkeit des deutschen Charakters bekannt ist; ganz
besonders aber, wenn das Vorhandensein von Metalladern bestätigt wird. Es bietet sich hier ein günstiges Klima für
eine dauernde Ansiedelung, um so mehr, weil sich hier die
europäische Rasse fortpflanzen kann; das Klima ist der beste
Bundesgenosse eines jeden Geschäfts, der mächtigste Antrieb
zur Ausdauer. Und weil die Deutschen zu ihren Unternehmungen Geduld mitbringen, ihre Waaren zu mässigen
Preisen feilbieten und zurückhaltend gegen raschen Gewinn
alles von der Zeit zu erwarten verstehen, so wird die Ein-
fuhr und Ausfuhr von Jahr zu Jahr zunehmen, und eines
schönen Tags im Hintergrunde von Angra Pequena eines der
wichtigern Civilisationscentren sich erheben,“ u. s. w.

Ueberhaupt wer lernen will, wie man reale Verhältnisse mit
gesunden Augen betrachten, wie man über den kleinen und grossen
Leiden afrikanischer Reisen nicht die Besinnung, Muth und
Laune verlieren, dagegen zufrieden mit seinem Reiseertrage
— und dahin rechnet Farini auch einen reichen Vorrath nützlicher Pflanzen und Sämereien — von seiner Reise heimkehren
soll, der greife zur „Reise durch die Kalahari-Wüste“, und
er wird sich wie selten erfrischt und erheitert finden.

Bonn, im Juli 1886.

W. von FREEDEN.

# INHALT.

Seite

Vorwort des Verfassers . . . . . . . . . . . . . . . . . . . V
Vorwort des Uebersetzers . . . . . . . . . . . . . IX

## ERSTES KAPITEL.

Mit der Eisenbahn von Capstadt. — Ueber die Berge. — Dürre in
der Grossen Karroo. — Kein Regen in drei Jahren. — Eine Straussenzucht. — Gutangelegte Eisenbahn. — Endstation am Oranjefluss. — Eng
verpackt. — Ueber den Oranjefluss. — Gespannfuhren in Südafrika. —
„Det is nie Hotel nie." — Froude's „biederer Boer". — Eine Oase. —
Enttäuschung „meines Wirths". — Furt durch den Mud-Fluss. — Zinnbüchsen-Häuser. — „Zinnstadt", alias Kimberley. . . . . . . . . 1

## ZWEITES KAPITEL.

Zurüstungen zur Reise. — Die Geschichte des ersten Diamanten. —
Entdeckung der Mine. — Bedenkliche Besucher. — Zollbetrügereien. —
„Diamant schneidet Diamant." — Begrüssung der Damen. — Die „I. D. B."
— Schwindelgesellschaften. — Uebelstände bei der geheimen Polizei. —
Märtyrer der Civilisation. . . . . . . . . . . . . . . . . . 16

## DRITTES KAPITEL.

Das Sprengen des blauen Grundes. — Hinab in den Krater. — Untersuchung der Schwarzen. — Die Wäsche. — Reinspülen der Diamanten
von Erde. — Sortirtische. — Beurtheilung des Gewichts eines Steines.
— Wer sind die Diamantendiebe? — Leben in Kimberley. — Klima
und moralische Atmosphäre. — Der Pionnier der Minen. . . . . . 29

## VIERTES KAPITEL.

Ein gefährlicher Versuch. — Ein Vulkan in schauspielerischer Thätigkeit. — Einpacken. — Der Aufbruch nach der Kalahari. — Ein Bastard-

Lager. — Ein dicker Packen Patronen. — Freundschaft mit den Boers.
— Eine gute Kapitalanlage. — Ein südafrikanischer Robinson. — Holzmangel. — Ermordung Unschuldiger. . . . . . . . . . . . . . . 41

FÜNFTES KAPITEL.

Ein etwas heisser Tag. — Wie es in Südafrika regnet. — Unsere erste
Antilope. — In Campbell. — Eine alte Häuptlingsfrau aus Griqualand.
— Der Garten des Herrn Bartlett. — „Müde geboren." — Ein Gespräch
mit Herrn Virtue. — Landwirthssorgen in Südafrika. — Erlegung
eines Koran. — Hinter dem Springbock her. — Ein Sonntagsmorgen
in Griqua-Stadt. — Hauswesen eines Boer. — Unterhaltung mit dem
Commissar. — Der frühere Häuptling der Griquas. — Besuch bei dem
„ältesten Einwohner". — Das Land wird trockener. . . . . . . . . 54

SECHSTES KAPITEL.

Zwei Steinböcke mit einem Schuss erlegt. — Nochmals der „biedere"
Boer. — Verstärkungen. — Mittagessen à la Bastard. — Tränke bei
Abraham's Dam. — Jan ist verloren. — Im Sande festgerathen. —
Ein fürchterlicher Weg. — Endlich am Wasser. — Was man in Kheis
Rahm nennt. — Wie man einen Ochsenzug anschirrt. — Polizeiliche
Pflichten in Koranna-Land. — Am Rande der Kalahari. — Ochsen oder
Maulthiere. — Ein undankbares Maulthier. — Kert unter seinen Ver-
wandten. . . . . . . . . . . . . . . . . . . . . . . . . . . 76

SIEBENTES KAPITEL.

Die Familie eines Bastards. — Das Zelt eines Buschmanns. — Jan
kehrt halbtodt zurück. — Erzählung seiner Erlebnisse. — Botanisiren
in der Wüste. — Die Sama oder wilde Wassermelone. — Buschmanns-Reis.
— Ein gehöriger Mundvoll. — Sammeln von Insekten. — Festgefahren in
einer Sanddüne. — Ein Traum von Golkonda. — Diamantensuchen. —
Jagd auf Fasanen und wilde Gänse. — Neueste Pariser Moden. — Natürliche Sattelkissen. — Ein Mantalini der Wüste. — Eine urwüchsige
Pumpmaschine. — Ausgeschieden. — Farbige Familie. . . . . . . 95

ACHTES KAPITEL.

Jan in Aeugsten. — Das beste Pferd ertrunken. — Ein Hoch! auf das
Leben in der Wüste! — Wieder festgefahren. — Umtausch der Maulthiere
gegen Ochsen. — Nachrichten aus Chartum. — Ein schlauer Handelsmann. — Ochsenritt. — Besuch von den Gebirgs-Buschmännern. — Höhle
mit Sculpturen. — Tanz und Concert der Eingeborenen. — Eine Hyäne
wird erlegt und verschmaust. — Ein Tag beim wilden Geflügel. — Eine
Blumenwüste. — Graben nach Wasser. — Organisiren einer hohen Jagd. —
Verirrt auf der Straussenjagd. — Abendessen von Straussenfleisch. —
Eine Nacht in der Wüste mit dem Tod als Bettgenossen. . . . . . 112

## NEUNTES KAPITEL.

Verloren in der Wüste. — Sterbensmüde vor Hunger und Anstrengung. — Giftige Wurzeln gegessen. — Todeskampf. — Eine Beute wilder Thiere. — Aufgegeben als todt. — Vom Rande des Grabes gerettet. — Milch und Wasser. — Kalabari-Kaffee. — Köstliches Wasser. — Gras und Sama in Ueberfluss. — Kuis. — Der Häuptling ..Mache schnell". — Ein wucherischer Häuptling. — Erlebnisse eines Wüstenhändlers. — Compagniegeschäft mit zwei Bastard-Jägern. — Wie man Sama kocht................................. 131

## ZEHNTES KAPITEL.

Löwenspur. — Kert setzt die Eingeborenen in Erstaunen. — Ein Nacht-Kraal. — Neuartige Krippe. — Eine grasbedeckte „Wüste". — Sammeln von Grassamen. — Eine Heerde Springböcke (Beisa-Antilope) von Löwen angegriffen. — Dirk und Klaas laufen weg. — Auf der Verfolgung des Löwen. — Mit knapper Noth entwischt. — Wir finden den Löwen gespiesst auf den Hörnern des Gemsbocks. — Das Abhäuten der Beute. — Einsame Nachtwache. — Ein fremder Eindringling. — Ich werde zu einem geheimnissvollen Zweck abberufen........ 147

## ELFTES KAPITEL.

Einem Sterbenden Hülfe gebracht. — Der kranke Deutsche erzählt seine Geschichte. — Verrath der Hottentotten. — Dem Tode in der Wüste überlassen. — Sama und nichts als Sama. — Eine Wildniss von schönen Blumen. — Behexte Springböcke. — Eine Inventarisation. — Vorräthe einlegen. — Ein Grasmeer. — Nächtliche Ruhestörung. — Eine Gesellschaft von Betschuana-Händlern. — Ein phantastischer Zauberdoctor.................................... 164

## ZWÖLFTES KAPITEL.

Die Sitzung beim Wunderdoctor. — Das Orakel verheisst guten Erfolg. — Ein Zauberer übertrumpft den andern. — Der Neger in die Enge getrieben. — Am Rande des K'gung-Waldes. — Ein merkwürdiges Vogelnest. — Schreckliche Enttäuschung. — Versuche das Unglück zum Guten zu wenden. — Graben nach Wasser. — Ein verlassenes Lager der Balala. — Ein Löwe springt mitten in unser Lager. — Eingeborene Wasserträger. — In Lihutitung. — Ein Geschenk von Mapaar. — Unser erstes Bad......................... ....... 183

## DREIZEHNTES KAPITEL.

Ein Besuch beim Häuptling. — Ein fürstlicher Bettler. — Leichte Heirath. — Mapaar's Garten. — Seltsames Getränk. — Mapaar erfreut sich des Genusses von Eau-de-Cologne. — Hausbauende Spinne. — Mapaar ladet uns zu einer Jagd ein. — Ich beleidige meine „schwarze Schönheit". — Bereitung von dicker Milch. — Jagd auf Gemsböcke. — Der enttäuschte Photograph. — Vertheilung der Beute. . . . . . 200

VIERZEHNTES KAPITEL.

Ein Misverständniss in der Familie. -- Ich muss mich auf die Defensive beschränken. — Urtheil „nicht schuldig". — Vom Regen in die Traufe. — Verwandlung in einen Wetterpropheten. — Eine gefährliche Klemme. — Auf der Entenjagd. — „Gewonnen. doch nicht gefreit." — Meine Prophezeiung erweist sich als nur zu wahr. — Noch einmal im Verhör. — Meine Logik gegen Mapaar. — Ende gut. alles gut. — Adieu Mapaar! — Im Wald. — Auf der Löwenfährte. . . . . . 217

FUNFZEHNTES KAPITEL.

Wir überraschen die Löwen im Schlafe. — Ein glücklicher Schuss. — Ein köstliches Regenbad. — Kuhmelken. — Das Vieh säuft bis zum Platzen. — Angriff auf ein Rhinoceros. — Bombardement des Jungen. — Ein wohlriechender Käfer. — Die Wassermelone der Kaffern. — Wohnstätte der Zwerge. — Der M'kabba-Stamm. — Trüffeln à la Zwerg. — Herstellung vergifteter Pfeile. — Besuch im Lager. — Die Zwerge versprechen mit nach England zu reisen. . . . . . . . . 231

SECHZEHNTES KAPITEL.

Elefantenjagd. — Ein schöner Baum. — Etwas realistische Musik. — Im Hinterhalt auf Elefanten. — Angegriffen von den Dickhäutern. — Ein sich selbst curirender verwundeter Elefant. — Eine passende Leiter. — Kert entkommt mit genauer Noth. — Abendessen aus Elefantenfüssen. — Wohlthuende Erholung. — Büffeljagd. — Mehr erschreckt als verletzt. — Eine einzige grosse Viehweide. — Wieder ein Glückskind. — Eine Heerde Zebra. — Ein Schatz. der seines Finders wartet. — Verlegenheit eines Antiquars. — Ersatz für Kartoffeln. — Beweis für die allmähliche Hebung des Landes. — Merkwürdige Gebräuche bei den Damara. 248

SIEBZEHNTES KAPITEL.

Durch das Löwenland. — Von Otschimbunde nach Kerses. — Ein anderes Verfahren, dicke Milch herzustellen. — Ein Engländer incognito. — Eine Hüttenstadt. — Dirk Verlander. Häuptling der Bastards. — In einer Verlegenheit. — Wie Verlander „Kapitän" wurde. — Zeitrechnung und Geldwerthe bei den Bastards. — Sitten derselben. — Erfolgreiche Viehzucht. — Zum Gottesdienst. — Hauptbettler. — Der Privatsecretär. — Aufbruch zu einem Jagdzuge. — Träumereien im Zwielicht. — Ein Schakal in der Falle gefangen. . . . . . . . . . . . . . . . . 264

## ACHTZEHNTES KAPITEL.

Ohne Furcht vor den Giftbeeren. — Ein Ritt hinter einer Giraffe
her. — Ein grosses Thier. — Winke für Giraffenjäger. — Mittel gegen
Geier und Löwen. — Eine Delicatesse der Wüste. — Ich verbringe
eine Nacht allein auf einem Baum. — Niederschweben der Geier mit
voller Kraft. — Ein Ungethüm von Geier. — Nächtliche Besucher.
— Schmarotzer oder Handlanger des Löwen. — Die Hyäne betritt
einen verbotenen Raum. — Im Lande der Träume. — Ein sonderbarer
Vogel. — Drei Löwen auf der Bildfläche. — Leo wird zu Hause photographirt. — Ein tollkühnes Experiment. — Camera oder Büchse. —
Tod des Königs. . . . . . . . . . . . . . . . . . . . . . . . 281

## NEUNZEHNTES KAPITEL.

Ein Löwensprung. — Qui s'excuse s'accuse. — Beobachtung der
Wildebeests. — Hinter den Giraffen her. — Die Bewunderung der Eingeborenen. — Photographie einer sterbenden Giraffe. — Fang einer jungen
Giraffe. — Zerwirken der Beute. — Wir machen Dörrfleisch. — Jagd
auf Strausse. — Eine Festnacht. — Ein zweibeiniger Löwe. — Nächtliches Abenteuer. — Wirkung vergifteter Pfeile. . .       302

## ZWANZIGSTES KAPITEL.

Schmetterlingsfang. — Ein Chamäleon. — Giftmischerei. — Das Beschmieren der Pfeile. — Anfertigung der Pfeile. — Honigbier. — Nester
der wilden Bienen. — Sammeln des Honigs. — Bereitung von Honigbier. — Ein Trinkgelage. — Falscher Lärm. — Ein tragisches Ende
des Festes. — Freunde, nicht Feinde. . . . . . . . . . . . . . 325

## EINUNDZWANZIGSTES KAPITEL.

Die Vaalpen oder der Katti-Stamm. — Ein „christlicher" Kaffer. —
Die Schwarzen werden weiss gewaschen. — Ein Nektartrunk. — Eine
Katti-Jagd. — Unsere Vorräthe werden knapp. — Auf dem Sklaven-
markt. — Upington, unser Leitstern. — Von einer Schlange gebissen. —
Ein neuer Berg. — Wunderbare Mauer. — Eine archäologische Ent-
deckung. — Sammeln von Wasserinsekten. — Eine Vogelnester-Schlange.
— Unsere Wäsche. — In Verlegenheit aus Mangel an Lebensmitteln und
Wasser. — Eine Mondscheinscene. — Ein frisches Gespann. — Ein
glücklicher Fund. — Tod der „Lady Anna". — Schlangenbiss. — Similia
similibus curantur.. . . . . . . . . . . . . . . . . . . . . . . 341

## ZWEIUNDZWANZIGSTES KAPITEL.

Wieder in Mier. — Der Privatsecretär wird vertraulich. — Ein Vernichtungskrieg. — Schreckliche Bekenntnisse. — Ein vertrauenswerther
Vertrauter. — Ein Garten in Mier. — Fruchtbarer Boden. — Die Krankheit der Müdegeborenen. — Gegengift gegen Schlangengift. — Ein

unternehmender Boer. — Eine Bastard-Familie. — Nutzbarmachung der
Kälber. — Tauschhandel. — Eine Razzia unter Wasservögeln. —
K'abiam-Pfuhl. . . . . . . . . . . . . . . . . . . . . . 360

DREIUNDZWANZIGSTES KAPITEL.

An den Ufern des Oranjeflusses abwärts. — Ein Ansiedler aus Canada.
— Der Wagen umgeworfen. — Heilung mit Hindernissen. — Höherer
Strassenbau. — Erforschung der Flussufer. — Uebergang über die Strom-
schnellen. — Erster Blick auf die Fälle. — Ein Wassersturz aus solidem
Fels. — Ein Stromwirbel. — Schöne Aussicht. — Eine Blumenlaube. —
Hochmuth kommt vor dem Fall. — Photographie der Fälle. — Launen
der Natur. — Recognoscirung der Hercules-Fälle.. . . . . . . . 375

VIERUNDZWANZIGSTES KAPITEL.

Eine akrobatische Leistung. — Photographie der Hercules-Fälle. —
Plötzliches Steigen des Flusses. — Bau eines Flosses. — Fasanen, Perl-
hühner, Felsentauben. — Vorsicht ist der bessere Theil der Tapferkeit.
— Abstieg vom Abhang. — Farini-Thürme und -Fälle. — Prächtige
Aussicht. — Knappe Flucht. — Schlammfinken. — Ein wohlverdientes
Abendessen. — Unterirdischer Strom. — Der Diamantenfall. — Von der
Hochflut überrascht. — Die „Hundert Fälle.". . . . . . . . . 392

FÜNFUNDZWANZIGSTES KAPITEL.

Von der Flut gefangen gehalten. — Eine Nacht mitten im Strom.
— Ein Pavian zum Frühstück. — Flucht aus dem Gefängniss. — Wir
werden mit Lächeln empfangen. — Besuch von einem poetischen Bastard.
— Buschmann-Abgrund. — Ungewöhnliches Schiessen auf Flusspferde.
— Ein civilisirtes Mittagsmahl. — Ein unternehmungslustiger Ansiedler.
— Eine Tabacksfabrik. — Ein Inselstaat. — Hottentotten-Aerzte. 412

SECHSUNDZWANZIGSTES KAPITEL.

In Upington. — Die Annehmlichkeiten der Civilisation. — Ein
schöner Gärtner und eine Gartenfee. — Eine sehenswerthe Bewässerungsanlage. — .Ein guter Bissen für einen Buschmann. — Glückliche
Familie. — Gefährliche Furt. — Geduld und Ausdauer. — Ein entschlossener Händler. — Grosse Theegesellschaft. — Eine Boer-Hochzeit. — Im Verhör über die Königin. — Prieska. — Schlimme Bestimmungen für die Buschmänner. — Noch einmal Froude's „ehrlicher Boer".
Wieder in Hopetown. — Oeffentlicher Verkauf. — „Ehrliche Boers." —
Besuch von Zeitungsschreibern. — Allgemeine Schlüsse. . . . . . 427

# Anhang.

Seite

Zur Flora der Kalahari-Wüste . . . . . . . . . . . . . . . . 440

Reptilien der Kalahari-Wüste . . . . . . . . . . . . . . . . 443

Insekten und Spinnenthiere der Kalahari-Wüste . . . . . . . . 447

Vögel der Kalahari-Wüste . . . . . . . . . . . . . . . . . . 450

Säugethiere der Kalahari-Wüste . . . . . . . . . . . . . . . 456

Geologisches . . . . . . . . . . . . . . . . . . . . . . . . 464

Uebersicht der Entfernungen . . . . . . . . . . . . . . . . . 465

Namen- und Sachregister . . . . . . . . . . . . . . . . . . 468

## Verzeichniss der Abbildungen im Texte.

Das Haus, in welchem Livingstone zuerst Mary Moffat sah . . . . 57

Bartlett's Haus in Campbell und die Hütte der alten Häuptlingswitwe. 59

Das Heimwesen eines Boer . . . . . . . . . . . . . . . . . . 68

Das alte Missionshaus in Griquatown . . . . . . . . . . . . . 74

Kert, mein Führer . . . . . . . . . . . . . . . . . . . . . 91

Fahrt durch die Kalahari . . . . . . . . . . . . . . . . . . 105

Ochsenritt . . . . . . . . . . . . . . . . . . . . . . . . . 117

Wandverzierungen in der Buschmann-Höhle . . . . . . . . . . 119

Kalahari-Geflügel . . . . . . . . . . . . . . . . . . . . . . 124

Die Wüste bei Kuis . . . . . . . . . . . . . . . . . . . . . 140

Eine Gruppe der Kalahari-Flora . . . . . . . . . . . . . . . 175

K'gung-Baum mit merkwürdigem Vogelnest . . . . . . . . . . 189

Lager am Wege . . . . . . . . . . . . . . . . . . . . . . . 233

Unser Waschhaus in der Wüste . . . . . . . . . . . . . . . . 261

Dirk Verlander . . . . . . . . . . . . . . . . . . . . . . . 267

Tod der Giraffe . . . . . . . . . . . . . . . . . . . . . . . 284

Erlegung einer Giraffe . . . . . . . . . . . . . . . . . . . . 312

Beim Fleischtrocknen . . . . . . . . . . . . . . . . . . . . 317

Pürschgang auf Strausse . . . . . . . . . . . . . . . . . . . 321

Katti-Weiber . . . . . . . . . . . . . . . . . . . . . . . . 343

Ruinen in der Kalahari-Wüste . . . . . . . . . . . . . . . . 350

Das erste Bad nach vielen Monaten . . . . . . . . . . . . . . 353

Eine Bastard-Familie . . . . . . . . . . . . . . . . . . . . 369

K'abiam-Pfuhl . . . . . . . . . . . . . . . . . . . . . . . 373

Bergsee . . . . . . . . . . . . . . . . . . . . . . . . . . 383

Lulu-Fall und -Schlucht . . . . . . . . . . . . . . . . . . . 389

Der Anna-Fall . . . . . . . . . . . . . . . . . . . . . . . 401

Die „Hundert Fälle" . . . . . . . . . . . . . . . . . . . . . 409

Die Hercules-Fälle bei halber Flut . . . . . . . . . . . . . . 417

# Separatbilder.

|  | Seite |
|---|---|
| G. A. Farini | Titelbild |
| „Lulu“, der Künstler | Titelbild |
| Ansicht von Kimberley | 17 |
| Das Innere der Diamantengrube | 43 |
| Dirk und Klaas | 144 |
| König Mapaar und seine Gemahlin | 216 |
| Eine Vaalpen-Familie | 229 |
| Die M'kabba-Zwerge | 246 |
| Löwen eine Giraffe verschmausend | 298 |
| Dirk Verlander und seine Groot-Mannen | 360 |
| Tränken der Rinder, eine Mondnachtscene | 369 |
| Gorilla-Fels | 389 |
| Buch-Fels und Wasserfall | 390 |
| Farini-Wasserfälle und Felsenthürme | 398 |
| Scott-Schlucht und Wasserfall | 405 |
| Der Diamanten-Wasserfall | 406 |
| Schermbrücker-Wasserfall | 410 |

# Karten.

| Uebersicht der Hundert Fälle des Oranjeflusses | 422 |
|---|---|
| Uebersicht von Farini's Reise und der Handelsstrasse durch die Kalahari-Wüste | 472 |

# ERSTES KAPITEL.

Mit der Eisenbahn von Capstadt. — Ueber die Berge. — Dürre in der Grossen Karroo. — Kein Regen in drei Jahren. — Eine Straussenzucht. — Gutangelegte Eisenbahn. — Endstation am Oranje-Fluss. — Eng verpackt. — Ueber den Oranje-Fluss. — Gespannfuhren in Südafrika. — „Det is nie Hotel nie." — Froude's „biederer Boer". — Eine Oase. — Enttäuschung „meines Wirths". — Furt durch den Mud-Fluss. — Zinnbüchsen-Häuser. — „Zinnstadt", alias Kimberley.

Am Freitag Abend, 2. Juni 1885, fand sich auf dem Perron der Eisenbahnstation der Capstadt ein Haufen von Menschen zusammen: Reisende mit einer Anzahl von Freunden, welche sie abfahren sehen wollten, und mit der üblichen Beimischung von Müssiggängern, welche ihre Zeit bestens zu verwerthen glaubten, indem sie nichts thaten, sowie von neugierigen Zuschauern, welche sich um aller übrigen Leute Angelegenheiten bekümmern, weil sie keine eigenen zu besorgen haben. Der „Postzug" wollte gerade mit den am Tage zuvor aus der Heimat angekommenen Briefen nach dem Innern abfahren, und man konnte die unvermeidliche Aufregung verspüren, welche der Abgang dieses Hauptzuges stets hervorruft. Unter den Passagieren befanden sich Dr. Sauer, Herr Caldecott, Lulu und meine Wenigkeit, alle mit Billets nach Hope Town versehen, damals die letzte Station vor Kimberley, jetzt aber durch eine Bahn mit dieser Diamantenstadt verbunden. Als ich hörte, dass ein Pullman-Schlafwagen sich im Zuge befinde, fühlte ich mich wieder heimisch und versuchte mir einzureden, dass die Schar Malaien nur Neger seien und die semitischen

Gesichtszüge der Mehrzahl der Dienstmänner auf dem Perron auf Einbildung beruhten. Bei näherer Bekanntschaft erwies sich die Aehnlichkeit des „Pullman" mit dem Schlafwagen der amerikanischen Eisenbahnen geradeso gross, wie die der gelben Haut der Malaienjungen mit der Ebenholzfarbe Sambo's. An der einen Seite des Durchgangs befand sich eine Reihe Sitze für eine Person und auf der andern eine breitere Reihe für zwei Personen. Ueber jede der letztern spannte der Aufwärter oder „Steward", wie er genannt wird, vom Dach des Wagens aus ein Stück Leinwand, legte darüber eine dünne schmutzige Matratze, und das war das „Bett". Keine Spur von Decken; und da ich alle meine Decken im Gepäckwagen aufgegeben hatte, so blieb uns nichts übrig als uns hineinzulegen „wie wir standen und gingen", denn der Zug war schon einige Meilen von Capstadt entfernt. Es gelang mir jedoch, in meiner neuartigen Hängematte eines gesunden Schlafs zu geniessen, bis der Zug in der Nähe des Kamms der Hexe-Berge beim Hexe-Fluss anfing langsamer zu fahren. Da ich viel von der Schönheit dieser Landschaft gehört hatte, so kletterte ich heraus um sie zu geniessen. konnte aber zu meiner grossen Enttäuschung nichts entdecken als eine Anzahl rauher Gebirgskämme. Einzelheiten liessen sich nicht unterscheiden trotz des hellen Mondscheins. Um diese Zeit wurde es infolge der erreichten grossen Meereshöhe recht kalt, und die Decken würden uns sehr willkommen gewesen sein; als aber der Morgen dämmerte, waren wir schon unten an der andern Seite der Bergkette, näherten uns rasch der Grossen Karroo und bekamen alsbald eine Vorstellung davon, was es heisst, wenn die Sonne ein Versäumniss gutzumachen sich anschickt. Die Hitze wurde überwältigend; die Augen wurden angegriffen von dem beständigen Zittern, in welchem jeder Gegenstand in der ausgedorrten Luft erschien, und man musste daran verzweifeln sich Kühlung zu verschaffen, da selbst der Aufenthalt auf den Trittbretern hinten am Waggon im vollen Luftzuge des Trains nichts half. Am ganzen Himmel war keine Wolke zu sehen; die Luft ausgedorrt und wie ein Backofen getrocknet, beständige Luftspiegelung veranlassend, sodass die entfernten Berge ganz nahe und doppelt so gross zu sein schienen, und dabei so durchscheinend klar, dass die kleinsten Gegenstände sich in schärfsten Umrissen darstellten. Heisser und heisser wurde es, je höher die Sonne stieg; und unter einem solchen metallenen Himmel hatten die Menschen zwei lange Jahre zugebracht! Nicht ein Tropfen Regen in 24 Monaten! Soweit das Auge reichte, überall dieselbe Wüste des vertrockneten Lehmbodens, deren Eintönigkeit nur durch vereinzelte verkrüppelte laublose Büsche unterbrochen wurde, sowie durch eine Reihe felsiger flachgerundeter Hügel oder „Koppjes" von 20 bis 30 m Höhe.

So sah die Karroo aus, als ich sie zuerst nach zweijähriger Dürre erblickte: die schrecklichste, trockenste, verbrannteste, wie im Backofen gedörrte, versengte, gebackene, verzehrte gottverlassene Gegend, über welche jemals die Sonnenstrahlen sich ergossen, selbst nicht die Sahara ausgenommen; denn dort ist nichts als Sand und kein Gegenstand, welcher der Einsamkeit als Folie dienen könnte, während hier das Gefühl der Verlassenheit noch durch eine gelegentliche Bauerhütte vertieft wird. Wie! Bauern in diesem Lande? Ja wohl, denn vor drei Jahren waren diese einzelnen, jetzt freilich in gespenstischer Oede dastehenden Hütten von zahllosen Heerden und Rudeln Vieh umschwärmt; ihre Bewohner waren, obwol jetzt Bettler, damals Besitzer von je 10000 bis 20000 Schafen. Und noch jetzt harren sie hoffnungsvoll auf die zu lang ausgebliebenen Regenschauer, welche in wenigen Tagen, ja selbst in wenigen Stunden, diese Wüste in lächelndes reiches Weideland umwandeln würden. Ich kann natürlich nicht bestreiten, was mir von glaubwürdigsten Kennern versichert wird; mir persönlich scheint es sonst undenkbar, dass die Grosse Karroo jemals etwas anders werden könne, als was sie jetzt ist — eine anscheinend hoffnungslose Wüste. Nicht ein Grashalm, nicht ein Blatt ist zu sehen; nicht einmal die Thiere der Wüste, der Klippspringer (Klipbock) oder Steinbock, welche sonst zwischen den flachgerundeten Koppjes hausen, lassen sich blicken: die einzigen lebenden Wesen sind hier und da sichtbare grosse „Aasvögel" oder Geier mit ihrem schwerfälligen Fluge, welche sich zwischen den Gerippen der Pferde und Ochsen bekämpfen, die zahlreich auf den Wegen der Fuhrknechte umherliegen.

Ab und zu kreuzt die Eisenbahn eine tiefe Schlucht oder ein flaches Thal, welche in der Regenzeit mit Wasser gefüllt sein würden. Prächtige Flussbetten sind da, zahlreich genug, aber sie enthalten so wenig Wasser als Branntwein.

Plötzlich hielt der Zug vor einem breiten Kanal, welcher einst den Namen Gamka-Fluss führte, dessen Bett aber jetzt nichts als heisser Fels war. Der Stationsvorsteher erzählte uns, dass eine der Quellen versiegt sei und eine andere zu versiegen drohe, während das Wasser im grossen Reservoir nur noch für 14 Tage reichen würde. Im Restaurationslocal kostete das Glas Wasser 25 Pf. Es überraschte deshalb nicht sehr, dass ein „Schluck" Branntwein 1 M. und eine Flasche Bier 3 M. 50 Pf. kosten sollte. Der Inhaber des Restaurant, ein dicker brauner Boer, erzählte uns, dass alle seine Schafe eingegangen und ihm weder Kuh noch Ochs geblieben sei; doch gab er die Hoffnung auf bessere Zeiten nicht auf und erwies sich überhaupt als vom echten Schlage dieser Eingeborenen. Zuweilen kam ein Boer[1] von seinem Gut zur Station, mit ängstlichem sorgenvollen Blick, als wenn er sagen wollte, er führe auch lieber mit uns von dannen und liesse seinen Hof Hof sein; fragte man ihn aber dann nach seinem Begehr, so hörte man stets wieder dieselbe verlorene Hoffnung, dass eines Tages der Regen kommen würde, und dieselbe Zuversicht aussprechen, dass dann auch bessere Zeiten folgen würden. Im allgemeinen herrscht die Vorstellung, dass die Colonie nicht gedeihen wird, solange das Boerenelement vorherrscht; aber man kann sich des Gedankens nicht erwehren, dass ohne

---

[1] Das Wort Boer bedeutet wörtlich „Bauer", wird aber jetzt als gleichbedeutend mit „Afrikander" gebraucht, d. h. einer in Afrika geborenen Person holländischer Abstammung.

sie die Karroo in ihrem gegenwärtigen Zustande unbewohnt
sein würde, denn kein Engländer könnte allein von der Hoffnung leben und dabei die Hände in den Schos legen. Er
würde zum wenigsten versucht haben, von dem Ueberfluss der
Regenzeiten etwas für trockene Jahre aufzusparen.
Vielleicht als Gegenstück zu diesem verdorrten Zustande
der Karroo wurde erzählt, dass in Calvinia und Fraserburg es
sogar in den drei letzten Jahren nicht geregnet habe.

„O, das ist noch gar nichts", warf ein wohlunterrichteter
Kenner von Südafrika dazwischen. „In Namaqualand weiter
oben hat es sogar in 12 Jahren nicht geregnet, und die Eingeborenen sollen, wahnsinnig vor Durst und Entbehrung, ihre
Kinder verschlungen haben; und in Gross-Namaqualand gibt
es sogar einen District, in welchem es noch nie geregnet hat."

„Sicherlich ist der Eingang zur Hölle nicht weit von hier",
war alles was ich darauf entgegnen konnte; und „wer hier zu
wohnen verurtheilt ist, braucht sich vor dem Fegefeuer nicht
zu fürchten."

An Beaufort-West vorbei kamen wir dann wieder ins
Gebirge und liessen die Karroo hinter uns liegen; als erste
greifbare Beweise der Veränderung dienten uns die gelegentlich sich zeigenden Riesencactus, welche trotz der sengenden Strahlen der alten Sonne noch grün waren, und die
grössere Höhe der hier und da wachsenden Gebüsche. Kurz
hinter Victoria-West, welche Station etwas seitwärts von der
gleichnamigen Stadt liegt, gelangten wir zu einer auf einem
kleinen Hochland belegenen Straussenzucht. Vor dem Gute
lag ein kleiner Garten, in welchem einige krüppelige Ricinus-
sträucher wuchsen, welche aus dem die Locomotiven speisen-
den Behälter bewässert wurden. Ich zählte etwa 30 schwarze
männliche und ebensoviel graue weibliche Strausse, von denen
einige sechs bis acht Junge führten. Der ganze Hof war mit
einem niedrigen Gehege von Draht und Reissig umgeben von
nicht mehr als 2 Fuss Höhe, welches sich indessen als hoch
genug erwies, um diese „dummen" Thiere beisammen zu halten; wenigstens versucht keins derselben, oder wie der Züchter

sich ausdrückt, sind sie alle viel zu kitzlich, um zu versuchen, mit ihren langen Beinen über diese Andeutung eines Zauns hinüberzutreten und sich aus dem Staube zu machen.

Diese Strausse waren ausser den Geiern die einzigen lebenden Thiere, welche wir auf einer Strecke von über 600 km bisjetzt gesehen hatten. Dieser kleine Wasserbehälter war zugleich auf derselben Reise der einzige Versuch, überschüssiges Wasser aufzusparen, und die Veranlassung dazu entsprang augenscheinlich mehr den Bedürfnissen der Eisenbahn als dem des Straussenzüchters. Auf der ganzen 1000 km langen Reise nach Hope Town war überhaupt das einzige gute Ding die Eisenbahn. Gut angelegt und beschwert und durchweg gut unterhalten, „fuhr" sie leicht und gestattete eine ansehnliche Fahrgeschwindigkeit. Die ganze Entfernung wurde in 32 Stunden zurückgelegt, Aufenthalt eingerechnet — das gibt eine respectable Geschwindigkeit, zumal die Steigungen öfters nicht unter 1 zu 40 betrugen.

Um 10 Uhr abends gelangten wir zu einer Station „De Aar", dem Knotenpunkt mit der Port Elisabeth-Bahn. Hier mussten wir umsteigen, warfen also unser Gepäck im Finstern auf den Perron, und mussten dann noch eine Stunde auf den Zug von Middelburg warten, welcher uns weiter nach dem Norden schaffen sollte.

Nach ununterbrochener nächtlicher Fahrt erreichten wir 4 Uhr früh Hope Town oder vielmehr die „Endstation am Oranje-Fluss", etwa 15 km vom Fluss und ebenso weit von Hope Town, und mussten nun die Eisenbahn mit der Postkutsche nach Kimberley, 110 km weiter, vertauschen. Der eigentliche Postwagen wurde ohne Verzug abgefertigt; den Passagieren blieb die Wahl zwischen zwei gewöhnlichen Kutschen, von denen die eine den Posthaltern, den Herren Gibson, die andere einem alten südafrikanischen Pionnier de Witt gehörte. Der gewöhnliche Fahrpreis für die Entfernung beträgt 50 M. à Person, und 33 Pf. für jedes Pfund Uebergewicht über 25 Pfd.

Herr Caldecott hatte sein eigenes Fuhrwerk dastehen und

fuhr als zweiter fort. Die zwei Kutschen waren bald zum
Zerdrücken voll, deshalb mietheten einige von uns einen besondern Maulthierwagen, welchen Herr de Witt selber „fahren"
wollte. Er hatte passenden Raum für uns acht und wir gra-
tulirten uns gerade zu dieser anständigen Fahrgelegenheit,
als zwei Damen baten, sich uns anschliessen zu dürfen. Natürlich konnten wir es ihnen nicht abschlagen, drückten uns
also thunlichst enge zusammen, als eine junge Dame — Fräulein Pullinger, Tochter des Haupteigenthümers der Diamantgrube Du Toit's Pan, mit ihrer kleinen Schwester und ihrem Bruder — in grosser Hast herzugelaufen kam, nachdem sie soeben
durch ein Telegramm zur eiligen Rückkehr nach Kimberley
aufgefordert war. Eine andere Gelegenheit gab es nicht; sollten
wir noch Platz machen für die drei Kleinen? De Witt erhob
keine Einrede wegen der Maulthiere, deshalb durften wir
unsertwegen auch keine erheben, und so schoben wir uns denn
noch etwas enger zusammen.

Die Ufer des Stromes sind so steil, dass mit grosser
Vorsicht heruntergefahren werden musste; geht etwas entzwei
am Wagen, so kann man dem Wasserbade nicht entgehen.
Deshalb stiegen wir aus, als wir den Rand erreichten, während die Kutsche zur Ponte oder fliegenden Brücke gefahren
wurde, einem Flachboot, welches durch einen Rollblock an
einem über den Fluss gespannten Draht befestigt ist. Als
wir alle „an Bord" waren, wurde der Bug des Boots etwas
schräg gegen den Strom gerichtet, worauf die Gewalt der
Strömung uns rasch dem andern Ufer zuführte — oder vielmehr dem Rande einer Sandbank von etwa 15 m Breite, über
welche die männlichen Passagiere auf den Schultern eines
riesigen Zulu getragen wurden, während die Damen das Vor-
recht genossen, ihre Plätze im Wagen wieder einzunehmen.

Nach einer Folge von wasserleeren Flussbetten wirkte
der Anblick des stattlichen Oranje-Flusses geradezu erfrischend.
Der Strom war nur zur Hälfte mit Wasser angefüllt, aber aus
den weiten abschüssigen Ufern tiefen weissen Sandes, durch
welchen die Maulesel mit Mühe die Kutsche schleppten, konnte

man entnehmen, welch bedeutende Wassermenge in der Regenzeit hier herunterfliesst.

Nachdem wir unsern Durst in Ingwerbier gelöscht hatten,
welches wir in einem kleinen Schmuckkästchen von Eisenwell-
blech kauften, dessen innere Temperatur etwa der eines für
die Aufnahme des zu backenden Brotes vorbereiteten Back-
ofens entsprach, kletterten wir wieder auf unsere Sitze im
Wagen zurück und der „Treiber" nahm seine Arbeit wieder
auf. Zur Führung eines Gespannzugs in Südafrika bedarf
man zweier Treiber, von denen der eine die Zügel, der andere
die Peitsche regiert — ein starkes Rohr mit einer Schnur
von Thierhaut, etwa 6 m und noch länger, einer derben Angelruthe nebst Leine ähnlicher als einer Peitsche. Von dem
ganzen Gespannzuge stehen blos die Leit- und die Deichsel-
thiere unter der directen Controle des Treibers, da die Zügel
blos durch eine Schlinge im Geschirr der mittlern Paare laufen; aber die Anstrengungen des Fahrers werden weit über-
troffen von denen des Treibers, welcher sein Torturinstrument
mit beiden Händen regierend die Luft zerreisst, unter fortwährend Zurufen und dem Schwippen, Knallen und Klatschen seiner Peitsche.

Nach mehrstündiger ohrzerreissender Vorführung seiner
Künste hielt er endlich dem Hause eines Boer gegenüber —
einem Bau aus an der Sonne getrockneten Lehmziegeln, welcher einige Aehnlichkeit mit den von mir in Mexico gesehenen
sogenannten Adobes hatte. Es war eine Erquickung absteigen
und seine Beine ausstrecken zu können, nachdem wir, unge-
rechnet die Treiber, zu 13 in einem für 8 Personen berechneten Wagen verpackt gesessen hatten. Als ich mich aufrichten wollte, fühlte ich meine Beine so unentwirrbar verschlungen mit denen von Fräulein Pullinger, dass ich nicht
unterscheiden konnte, ob ich auf ihren oder meinen Beinen
heruntersprang; aber jedermann ertrug die Quetschpartie mit
gutem Humor und Fräulein Pullinger vor allem erregte unsere
Bewunderung durch die geschickte Manier, mit welcher sie
alle Unbequemlichkeiten ertrug, da sie doch ihre beiden Ge-

schwister die ganze Zeit über auf ihrem Schos hatte, ohne
sich jemals zu beklagen, vielmehr jedes Anerbieten von Unter-
stützung mit freundlichem Lächeln abwehrte. Es schien uns
eine Schande, dass ein solcher Schatz sein Leben in einem
solchen Lande zubringen soll, statt die Wohlthaten europäischen
Wohllebens zu geniessen. Da wir durch die Thür die Familie am Mittagstisch unter
Vorsitz eines Predigers versammelt sahen und der Tisch gut
besetzt war, so klopfte ich an und fragte in meinem schlechten Holländisch, ob wir Mittagessen bekommen könnten.
„Nein", erwiderte der Boer, „det is nie Hotel nie".

Nun war ich aber ganz besonders hungerig, deshalb trat
ich ohne Zaudern näher und gab allen der Reihe nach die
Hand, wie man mir schon früher als ländlich sittlich empfohlen hatte, wobei ich den Boer und seine Frau „Onkel" und
„Tante", und die jüngern „Vetter" und „Nichte" anredete.
Dann entdeckte ich einen Eimer mit Milch und einer Kelle
darin, that einen langen Zug daraus und fragte: „Was kostet's?"
Eins der Mädchen antwortete „Sixpence". Darauf rief ich
die andern herbei und der Eimer war dann bald leer, worauf wir
unsere halben Schillingsstücke auf den Tisch legten, nochmals
die Hand gaben und im Gänsemarsch wieder ausrückten, um sofort weiter zu fahren. Ich glaube nicht, dass dies alles den
Beifall des Boer fand, weil wir Engländer waren; aber wenn
wir uns freuten seine Milch genossen zu haben, so hatte er
ja auch seine Freude an unserm Gelde. Denn so sehr zimperlich erwies er sich auch nicht, als er dies in seinen Besitz
nahm; dürfen wir doch, ohne ihm zu nahe zu treten, verrathen, dass er viel mehr Sixpences sich aneignete, als ihm
für seine Milch zukam. Kaum waren wir 1 km weitergefahren,
als Fräulein Pullinger ihr Geldtäschchen vermisste. Sie wusste
ganz genau, dass sie noch soeben daraus bezahlt hatte und
sie musste es im Hause haben fallen lassen. Wir baten den
alten de Witt zurückzugehen, wozu er sich auch sofort bereit
erklärte, aber der Mittagsmarsch durch den glühenden Sand bei
60° C. ergab kein Resultat. Die Börse wurde nirgends gefun-

den und unser einstimmiges Urtheil lautete dahin, dass der
„ehrliche Boer", wie Froude ihn nennt, sie annectirt hatte.
Um 1 Uhr mittags kamen wir auf Thomas' Hof an, wo
das Mittagessen uns erwartete, welches die Kutsche vor uns
gütigst für uns bestellt hatte. Das Gut war wirklich eine
Oase in der Wüste. Ein grosses, von einer Quelle gespeistes
Wasserbecken diente zur Bewässerung eines etwa $\frac{1}{4}$ Acker
grossen Gartens, dessen äussere Umgrenzung durch ein
Dickicht fruchtbeladener Feigenbäume gebildet wurde, während Weinspaliere mit köstlichen Trauben das Innere erfüllten. Ausserdem wuchsen hier Pfirsiche mit leider unschmack-
haften Früchten, eine Menge herrlich duftender Melonen und
anderes Gemüse, welches alles unsern Mittagstisch ebenfalls
schmückte.

Was mich mehr als alles andere in Erstaunen setzte, war,
dass thatsächlich die aus dem Becken trinkenden Ziegen und
Rinder wohlgenährt waren und keineswegs den durchsichtigen,
im Backofen gedörrten lebenden Skeleten glichen, welche
wir hier und da in der trostlosen Oede des Landes rings
herum gesehen hatten. Kein Gras, kein Blatt auf den ver-
krüppelten Büschen, wie konnten die Thiere solche Fleisch-
und Fettschichten auflegen? Herr Thomas erzählte uns, dass
er 300 Pferde, 200 Ziegen, 500 Rinder und 5000 Schafe besässe, und dass er sein ausgedehntes Gut von 40000 Acker ganz
dazu in Anspruch nehmen müsse, um sie während der Dürre
in guter Verfassung zu erhalten. Selbst jetzt sterben noch
einzelne Thiere, obgleich sie täglich aus dem Wasserbecken
ihren Bedarf entnehmen; doch das sei nicht mehr, als er
jährlich an der Lungenseuche und dem sogenannten Genick-
krampf verliere. Sein Wasservorrath rettete ihm seine Heerde.

Nachdem wir diese Oase verlassen hatten, befanden wir
uns alsbald wieder in derselben einförmigen verdorrten Landschaft. An einem leichten Abhang herunterfahrend, an dessen
Fuss wahrscheinlich sich etwas Feuchtigkeit sammelte, erblickten wir ein halbes Dutzend der zierlich und prächtig be-
fiederten langschopfigen Kraniche; zugleich erspähte der alte

Kert einen Steinbock und fühlte sich ganz untröstlich, dass seine Flinte tief unten im Wagen verpackt war und er nicht schiessen konnte. Trotz aller Liebkosungen mit der Peitsche wurden unsere Maulthiere müde und liessen allmählich an Schnelligkeit nach. Dennoch überholten wir gegen Abend das Gefährte des Herrn Caldecott und selbst die Kutschen, welche alle ausgespannt hatten, um Pferde zu wechseln. Wir folgten ihrem Beispiel, doch nicht zu unserm Vortheil, denn uns wurden die Pferde gegeben, welche die Wagen heruntergebracht hatten und schon 50 km an diesem Tage gemacht hatten. Deshalb hielten wir nach einem Zuckeltrab von einer Stunde bei einem kleinen „Winkel" (Laden), wo wir die Nacht zu bleiben beschlossen. Die häusliche Einrichtung war nicht gerade erster Klasse. Zu Anfang gab es eine Differenz mit dem Wirth, welcher sich erst über die Extragesellschaft von 15 Personen draussen riesig gefreut und für alle ein splendides Abendessen hergerichtet hatte, dann aber sich in ärgerlichen Nachforderungen erging, als ausser Lulu und mir niemand am Tische erschien. Doch schmeckte es uns darum nicht schlechter, vielmehr thaten wir dem Braten alle Ehre an. Der Springbock war vorzüglich gut. Ich ass zum ersten mal dieses Wildpret des Landes und gelangte zu dem Endresultat, es sei das beste Fleisch das ich je gegessen.

Mittlerweile hatte sich jeder die Gelegenheit zu nutze gemacht, einige Stunden zu schlafen, da wir noch vor Mitternacht wieder aufbrechen sollten. Bis dahin hatten wir nur noch wenige Stunden, darum improvisirten Lulu und ich uns ein Lager auf einigen Wollsäcken dem Laden gegenüber, in der Erwartung, dass die Treiber uns wol wecken würden, bevor sie anschirrten. Als ich nachher meine Augen aufschlug, war es heller Tag. Ich hatte geträumt und war mit einem Ruck erwacht, voll Verwunderung, wo auf Erden ich mich befand. Ein Blick rund um mich gab mir die Besinnung zurück; dort auf einem Stück Wellblecheisen (Hört! Hört!) lag Fräulein Pullinger, an welche sich die kleine Schwester und der

Bruder dicht angeschmiegt hatten, in tiefem Schlaf. In der Nähe auf dem Boden herum verstreut lag die übrige Gesellschaft, alle bis auf die beiden ältern Damen, welche versucht hatten im Wagen zu schlafen, dort die Nacht unter abwechselndem Einnicken und Auffahren zugebracht hatten und sich nun weniger erfrischt fühlten als alle andern. Es gelang mir, einige Tassen Kaffee für die Damen zu erobern und binnen 20 Minuten sassen wir wieder in unserer Sardinenbüchse auf Rädern verpackt und unterwegs zur nächsten Station, dem Zusammenfluss des Modder- oder Mud- (d. i. Schmutz-) Stromes — welchen Namen er wohl verdiente — mit einem andern Fluss, dessen Namen ich vergessen habe, der aber überhaupt keinen Namen verdiente, weil er gar kein Wasser enthielt und selbst sein Schlamm ausgetrocknet war.

Hier bekamen wir ein Frühstück, bestehend aus Hammelbraten, ebenso verbrannt wie das Land, aus welchem er herstammte, und Kaffee, so schlammig wie der Fluss. Preis: 2 M. 50 Pf. Um das Frühstück hinunterzuspülen, gestatteten sich einige von uns eine Flasche Lagerbier, für welche sie 3 M. 50 Pf. bezahlen mussten; dennoch schätzten sie das Bier billiger als das Frühstück.

Die Durchfahrt durch den Fluss war eine angenehme leichte Aufgabe; die Schwierigkeit bestand nicht in dem Wasser, sondern in den Steinen, denn das Flussbett bildete ein Gewirr von losen Steinen und zwischendurch ein Schlammpfuhl. Gleich unterhalb der Furt ist die Regierung mit dem Bau einer hübschen Brücke beschäftigt, welche unbedingt erforderlich ist, sobald das Flussbett sich mit Wasser füllt. Bei solchen Gelegenheiten sammeln sich oft an die 300 Gespann Ochsen — von denen oft 20 einem Gespannzuge angehören — an den Ufern des Flusses an, um das Fallen der Gewässer abzuwarten.

Oberst Schermbrücker erzählte, dass er einst mit mehrern andern Gespannzügen an dieser Stelle den Fluss habe durchfahren wollen, als das Wasser plötzlich mit solcher Gewalt thalabwärts gekommen sei, dass sie das Sinken des Hochwassers hätten abwarten müssen, aber bevor dies geschehen, hätten sich 200 Gespanne an beiden Seiten zusammengehäuft. Er sei daher der 90. in der Reihenfolge gewesen, und da das Gesetz: „Wer zuerst kommt, fährt zuerst", streng beobachtet wird, so habe er 10 Pfd. Sterl. dafür bezahlt, um an Stelle von Nr. 10 hinüberzufahren; da sei der Fluss noch schneller gefallen als vorher gestiegen, und bis er an die Reihe kam, wären mehrere Furten gangbar geworden, sodass Nr. 90 mit ihm zugleich durchpassirt sei.

Hinter der Vereinigung der Flüsse war das nächste Lebenszeichen das Gut eines gewissen Blisset, wo wir einen Kaffer einige Dutzend junge Strausse unter Führung der Mütter hüten sahen.

Hier erkannten wir das erste Zeichen unserer Annäherung an Kimberley, da das Gut, welches etwa drei deutsche Quadratmeilen gross sein sollte, mit einem Zaun von Draht umgeben war. Dicke dornige Pfähle, von allen denkbaren Formen und Grössen, trugen ein ebenso reiches Sortiment von horizontalen Drähten jeder Stärke, darunter mehrfach Stücke von soliden 2 cm dicken Stangen, welche offenbar vorher in den Diamantgruben gebraucht worden waren.

Einige Kilometer weiter spannten wir die Maulthiere aus, um sie an einem Wasserbecken zu tränken, welches laut Aussage des Treibers dem Eigenthümer jährlich 2000 Pfd. Sterl. einbringen soll, d. h. nach meiner Ansicht tausendmal so viel als das ganze Land werth war.

Eine Stunde später kamen wir in Sicht eines grossen Uferwerks von grünem Lehm, dessen Entstehung ich den Arbeiten an der Kimberley-Eisenbahn zuschrieb, und das man so hoch aufgeführt habe, um es dem Bereich der Hochfluten zu entziehen.

„Mit nichten", erklärte der Treiber, „das ist die blaue Erde, welche man aus den Diamantgruben von Bultfontein herausgeschafft hat. Wir sind ganz in der Nähe von Du Toit's Pan (Mine). Darüber ist der Wasserbehälter der

Wasserwerke von Kimberley; das Wasser des Vaalflusses wird aus einer Entfernung von 25 km dahin geleitet."

Näher an Kimberley waren die Wege mit leeren Zinnbüchsen jeder Gestalt und Grösse bestreut, stellenweise so hoch, dass wir kaum vorbei konnten. Hier liegen Millionen dieser Büchsen, deren Inhalt einst die einzige Nahrung der Miner gebildet hatte. Hier und da hatten einige erfinderische Köpfe sich die grössern Büchsen aus den überflüssig herumliegenden Materialmassen nutzbar gemacht, indem sie sie flach ausrollten, aneinander lötheten und nun mit Hülfe von etwas Wellblech, einigen Stücken Bandeisen und einigen Gewehrriemen daraus höchst lächerlich aussehende Hütten construirten, welche die eingeborenen Arbeiter dann als Wohnungen benutzten. Es war am Ende ganz richtig, dass man die Büchsen zum Schutz des äussern Menschen verwerthete, nachdem man ihren Inhalt zum Unterhalt des innern Menschen verwandt hatte.

Durch diese Strasse von Zinnbüchsen fuhren wir in die „Zinnstadt" hinein, wie Kimberley im Volksmunde heisst, da sein Marktplatz von lauter kleinen Gehäusen aus galvanisirtem Wellblech umgeben ist. Um 3 Uhr nachmittags kamen wir dort an und hielten vor dem Transvaal-Hôtel, wo Herr Constable, der höfliche Wirth uns speciell darauf aufmerksam machte, dass die für uns belegten Zimmer kurz vorher von Lady Florence Dixie bewohnt worden seien. Die Gastzimmer hatten Wände von Lehm und eine Aussicht auf die Strasse; besondere Anbauten von galvanisirtem Eisen nach hinten dienten als Schlafstellen, die sich wie Oefen anfühlten und im Vergleich zu denen die Zimmer mit ihren Lehmwänden köstlich kühl erschienen. In dieser Hinsicht hatte der alte Kert es besser als wir; denn obwol es gegen die Regel war, dass ein Schwarzer anderswo als im Stall schliefe, so wirkte ich doch für ihn die Erlaubniss aus, auf der Flur des Gastzimmers zu schlafen.

Nach der Mühsal der langen Reise waren ein Bad, ein gutes Mittagessen und ein bequemes Bett unaussprechliche

Annehmlichkeiten, und wir brauchen wol nicht hinzuzufügen, wie alles von uns ausgenützt wurde. Lulu bedurfte ganz besonders der „Wäsche und der Bürste"; denn da es ihm im Innern des Wagens ein wenig zu eng geworden war, so hatte er den letzten Abschnitt der Reise oben auf dem Verdeck zwischen dem Gepäck zugebracht, sah aber dafür, als er herunterkam, wie ein leibhaftiger Adam aus, gleich nachdem der Herrgott ihn ursprünglich aus Lehm hergestellt hatte.

# ZWEITES KAPITEL.

Zurüstungen zur Reise. — Die Geschichte des ersten Diamanten. — Entdeckung der Mine. — Bedenkliche Besucher. — Zollbetrügereien. — „Diamant schneidet Diamant." — Begrüssung der Damen. — Die „I. D. B." — Schwindelgesellschaften. — Uebelstände bei der geheimen Polizei. — Märtyrer der Civilisation.

Der nächste Tag verfloss über den Vorbereitungen zu unserer Reise in die Kalahari-Wüste. Zunächst gelang es mir, Herrn Caldecott's Wagen und das Gespann von sechs Maulthieren zu kaufen: sodann erliess ich eine Anzeige wegen Ankaufs eines Jagdpferdes und begann damit, einen Vorrath von Pulver und Blei, Töpfen und Pfannen, Kesseln und Kaffeegeschirr, Decken und Perlen, Taback und Pfeifen, Eimern und Wasserfässern und als Letztes, aber Bestes, Wassersäcken anzulegen. Letztere bilden eine besondere Einrichtung des Caplandes und bestehen einfach aus einem Sack von starkem Linnen, welcher mit Wasser gefüllt und in die Sonne gehangen wird, um das Wasser kühl zu erhalten! Die Verdunstung geht so schnell vor sich, dass der Inhalt fast so kalt wird wie Eiswasser: das wäre so etwas für Amerika!

Jedermann hat einen speciellen Artikel zu empfehlen, welcher unumgänglich nothwendig sein soll, und ich freute mich anfangs, so von der Erfahrung der andern Nutzen ziehen zu können. Zuletzt machte jedoch Lulu darauf aufmerksam, dass der Rauminhalt eines Wagens ein begrenzter sei.

„Sehen Sie sich dies Zimmer an; es ist zweimal so gross als irgendein Wagen, und es ist schon gepresst voll. Sie

ANSICHT VON KIMBERLEY.

wollen doch nicht ganz Kimberley in der Karre nach der
Kalahari-Wüste fahren!"

„Das möchte ich aber gerade thun, Lu! und nicht
blos das, sondern dann möchte ich auch Kimberley und die
Kalahari im Dampfer nach London schicken. Holen Sie nur
Ihre Camera hervor und nehmen Sie die Stadt auf; morgen
wollen wir einen Blick in die Eingeweide der Erde werfen,
und die sollen Sie ebenfalls aufnehmen."

Ich wusste, dass Lulu's Liebhaberei, alles zu photographiren, vom Mond bis zum Affen, ihn bald alle seine Sorgen
vergessen lassen würde, und richtig, eine halbe Stunde später
hatte er bereits verschiedene „Platten" in Sicherheit gebracht,
deren eine die nebenstehende Ansicht von Kimberley bringt.

Am andern Tage stellte Dr. Sauer uns Herrn Steib vor,
dem Director der Französischen Diamantgruben-Gesellschaft,
welcher uns zum Grubenhause mitnahm und mit dem Secretär
und allen Beamten bekannt machte, auch uns eine Freikarte
für die ganze Grube ausfertigen liess, welche wir nach Belieben
besuchen und photographiren könnten.

Es bedarf hier wol der Erwähnung, dass die „Kimberley-
Mine" der Hauptsache nach drei Gesellschaften gehört —
der Central-, der Französischen und der Standard-Gesellschaft — welche fast alle die kleinen Lose (claims) aufge-
kauft haben, in welche die Mine zertheilt wurde, als der erste
Strom der Diamantgräber im Jahre 1872 sich hierher ergoss.

Die Geschichte des ersten Diamanten, welcher von einem
Boer im Flussbett des Oranjeflusses gefunden wurde und
lange Jahre als Kinderspielzeug gedient hatte, bevor man
seinen Werth erkannte, dürfte ausreichend bekannt sein. Dieser
Zufall führte zu fernerm Suchen und viele Steine wurden
im Sand und Kies der Ufer und im Bett des Oranje- und
später auch des Vaalflusses aufgelesen, wo noch jetzt viele
Gräber das angeschwemmte Land durchwühlen. Allmählich
jedoch wurden Diamanten auch in den trockenen Kiesnestern
in einiger Entfernung vom Flusse gefunden: zuerst in Du
Toit's Pan, dann in Bultfontein, darauf auf dem Gut von

de Beer, und zuletzt noch an einer von letzterm $1^1/_2$ km entfernten Stelle, Colesburg Koppje genannt, wo zwei von Colesburg kommende junge Leute zuerst Diamanten gefunden hatten.

„Colesburg Koppje" war dem äussern Aussehen nach ursprünglich ein Lager von Kiesel und Sand, zwischen welchem die Diamanten verstreut lagen; aber dieses ganze Kiesellager ist jetzt entfernt und ein ungeheuerer, mehr als 100 m tiefer, ovaler oder nahezu runder Krater blossgelegt, dessen Böschungen mit zerbrochenem Eisendraht und andern Trümmern bedeckt sind.

Colesburg Koppje wurde bald bekannt unter dem Namen der „Neue Strom", und erst 1878 wurde der würdigere Name Kimberley der mittlerweile hier entstandenen Stadt beigelegt. „Menschen aller Stände und Lebenslagen" strömten hier zu tausenden zusammen und begannen damit, sich Landparcellen zu sichern. Jede solche Parcelle wurde auf 9 m im Geviert beschränkt, und keine einzelne Person durfte sich mehr als zehn solcher Lose zulegen. Diese ursprünglich unter den Gräbern vereinbarte Bestimmung wurde später von der Regierung gutgeheissen, welche Beamte zur Aufrechterhaltung der Ordnung hersandte und dafür eine monatliche Abgabe von 10 M. vom Los erhob. Bald entdeckte man, dass viele der ausgewählten Landparcellen werthlos seien. Je mehr der Kies ausgegraben wurde, desto enger und enger wurde der diamanthaltige Bereich, welcher innerhalb deutlich erkennbarer Grenzen durch eine Wand oder ein denselben umgebendes Flötz von Schieferthon abgegrenzt wurde, welches sich nach unten immer mehr zusammenzog mit einer Neigung von 1 zu 5, sodass ein senkrechter Durchschnitt der ganzen Mine wie ein V aussehen würde.[1]

---

[1] Am 5. April 1884 trat eine schwere Katastrophe ein, indem die Seitenwand von Schieferthon nachgab und fast alle Arbeiten und Maschinen verschüttet wurden. Um 7 Uhr morgens sah man die ersten Zeichen der Bewegung im Thon und binnen fünf Stunden war das ganze

Der trockene sandige Kies, in welchem Diamanten gefunden waren, machte nun plötzlich einer Schicht harten blauen Grundes Platz, welchen die Minenleute für werthloses Gestein hielten. Lose wurden um jeden Preis verkauft oder als werthlos verlassen, und die Diamantenfelder schienen jede Anziehungskraft verloren zu haben, ausser für die Leute, welche noch im Kies zu arbeiten fortfahren konnten. Auf einmal sahen aber Arbeiter, welche zu Bultfontein einen Brunnen in diese blaue Erde hinabtrieben, aus einem Eimer voll Erde einen Diamant herausfallen, und bald wurde es klar, dass der blaue feuersteinhaltige Grund Diamanten in viel grösserer Menge enthielt als der darüber lagernde Kies, obgleich seltsamerweise nicht ein Stein ausserhalb der Grenzen des obengenannten „Flötzes" gefunden wurde.

Die Preise der Lose stiegen reissend schnell; die „Kenner", welche ihre vermeintlich werthlosen Parcellen für ein Spottgeld verkauft hatten, wurden sehr kleinlaut; die Glücklichen jubelten desto lauter. In weniger als einem Jahr drängten sich hier 10000 Menschen zusammen, die alle ihr Glück machen wollten. Eigenthümer mussten sehr darauf bedacht sein, ihre Lose nicht unbenutzt zu lassen, sonst wurden sie von den neuen Ankömmlingen „hinaus gesprengt", und es stellte sich die Nothwendigkeit ein, ordnungsmässige Terrainaufnahmen zu veranstalten und officielle Eigenthumskataster

---

Werk erstickt. Die Französische und Standard-Gesellschaft versuchten einen Theil ihrer Anlagen zu retten, aber die Arbeitsstellen waren hier und da bis zu 30 m hoch unter werthlosem Schutt begraben. Derselbe wurde theilweise beseitigt durch die Standard-Gesellschaft und die Gebrüder Stuart; die Französische Gesellschaft jedoch hat jeden Versuch aufgegeben, die Schuttmassen zu entfernen, welche beiläufig später noch zweimal nachgesunken sind, nachdem sie eine Million Traglasten weggeräumt hatte, und sie senkt dafür jetzt in einer Entfernung von 300 m einen 300 m tiefen Schacht herunter — um von ihm aus durch Stollen wieder an ihre Lose zu gelangen. Die Centralgesellschaft hat freilich die Arbeiten zu Tage nicht ganz aufgegeben, folgt aber auch dem Beispiele der Französischen Gesellschaft und der Wetteifer der beiden Gesellschaften wird natürlich mit grosser Spannung verfolgt.

anzulegen, sowie jede Eigenthumsübertragung sowol als
jeden Erlaubnissschein mit einer Regierungsabgabe zu be-
legen. Viertel-, Achtel- ja Sechzehntellose hatten jetzt den
Werth ganzer Lose von früher, und das Geschäft der Actien-
makler und Diamanthändler wurde nutzbringender als das der
Diamantgräber, sodass die Zahl der erstern Personen der der
letztern fast gleichkam. Das „Maklergeschäft" ging hauptsächlich in die Hände der Juden über, welche sehr zahlreich
in jedem Alter von 15—60 Jahren vertreten waren. Viele
Gräber verstanden von den Diamanten nicht viel mehr, als
dass sie zum Glasschneiden dienten, und wurden deshalb
eine leichte Beute der Söhne von Isaak und Moses. Für
einen gemietheten Gräber war es obendrein so leicht, einen
Stein zu unterschlagen und heimlich zu entwenden, dass die
Eigenthümer der Lose um einen grossen Theil ihres Eigen-
thums betrogen wurden; aber sie vermochten sich nicht dagegen zu schützen, bis 1873 ein Gesetz erlassen wurde, dass
bei Strafe von zwölfmonatlichem Gefängniss keine Person oder
Firma einen Diamant kaufen dürfe, welche nicht im Besitz
eines Erlaubnissscheins zum Handel wäre (für welchen eine
Abgabe von 10 Pfd. Sterl. bestimmt wurde), und dann solle man
auch nur von einem so patentirten Händler oder Makler oder
von einem eingetragenen Gräber oder Mineneigenthümer kaufen
dürfen.

Dieses Gesetz wurde jedoch mit Leichtigkeit umgangen.
Ein Handelsschein wurde einer Firma um denselben Preis
verkauft wie einer einzelnen Person, und man erzählt sich
eine gute Geschichte von einem Juden, welcher mit einem
Christen um 10 gegen 1 Pfd. Sterl. wettete, dass er einen Schein
für 1 Pfd. Sterl. kaufen könne. Die Wette wurde angenommen und
jetzt entpuppte sich der verschmitzte Jude als „Theilhaber"
einer „Gesellschaft" von zehn „Koppjetretern", denen gegen
Zahlung von 10 Pfd., d. h. 1 Pfd. Sterl. per Kopf ein Erlaubnissschein ausgehändigt war. Dieser Jude stach sich jedoch
in sein eigen Fleisch; denn als diese regelwidrige Auslegung
des Gesetzes der Regierung bekannt wurde, änderte sie das

Gesetz dahin, dass jede einzelne Person, mochte sie Mitglied einer Firma sein oder allein stehen, ihre 10 Pfd. zu zahlen habe. Infolge davon wurde der Mensch, welcher die Wette vorgeschlagen hatte, von seinen Maklercollegen durchgeprügelt. „Diamant schneidet Diamant" war der Wahlspruch dieser neuern Söhne Israels. „Genossenschaften" wurden noch zu andern Zwecken geschlossen als um die Steuer zu hintergehen. Eine gute Geschichte wird erzählt von einem Hebräer Namens I—, einem wohlbekannten Händler, der auch noch eines guten Rufs geniesst als Besitzer eines Gewissens. Die Diamantenkäufer jener Tage wussten ja nicht viel von dem wahren Werth der ihnen angebotenen Edelsteine, und so schätzten sie denselben nach den von andern dafür gebotenen Preisen; und wenn der alte I— seinen Preis für einen Stein nicht erlangen konnte, so pflegte er zu schwören, dass ihm derselbe schon von einem andern Händler geboten sei. Nun gilt es als ausgemachte Thatsache, dass wenn ein Jude schwört, seine Glaubensgenossen wenigstens ihm einigermassen glauben dürfen, und so wurde mancher unschlüssige Kunde verleitet, die Summe zu bezahlen, weil sie ihm als eine rechtmässig zukömmliche bezeichnet war. Nach einiger Zeit stellte sich jedoch heraus, dass I—'s Preise bedeutend höher als die Marktpreise seien und Käufer aus dem Geschäft mit ihm keinerlei Nutzen ziehen konnten. Nun verabredeten sich mehrere dahin, bei seinen Diamanten blos nach dem Preise zu fragen aber nicht zu kaufen; er forderte immer viel mehr dafür als irgendeiner geben wollte, wobei er aller Welt dieselbe alte Geschichte vortrug, dass ihm dieser Preis schon von einem „Handelsmann" geboten sei. Wer diese geheimnissvolle Person sei, welche immer hohe Preise bieten aber nie bezahlen wollte, konnte niemand errathen; deshalb erklärten sie ihm zuletzt der Reihe nach, dass sie ihm nicht glauben würden, bis er die Person ihnen vorführe. Thatsächlich brachten sie ihn förmlich in Verruf, bis er endlich erklärte, dass er und seine Frau Compagnons seien und sie die Steine für ihn taxire. Diese Auslegung reinigte ihn von dem Vorwurf des Meineids, brachte ihn

aber um einen grossen Theil seiner Kunden und er pflegte zu
klagen, dass nur ein Jude ihn so habe blossstellen können.
Das unerlaubte Kaufen und Verkaufen ging dabei ruhig
weiter. Ueberwachungsausschüsse wurden in den Minen eingesetzt, aber einige dieser selbstgewählten Aufpasser benutzten
ihre Stellung lieber dazu, auf eigene Hand ein Geschäftchen
zu machen, als sich mit der Aufdeckung unerlaubter Geschäfte
abzugeben. Jedes zweite Haus in Kimberley war ein Hotel
oder eine Kneipe, deren Eigenthümer öfters die grössten Sünder waren. Um jene Zeit war ein weisses Weib in Kimberley
ein seltenerer Vogel als ein schwarzer Schwan in London, und
wenn sich eine solche Rarität blicken liess, so wurde sie mit
Jubel und Kriegstänzen begrüsst, während die Miner sich um
sie versammelten und sie nicht selten mit Diamanten beschenkten. Unter den wenigen „Damen" am Ort befand sich
eine Frau Pound, Eigenthümerin des Richmond-Hôtel, in
welchem Diamantenkäufer und Diamantengräber häufig zu-
sammenkamen, durch deren Gönnerschaft meine Wirthin reich
wurde und Banknoten so zahlreich wie Blätter an den Bäumen
erwarb. Zuletzt wurde ihr Treiben indessen so stadtkundig,
dass die Regierung sich veranlasst sah, sie auf drei Jahre als
weiblichen Inspector innerhalb des Gefängnisses anzustellen.
    Um diese Zeit durften sowol Eingeborene als Weisse
Lose besitzen; dieses Recht wurde ihnen jedoch 1875 genommen, als die Regierung diese Angelegenheit dem Ausschuss
der Miner entzog und ein officielles Minenamt nebst einem
gutgeschulten Landmesser einsetzte. Um den wandernden
Diamanthändlern das Handwerk zu legen, erhöhte diese Behörde im folgenden Jahre die Strafe auf den Handel ohne
Erlaubnissschein von 1 Jahr auf 3 Jahre Gefängniss und
ausserdem 500 Pfd. Sterl. Busse. Aber der unerlaubte Handel
gedieh trotzdem und die Strafe wurde später sogar auf
5 Jahre Gefängniss erhöht.
    Das Jahr 1881 brachte das „Actienfieber" und die Ge-
sellschaften mussten die Minen, deren Ankauf sie beabsichtigten, zum Vierfachen des wirklichen Werthes erstehen. Nutz-

und werthlose Parcellen, welche oft niemals Diamantboden gewesen waren, wurden zu fabelhaften Preisen umgesetzt. Das Publikum liess sich anstecken: Schwindelgesellschaften wurden gegründet, deren Antheilhaber ebenso wie die ersten Eigenthümer bald ungeheuere Gewinnste einheimsten. Aber alles war Täuschung und binnen einem Jahr war die Hälfte der Gesellschaften zahlungsunfähig, da das Betriebskapital vollständig vom Ankauf der Maschinen oder von dem eitlen Bemühen verschlungen war, Diamanten zu entdecken, wo nie welche gewesen waren. Infolge dessen schrien die betrogenen Actionäre, dass die Prospecte betrügerisch gewesen seien und griffen die Gründer an. Aber die Gründer waren den Umständen gewachsen und erklärten, dass die Gesellschaften schöne Dividenden vertheilt haben würden, wenn ihnen die Diamanten nicht gestohlen worden wären. Dies war ein prächtiges Vertheidigungsmittel, und da einige Gründer Mitglieder der Behörde zum Schutz der Mineninteressen waren, so verlangten sie fernern Schutz durch die Gesetzgebung. Das Resultat ihrer Bemühungen war, dass jeder Händler angehalten wurde, ein Verzeichniss über Kauf und Verkauf jedes Diamanten zu führen, mit Einzelheiten über dessen Gewicht und die kaufende oder verkaufende Persönlichkeit, seine Bücher der geheimen Polizei jederzeit vorzulegen, eine monatliche Aufstellung aller seiner Umsätze herzugeben und zwei Cautionen in Höhe von je 500 Pfd. Sterl. zu hinterlegen, welche im Fall seiner Verurtheilung als verfallen erklärt wurden; gleichzeitig wurde die Gefängnissstrafe von 5 auf 15 Jahre erhöht. Wenn das Verzeichniss eines Händlers nachweist, dass er 5000 Karat eingekauft und 4000 Karat verkauft hat und die Bilanz in seinen Büchern nach Einsicht einen Saldo von mehr oder weniger als 1000 Karat ergibt, so gilt er als überführt, selbst wenn er einige Diamanten verloren oder verschenkt haben sollte, oder ihm solche geschenkt wurden. Die Wirkung aller dieser Zwangsmassregeln war natürlich die Vertreibung des rechtmässigen Geschäfts, sowie die freiwillige zeitweilige Entfernung der ungesetzlichen Händler. Das englische Element

hat sich ganz zurückgezogen und der Handel liegt jetzt in der
Hand weniger Deutschen. Die Zahl der Einwohner vermindert
sich in derselben Weise, wie das Monopol sich ausbreitet, und
zuletzt wird Kimberley eine Stadt mit einem Pferde sein. Dennoch
blüht das Geschäft der I. D. B. (Illicit Diamond-Buyer), d. h.
der „illegitimen Diamanten-Bieter“ oder „Händler“ im stillen
weiter. Sie bevorzugen nur nicht mehr Kimberley insofern,
dass sie dort beständig wohnen, sondern sie leben über der
Grenze, wo die strengen Gesetze von Griqualand nicht gelten,
und deshalb wird diese Sorte nicht eher auszurotten sein, als
bis der Oranje-Freistaat, die Capcolonie, Natal, überhaupt alle
Theile Südafrikas denselben Gesetzen gehorchen.

Die Grenze des Oranje-Freistaats ist nur 3 km von
Kimberley entfernt, sodass es nie an Gelegenheit mangelt,
aus dem Bereich des Diamantengesetzes zu gelangen. Ab und
zu wird jedoch einer der regelmässigen I. D. B. dingfest gemacht. Kurz vor meiner Ankunft wurde jemand abgefasst,
als er gerade seinen Wagen besteigen wollte, um mit 3 Pfd.
Diamanten, welche er in seinem Ueberzieher versteckt hatte,
in die Capcolonie zu verduften; aber für einen den man fängt,
laufen zwanzig frei herum. Der Hauptverdächtige ist ein
reicher Mann, Grubenbesitzer und Makler zugleich. Ein
Lieblingskniff dieser Genossenschaft besteht darin, eine Com-
pagnie zu gründen, ein billiges Los zu kaufen, dann etwas
von dem alten Staub aufzuarbeiten, welcher in den frühern
Tagen der Industrie nur mit der Hand sortirt worden war,
und dann ihre gestohlenen Diamanten in ihrer „Wäsche“ zu
entdecken; zuweilen sind sie jedoch zu eifrig darauf ausge-
wesen reich zu werden und haben zu viele Diamanten aus
einem Boden herausgewaschen, welcher notorisch arm war an
Edelgestein.[1]

---

[1] Der durchschnittliche Werth einer Tonne (20 Ctr.) guter blauer
Erde ist 30 M., und die Kosten des Heraufschaffens betragen etwa
2 M. 50 Pf. Wenn die Minen in schwunghaftem Betriebe sind, so kann
jede täglich 1000 Ladungen herauffördern.

Die geheime Polizei rühmt sich nicht allein ihrer Erfolge in der Ueberführung der Diamantendiebe und der Hehler gestohlener Diamanten, sondern auch der Beschlagnahme von nicht weniger als 16474½ Karat Gewicht an Diamanten von einem geschätzten Werthe von 649432 M. 25 Pf.; bedenkt man aber, dass sie 800000 M. jährlich oder 80 M. per Kopf einer Bevölkerung von 10000 Seelen kostet, so ist das Ergebniss ihrer Thätigkeit nicht gerade glänzend. Es wird jedoch allseitig zugegeben, dass ihr Fang nur einen kleinen Bruchtheil der mit Erfolg „geschossenen" Diamanten ausmacht, was z. B. auch aus dem einen Vorfall erhellt, dass ein einem gewissen Joseph Jacobs gehöriges Päckchen von 7162¾ Karat[1], im Werth von 240000 M., infolge einer rechtlichen Schwierigkeit zurückgegeben werden musste. Während aber die I. D. B. ihnen entschlüpfen, wird allgemein geglaubt, dass die geheime Polizei ihre Gewalt in einer tadelnswerthen Weise dazu misbraucht, Fälle in trügerischer Weise in Scene zu setzen und die Leute beim Kauf von Diamanten auf ungesetzliche Art abzufangen. Ihre halbe freie Zeit wendet die Polizei dazu an, ein Individuum ausfindig zu machen, welches sie wol „verdächtig" finden möchte und Beweise für ihre Annahme herbeizuschaffen. Nachdem sie sich ihr Opfer gemerkt hat, versieht sie einen Neger mit Diamanten und gibt ihm den Auftrag, sie an den Jemand zu verkaufen — wobei sie Sorge trägt sich vorher zu vergewissern, dass er kein Geld bei sich hat. Der Neger klopft an die Thür des bezeichneten Individuums und lässt, während er fragt, ob es ein Pferd oder eine Kuh kaufen wolle, einen Stein auf die Thürmatte fallen, für welchen, wie ihm bereits gesagt ist, er seine Zahlung auf der Fensterbank oder der Veranda finden würde, wo die Polizei natürlich das Geld verborgen hat. Das Individuum bedarf aber keines Pferdes oder einer Kuh und befiehlt dem Neger

---

[1] Das englische Juwelenkarat ist 20.53 cg schwer; das Päckchen Diamanten wog also nahezu 1½ kg, genau 1470.51 g. Das Gramm wurde demgemäss zu 163 M. gerechnet.         Der Uebers.

sich wegzudrücken. Wie er sich zurückwendet und das Geld aufnimmt, kommt plötzlich ein anderer Polizist herbei, durchsucht ihn und findet, dass er jetzt Geld bei sich hat, und der Jemand wird beschuldigt den Diamant gekauft zu haben, welcher natürlich auf der Matte entdeckt wird. Bei solchem Beweismaterial kann auch der schlaueste Advocat ihn nicht vor fünf Jahren Strafarbeit bewahren.

Eine Folge solcher Handlungsweise ist gewesen, die natürliche Verschlagenheit des Eingeborenen zu schärfen, welcher hier mit der „Nahtseite" oder sagen wir „Nachtseite" der Civilisation in Berührung gekommen ist. Der Kaffer kann die verschiedene Behandlung nicht begreifen, welche ihm zutheil wird. Wer am unerlaubten Diamanthandel interessirt ist, verwendet ihn zum Herbeischaffen gestohlener Steine. Wer den unrechtmässigen Handel aber unterdrücken will, benutzt ihn als Spion, um unschuldige Leute zu überführen. Kommt nun ein Kaffer zufällig beim Suchen von Arbeit in eine Stadt, ohne die Gesetze des weissen Mannes zu kennen, und betritt in seiner Unschuld „nackt und ohne sich zu schämen" die Strasse, so wird er sofort arretirt und „gebrücht". Da er keine Kleidung trägt, so kann er keine Taschen haben, und weil er von Kleingeld oder Checkbuch keine Ahnung hat, so wird er mangels Zahlung einen Monat eingesperrt. In Freiheit gesetzt, benutzt er diese Lehre und bedeckt seine Beine mit einer alten Hose, um der Civilisation zu genügen; findet er aber an demselben Tage keinen Dienstherrn, so wird er von neuem arretirt und zwar als „Vagabund" und bekommt wieder einige Tage. Der arme Teufel wird dadurch so confus, dass ihn eine heftige Liebe zum weissen Manne und seinen Gebräuchen erfasst und er sich sorgfältig nach jemand umsieht, welcher ihm schriftlich bestätigt, dass er bei ihm in Diensten steht. Dann sucht er einige Kaffernfreunde in den Minen auf und sucht Unterkunft in einer Gesellschaft zu finden. Arretirt, weil er ohne Erlaubniss oder in unlauterer Absicht eingetreten ist, wird er angeklagt, gebrücht und wandert vielleicht noch einmal ins Gefängniss. Nachdem er seine Zeit abgesessen hat, kehrt er wahrscheinlich zu seinem „Dienstherrn" zurück, welcher ihm aber erklärt, dass er „entlassen ist", weil er „ohne Erlaubniss" eine Woche ausgeblieben sei; dann beginnt der niedliche Wechsel von Polizeistation, Gerichtshof, Gefangenenzelle von neuem.

Trotz aller dieser Erfahrungen mit der gebildeten Welt wird man ihn schwerlich je klagen hören, sondern er singt oder lacht in den Strassen oder bei der Arbeit — eine Beschäftigung, nebenbei gesagt, welche ihm viel natürlicher steht, als Handarbeit irgendeiner Art.

Die Eingeborenen von Kimberley sind grösstentheils Basuto und Zulu — schöne hühnenhafte Exemplare von Menschenkindern. Sieht man sie an der Arbeit in den Minen, in all der süssen Einfachheit ihrer schwarzen Haut, so gleichen sie lebenden Bronzestatuen und sind so schöne Modelle der menschlichen Figur, wie man sich nur denken kann; erscheinen sie aber in den Strassen, so werden sie unbeschreiblich lächerlich: ein alter Hut, je höher und eingetriebener desto besser, überragt einen schmutzigen Lappen, mit welchem sie stets den Kopf umwinden, und zur Bedeckung des Leibes wählen sie mit Vorliebe einen alten Sack mit einem Loch im Boden und zweien an jeder Seite, durch welchen sie Kopf und beide Arme hindurchstecken, oder aber eine zerrissene Schürze oder ein verkommenes Paar Unaussprechlicher. Zuweilen freilich sieht man einen Kaffer in der vollen Glorie von einem oder zwei oder allen drei Kleidungsstücken, die zu einem vollständigen Anzug vereinigt sind; eine solche Vogelscheuche sieht sich dann Fräulein Grundy mit Wohlgefallen an, während die „Britische Matrone" erklärt, dass er in ihren Augen das „Urbild ewiger Schönheit und Lust" ist, mit welchem keine Andromeda oder Aphrodite im Königlichen Museum einen Vergleich aushält.

Doch dies nebenbei! Während das Gesetz auf den Hehler gestohlener Güter zielt — und der Hehler, welcher stets schlimmer ist als der Dieb, verdient in diesem Fall doppelte Strafe, weil er ein Weisser, während der Dieb ein Schwarzer

ist — bemühen sich die Gesellschaften den Dieb für sich zu
gewinnen, indem sie „grüne Hände" von Natal und Zululand
miethen, welche noch nicht von der Atmosphäre von Kimberley angesteckt sind, und indem sie Gehöfte anlegen, in welchen die Arbeiter wohnen müssen bevor sie gemiethet werden, damit sie beständig unter Aufsicht gehalten werden.

# DRITTES KAPITEL.

Das Sprengen des blauen Grundes. — Hinab in den Krater. — Untersuchung der Schwarzen. — Die Wäsche. — Reinspülen der Diamanten von Erde. — Sortirtische. — Beurtheilung des Gewichts eines Steines. — Wer sind die Diamantendiebe? — Leben in Kimberley. — Klima und moralische Atmosphäre. — Der Pionnier der Minen.

Eines Tages holte uns Herr English, der Director der Standard-Gesellschaft, ab, um das „Sprengen des blauen Grundes" anzusehen.

Wir erhielten einen Platz in einem grossen eisernen Eimer, der eine Tonne des Erdreichs fasste und an vier gekerbten Rädern, zwei an jeder Seite, mit je zwei eisernen Drahttauen hing, die an dem einen Ende um hölzerne Balken geschlungen waren und mit dem andern in gerader Linie die steile Böschung etwa 150 m hinunterliefen.

„Geschossen" wird des Mittags, wenn alle Leute aus der Mine sich entfernt haben, und es sah seltsam genug aus, wie die lange Reihe der Schwarzen einen schmalen steilen Pfad aus der untersten Tiefe von über 100 m hinaufkletterte; aus der Entfernung sahen sie aus wie eine Armee von Ameisen im Gänsemarsch oder noch besser, wegen ihrer glänzend schwarzen Haut, wie ein Strahl schwarzen Wassers, der hügelaufwärts floss.

„Ich wollte, ich hätte meine Camera hier", sagte Lulu, „ein Bild von dieser Menschenflut würde sich schön machen."

„Ich möchte lieber das haben, was diese schwarzen Diebe mit sich heraufbringen", sagte Herr English; „nackt wie sie sind und

wie genau sie auch durchsucht werden, bevor sie das Werk
verlassen, nehmen sie doch Werthe von mehrern 100 Pfd. Sterl.
mit sich."

„Aber wie können sie Steine verbergen, wenn sie keine
Kleidung tragen?"

„Ihr Haar wird durchsucht, in die Ohren gesehen, jeder
muss seinen Mund öffnen, damit man hineinblicken kann, und
vielleicht wird kein einziger Stein gefunden: sie haben ihn an
sicherer Stelle aufgehoben, indem sie ihn verschluckten. Der
Mann setzt seine Freiheit dagegen ein, indem er sich einen
Diamant aneignet, ohne einen Erlaubnissschein zum Verkauf
zu haben; aber die Versuchung ist zu gross. Einst erfuhr
ich, dass ein Mann einen Stein von 40 Karat Gewicht in
seinen Besitz gebracht hatte; er wurde festgenommen und
durchsucht, aber es wurde nichts gefunden. Er hatte ihn verschlungen, wurde gefangen gesetzt unter strenger Bewachung,
und trotzdem gelang es ihm, ihn zum zweiten mal zu ver-
schlingen; aber als er ihn zum zweiten mal von sich gab,
wurde er dabei abgefasst und jetzt arbeitet er seine 10 Jahre
auf dem Wellenbrecher von Capstadt.

„Zuweilen stehen die Aufseher im Bunde mit den schwarzen Minern, und dann wird es höchst schwierig, die Diebe zu
überführen. Auch mit Sträflingen haben wir zu arbeiten versucht und die Arbeit schien wunderbar vorwärts zu gehen,
bis eines Tages die Flinte eines Aufsehers sich mit einer
vollen Schussladung Diamanten gefüllt zeigte. Ein beliebter
Kniff der I. D. B. war damals, wegen eines kleinen Vergehens
sich einige Tage ins Gefängniss stecken zu lassen, wo sie
prächtige Gelegenheit fanden, von den Sträflingen und den
Aufsehern einzukaufen."

Mittlerweile läutete es, zum Zeichen, dass der Schuss
gleich losgehen werde. Einige Minuten später sah man eine
schwarzgelbe Flamme mitten in einer Wolke von Staub und
Steinen gemischt mit Rauch, welcher ein langer dumpfer
Widerhall folgte; dann kamen zwei, drei, vier Schüsse in
rascher Folge hinterher und damit waren einige Tonnen des

harten blauen Lehms abgelöst und konnten auf die „Flur"
geschafft werden.

„Welch ein prächtiges Bild hätte das gegeben", rief Lulu
aus, „könnte ich doch eine Photographie davon «so nach dem
Leben» bekommen!"

„Unmöglich, die Erschütterung würde Ihre Platten zer-
schmettern, zum wenigsten die Linsengläser", erwiderte ich.
„Sie können sich ebenso gut auf den Vesuv setzen und einen
Ausbruch abwarten, in der Hoffnung, mit heiler Haut davonzukommen."

In diesem Augenblick kehrten die schwarzen Arbeiter
zurück und füllten die von der Explosion gelöste Erde in die
grossen eisernen Eimer, in welchen sie auf der Drahtbahn
emporgeschafft wird, indem abwechselnd ein voller Eimer
hinauf-, ein leerer hinunterging. Wir kehrten auf demselben
Wege zurück, auf dem wir gekommen waren, nämlich in einem
dieser grossen Eimer, da dies die übliche Weise der An-
und Ausfahrt ist. Zuweilen ereignet sich ein Versehen mit
den Signalen und die Passagiere werden gleich dem Schlamm
das geneigte Fördergestell etwa 6 m tief hinuntergestürzt.
Ich war entschlossen, mich nicht so unglimpflich behandeln zu
lassen, wenn ich es vermeiden konnte, gebrauchte deshalb die
Vorsicht, mich so bemerklich als möglich zu machen und am
Draht festzuhalten, sobald wir den höchsten Punkt erreichten;
glücklicherweise wurden wir mit der einem lebenden Erdkloss
gebührenden Achtung behandelt und griff die Bremse rechtzeitig ein.

Der harte kieselsteinartige Lehm kann nicht sofort auf-
bereitet werden. Er bleibt eine Zeit lang auf den „Fluren" der
Einwirkung der Atmosphäre ausgesetzt. Diese „Fluren" sind zuweilen 10—15 Acker gross, und jede Gesellschaft hat zusammen
hunderte von Ackern zu ihrer Verfügung für die Aufbereitung
der Erde. In der Regenzeit fördert der Regen das Zerfallen
der Erde; bei trockenem Wetter muss der Process durch
häufiges Besprengen mit Wasser aus einem Spritzenschlauch
unterstützt werden; wenn dann die Klumpen sich zu erweichen

beginnen, wird eine Egge über die Masse gezogen. Das Verfahren gleicht ganz der Bewässerung und Urbarmachung eines Stücks Ackerlands, nur dass man Gold hineinsäet und Diamanten erntet. Es dauert drei Monate, bis die Thonmassen sich waschen lassen: zu dem Ende werden sie auf eiserne „Hunde", die auf Strassenbahnen laufen, geladen und durch Pferde eine geneigte Ebene bis zur Waschmaschine emporgezogen. Hier wird der Inhalt jedes kleinen Hundes in einen Trichter gestürzt, aus welchem er auf einen Rost fällt, dessen Stäbe eng genug liegen, um die grossen Steine zurückzuhalten. Dort steht ein Mann mit einem Spritzenschlauch und gibt dem „Blauen" eine tüchtige Douche, sodass er als flüssiger Schlamm in die Waschbottiche unterhalb des Rostes fällt. Dies sind kreisrunde Pfannen von 45 cm Tiefe, in welchen vier mit Dampfkraft getriebene, mit Zähnen bewaffnete Arme sich herumdrehen. Kies und Steine sinken hier zu Boden, der Schlamm fliesst ab und führt die kleinern Trümmer mit sich durch einen kleinen Kanal zu einem Sammelbehälter, von dem eine Schöpfpumpe das schlammige Wasser wieder auf die frühere Höhe hebt, um nochmals benutzt zu werden: der sich jetzt absetzende Schlamm wird dann auf Strassenbahnwagen geladen, um die grossen Schutthalden draussen vergrössern zu helfen.

Wenn die Waschbottiche sich mit Steinen gefüllt haben, wird ein kleiner eiserner Strassenbahnwagen unter sie geholt und von ihnen aus angefüllt. Der Wagen wird dann verschlossen, eine andere schiefe Ebene zu einem andern Trichter hinaufgezogen, in welchen die kostbare Ladung übergestülpt wird, um einer zweiten Wäsche in anderm Wasser unterzogen zu werden. Diese wird bewerkstelligt vermittelst eines etwa 2 m langen, in mehrere Abtheilungen zerfallenden Cylinders von Drahtgeflecht, dessen Maschen in jeder folgenden Abtheilung an Grösse zunehmen. Ueber diesem Trieur läuft ein Rohr, dessen Wände in Abständen von 5 cm etwa 6 mm grosse Löcher haben, durch welche beständig Wasser abfliesst. Beim Umdrehen des Trieurs oder Cylinders fallen die kleinsten

Steine durch die erste Abtheilung, die nächstgrössten durch
die zweite und so weiter, bis die grössten Steine am äussersten Ende anlangen, wo zwei Mann auf die grossen Diamanten
Acht geben.

Die auf diese Art roh nach der Grösse sortirten Steine fallen
aus dem Cylinder in eine Reihe von Kästen, welche „Pulsator"
genannt wird; in diese wird durch ein Ventil von unten Wasser
eingespritzt, um allen leichten Abfall zu entfernen, sodass die
Diamanten und der Kies am Boden liegen bleiben und in
bestimmten Zwischenräumen in eine eiserne Schachtel mit
einem Sieb am Boden fallen. In diesem werden sie von zwei
Schwarzen zu einem Hydranten gebracht und einer letzten
Spülung durch einen starken Wasserstrahl unterworfen, bevor
man sie in den anstossenden Sortirschuppen bringt.

Dort sitzen an einer Reihe von Tischen die Sortirer,
welche die Kieshaufen mit einem Stück Zinn zu sich kratzen,
die Diamanten herauslesen und sie in eine zerbrochene Bier-
flasche neben sich werfen.

Der ganz feine Staub, welcher durch die feinsten Maschen
des Cylinders fällt, wird drei- bis viermal sortirt. und selbst
dann hat man noch nicht alle Steine erbeutet, so klein sind
sie. Ich nahm eine Hand voll dieses Abfalls vor, und fand
darin zwei winzige Krystalle, aber beide waren, obwol kaum
sichtbar, vollkommene Octaëder.

Von grossem Vortheil würde die Erfindung einer Auf-
bereitungsmethode der blauen Erde gleich nach ihrer För-
derung sein, und schon der Erfinder würde sich ein Vermögen verdienen, welcher eine Maschine zur Vermeidung des
Hin- und Herfahrens des Rohmaterials nach und von den
grossen Bewässerungsfluren herstellte. Letztere sind zu um-
fangreich, als dass man sie einhegen könnte, und müssen deshalb Tag und Nacht bewacht werden; die Kosten der Bewachung und der Fortschaffung bilden zwei Hauptposten unter
den Ausgaben.

Einige Schritte zu einer Vereinigung der verschiedenen
Processe sind bereits gethan; die Centralgesellschaft besitzt

FARINI.                                                                  3

z. B. eine Maschine, in welcher der rundlaufende Wascharm im Waschbottich und der „Pulsator" combinirt sind; aber das grösste Verlangen richtet sich darauf, die „Bewässerungsfluren" zu beseitigen.

Wenn der Waschprocess beendigt ist, geht der Director die Reihen herunter, stürzt den Inhalt der zerbrochenen Flaschen in seine Hand und steckt ihn in die Tasche, um die Steine nach dem Bureau mitzunehmen, wo sie in nachstehender Ordnung sortirt und klassificirt werden:

1. Krystalle (vollkommene Octaëder).
2. Cap weiss.
3. Vom ersten Wasser (hellgelb).
4. Vom zweiten Wasser (dunkelgelb).
5. Gemischt (von 2 Karat und darunter).
6. Makrelen (platte Steine).
7. Spaltstein (Steine mit Rissen, Flecken u. s. w.)
8. Schnitzel (zerbrochene Steine).
9. Phantasie (die weder weiss noch gelb, sondern braun, fleischfarben, grau oder schwarz sind). Einige sind werthvoll wegen ihrer Seltenheit, um so mehr wenn sie vollkommene ̊Krystalle sind.
10. Abfall.
11. Bort (Diamantpulver, fast schwarz, zum Schneiden und Poliren anderer Steine benutzt).

Eine Sorte nennt man „rauchige Diamanten"; sie zerfallen fast immer in Stücke, wenn sie dem Lichte ausgesetzt werden. Ich sah, dass einer in der Hand des Sortirers zerbrach. Man hat alles Mögliche versucht sie zu erhalten, indem man sie z. B. in Kartoffeln legte u. dgl. — aber vergebens.

Der durchschnittliche Preis der Diamanten, wie sie von der Grube kommen, beträgt 1 Pfd. Sterl. das Karat. Krystalle, von denen einige den besten brasilianischen an die Seite gestellt werden dürfen, sind roh 3—8 Pfd. Sterl. werth, andere von 5 Schilling bis 3 Pfd. Sterl. das Karat. Ich nahm einige Steine auf und fragte dann nach dem Gewicht und Werth; darauf

schätzte ich das Gewicht anderer, indem ich es bis auf
$1/16$ Karat traf — zum grössten Erstaunen des Directors, welcher bemerkte, es gäbe nicht zwei Händler in der Stadt,
welche so zutreffend schätzen könnten.

„Stellen Sie sich nur nicht zu schlau an", sagte Lulu,
„sonst macht man sie ehestens als I. D. B. unschädlich."

Die Einzelheiten des Systems der Diamantgräberei in
Kimberley mögen vielleicht für meine Leser weniger Interesse
haben als für mich: denn eine der Absichten, welche mich
nach Südafrika führten, war, eine Diamantgrube zu entdecken
— mit welchem Erfolg, wird die nachfolgende Erzählung ergeben — und ich musste deshalb lernen, wie man eine Grube
ausbeutet, nachdem man eine gefunden hat. Was ich auch
sonst vornehmen mochte, ich fühlte mich im Stande, eine Mine
„anzutreten", wenn ich eine fände, und ich bildete mir auch
ein, mit der I. D. B.-Schwierigkeit ebenso leicht fertig zu werden. Ich habe sorgfältig auf die Schwarzen Acht gegeben,
wie sie in der Mine und auf den Waschfeldern bei der Arbeit
waren — ich konnte mich durchaus nicht recht zu dem Glauben versteigen, dass sie einen grossen Antheil an der Million
Pfd. Sterl. Werth haben, welcher angeblich jährlich hier an Diamanten gestohlen werden soll. Ich versuchte selber einen Diamant
zu stehlen, d. h. ich schaute von Zeit zu Zeit höchst sorgfältig über das „Blaue" hinüber, wie es auf den Bewässerungsfluren dalag, um einen Stein darin zu entdecken, aber es gelang mir nie, und deshalb scheint es mir auch nicht möglich,
dass ein Neger, ausser im seltensten Glücksfall, zwischen der
Zeit der Sprengung und dem Sortirtisch einen Diamant finde.
Jedoch gelangte ich zu der Ueberzeugung, dass jeder Eigenthümer einer Diamantgrube am besten fährt, wenn er sie selbst
bearbeitet; dann wird er den Alpdruck des I. D. B. jedenfalls
nicht fühlen. Natürlich hat die Organisation der Gesellschaften dahin gestrebt, Arbeit zu sparen und das Resultat
zu vergrössern, aber sie hat auch jede directe persönliche
Ueberwachung der wirklichen Eigenthümer zunichte gemacht.
Wenn jemand die sorglose Art und Weise sieht, mit welcher

die Directoren das Ergebniss einer Tagesarbeit in ihre Westen-
taschen stecken, so denkt er an das fürstliche Gehalt, welches
sie beziehen, und kommt zu der Ueberzeugung, dass solche
Salairs selbst einen Gewohnheitsdieb zum ehrlichen Mann
machen können. Selbstverständlich können es also die Aufseher und Directoren nicht sein; ich selber glaube nicht, dass
die Neger es sind: darum begreife ich nicht recht, wie Diamanten im Werth von 1 Million Pfd. Sterl. jährlich sollten
gestohlen werden. Ebenso wenig will es mir in den Kopf,
dass in den 15 Jahren der Existenz von Kimberley dort für
45 Millionen Pfd. Sterl. aus der Erde gegraben sind, und dabei
sich nicht drei reiche Leute in der Stadt nachweisen lassen.

Der Unfug der I. D. B. wird zweifelsohne bis zu einem
gewissen Grade durch das Bestreben der Gesellschaften eingedämmt, unter dem Druck der Schwierigkeiten mit oben-
genanntem Flötz und den Besonderheiten der natürlichen
Formation der Mine zusammenzuarbeiten. Der Erfolg ihrer
Vereinigung würde zunächst darin bestehen, dass die Diamanten durch weniger Hände gehen und den Operationen der
I. D. B. weniger Spielraum gelassen würde. Die Vereinigung
ist jedoch gleichbedeutend mit dem Monopol, und das Monopol
würde die Concurrenz beseitigen, welche Kimberley auf seine
jetzige Höhe gehoben hat. Es ist gesagt worden: „Gott schuf
das Land und der Mensch die Stadt“, und man darf hinzufügen: „die Diamanten schufen Kimberley“; denn wie sollte
jemand Kimberley zu seiner Heimstätte machen, den nicht
sein Ruf als eine Art Schatzgräberland dahin gelockt hätte.
Ich will nicht sagen, dass das Institut der I. D. B. ein
wünschenswerthes oder gar nothwendiges sei, aber soviel ist
sicher, wenn das ganze Geschäft des Diamantengewinns und
des Diamantenverkaufs unter die absolute Controle weniger
Monopolinhaber gerathen sollte, die gewonnenen Werthe irgend-
anderswo als in Kimberley ihre Besitzer wechseln werden, und
dass die Stadt Kimberley an Wichtigkeit und Bevölkerung
ebenso viel verlieren muss, als sie an Respectabilität gewinnt.

Das Klima mag nicht gerade ungünstig genannt werden,

aber die wasserleere und fast baumlose Landschaft entbehrt jedes eigenen Reizes. Im Sommer steht das Thermometer oft auf 60° C. in der Sonne und soll sogar schon 66° erreicht haben. Die Strassen sind im Naturzustande und wenn ein Last- (Trek-)wagen mit seinen 4mal 20 Hufen durch den Staub daherpflügt, so wähnt man sich in einen Sandsturm der Sahara versetzt. Weht der Wind über die Schlammhalden der Minen, so erfüllt eine weisse Staubwolke gleich einem versteinerten londoner Nebel die Stadt, welcher einen zugleich blendet und erstickt. Bei den Häusern wird die Sonnenhitze von den zinnernen Wohnungen äusserlich zurückgestrahlt, inwendig aber aufgespeichert, sodass man kaum zu unterscheiden vermag, ob die erstickende Hitze des Innern oder die blendende Glut draussen schwerer zu ertragen ist.

Die Lebensmittel hatten zu meiner Zeit etwa folgende Marktpreise:

Kartoffeln 22 Schilling der Sack.

Hafer 32 Schilling der Sack.

Mais 52 Schilling der Sack.

Grosse Säcke mit Stroh, das zur Fütterung dient (Chaff genannt) im Gewicht von 160 Pfund 21 Schilling.

Weintrauben 1 Schilling das Pfund.

Melonen 1—3$\frac{1}{2}$ Schilling das Stück.

Taback 2$\frac{1}{2}$ Schilling für die Rolle von 2$\frac{1}{2}$ Pfund.

Weizen 36 Schilling für einen Sack von 200 Pfund.

Zwiebeln 22 Schilling der Sack.

Hühner 2$\frac{1}{2}$ bis 3 Schilling.

Holz theurer als sonst irgendwo. Eine Wagenladung von 10 Centner wurde für 18 bis 20 Pfd. Sterl. verkauft und bedingt zuweilen sogar 40 Pfd. Sterl.

Die moralische Atmosphäre von Kimberley darf nach dem bereits Gesagten nicht gerade als ersten Ranges angesehen werden. Man darf sagen, es gibt nur drei wirklich blühende Einrichtungen in Kimberley — nämlich die geheime Polizei, den Kirchhof und das Gefängniss; aber obwol ich den Charakter

der Stadt in dieser Weise feststellen würde, so will ich doch
auch die vernichtende Aussage vorführen, welche ein neuerer
Schriftsteller über das Thema abgegeben hat.

Stanley Little
schreibt in seinem Buche über Südafrika von Kimberley,
dass „von Anbeginn bisjetzt die Diamantenfelder von Südafrika die Treibbeete des Bummlerthums gewesen sind, und
alles Widerwärtige in der menschlichen Natur sich hier zu-
sammenfindet. Die Brüder Liederlich, die Fälscher, die
Bauernfänger und der ganze Auswurf von Europa haben hier
eine Freistätte gefunden. Der Jude aus dem Ostend und der
Hochstapler aus dem Westend von London haben die Führung . . . der Louis ist der rechte Macher und herrscht über
alles. Was die begüterten Leute der Gegend betrifft, so ist es
eine Beleidigung, zu behaupten, dass die meisten von ihnen
ihren Reichthum dem ungesetzmässigen Diamantenhandel ver-
danken, oder der Ausbeutung der Noth oder Unerfahrenheit
unglücklicher Gräber? Das gesellschaftliche Leben ist in
Kimberley so äusserst gemein und abstossend geworden, dass
der anständige Mensch ihm zuletzt mit demselben Ekel entflieht, wie den Mauern eines Quarantänehauses. Trinken,
Schwören, Fluchen, Aufschneiden, Lügen, Betrügen, kurz jede
Art gemeinster Laster durchdringt die ganze Gesellschaft, ich
würde sagen von der Spitze bis zum Grunde, wenn man von
einer solchen Gesellschaft nur angeben könnte, wo die Spitze
und wo der Grund."

Gleich Denver oder Leadville, San Francisco oder Bathurst
und andern grossen Mittelpunkten der Minenindustrie, welche
dem Minengräber die Hoffnung auf plötzlichen Reichthum vor-
spiegeln, hat Kimberley ein gutes Theil des Abschaums und
Bodensatzes der Menschheit an sich gezogen; wenn ich jedoch
obige Ausdrücke auf das jetzige Kimberley anwenden sollte,
so müsste ich doch vorausbemerken, dass Herr Little seinem
Eifer zu sehr die Zügel hat schiessen lassen und seine Einbildung mit den Thatsachen davongelaufen ist. Seine Beschreibung mag in den ersten Tagen der Diamantgräberei
wahr genug gewesen sein. Die Klasse der Desparados, welche

er als die ersten Freibürger der Diamantenfelder schildert,
liefert die Pionniere für alle herrenlosen Länder, deren
Mineralreichthümer dem Erstkommenden sofortigen Reichthum versprechen. Die bessere Klasse der Bevölkerung fällt
nicht darauf herein und wagt sich auch nicht an die verzweifelten Glücksschläge des ersten Ansturms. Wenn aber die
Bevölkerung zunimmt und dem Minenvolk die Lebensmittel-
händler, die Zimmerleute und Ingenieure u. s. w. folgen, in
dem Maasse wie der Erfolg des Ansturms sich consolidirt, so
werden Gesetze nothwendig, welche das schlimmste Gesindel
bald vertreiben und den Ort bewohnbar machen für eine
bessere Klasse von Leuten, welche sich theils ansiedeln, theils
in die Gruben gehen wollen. Der einzelne Gräber, welcher
auf sein eigenes Risico arbeitet, geräth in die Versuchung.
sein Los für baares Geld abzutreten und die Parcellen gerathen so in weniger Hände; der vorausschauende Minengräber,
welcher bei stetiger Arbeit einen Gewinn zu erzielen hofft, bleibt:
während der Mann „des letzten Treffers" einer andern ver-
geblichen Hoffnung sich zuwendet, entsteht allmählich Ordnung
in dem Chaos. Was demnach auch Kimberley gewesen sein
mag, seine gegenwärtigen Zustände sind nicht so schlimm als
Little sie geschildert hat. Es ist nicht zu leugnen, dass die
ausserordentlichen Gelegenheiten zum Diebstahl, welche sich
stets bei einer Diamantengrube ergeben, nicht verfehlen
können, eine ungewöhnliche Menge von Schwarzen und Vaga-
bunden, die nur auf ihren Treffer lauern, herbeizulocken. Ein
kostbarer Stein lässt sich leicht am Leibe verstecken oder im
Fall der Noth verschlucken, und deshalb wird Kimberley stets
mehr als seinen verhältnissmässigen Antheil am Bodensatz der
Menschheit beherbergen. Ich habe aber dort verschiedene
höchst liebenswürdige, strebsame, gastfreie und hochgebildete
Herren angetroffen, welche mit aller Kraft bemüht sind, den
Ton ihres Platzes zu heben.

Und Raum bietet Kimberley für derartige Bemühungen.
In der Hast, reich zu werden, schläfert selbst das zarteste
Gewissen leicht ein, die empfindlichsten Naturen stumpfen ab,

— und je zarter und feiner jemand veranlagt ist, desto leichter
leidet er unter der Berührung mit den rauhen und rohen
Elementen. „Böser Umgang verdirbt gute Sitten", und wenn
auch ein Mensch von anständigem Benehmen und feinen
Sitten zusammenschreckt vor der Berührung mit neu hinzu-
gekommenen Minern, so hat doch die beständige Berührung
— oder der beständige Krieg — mit ihnen gewöhnlich eine
verderbliche Wirkung auf den normalen Stand seiner Moralität. Dennoch heisst es sie beleidigen, wollte man auf sie die
schimpflichen Epitheta des obigen Citats anwenden, und zwar
um so mehr, wenn man sie ununterschiedlich und nicht indi-
viduell ausspricht.

# VIERTES KAPITEL.

Ein gefährlicher Versuch. — Ein Vulkan in schauspielerischer Thätig-
keit. — Einpacken. — Der Aufbruch nach der Kalahari. — Ein Bastard-
Lager. — Ein dicker Packen Patronen. — Freundschaft mit den Boers.
— Eine gute Kapitalanlage. — Ein südafrikanischer Robinson. —
Holzmangel. — Ermordung Unschuldiger.

Als ich eines Morgens den Erläuterungen des Herrn
English über die Geheimnisse der Diamantengräberei gelauscht
hatte und zum Gasthof zurückkehrte, war Lulu sammt seiner
Camera verschwunden. Es war Mittag und die Mittagsglocke
läutete schon. „Er ist fort, der tolle Mensch, um die Spren-
gungen zu photographiren", dachte ich, eilte hinaus, begegnete
dem Aufseher und hörte ihn meine Vermuthung bestätigen.
Er hatte Lulu vor dem gefährlichen Wagniss gewarnt; aber
der ungestüme junge Mann hatte es sich einmal in den Kopf
gesetzt, und nun konnte ihn nichts zurückhalten. Ich eilte
also zur Mine und erreichte den Rand der Böschung gerade
als der erste Schuss losging und die Luft derartig mit Rauch
und Staub erfüllte, dass ich nicht bis in den Krater hinab-
sehen konnte. Als es sich aufhellte, schaute ich mit dem
Fernrohr hinunter in die Grube, und da stand ganz auf dem
Grunde derselben, den Dreifuss festhaltend, mein Lulu, der
aus dieser Entfernung nicht grösser als ein Kind aussah.
Bum! dröhnte eine zweite Explosion, und ein wahrer Hagel
von Kieseln, vermischt mit mächtigen Lehmklumpen, stürzte
rund um ihn herunter. Als ich ihn dann wieder erblickte,
sass er auf einem Stein dicht neben der Camera. „Er muss

verletzt sein", dachte ich. „Warum suchte er nicht Deckung in einem der eisernen Eimer, in welche die Leute, welche die Zeitzünder anbrennen, sich zurückziehen?" Ich wollte gerade zu ihm hinunterrennen, als ein neuer Knall heraufdonnerte. Noch einmal verbarg der Sturmwind von Steinen und Staub, welcher sich über 100 m hoch in die Luft erhob, ihn einige Minuten vor meinen Augen. Darauf konnte ich wahrnehmen, dass ein Fuss seines Apparats zerbrochen war, doch hielt er denselben mit der einen Hand fest und setzte mit der andern neue Platten ein. Ich bewunderte seinen Muth — an welchem ich freilich nie gezweifelt hatte — aber nach meiner Meinung lohnte kein Bild in der Welt solche Gefahr. Ein Stapel Holz lag neben ihm. Sicherlich wird er es versuchen sich dahinter zu bergen, bevor ein neuer Schuss erfolgt? Mit nichten! Da stand er, geduldig auf die Entladung wartend, so ruhig als wäre er in seinem Laboratorium zu Hause. Wiederum eine hervorzischende Flamme, noch eine Wolke von Staub und Schutt, noch ein Donnergepolter und ein neuer Schuss, anscheinend schwerer als alle Vorgänger, war abgefeuert. Länger hielt ich es nicht aus. Ohne das Resultat abzuwarten stürzte ich hinunter, gleichgültig gegen die eigene, nur besorgt um seine Sicherheit. Glücklicherweise war der Schuss der letzte. Er war unversehrt, nur das Gestell seines photographischen Apparats war zerbrochen.

„Sehen Sie sich das dicke Felsstück dort an", rief er, indem er auf einen Block so gross wie ein Tisch zeigte. „Der befand sich unter dem Haufen, welcher herunterfiel und den Fuss des Apparats zerschmetterte. Ich glaubte, die ganze Camera sei verloren, und da hätten wir schön festgesessen, denn eine zweite lässt sich hier nicht beschaffen."

„Was kümmert mich die Camera", erwiderte ich. „Aber wenn er Sie getroffen hätte, in welche Verlegenheit wäre ich gerathen. Ich könnte keinen zweiten Lulu weder hier noch sonstwo auftreiben."

„Allerdings, aber sprechen wir nicht weiter davon! Halten Sie doch hier fest, bis ich die Camera vom Gestell herunter-

DAS INNERE DER DIAMANTENGRUBE.

S. 1.

genommen habe. Ich denke, ich habe einige prächtige Ansichten erhalten, besonders nach dem letzten Schuss, wo die
Luft so voll Staub und Dunst war. In dieser starken Beleuchtung muss das Bild gut gelungen sein. Es ist das einzige Bild dieser Art und darum wol ein Bein werth, nämlich
von meinem Apparat."

Es war hier schrecklich heiss in diesem künstlichen Krater,
dessen Wände die sengenden Strahlen der rothglühenden
Mittagsonne zurückwarfen. Die Eimer begannen ihre Arbeit
erst nach einer Stunde wieder, und das Frühstück erwartete
uns schon längst; deshalb blieb uns nichts übrig, als die
Camera und die Plattenkasten auf die Schultern zu laden und
mit ihnen die steilen Wände emporzuklettern, indem wir in
die Fussstapfen der barfüssigen Kaffern traten, welche diese
auf ihren Märschen herauf und herunter getreten hatten.

„Ich verbrate!" rief Lulu, und warf sich halbwegs angekommen auf einen Felsblock. „Wir sind geröstet, bevor wir
oben ankommen."

„Vergiss deine Bilder nicht", erwiderte ich so kühl als
möglich, obgleich mir selbst in einem türkischen Bade nie so
heiss gewesen war.

An jenem Abend wurde der Wagen fertig und sofort um
den Marktplatz vor unsern Gasthof gefahren: gleichzeitig kam
die Nachricht, die Maulthiere seien frisch beschlagen und
warteten nebst dem Treiber „Jan" unserer Befehle auf dem
Landgut draussen. Jan war gemischter Rasse und stand
früher in Caldecott's [1] Dienst, von dem ich ihn sammt den
Maulthieren „kaufte". Dieser „Junge" stand in dem reifen
Alter von 45 Jahren, war von Statur klein, hatte kleine
scharfe Augen in dem runzeligen Gesicht, welches von schlich-
tem aber ungekämmtem schwarzen Haar umgeben war. Er
war von St.-Helena gebürtig und glich in der Nähe einem
Europäer so vollständig, dass man an dem europäischen Blut

---

[1] Caldecott, ein berühmter Zeichner des „Graphic"; kürzlich gestorben.                                          Der Uebers.

in seinen Adern nicht zweifeln konnte. Da alles vorbereitet war, beschlossen wir sofort aufzupacken und morgen die Reise nach der Kalahari anzutreten.

Beim Aufladen unserer Vorräthe und der ganzen beweglichen Habe umstanden den Wagen Dutzende von Müssiggängern, welche Fragen aller Art stellten, die undenklichsten Vorschläge zum besten gaben und aus unserer ganzen Hantierung sich einen möglichst grossen Jux machten. Lulu erwies sich hauptsächlich beim Verstauen nützlich, da er wegen seiner vielen Reisen, die er freilich unter andern äussern Umständen ausgeführt hatte, Sachkenner darin war. Sein leitender Grundsatz war, alles möglichst oben zu verpacken, damit es leicht zu finden war; aber bei aller seiner Geschicklichkeit entdeckte er endlich doch, dass etwas zu unterst auf den Boden gelegt werden musste: die Kessel und Pfannen, Töpfe und Körbe, Schaufeln und Spitzhacken *et hoc genus omne* wurden an Ringen unterhalb des Wagens aufgehängt. Eine Art Kutschkasten, die Klappe genannt, hing hinten herunter, mit einem Ende an dem Ständer der Radachse und mit dem andern durch eine Kette an der Decke der Hinterseite befestigt. Darin verstauten wir einen Sack mit Korn und Häcksel, oder was man Häcksel im Caplande nennt, nämlich einfaches Weizenstroh, welches vermischt mit mehligem Futter die Maulthiere gern fressen. Es sollte eine Aushülfe gewähren an Stellen, wo wir kein Gras fänden. Oben auf dem Wagen befestigten wir eine Zinnkiste mit einem Reservevorrath von nicht unmittelbar in Gebrauch zu nehmenden Geräthen und Gegenständen und oben darauf meinen Sattel; daneben wurden mit Riemen die Säcke und Decken und zwei Bündel Kleidungsstücke festgebunden, welche Kert und den Maulthiertreibern gehörten. Das Innere war bestimmt für unser werthvolleres Besitzthum, für Lulu's Camera und zugehörige Utensilien, unsere Arzneikiste, Vorräthe, Flinten und Munition. Zum Transport unserer Patronenkiste bedurften wir vier starker Männer, da sie 8—9000 Ladungen enthielt; da ich aber noch nicht genug zu haben glaubte, telegraphirte ich nach Capstadt

um die Erlaubniss, noch 1000 kaufen zu dürfen. Da die
Antwort ausblieb, nahm ich die Hülfe von Dr. Sauer in
Anspruch, welcher Herr nebst noch drei Freunden jeder
250 Patronen kauften und sie mir einhändigten. Endlich war
alles fertig, ich bestieg mein Pferd und gab Befehl zum Abfahren.
Klatsch! tönten die Angelruthen und fort stürmten die muthigen Maulthiere im fliegenden Schritt um die Marktecke,
wozu die Zurufe der Umstehenden wol ebenso viel beitrugen
als Jan's kräftiges Knallen.

„Das sind sechs prächtige Thiere", hörte ich einen Mann
ausrufen, wie ich hinter ihnen herritt, und sie verdienten das
Lob vollauf. Hinter solchen willigen Thieren könnte der
Treiber sich häufig einen Feiertag machen.

Bevor wir eine Anzahl Kilometer zurückgelegt hatten,
wurde ich von dem seit Jahren ungewohnten Reiten wund,
stieg deshalb ab und band das Pferd hinten an, um mich
selber in den Wagen zu setzen.

Dann kamen wir an einem Kaffer vorbei, was gerade
nichts Ungewöhnliches in diesem von Kaffern bewohnten Lande
ist; aber meinem Jan kam die Weise verdächtig vor, wie er
„Goon dag" (guten Tag) bot und uns dann folgte. Da es nun
dunkel wurde und vom Neumond nicht viel Helligkeit zu erwarten war, so stieg er ab, um sich zu überzeugen, ob alles
in Ordnung sei.

„Da", rief er aus, „die Reems (die rohen Riemen von
Ochsenhaut), mit welchen wir die grosse Kiste und den Sattel
festgebunden haben, sind durchschnitten! Das hat der Kaffer
gethan!" Wie er das sagte, sahen wir den Kaffer die Strasse
entlang fortrennen und sich auf ein Koppje in der Nähe
zurückziehen, was für uns ein vollwichtiger Beweis für seine
Schuld war.

Wir hielten jetzt scharfen Ausguck nach einem Licht,
denn obwol die Maulthiere trotz der Finsterniss der Strasse
gut folgten, so wurden wir doch um unser erstes Nachtquartier
besorgt, welches wir nicht gar zu spät erreichen wollten. Auf
einmal schrie Jan: „Da ist ein Licht, Baas!" Als wir ihm

näherkamen, hörten wir ein ziemlich harmonisches Singen und
entdeckten eine Gesellschaft von Bastarden oder Mischlingen,
welche längs der Strasse lagerten, vier Männer und fünf
Weiber, eine malerische Gruppe um das Feuer herum bildend,
die schwarzen Gesichter von dem röthlichen Schein beleuchtet,
während die glänzenden Farben der Frauengewänder den
schwarzen nächtlichen Hintergrund aufhellten.

„Goon dag, neef en nichtje (guten Tag, Neffe und Nichte);
wie weit haben wir noch nach Steyne's Hof?" Fremde heissen,
wenn untergeordneten Ranges, in Südafrika immer Neffe und
Nichte; Höherstehende, oder die man als solche anerkennen
will, werden Onkel und Tante angeredet.

„Etwa eine halbe Stunde weiter; aber dort findet Ihr kein
Gras, Ihr spannt deshalb besser etwas vorher aus."

Mit „Danke bestens" und „Gute Nacht" überliessen wir
sie wieder ihren Gesängen und hörten ihre hellen Stimmen
noch lange melodisch über die Ebene erschallen, während wir
weiterfuhren. Nach Zurücklegung einiger Kilometer bekamen
wir ein anderes Licht zu sehen, welches wir für das Licht
des Pachthofes hielten; wir spannten deshalb aus, kochten
unser Abendessen über einem Feuer von trockenem Kuhdünger,
machten unsere Betten im Wagen zurecht, indem wir Breter
mit Kissen und Decken querüber auf die Sitze legten und
schliefen dann den Schlaf der Gerechten, als befänden wir
uns in dem üppigsten Gasthof der civilisirten Welt, während
Kert und Jan es sich ein Stockwerk tiefer, unterhalb des
Wagens, gleichfalls bequem machten. Anfangs war es zu warm,
als dass wir der Decken bedurft hätten, gegen Morgen wurde es
aber recht kühl und wir waren froh, uns auch mit unsern
Decken zudecken zu können, statt sie blos unter uns zu führen.

Die ersten Strahlen der Sonne weckten mich auf; ich
wanderte mit der Flinte in der Hand über eine grosse Niederung, sah aber nichts und kehrte zu rechter Zeit zum Frühstück, Cotelettes mit Kaffee, zurück; der Kaffee wurde aus
Kaffeextract und condensirter Milch bereitet. Ich wundere
mich oft, wie frühere Reisende der guten alten Zeit sich durch

die Welt geschlagen haben, ohne dies und das „in Büchsen Eingemachte", „Condensirte" oder „Essenz" oder „Extract" mit sich zu führen.

Den andern das Anspannen überlassend, ging ich mit meiner Schrotflinte voraus und kam nicht weit vom Hofe zu einem Wasserloch neben der Strasse, an welchem sich etwas bewegte, was einer Schnepfe ähnlich sah. Unter der Deckung der Gebüsche mich auf Schussweite heranschleichend, wollte ich gerade Feuer geben, als ein lautes Kreischen sich in der Luft über mir erhob und binnen wenig Minuten eine grosse Schar Vögel mich umkreiste und sich auf der Strasse niederliess. Wol zehn Minuten warteten sie da, dann aber, wie von einem gemeinsamen Antrieb gejagt, rannten sie zum Wasser und fingen an zu trinken, als ob sie tagelang kein Wasser gesehen hätten. Es waren Namaqua-Rebhühner, von denen ich einige Exemplare in einem Vogelhause zu Kimberley gesehen hatte. Nicht gerade waidmannsmässig schoss ich den ersten Lauf auf die sitzenden Thiere ab, und den zweiten als sie aufflogen. Beim Auflesen der Beute kam Kert zu mir. Er hatte die Schüsse gehört und wollte mir helfen.

„Baas kann bang schiet" (der Herr kann gut schiessen), sagte er frohlockend, als wir sie in den Rucksack zählten: es waren 23 Hühner.

Als wir auf das Haus zugingen, kam uns ein Boer entgegen und streckte die Hand aus, wie ein Boer immer thut, und wenn er einem ein Dutzendmal am Tage begegnet.

„Goon dag, oom."

„Goon dag, oom", erwiderte ich und drückte ihm die Hand. „Es joe naam Steyne?"

„Nä, ek es Van Moop. Wer sind Sie?"

„Ich bin ein Amerikaner und gekommen, Ihr Land zu sehen und darin zu jagen." Aber es erwies sich als nothwendig, ihm zu erklären, was und woher ein Amerikaner sei — nämlich von der andern Seite des grossen Wassers; und als ich hinzufügte, es sei ursprünglich eine englische Colonie gewesen, das Volk habe aber gegen die Engländer

gekämpft, gesiegt und sich seine Unabhängigkeit erstritten,
da war ich seines Willkommens sicher. Um sich die Freundschaft dieser Leute zu erwerben genügt es, mit ihnen von
„Unabhängigkeit" und „Sieg über die Engländer" zu reden.
Ihre Liebe zu der einen und ihr Hass gegen die andern ist
gleich stark, und wie ich wol hinzusetzen darf, gleich sinnlos.
Ich erzählte ihnen nicht, dass „Unabhängigkeit" in Amerika
soviel bedeute als Fortschritt und nicht Stillstand oder
Schlimmeres; oder dass wir jetzt gute Freunde der Engländer
seien, nachdem wir sie vor Jahren aus unserm Lande gejagt
hätten. Das einzige Verlangen des Boer besteht darin, für
die Zukunft in seinem Schmutz und seiner Faulheit ungestört
zu bleiben; seine Freude an der Vergangenheit ist der Rück-
blick auf die Schlacht vom Majuba-Berg; sein einziger Held
ist der Führer der Boers in jener Schlacht, Joubert, dessen
Bildniss am Ehrenplatz einer jeden Wohnung der Afrikander hängt.

Mein neuer Freund, Van Moop, führte uns in sein Haus,
wo wir uns männiglich die Hände schüttelten; und dann be-
gann er seine Fragen zu stellen. Wie steht es mit dem Kriege?
Hatten die Boers den Rooje Grond verlassen? Hatten sie
General Warren geschlagen? Wollten die Engländer den
Krieg nach Transvaal hinüberspielen? Thäten sie es, fügte
er hinzu, so würde ein allgemeiner Aufstand aller Boers in
Südafrika die Folge sein.

Aber wir hatten ein grösseres Bedürfniss nach Wasser
als nach politischem Dunst. Weil nun das Wasser hier rar war,
so freuten wir uns, als wir nach dem Wasserbecken von Scholtz
weiterziehen konnten. Unterwegs kamen wir an einer Straussenzucht vorbei mit etwa 20 Vögeln, alt und jung, welche auf
der offenen Niederung weideten ohne eine Idee von Umzäunung. Kurz darauf überholten wir die Gesellschaft Mischlinge
von gestern Abend, mit ihrem von 12 Ochsen gezogenen
leichten Federwagen, und am Damm[1] angekommen, fanden wir

---

[1] Damm ist der kurze südafrikanische Name für diese von einem
Erddamme umschlossenen künstlichen Wasserbecken selber.

daselbst wol ein Dutzend ausgeschirrte Gespanne, welche mit Holz von der andern Seite des Vaalstroms nach Kimberley unterwegs waren. Während die Maulthiere getränkt und das Mittagessen gekocht wurde, kamen ein paar rauhbeinige Burschen auf mich zu, die ich für Boeren hielt und in meinem schlechten Holländisch anredete.

„Das Kauderwelsch verstehen wir nicht", erwiderten sie im spiessbürgerlich londoner Englisch, „obschon wir wol zwei Jahre in Kimberley gewesen sind. Wir wurden krank vor Hitze und Staub und sind mit diesen Holzhändlern nach dem Vaal gegangen, um eine Woche unter Bäumen zuzubringen und uns an einem Schwimmbade zu laben. Sie wissen nicht was Wasser ist, wenn Sie nicht in einem Ofen wie Kimberley so 1—2 Jahre gebacken sind!"

Ich gab ihnen einen Schluck Cangobranntwein, welcher sie zu erfrischen schien — innerlich — ganz wie das Wasser es äusserlich gethan, und wofür sie mich ihrer ewigen Erkenntlichkeit versicherten.

Mittlerweile waren die Bastards uns wieder zuvorgekommen, und obwol wir ihnen binnen einer Stunde nachfolgten, konnten wir sie vor dem Vaalfluss nicht wieder einholen. Bei Smidt's Furt stellte sich Jan an den Rand des Wassers, klatschte mehrere male mit der Peitsche als Signal für den mit der Führung der Ponte[1] beauftragten Mann, und in etwa einer Stunde befanden wir uns am andern Ufer des Vaal, um den Preis von 7$\frac{1}{2}$ Schilling. Als gute Kapitalanlage ist eine Ponte an einer günstigen Stelle zu empfehlen. Ein alter Prahm und ein Stück starken Drahts kosten im Ankauf nicht viel, und die Löhnung zweier Kaffern bedeutet gar wenig in dem Conto der laufenden Ausgaben. Smidt's Ponte nimmt öfters 20 Pfd. Sterl. täglich ein, wenn der Fluss Hochwasser hat; und er muss ein gutes Geschäft damit gemacht haben, weil er vor 15 Jahren, als er hierher kam, ein armer Schlucker war. Jetzt ist er ein behäbiger Grundbesitzer. Ausser der

---

[1] Ponte (pons) soviel als „fliegende Brücke".

Ponte besitzt er einen „Winkel" oder Laden, in welchem man fast alles und jedes kaufen kann, und einen Gasthof, natürlich mit allen Erfordernissen der Neuzeit. Zuweilen steigt der Fluss bis zu einer solchen Höhe, dass die Ponte aussetzen muss, und dann erweist sich der Gasthof sehr gelegen, sowol für den Wirth als für seine Gäste. Als die Herren Rhodes, Orpen und Hinton u. A. 1881 hier waren, um diese Strasse zu eröffnen, war der Strom zum Ueberfliessen voll, sodass das Haus wie auf einer Insel stand, und die Gäste einige Tage als Gefangene anzusehen waren. Das Ereigniss wurde in einigen Versen gefeiert, welche Rhodes damals sich leistete und die voll Pietät von dem Helden derselben aufbewahrt wurden:

Auf einer Insel schmal
Inmitten des Flusses Vaal
Wohnt Willem Smidt als Robinson.
Wir glaubten, ihm würd' bange
Als Vaal umschloss ihn lange
Wie auf der Insel im Ocean.

Doch lebten wir, wie es nur wenigen
Vergönnt war auf der Insel der Seligen.
Mögt wundern euch, es war doch so!
Und wollt ihr wissen wie?
Probirt es selbst, gereu'n thut's nie.
Freund Smidt versteht's besser noch als Crusoe.

Ausser seinen andern Unternehmungen besitzt Herr Smidt auch ein Landgut, welches von einer starken, auf dem Gipfel einer Anhöhe entspringenden und das niedrige Land bewässernden Quelle so befruchtet wird, dass die schönsten Trauben und Melonen auf demselben gedeihen. Als wir weiterfahren wollten, drängte der alte lustige Holländer uns die auserwähltesten Prachtstücke auf, und mitten in dieser ausgetrockneten Einöde, wo jeder Grashalm, soweit man sehen kann, wie überhaupt an jedem Ausspannplatze, abgenagt ist, mussten wir allseitig einräumen, dass wir nirgends herrlichere Früchte gesehen oder gegessen hatten.

Vielleicht charakterisirt den Platz noch mehr die Kirche, welche Mynheer, vermuthlich als Entgelt für seine übertriebene Brückentaxe, hier erbaut hat.

Nachdem wir auch den Ladner beglückt hatten mit dem Ankauf von 10 Pfd. Kaffee — wobei wir die Vorsicht gebrauchten, dem Beutel bis auf den Grund zu sehen, um uns zu überzeugen, dass der ganze Inhalt aus Kaffee bestand — und noch einigen Zwiebeln zur Würze unserer Rebhühnersuppe — denn sie gebraten zu essen verbot uns die Rücksicht auf unsere Kauwerkzeuge — brachen wir am hellen Tage um 11 Uhr vormittags wieder auf. Gehalten wurde erst wieder in Tweefontein, wo sich ein kleines, von einem winzigen 15 cm breiten, 6 cm tiefen, aus einem Fels entspringenden Bächlein genährtes Wasserbecken befindet. Die ganze umliegende Gegend ist sehr felsig und steinig, hier und da mit einem Kameelbaum (Kamel boom) bestanden, dessen Holz als Stinkholz bekannt ist und seinen Namen verdient, wie ich beim Schnitzen einer Kugel bemerkte. Dieser Baum schlägt Wurzeln, wo sich nur ein wenig Sand befindet, und bleibt jahrelang grün ohne Regen, ein Beweis, wie mir scheinen will, dass dort unterirdisches Wasser fliesst. Er ist ein sehr ungeselliges Gewächs, da er nicht in Gruppen, sondern nur einzeln fortkommt; deshalb musste ich unwillkürlich lachen, als mein alter Buschmann ausrief: „Seht da, welche Masse Bäume; hier gibt es Holz die Fülle." Was der alte Mann wol sagen würde, wenn er einen amerikanischen Urwald zu sehen bekäme, ist schwer zu errathen, aber sein unschuldiger Ausruf ist der schlagende Beleg für die allgemeine Seltenheit von Holz in diesem Theile Afrikas. Auf dem gegenüberliegenden Hügel standen drei Zelte von Holzhauern aus Kimberley, welche bald noch weiter in die Ferne fahren müssen, um jenen Markt zu versorgen. Bei unserm jetzigen Aufenthalt in Kimberley kostete die Wagenladung Holz 20 Pfd. Sterl.

Während wir mit dem Besitzer des Dammes sprachen, dessen niedrige Lehmwohnung mit den sonderbaren kleinen Hütten der Kaffernknechte nahe am Wasser stand, lenkte Lulu

1*

meine Aufmerksamkeit auf die Rebhühner: dort, jenseit des Hügels stand ein Volk derselben neben dem andern, jedes von 6 bis 100 Stück, die augenscheinlich zum Wasser herunterkamen. Als ich zum Wagen rannte, um meine Flinte und einige Patronen mit Nr. 8 zu holen, erfüllte das Geschwirr ihrer Schläge die Luft.

„Sie kommen hierher zum Trinken", sagte der Boer. „jeden Morgen kommen Tausende. Treten Sie hinter jenen dicken Busch und warten Sie dort: das Wasser ist so schmal, dass sie zu beiden Seiten sich aufstellen, und wenn Sie ein wenig Acht geben, so können Sie eine Menge auf einmal schiessen."

Diese Leute verstehen sparsam mit Pulver und Blei umzugehen; ich hatte mich aber schon mit dem „Blutbade" versucht und würde vorgezogen haben, sie im Fluge zu schiessen. Es kostete mir viel Ueberwindung, auf so viele glänzende Gelegenheiten zu verzichten, da die Vögel nach mir herflogen und in dem freien Felde zwischen den Steinen niederfielen. Dort sassen sie oft 4—5 Minuten, bevor sie zum Rande des Wassers liefen, welcher so dicht von ihnen besetzt wurde, dass ich beinahe die Geduld verlor.

„Warten Sie, bis ich Ihnen das Zeichen gebe", sagte der Boer, „es kommen noch mehr. Jenes grosse Volk setzt sich auch gleich dahin." Um ihm einen Gefallen zu thun, wartete ich also.

„Jetzt, Feuer!" „Pang!" ging der eine Lauf mit dem vollen Schuss zwischen die trinkenden Vögel; nochmals „Pang!" der andere Lauf, und mit lautem Ruf und scharfem Schwirren der Flügel erhoben sie sich in einer dichten Wolke. Nach diesen zwei Schüssen sammelten wir 52 todte und verwundete Thiere, und dennoch kamen sie gleich nachher zurück, Kette nach Kette, jede paar Minuten. Diesmal feuerte ich dazwischen, sowie sie kamen: es fielen bald vier bis fünf, zuweilen auch nur zwei oder eins mit jedem Schuss; gänzlich fehl schoss ich nur dreimal. In anderthalb Stunden erlegte ich auf diese Weise 260 Hühner. Den halben Sack voll dem Boer schenkend, eilte ich zum Frühstück, welches meiner wartete, mehr hungerig als der sprichwörtliche Jägersmann und verschlang mindestens drei gewöhnliche heimatliche Portionen, bevor ich mir selber zurief: Halt! Genug!

# FÜNFTES KAPITEL.

Ein etwas heisser Tag. — Wie es in Südafrika regnet. — Unsere erste
Antilope. — In Campbell. — Eine alte Häuptlingsfrau aus Griqualand.
— Der Garten des Herrn Bartlett. — „Müde geboren." — Ein Gespräch
mit Herrn Virtue. — Landwirthssorgen in Südafrika. — Erlegung
eines Koran. — Hinter dem Springbock her. — Ein Sonntagsmorgen
in Griqua-Stadt. — Hauswesen eines Boer. — Unterhaltung mit dem
Commissar. — Der frühere Häuptling der Griquas. — Besuch bei
dem „ältesten Einwohner". — Das Land wird trockener.

Bei dem Aufsammeln der Rebhühner griffen alle zu.
Der Boden sah aus, als ob ein Federbett aus einem Fenster
des vierten Stocks geleert sei, so hatte der Wind sich der
Federn bemächtigt und sie zwischen die Steine und Felsen
verweht. Alle Thiere mussten gerupft, ausgenommen und dann
leicht gesalzen werden, bevor wir weiterzogen, sonst würden sie
sich nicht halten. Die Hitze war fürchterlich. Ich liess den
alten Kert einige Vögel auf die Steine legen, wo sie ebenso
gut gar werden würden wie über dem Feuer. An zwei Stellen
meiner Hand hatte die Hitze schon Blasen getrieben. Weder
in Cuba noch in Ostindien war mir eine solche versengende
Glut der Sonnenstrahlen vorgekommen. Der Wind wehte
dabei ziemlich frisch, dennoch schien er die Hitze kaum zu
mässigen, welche freilich ohne ihn einfach unerträglich gewesen wäre. Aber plötzlich kam Gewölk vom Westen heran-
gerollt; die Blitze zuckten und der Donner kam näher und
näher. Die Leute beeilten sich, die Maulthiere anzuschirren
und sie und den Wagen so aufzustellen, dass sie dem Gewitter-

sturm die Kehrseite zuwendeten. Kaum waren sie damit fertig, als der Regen schon in Strömen heruntergoss. Lulu und ich sprangen in den Wagen, aber wir hatten unsere ganze Kraft daranzusetzen, den Vorhang niederzudrücken, um den Regen abzuhalten, dass er nicht in den Wagen drang und alles verdarb. Während einer Viertelstunde wütheten Wind und Regen um die Wette, als ob eine Wasserhose sich über uns entlüde. Einen Augenblick lugten wir hinaus und erblickten Kert und Jan vor den Maulthieren stehend, sie fest in den Zügeln haltend, um zu verhindern, dass sie vorstürzten, um Schutz hinter einigen Felsblöcken zu suchen; die armen Schelme wurden bis auf die Haut durchnässt. Die Bänder und Federn auf dem Hut des alten Kert, worauf er so stolz war, wurden arg mitgenommen und zerzaust; als ich ihn aber anrief: „Was wollt Ihr denn machen?" erwiderte er lustig: „Ek es iemand, oons moet loopen." („Ich bin ein Mann, wir müssen laufen".)

Und so schlug er vor, weil die Maulthiere nicht gegen den Wind angehen, sie vor dem Winde langsam zu führen, während Jan sie mit der Peitsche munter zu halten suchte.

„Es sind nur 11 km bis Campbell" (gesprochen Camel), sagte er, „und nässer können wir nicht werden als wir schon sind." Da sich gegen diese Lebensweisheit nichts einwenden liess und mit Stehenbleiben wir auch nicht weiter kamen, so fuhren wir ab, Lulu und ich im Wagen, die Flinten zwischen den Knien und einen wasserdichten Schirm über uns, um uns trocken zu halten. Die Strasse war stellenweise etwas uneben, aber im Vergleich zu den üblichen Landwegen in Amerika in gutem Stande. Hier und da waren die Abhänge etwas unbequem und schlüpfrig infolge des eben überstandenen Regens, aber die sechs Maulthiere legten sich lustig ins Geschirr und zogen in geradezu wunderbarer Weise ihre schwere Last weiter, besonders wenn sie an eine steile Kloof (Kluft) oder Schlucht kamen, die halb mit Wasser gefüllt war und zwischen Steinen und Schlamm ihren Füssen desto weniger festen Stand bot.

Wir sahen häufig Turteltauben, sowol auf der offenen
Strasse als in den Gebüschen, und schossen deren vier; als
wir aber durch eine mit dichten Gebüschen bedeckte Niederung fuhren, sprang eine Antilope gerade vor uns auf die
Strasse, wo sie einen Augenblick äugte. Beim Aufspringen
hob ich meine Flinte, hielt etwa 9 cm vor ihr und traf sie
gerade aufs Blatt, wo die Kugel, Blei mit kupfernem Kern,
ein handgrosses Loch hineinriss.

Kert frohlockte, dass er die erste Antilope einsacken
konnte. „Baas, das ist ein Duiker (Teufelskerl). Je het hom
skiet licher" (Sie haben ihm mausetodt geschossen). Nachdem
Kert die Antilope in den Sitzkasten geworfen hatte, setzten
wir die Reise fort und kamen bald an das erste Stoppelfeld,
das wir auf der Reise sahen. Es war kaum einen Acker gross,
aber zu meinem Erstaunen stand eine nagelneue Mähmaschine
nach Johnson's System in einer Ecke. War es denkbar, dass
diese Maschine hierher importirt war, um einen Acker zu
mähen? oder war sie der Vorläufer für ausgedehntere Culturen? Das einzige Zeichen derselben war ein kleiner Strich
grünen Korns in der Nähe.

Einige längs der Strasse angepflanzte und durch ein
Bächlein bewässerte Feigenbäume deuteten an, dass wir uns
einer Ansiedelung näherten, und binnen einer Stunde um-
fuhren wir ein angebautes Feld und dann gings hügelaufwärts
nach Campbell hinein. Ein alter Mann stand vor der Thür
eines alten strohgedeckten Hauses, vor welchem ein grosser
Baum sich befand inmitten eines Stücks grünen Rasens —
wirklich grünen Rasens, und doch hatte es erst einmal in
diesem Jahr geregnet! Ich fragte ihn um die Erlaubniss, hier
ausspannen zu dürfen, und erhielt sie auch.

„Nun, Leute, flink! Heraus mit den Maulthieren und hier
ist ein Schluck Branntwein für euch, der gegen das Wasser,
das euch durch und durch gegangen sein wird, gut thut!"
Der Branntwein war so stark, dass ich daran erstickt wäre,
wenn auch sein Geruch, etwas wie Muskateller, einladend
genug war; aber sie tranken ihn ohne zu zucken herunter

und meinten, das sei die wahre Medicin nach dem langen
Marsch im Regen.

Nachdem Feuer angemacht und einige Stücke Fleisch in
den Kochtopf gewandert waren, trat ich zu dem alten Mann,
den ich zuerst angesprochen hatte, um etwas Milch von ihm
zu erhandeln. Er habe keine Kühe, sagte er, wies mich aber
an seinen Nachbar, dessen dunkle Haut, krauses Haar und
spärlicher Kinn- und Schnurrbart das schwarze Blut in seinen
Adern verriethen. Er hiess Bartlett, wie er sagte, und war
der Sohn des ersten Missionars dieses Namens, welcher sein

Das Haus, in welchem Livingstone zuerst Mary Moffat sah.

Wohnhaus gleichzeitig mit dem Missionshause erbaute und
zwar auf einem Landstück, welches ihm zu diesem Zweck von
dem alten Orontes Waterboer, dem frühern Häuptling der
Griquas geschenkt worden war. Hier, erzählte er weiter,
wohnten Livingstone und Moffat einige Zeit im Jahre 1869,
und hier sah Livingstone zum ersten mal Moffat's Tochter
Mary, welche er in Kuruman heirathete und die später auf
dem Wege zum Ngami-See vor Durst beinahe umkam. Von
beiden historischen Gebäuden nahm Lulu Photographien auf,
nach welchen unsere Abbildungen angefertigt sind.

Jetzt ist weder ein Missionar noch Prediger hier, weil
die Gesellschaft verlangt, dass die Missionen sich nach einiger

Zeit selbst erhalten und die Missionare, sobald sie eine gewisse Anzahl Leute bekehrt haben, nach neuen Districten weiterziehen, denen, die nach einem „Himmelslootsen" verlangen, es überlassend. selber dafür zu bezahlen. Soweit als ich in den von uns durchwanderten Gegenden ermitteln konnte, scheint niemand grosses Verlangen nach ihnen zu haben.

Auf dem Rückwege zum Wagen kam ich an einer elenden kleinen thürlosen Hütte vorbei, in welche die Neugierde mich trieb einen Blick zu werfen, und ich war überrascht über den entdeckten Befund. Ein garstiges altes Weib lag zusammengekauert in einer Ecke auf einem Bündel Felle und bedeckte bei meinem Eintritt hastig ihr Gesicht; deshalb eilte ich schleunigst wieder von dannen. Bei der Rückkehr zu meinen Leuten fand ich dieselben noch immer in ihren nassen Kleidern. Da ich wusste, dass sie Kleider zum Wechseln hatten, so fragte ich sie, warum sie nicht trockenes Zeug angelegt hätten; aber sie hielten das nicht für nothwendig, und erst als ich es ihnen ausdrücklich befahl, gaben sie nach. der alte Kerl kehrte jedoch selbst dann noch, obwol er sonst alles umgetauscht hatte, mit seinen nassen Hosen zurück!

Nach dem Abendessen empfingen wir den Besuch eines Mannes. welcher sich als Inhaber eines „Laden für Alles" einführte. Namens Harrison; derselbe lud uns zu sich nach seinem Hause — einem Raum hinter seinem „Winkel" — wo er etwas guten alten Sherry hervorholte und uns die Neuigkeiten des Ortes mittheilte. Im Geschäft sei es noch unruhig und würde es nicht eher besser werden, bis General Warren in Betschuanaland die Ordnung hergestellt habe.

Auf meine Frage, wer die alte Frau in der verfallenen Hütte gegenüber sei, erklärte Harrison, dass sie keine geringere Persönlichkeit sei als die Witwe des verstorbenen Cornelius Kok, des Häuptlings von Griqua.

„Sie ist 89 Jahr alt, und die Regierung hat ihr eine tägliche Ration ausgesetzt, welche ich ihr auszutheilen habe."

„Hat sie einen Widerwillen gegen Besuch?" fragte ich.

„Wenn nicht. so möchte ich mit ihr sprechen und ihr einige
in ihrem frühern Lande geschossene Rebhühner verehren."

„Thun Sie das ja. Ich will sie auf Ihren Besuch vorbereiten."

Am nächsten Morgen sprach ich demgemäss in der Hütte
vor, und nachdem ich der schwachen alten Frau meine schul-
dige Hochachtung bezeugt hatte, bot ich ihr einige Rebhühner
sowie etwas Kaffee und Zucker an. Sie nahm meine Ge-

Bartlett's Haus in Campbell und die Hütte der alten Häuptlingswitwe.

schenke recht herablassend an, fragte aber gleich, wo die
Tassen seien, in welchen sie den Kaffee bereiten und trinken
solle. Da ich mit ihren häuslichen Einrichtungen nicht bekannt war und nie das Innere ihrer Küche gesehen hatte,
so konnte ich ihre Frage nicht beantworten und drückte mich
deshalb rasch fort.

In demselben Augenblick kam Herr Bartlett heran und
fragte, ob ich nicht einige Bisammelonen (sponspeck). Feigen.
Granatäpfel oder Erdbirnen kaufen wollte; sein Sohn solle
uns seinen Garten zeigen, wo ich auf Tauben und Rebhühner
zum Schuss kommen würde, sobald sie zum Trinken an die

Quelle kämen. Der Garten war von Feigenbäumen und Granatäpfeln umgeben, von denen die letztern im vollen Glanze ihrer Schönheit strahlten, wie die Morgensonne ihre scharlachrothen Wangen küsste. Ungefähr in der Mitte waren die Gräber von Herrn Bartlett senior und seiner Frau unter dem Schatten eines riesigen Feigenbaums, welcher mit unreifen und reifen Früchten beladen war und einen so dicken Stamm hatte, dass ich ihn kaum mit beiden Armen umspannen konnte. Einige Erdbirnen und Melonenkürbisse (dort Pampuns genannt) vervollständigten die Vorräthe des Gartens, welcher bei nur geringster Pflege ein wahres Paradies hätte sein können: aber die äusserste Sparsamkeit in der Arbeit machte jeden Versuch, der Natur nachzuhelfen, zu Schanden. Da ich etwas hohes Schilf in einem Klumpen wachsen sah — das ich zuerst für Hirse hielt — fragte ich was das sei.

„Oh, das ist das Auge der «Fontein», die Stelle, wo das Quellwasser hervorsprudelt! Kommen Sie hierher, ich will es Ihnen zeigen. Aber nehmen Sie sich vor Schlangen in Acht, denn es gibt hier öfters «Boomslangen», welche sehr giftig sind.“

Das Schilf beiseite stossend, konnten wir das Wasser aus einer Oeffnung von wol 15 cm Umfang hervorsprudeln sehen.

„Warum räumen Sie das Schilf nicht weg und holen Ihr Trinkwasser direct von hier? Sie würden es rein, ohne alle vegetabilische Beimischung erhalten.“

„O wir holen es von jener Stelle, woher es immer entnommen ist und wo wir es einige Schritte näher bei Hause haben!“

Wirklich, das ist keine Faulheit, dachte ich. Die Leute müssen müde geboren sein; oder liegt es in der Luft?

Im letzten Augenblick fehlten, als wir anspannen wollten, vier Maulthiere und das Pferd; sie waren unbeachtet fortgewandert und konnten erst nach drei Stunden wieder zur Stelle gebracht werden. Als wir endlich unterwegs waren, lief unser Weg längs eines Thales oder Sumpfes und wir

mussten einen langen Umweg machen, um die Niederung an
der einen und die steilen Stellen an der andern Seite zu
vermeiden. Ein vielgewundener Weg von 27 km Länge brachte
uns zum Landgute des Herrn Virtue. Während wir ausspannten, entdeckte ich eine grosse Trappe im offenen Felde, griff
rasch nach meiner kleinen verbesserten Winchester-Flinte
(eine Whitney-Kennedy), kroch hinter einem Busch heran und
feuerte. Das Visir für 250 Schritt war gewählt, ich sah aber
an dem hinter dem Vogel auffliegenden Sande, dass ich die
Elevation zu hoch genommen hatte. Mit dem Visir von
200 Schritt feuerte ich von neuem, fehlte aber wieder, ohne
dass der Vogel sich rührte. Als ich nun auf 150 Schritt
herunterging und wieder zielte, flog er davon und ich schoss
hinter ihm her; aber er drehte nur den Kopf herum, als ob
er sich vergewissern wollte, dass ich wirklich mich bemühte
ihn zu treffen.

Bei meiner Rückkehr zum Wagen brannte das Feuer hell
und das Wasser kochte bereits, deshalb versuchte ich mein
Glück mit Smidt's Kaffee. Die Schwierigkeit bestand darin,
den Bodensatz niederzuschlagen, ohne Hülfe von Ei oder
Hausenblase. Auch ein brennendes Stäbchen solle dazu dienen können, erwies sich aber nicht geeignet. Keinen bessern
Erfolg gab ein Guss kalten Wassers, deshalb versuchte ich
das letzte Mittel und filtrirte ihn durch ein leinenes Taschentuch und hatte die Genugthuung, zu finden, dass natürlich
infolge der Anwendung eines solchen Patentfilters das Getränk so
gut war als der beste von mir getrunkene französische Kaffee.
Nachdem ich dann noch eine Rundschau vorgenommen hatte,
ob Pferd und Maulthiere gut angekoppelt seien, sodass eine
Wiederholung des Aufenthalts von heute früh nicht zu befürchten war, legte ich mich zu Bett, wenn man das Niederlegen mit allen Kleidern am Leibe, einige Kissen unter dem
Kopf und einer übergeworfenen Decke so nennen kann, und
schlief mit ruhigem Gewissen ein.

Der nächste Tag war ein Sonntag, mir freilich unbewusst,
bis ich durch einen alten Landwirth — einen Engländer —

daran erinnert wurde, welcher dicht neben uns aus dem Hause trat. Ich gab ihm einen Schluck „Cango", bei dem er mit der Zunge schnalzte, und dann erzählte er mir, dass er hier der Grundeigenthümer sei von ungefähr 16000 Hectar, auf welchen 300 Stück Vieh, 200 Pferde und 12—15000 Schafe, alle ihm und seinen Söhnen gehörend, umherschweiften. Nach alledem bedurfte es keiner weitern Mittheilung, dass sein Name Virtue sei. „Virtue's Farm" war eine der Landmarken der Gegend.

Ich fragte, was für Preise er für seine Thiere bedinge und wo der Markt sei, worauf er erwiderte, der Markt sei auf seinem Gute. Speculanten kämen hierher und kauften nach Bedarf, indem sie gewöhnlich 6—9 Pfd. Sterl. für einen Ochsen, 20—30 Schilling für ein Schaf, und 10—25 Pfd. Sterl. für ein Pferd anlegten.

„Bei solchen Preisen kann sich jemand in sehr kurzer Zeit ein Vermögen erwerben! Das Anlagekapital ist nicht gross und die Unkosten für einige Hottentotten oder Griqua-Buschmänner als Hirten betragen nicht viel."

„Das stimmt. Einem Kafferhirten geben wir als monatlichen Lohn ein Schaf oder einen Bock und die Kost dazu, wenn er mit dem Abfall der geschlachteten Thiere vorliebnimmt. Aber die häufige Dürre bringt uns oft fürchterlich zurück. Ich habe freilich das ganze Jahr hindurch einen Wasservorrath, und selbst wenn die Wasserbecken (Dams) austrocknen, so behalte ich noch Wasser in meinem Brunnen; aber dann haben wir mit Krankheiten unter den Heerden zu kämpfen. Da ist zunächst die «Lung-ziekt» oder Lungenentzündung und dann die «Steuve-ziekt» oder Gicht — die letztere ist eine ganz besondere Krankheit, welche erst vor wenig Jahren auftrat. Das Vieh bekommt steife Vordergelenke, kann nach einigen Tagen nicht mehr gehen und schwindet allmählich dahin bis es eingeht."

„Gibt es denn kein Heilmittel dagegen?"

„Ich hörte nie davon. Die Regierung schickte uns einen Thierarzt, um die Krankheit zu beobachten; aber er begnügte

sich damit, einige Thiere zu seciren und dann wegzugehen.
ohne etwas zu verschreiben, setzte aber eine Rechnung auf,
als ob er sie alle geheilt hätte. Was hilft uns ein Regierungs-
Thierarzt, wenn er kein Heilmittel ausfindig macht?"
„Sind Ihre Pferde Krankheiten unterworfen?"
„Ja, doch nicht so schlimm als in Transvaal. Um diese
Jahreszeit können sie dort nicht leben und werden bis Mai
nach hier heruntergeschickt. Es gibt zwei Pferdekrankheiten:
die eine heisst die «Paarde-ziekt» (Pferdekrankheit) und die
andere die «nieuwe ziekt» (die neue Krankheit). Die Kenn-
zeichen der erstern sind ein leichter Fluss aus der Nase und
schwerer Athem; häufig sterben die Pferde einige Minuten
nachdem sie befallen sind. Bei der zweiten sind die Nasen-
symptome dieselben, begleitet von einer Anschwellung unter
der Kehle und zuweilen von harten Geschwülsten über den
ganzen Körper, welche in Eiterung übergehen. Wenn das
Pferd nicht stirbt. so bleibt es doch einige Zeit dienstunfähig.
Ein Pferd, welches die Krankheit gehabt und überstanden hat.
ist oft 80—100 Pfd. Sterl. werth; denn man nimmt an, dass
es nicht zum zweiten mal befallen wird. Und selbst wenn dies
geschieht, so stirbt es nicht daran; man nennt es dann ein
«gesalzenes» Pferd."
„Die erstere Krankheit scheint die Folge einer Entzündung der Lungen zu sein. weil sie die Pferde nur bei heissem
Wetter zu befallen pflegt. Versuchten Sie nie eins ärztlich
zu behandeln oder zu beobachten, wie es sich bei der Behandlung im Stall verhielt?"
„Nein; gewöhnlich heilt es von selber oder die Thiere
sterben! Es würde sich nimmer lohnen, sie im Stall zu behandeln; wenn Kornfrüchte 1½ Pfd. Sterl. pro Centner kosten.
fressen sich die Thiere in einer Woche auf. Sie leben in
jedem Wetter auf dem Felde: brauchen wir ein Thier. so wird
es eingefangen und nachher lassen wir es wieder laufen. Ihr
Unterhalt kostet nichts."
Während wir so plauderten, hatten die Leute angespannt.
und Herr Virtue ritt mit uns bis zu seinem Hause, wo er uns

Herrn Newman, dem Friedensrichter, vorstellte, welcher einen District halb so gross wie England zu durchreiten hat, um Gerichtsbefehle zuzustellen und sonstige Dienstleistungen für die Rechtspflege zu verrichten; ein genialer lustiger Kamerad, in dessen Gegenwart selbst Pergamente ihre Steifheit ablegen, Siegellack schmilzt und der rothe Zwirn seine erstickenden Windungen verliert. Sein Pferd war lahm geworden, deshalb nahm er bereitwillig mein Anerbieten an, ihm einen Sitz im Wagen bis Griqua zu überlassen: auch war er ebenso wenig zimperlich gegen eine Schatzung von meinem Cango, lehnte sogar eine zweite nicht ab, welche er als eine Art Abschiedstrunk ansah.

Unterwegs erspähten wir einen grossen Vogel, „Koran" genannt, welcher auf einem Ameisenhaufen sass, und ich machte den Vorschlag, falls es nicht gegen die Sonntagsordnung verstiesse, zu versuchen, ob wir ihn nicht unserer Speisekammer einverleiben könnten.

„Schiessen Sie soviel Sie wollen", sagte Herr Newman, „und bekümmern Sie sich nicht um den Sonntag. Ein Reisender hat das Recht, alles Wild zu schiessen, welches er von der Strasse aus sieht. Ich fürchte nur, Sie werden nicht viel Freude an dem Koran haben."

Die Maulthiere hielten und ich gab Feuer, sodass das Gras dicht hinter ihm weggeschnitten wurde. Er ging ein wenig weiter ins offene Feld hinein, und Pang! knallte die Martini-Büchse noch einmal. In demselben Augenblick schrie der alte Kert: „Die Vogel is doed", und Newman rannte hin und nahm den Vogel auf. Sein Hals war vollständig wie mit einem Messer durchgeschnitten. Das war natürlich der reine Zufall. Ich hätte ein Dutzend mal versuchen können, den Vogel an dieser besondern Stelle zu treffen und hätte sowol diese Stelle als vielleicht den Vogel überhaupt gefehlt; aber die Besonderheit der Wunde genügte, meinen Ruf als guten Schützen zu begründen, und mit diesem Zusatze wurde später in Griqua die Geschichte von Mund zu Mund weiter erzählt. Wir massen die Entfernung, sie betrug gerade 100 Schritt;

daraufhin übten Herr Newman und ich uns im Schätzen der Entfernungen, indem wir sie zur Probe nachher abgingen. Ich entdeckte, dass ich immer und öfters beträchtlich über das Ziel hinausging, besonders bei grossen Entfernungen; nach einiger Uebung kam ich jedoch der Wirklichkeit ziemlich nahe. Diese kleine Uebung erwies sich mir nachher sehr nützlich, denn die Entfernungen richtig zu schätzen ist eine wesentliche Hülfe bei der Jägerei. Man kann seine Flinte so ruhig halten wie einen Würfel, versieht man sich aber im Richtwinkel, so kann man selbst die Sonne fehlen.

Eine leichte Bodenwelle hinansteigend, sahen wir vor uns sich etwas bewegen, was wir zuerst für Eingeborene hielten, was uns aber das Fernglas als Springböcke enthüllte.

„Sie kommen sicher zum Schuss", sagte Newman, „sie lassen den Wagen ganz nahe herankommen." Lulu und ich machten also jeder eine Flinte schussbereit und warteten bis zum Kamm der nächsten Welle, wo die Maulthiere halten sollten. Sie zogen jedoch vor weiterzuziehen, statt anzuhalten, und gingen auf die Thiere zu. Der Bock sah uns zuerst und sprang auf. Wir desgleichen aus dem Wagen und aufs Feld hinaus, um ihm den Weg abzuschneiden. Aber erst einige Zeit nachher entdeckten wir sie wieder und zwar anscheinend 400 Schritt vor uns. Mit dem Visir für diese Distanz feuerte ich und hatte die Genugthuung, den Sand über ihren Rücken weit wegfliegen zu sehen. Also wieder einmal die Entfernung überschätzt! Es war doch sonderbar, dass ich bei einer Luft, welche wegen ihrer Klarheit alles näher erscheinen liess als es in Wirklichkeit war, immer den fatalen Fehler beging, das Wild stets zu weit von mir zu schätzen; der gegentheilige Irrthum schien doch viel natürlicher. Aber zum Philosophiren war keine Zeit; dies waren alles die Gedanken einer Secunde und in der nächsten feuerte ich schon wieder auf die davoneilenden Thiere. Diesmal schlug die Kugel gerade vor einem Bock in die Erde, sodass derselbe auffuhr und wenigstens 3 m in die Höhe sprang. Sie verdienen ihren Namen Springböcke mit Recht. Hätte ich nicht meine Kugel in den Sand fahren

sehen, so würde ich geglaubt haben, sie hätte gesessen; aber
der Bock rannte mit den übrigen einige hundert Schritt weiter,
worauf sie wieder halt machten. Jetzt feuerten wir beide zugleich; noch einmal schlug meine Kugel unter einem Bock durch,
sodass derselbe wieder wie ein Vogel in die Luft schnellte;
aber gleichzeitig sank einer der Kameraden in die Knie.
Lulu hatte zum ersten mal Blut vergossen. Diesmal stoben
sie mit Windeseile davon, der verwundete Bock versuchte es
auch, blieb aber mit jedem Sprunge zurück. Wir verfolgten
ihn mit den Augen bis hinter einen Busch, und dann machte
sich Kert mit einem Kriegsgeheul hinter ihm her, was er
laufen konnte, doch wollte uns seine Geschwindigkeit nicht
gerade imponiren. Er quälte sich indessen weiter, kam auch
endlich an die Stelle, wo das Thier liegen sollte; aber er ging
weiter, bis wir ihn hinter den Büschen aus Sicht verloren.
Der Bock war verschwunden. Mit dem Glase sah ich den
alten Feldhut mit den auf- und niederwallenden Federn hinter
einigen Felsen, bis auf einmal Kert oben auf einem Felsblock
auftauchte und seinen Hut triumphirend in der Luft schwenkte.
„Hurrah, er hat ihn gefunden!" und dann gab es ein
Wettrennen, wer ihn zuerst erreichen würde. 2000 Schritt
über Steine und zwischen den Büschen durch bei einem
Thermometerstande von 52° C. in der Sonne ist kein Spass;
aber wir hielten uns tapfer und kamen völlig athemlos dicht
nacheinander zur Stelle; Lulu musste wegen seiner Kurz-
sichtigkeit etwas langsamer gehen und war deshalb der letzte.
Kert hatte bereits begonnen, das Thier, einen schönen jungen
Bock, mit der Geschicklichkeit und Geschwindigkeit eines
Fleischers von Profession zu zerwirken und so war er bald
abgehäutet und geviertheilt. Jeder nahm ein Viertel auf die
Schulter und wir liefen wieder zum Wagen, in welchem wir
nach Ablegung unserer Bürde gar nicht ungern die letzten
5—6 km bis Griquatown fuhren.

Hier lud Herr Newman uns zum Mittagessen ein. Lulu
musste leider ablehnen, weil er das Auspacken zu leiten hatte;
ich nahm jedoch froh die gebotene Gastfreundschaft an und

liess den Wagen vor dem Gerichtshause und Gefängniss, hinter dem frühern Palast von Waterboer, ausspannen, und nahm dann ein Viertel des Bocks mit nach Newman's Haus. Wir waren beide hungerig und am raschesten liessen sich hier „Eier mit Schinken" bereiten. Dies war hier eine Delicatesse, weil Schweine in diesem Lande nicht gezogen werden und das Schweinefleisch 2 Schilling das Pfund kostet, Eier aber überhaupt selten sind; daher bekam dieses heimatliche Gericht, das zudem in vollkommenster Weise zubereitet und mit der besten Sauce servirt wurde, einen vorher nicht geahnten Wohlgeschmack.

Nach dem Mittagessen schlug Herr Newman vor, dem Regierungscommissar Herrn Christie einen Besuch zu machen, welcher in Wirklichkeit als der Alleinherrscher in diesem weiten District anzusehen ist. Ich warf ein, dass er am Sonntag einen Fremden vielleicht nicht gern empfangen möchte. „Wo denken Sie hin? Sonntag hin, Sonntag her! Er sieht Sie heute ebenso gern als morgen." Wir gingen also zu seiner Wohnung. Unglücklicherweise war er ausgegangen, aber ich hatte doch die Genugthuung, das erste Haus in Griqualand gesehen zu haben, welches solchen Namen verdiente.

Die Häuser dieses Landes bestehen in der Regel aus einem Stockwerk, dessen Lehmmauern mit Kuhdung beworfen sind; der Flur ist ebenso hergestellt; das Ganze liegt in der Mitte oder an der Seite einer viereckigen Umzäunung oder Kraal, welche durch eine Mauer von an der Sonne getrockneten Ziegelsteinen von Lehm, Schlamm, Kuhdung oder Steinblöcken gebildet wird und als Hürde für das Pferd — wenn eins gehalten wird — sowie für die Kälber und Lämmer während der Nacht dient. Kein Grashalm noch Strauch ist meilenweit zu sehen, weil das Land vollständig durch die täglichen Wanderungen der Vieh- und Schafheerden niedergetreten wird, wenn sie zur Weide oder Tränke geführt werden. Niemand denkt daran Häuser zu bauen, ausser an den

wenigen Stellen, an denen Wasser zu haben ist; und deshalb
findet sich stets ein „Dam", eine Quelle oder ein Wasserbecken irgendeiner Art dicht beim Hause eines südafrikanischen
Landwirths und bildet eine mehr oder weniger werthvolle
Einnahmequelle, je nachdem es dem Zuge der Reisenden näher
oder ferner steht. Das Innere des Hauses eines holländischen
Boer entbehrt gewöhnlich ebenso des Luxus wie das Aeussere:
das Maass der Reinlichkeit oder des Schmutzes ist veränder-

Das Heimwesen eines Boer.

lich je nach dem Charakter der Hausfrau. Die Dienstboten
sind Kaffern, die Hirten gewöhnlich Buschmänner oder Griquas,
welche ausser der Kost monatlich ein Schaf oder eine Ziege
als Lohn erhalten.

Selbst das Haus des Herrn Virtue, des vielleicht grössten
Grundeigenthümers des ganzen Landes, enthielt nur ein oder
zwei Zimmer, deren Fussböden aus Schlamm und Kuhdung
bestanden, und deren kahle Mauern von getrocknetem Lehm
äusserlich wie innerlich jeden Schmucks, ja selbst jeder letzten
Hand beim Abputz entbehrten. Die Wohnung liegt in einem

Viereck, welches aus Höflichkeit Garten genannt wird und
mit in die Erde gesteckten Distelbündeln umzäunt ist, ohne
dass jemals ein Versuch gemacht würde, ihn ordentlich anzulegen oder gar mit Blumen zu schmücken. Mein Urtheil
mag ja ein befangenes sein, aber mein Haus auf Rädern verrieth viel grössere Wohnlichkeit als die festen Wohnsitze aller
dieser Leute und nicht selten reichen Besitzer. Mit den in
ihren grünbraunen Ueberzügen an den Seiten entlang hängenden
Gewehren nebst den dazwischen vertheilten Patronentaschen voll
glänzender Hülsen; mit den hellfarbigen hübsch auf den Sitzen
zusammengelegten Decken; mit solchen Anzeichen der Civilisation, wie den Operngläsern vorn und der Alarmglocke neben
der Lampe hinten im Wagen — mit diesen und andern kleinen
Zeichen der Sorgfalt der Insassen konnte man jeden Haus-
besitzer in Griqualand vor unserm Wagen schamroth machen.

Herrn Christie's Ziegelsteinhaus war im Gegensatz zu den
übrigen allerdings ein Palast zu nennen. Wie das Gerichts-
haus, so war auch dieses erst kürzlich von eingekerkerten I. D. B.
erbaut worden. So finden die Laster von Kimberley zuletzt
ihre Sühne!

Vor dem Hause befand sich ein grosser Teich, welcher
von einer 400 m entfernten Quelle gespeist wurde.

Im Verlaufe des Abends hatte ich noch das Glück, Herrn
Christie zu Hause anzutreffen, sodass ich ihm meine Em-
pfehlungen von Oberst Schermbrücker übergeben konnte. Der
Commissar empfing mich sehr höflich und unterhielt mich mit
Anekdoten von seinen frühern Reisen in Südafrika, von welchem er fast jeden District gesehen zu haben schien, und
gab mir manche Winke für meine bevorstehende Reise. Er
rieth mir, die nordöstliche Seite der Kalahari vorzunehmen,
weil die untern und mittlern Gegenden derselben von den
Mischlingen und Buschmännern stark bejagt worden seien;
ausserdem hätte Bob Duncan mit 300 Buschmännern vor 6 oder
8 Jahren ein Treibjagen durch das ganze Land angestellt
und was an Wild nicht erlegt wurde, nach dem Norden
verjagt; infolge dessen sähe man jetzt nur noch einzelne Thiere.

wo man früher ganze Heerden wahrgenommen. So sei es wenigstens noch vor zwei Jahren bei seiner letzten Anwesenheit dort gewesen; möglicherweise seien, falls es häufiger Regen dort gegeben, die Thiere dahin zurückgekehrt, zumal der dreijährige Krieg zwischen den Damaras und Namaquas der Jagd ein Ende gemacht habe. Aus diesem Grunde würde es jedenfalls viele Strausse geben, weil dieselben vom Wasser wirklich unabhängig seien und zu ihren alten Gründen zurückgekehrt sein würden, sobald die Jagd aufgehört habe.

Herr Christie, welcher einige Zeit in Namaqualand und Damaraland als Privatsecretär Palgrave's auf dessen officieller Expedition zugebracht hatte, bestätigte, was mir auch schon von andern erzählt worden war, dass es einen Strich Landes in Gross-Namaqualand gebe, in welchem es niemals regne, und dass derselbe von Hottentotten bewohnt sei, einer faulen Diebesbande, welche den Herreros oder viehzüchtenden Damaras binnen zwei Jahren mehr als 90000 Stück Vieh gestohlen hätten. Das erste Wasser, welches man von Walfisch-Bai aus antrifft, befindet sich 100 km landeinwärts, und aller Handel wird dort mit Hülfe der kleinen Namaqua-Ochsen betrieben, welche die Strecke bis zur Küste und zurück ohne Wasser zurücklegen müssen und dabei oft noch ein oder zwei Tage Aufenthalt haben, um ihre Ladung Häute, Federn und Elfenbein gegen Perlen, Messer, Gewehre, Pulver und andern Kram umzutauschen, was alles viermal im Jahre mit Dampfern von Capstadt herangebracht wird. Es ist fast wunderbar, wie diese kleinen Rinder so lange ohne zu trinken marschiren können.

Am andern Tage stellte Herr Newman mich den „Löwen" des Orts vor. Der erste von ihnen ist Waterboer, der Exfürst von Griqualand, welcher in trunkener Laune sein Land an die Engländer um ein Jahrgehalt von 1000 Pfd. Sterl. verkauft, dies seitdem aber immer bedauert hat. Der erste Fürst Waterboer war von Hause aus ein Namaqua, welcher ein Sklave der frühern holländischen Ansiedler war. Seinem Herrn entlaufend, benutzte er die bei ihm erworbenen Kennt-

nisse dazu, sich zum Häuptling seines frühern Stammes wählen
zu lassen. Nach seinem Tode folgte ihm sein Sohn; da er
aber den Trunk mehr als seine Freiheit liebte, so verkaufte
er sein Geburtsrecht und hat seitdem ein Leben voll *otium
sine dignitate* geführt, abwechselnd eine Beute von Gewissens-
bissen oder dem Verlangen, für den Verrath an seinem Volke
sich durch Verrätherei gegen die Engländer abzufinden. Im
letzten Kriege gegen die Namaquas wollte er sich zu den
Aufrührern schlagen, und hätte das Vorhaben auch wahrscheinlich ausgeführt, wenn nicht die Behörden ihn nach Capstadt gesandt und dadurch aller Versuchung entführt hätten.
Dies war natürlich recht grossmüthig von seiten der Regierung gehandelt, weil sie das Jahresgehalt von 1000 Pfd. Sterl.
hätte ersparen können, sobald er zum Verräther würde; aber
die Pension von 1000 Pfd. Sterl. jährlich war billiger als ein
Krieg, welchen der Einfluss des alten Waterboer unzweifelhaft würde verlängert haben. Der alte Mann wohnt in einem
runden Soldatenzelt am untern Ende der Stadt, neben den
Ruinen der ersten hier gebauten Kirche und umgeben von
seinen Söhnen, Töchtern, Neffen und Nichten. Als ich in seine
erhabene Nähe geführt wurde, sass er auf einer hölzernen
Bank, welche am Fussende einer aus tannenen Dielen roh
zusammengezimmerten Bettstelle stand, und mit Springbock-
fellen und hellfarbigen Decken belegt war. Auf dem Boden
lagen ebenfalls Felle anstatt Teppiche. Herr Newman stellte
mich vor und sagte ihm, ich sei von Amerika gekommen und
wünsche lebhaft, das Bild des frühern Fürsten von Griqualand zu erhalten.

Die Pfeife aus dem Munde nehmend, welche anscheinend
nicht rechten „Zug" hatte, antwortete er im halb seufzenden
Tone: „Ek es ziek in mijn borst" (Ich bin krank in meiner
Brust) und sah sich dann nach seinem Sohne um, dass er
die Unterhaltung fortsetzen möge. Dieser — ein kränklich
gelb, katzenjämmerlich aussehender junger Mann, welcher zu
schwer an einer Ladung Cango geschleppt zu haben schien,
unter welcher seine Beine nachgegeben, als er auf dem Ge-

sicht zwischen den Steinen zu gehen versuchte — erklärte in
einer Mischung von halb Holländisch halb Englisch, dass sein
Vater die ganze Nacht nicht geschlafen habe und nicht aus
dem Zelt hervortreten könne. Er schien zu wissen, was das
Photographiren auf sich habe, denn er betonte, es sei zu heiss
für seinen Vater, als dass er in die Sonne gehen könne. Ich
erklärte ihm, dies sei gar nicht nöthig, er brauche nur die
Zeltwand zurückzuschlagen und seine Familie um sich auf der
Bank zu gruppiren, dann sei in einer Minute alles vorüber.
Er hatte offenbar einen Verdacht und wandte sich auch zu
einem seiner Leute, dem er auf Griqua etwas sagte, was
Kert uns nachher dahin verdolmetschte: „Sie wollen sich über
uns lustig machen und uns auslachen und wollen unsere
Bilder nur deshalb haben, um zu zeigen, wie arm wir sind." Indessen gab er schliesslich seine Einwilligung, verschob aber die
Ausführung auf morgen. Deshalb empfahlen wir uns für
heute und sprachen bei einem andern Notabeln, einem gewissen Jan Hendrik Michael Fartein, dem ältesten noch lebenden Ansiedler in Griqualand vor, welcher ganz patriarchalisch
aussah, wie er in seinem Bett mit einer Decke von Fellen
über den Beinen dasass, das schneeweisse gekräuselte Haar
über der breiten Stirn herunterwallend und um so weisser
aussehend, je mehr das gefurchte lederartige Antlitz dagegen
abstach.

Mit dem Jahrhundert geboren, wurde er, 5 Jahr alt, von
seinem Vater dem Missionar Janssen übergeben, welcher mit
Anderson und Kramer von Rielfontein am Schluss des vorigen
Jahrhunderts auf der Suche nach Wasser hierhergekommen
war und, als er hier eine Quelle fand, Griquatown im Jahre
1802 gegründet hatte. Nachdem er von den Missionaren lesen
und schreiben gelernt hatte, wurde Fartein Schullehrer und
Prediger unter den Auspicien der Missionsgesellschaft, welcher
angehört zu haben er sich noch laut rühmte. Er erinnerte
sich noch an Janssen, welcher hier verheirathet war und 25 Jahre
nachher starb; an die später erfolgende Abreise von Anderson
und Kramer nach Europa; an Helm, welcher ihnen nachfolgte,

und an Moffat, der bald nachher kam und zwei Jahre mit
Helm zugleich wirkte, bevor er nach Kuruman zog; auch
schliesslich an Helm's Abreise und die Anstellung von Wright.
„Aber jetzt haben wir gar keinen Missionar hier", fügte
er kummervoll hinzu. „Ich bin zu alt zum Schulmeistern und
Predigen, und niemand sieht nach dem Volk, obgleich es mehr
denn je eines Predigers bedarf. Wir haben jetzt eine grosse
Stadt, mit vielen Menschen, Läden, Gasthöfen, Gerichtshof
und Gefängniss; aber im Missionshause ist es öde. Ich habe
die Leute veranlassen wollen, einen Prediger gegen Gehalt
anzustellen, aber sie lehnen es ab, weil sie es nicht leisten
zu können behaupten und glauben, es ginge ganz gut ohne
einen solchen!"

Ich fühlte es dem ehrwürdigen Missionar vollständig nach,
als er sagte, das Volk bedürfe mehr als je des Unterrichts.
Der schwarze Mann wird durch einen Ueberzug von Civilisation nicht verbessert. Der wirkliche Wilde, welcher niemals
mit den Weissen in Berührung kam, besitzt ein gewisses
Maass von Ehrgefühl und Ritterlichkeit; aber der zum halben
Christen gewordene Schwarze ist ein lügnerischer fauler Schuft,
ohne einen Funken Selbstgefühl und ohne jeden Anspruch
auf Bewunderung seitens seiner Mitmenschen. Diese Regel
gilt allgemein, mit Ausnahme einiger Mischlinge, besonders
solcher, welche man in Amerika Octoroons nennen würde.

Von geistlichen auf weltliche Angelegenheiten übergehend,
gab Herr Fartein mir einige interessante Aufschlüsse über
die Regenmenge. Er erzählte, noch manche Jahre, nachdem
die Missionare gekommen seien und zuerst hier Wasser gefunden hätten, habe es oft schwer geregnet; hier habe es
einen Nebenfluss des Oranjeflusses und ausserdem einen
grossen See in der Niederung nahe bei der Stadt gegeben.
Aber nach einiger Zeit wurde der Regen immer seltener, sodass der See anfing auszutrocknen und böse Fieber erzeugte,
an denen die halbe Bevölkerung der Stadt zu Grunde ging.
Dann folgte eine fürchterliche Dürre, die von 1835—40 anhielt; während dieser fünf Jahre fiel nicht ein Tropfen Regen,

die Quellen versiegten und die Leute mussten tief, sehr tief
nach Wasser graben. Darauf gab es eine Zeit lang theilweise
Regen, besonders in den Sommermonaten von Januar bis März,
aber 1873 begann eine zweite regenlose Zeit, wiederum versiegten die Quellen und noch einmal nahm die Bevölkerung
ihre Zuflucht zum Brunnengraben.

„Aber haben Sie nicht neuerdings Regen gehabt?“
fragte ich.

Das alte Missionshaus in Griquatown.

„Ja wohl, vor einem Jahr hatten wir etwas und ebenso
das Jahr vorher; aber im Vergleich zu der Regenmenge vor
50 Jahren und früher, als noch ein starker Fluss sich von
hier in den Oranje ergoss, sagt man schwerlich zu viel, dass
es seitdem beständig trocken gewesen ist.“

Während meiner Unterredung mit Herrn Fartein nahm
Lulu eine Photographie des alten Missionshauses auf, in welchem
Moffat gelebt hatte, und ausserdem auch eine Ansicht von
Waterboer’s früherer Wohnung.

Am andern Morgen stellten wir uns wie verabredet bei
dem alten Exfürsten wieder ein und nach einigem Zureden

war er bereit, seine Familie und sich vor dem Zelt aufstellen zu lassen mit den Ruinen der alten Kirche im Hintergrunde. Drei Söhne und ein Neffe kamen heraus, da aber der letztere von Weib und Kindern begleitet war, so schickten wir die andern wieder hinein, um auch ihre bessern Hälften zu holen. Da sie lange ausblieben, vermuthete Lulu, die Damen machten sich ungebührlich lange mit ihrer Toilette zu schaffen; nach 20 Minuten Aufenthalt erbot sich Herr Newman sie anzutreiben, kam aber mit der Nachricht zurück, der alte Herr habe ihnen verboten wieder zu erscheinen. Da der Exfürst wie ein Achilles in seinem Zelte schmollte, so erlaubte ich mir die Zeltleinwand so weit zu heben, dass Licht hineinfiel, aber zum Photographiren blieb es doch zu dunkel. Er sollte jedoch nach allen diesen Umständen nicht glauben, dass er uns hintergehe; deshalb richtete Lulu scheinbar mit aller Sorgfalt seine Camera ein, und liess ihn nach einem „Kijk je dar" glauben, dass er fertig geworden sei. Ein misvergnügter Zug lief um sein Gesicht, als ich mich bei ihm bedankte, aber er erwiderte nichts und nachher leuchtete mir ein, dass er sich in jenem Stadium der Trunkenheit befand, welches von der Polizei mit unfähig und sonst mit sinnlos bezeichnet wird. „*Quantum mutatus ab illo*" musste man unwillkürlich ausrufen, wenn man ihn mit seinem Vorgänger verglich.

# SECHSTES KAPITEL.

Zwei Steinböcke mit einem Schuss erlegt. — Nochmals der „biedere" Boer. — Verstärkungen. — Mittagessen à la Bastard. — Tränke bei Abraham's Dam. — Jan ist verloren. — Im Sande festgerathen. — Ein fürchterlicher Weg. — Endlich am Wasser. — Was man in Kheis Rahm nennt. — Wie man einen Ochsenzug anschirrt. — Polizeiliche Pflichten in Korannaland. — Am Rande der Kalahari. — Ochsen oder Maulthiere. — Ein undankbares Maulthier. — Kert unter seinen Verwandten.

Da Herr Christie mir gesagt hatte, dass der grösste Theil der noch übrigen Reisestrecke aus Sand bestehe, in welchem die Maulthiere schwere Arbeit vorfinden würden, so beschloss ich mein Gespann wenn möglich durch ein Paar Pferde zu verstärken. Ich fand bald einen Fleischer, welcher ein hübsches kastanienbraunes Pferd zu verkaufen hatte; und am andern Tage kam ein Pferdehändler an meinen Wagen, um mich zu fragen, ob ich wol eine hübsche braune Stute in Tausch nähme für meine graue, welche er mit einer andern ähnlichen zu einem Gespann zusammenzustellen wünsche. Es traf sich so, dass die Stute gerade zu dem Pferde des Metzgers passte, und so war ich dem Handel nicht abgeneigt. Der Händler versicherte mir, die Stute sei acclimatisirt („gesalzen", wie er sich ausdrückte) und schussfest dazu.

„Probiren Sie selber", sagte er. Lulu feuerte also eine Flinte hinter dem Wagen ab, während wir plaudernd dabeistanden. Sie zwinkerte nicht. „Es ist ein schönes Thier, wirklich; Sie bekommen es für das graue und legen noch

5 Pfd. Sterl. zu." Aber während der Händler von mir baare 5 Pfd. verlangte, forderte ich von ihm 6 Pfd. Sterl.! Keiner von uns wollte nachgeben, und so ging er weg, kehrte aber nachmittags zurück, bereit, wie er sagte, „die Differenz zu theilen".

„Einverstanden", sagte ich. „Geben Sie mir 10 Schilling und wir tauschen mit den Pferden."

„O nein! Sie geben mir $2\frac{1}{2}$ Pfd., als Hälfte von dem was ich forderte."

„Aber", rief ich, „ich forderte doch von Ihnen 6 Pfd.; der Unterschied gegen ihre 5 Pfd. beträgt also 1 Pfd., und davon die Hälfte 10 Schilling: das nenne ich die Differenz theilen."

Er wollte indessen die Sache nicht so ansehen, deshalb sagte ich ihm, er möge seine Stute behalten, ich behielte mein Pferd. Nach einer Weile kam er zum zweiten mal zurück und erbot sich den Handel abzuschliessen, wenn ich ihm 10 Schilling zulegte, was ich ihm bewilligte. Die Stute trug die Buchstaben „L. A." in grosser Schrift auf der Hüfte eingebrannt, weshalb ich sie Lady Anna taufte, nach einer jungen berliner Dame, in welche ich mich etwas verliebt hatte. Darauf kaufte ich noch das Pferd des Metzgers für 10 Pfd. und ein vollständiges Geschirr von Herrn Newman für weitere 3 Pfd. Sterl. und gab dann sofort Befehl anzuspannen, um noch das circa 30 km entfernte Wittewater zu erreichen.

Am Abend spannten wir in der Nähe von Wittewater aus und fesselten wegen der dort vorgefundenen guten Weide die Pferde und Maulthiere, indem wir ihre Knie zusammenbanden und die Köpfe mit einem Tau an die die Beine verbindende Schlinge tief herunterzogen; in diesem Zustande liessen wir sie die Nacht über frei grasen. Am andern Morgen war jedoch blos die Stute zu sehen; ich sattelte sie also und ritt den Weg zurück, um die andern zu suchen, schickte auch die Leute nach verschiedenen Richtungen aus. Nach etwa 3 km begegnete ich einem Boer, welcher mir erzählte, ein braunes gefesseltes Pferd sei vor ungefähr einer Stunde an ihm vorbeigekommen, deshalb galopirte ich weiter, aber ohne eine

Spur von demselben zu entdecken. Bei einem 10—12 km
von unserm Wagen entfernten Landgut fand ich endlich drei
Maulthiere aus einem „Dam" trinkend und zwei weitere wurden
herzugebracht, während ich neben einem Kaffernjungen mit
einem Ochsengespann stand. Ich trug diesem auf, alle fünf
Maulthiere zum Wagen mitzunehmen und ritt selber weiter,
um das Pferd zu suchen, als ich plötzlich Jan begegnete,
welcher seine Fährte nach einem felsigen Hügel hin verfolgt,
dort aber aus Sicht verloren habe, wie er erzählte. Da ich
fürchtete, es möchte geradeswegs zu seinem alten Stall in
Griquatown zurückgekehrt sein, gab ich Jan meine Stute mit
einigen Zeilen für Herrn Christie, dem ich die Lage schilderte,
um seinen Beistand zur Herbeischaffung des Flüchtlings an-
zurufen, und wanderte selber zu Fuss nach dem Wagen
zurück. Auf halbem Wege setzte ich mich oben auf eins
der unzähligen „Koppjes" oder riesigen natürlichen Steinhaufen, zog mein Doppelglas hervor, sah den alten Kert und
Lulu das Frühstück bereiten — ein Anblick, der mich noch
hungeriger machte als ich schon war — und liess dann das
bewaffnete Auge über den Abhang eines Hügels zu meiner
Rechten schweifen, wo ich auch 150 Schritt vor mir im Gebüsch sich etwas regen sah. Es waren Steinböcke, die sechs
an der Zahl dort miteinander spielten, herumsprangen und
sich wie junge Ziegen mit den Köpfen bearbeiteten. Als ich
dachte, dass sie lange genug gespielt hätten, zielte ich auf
zwei nebeneinander stehende. Sogleich nach dem Knall hörte
ich die Kugel aufschlagen und in demselben Augenblick war
die ganze Schar verschwunden. Ich durchmusterte mit dem
Glase sorgfältig Gebüsch und Fels, konnte aber keine Spur
von ihnen entdecken, schulterte deshalb meine Büchse und
kletterte hurtig die spitzigen Felsen hinunter nach ihnen zu.
Dort traf ich auf Schweiss und zwei ganz deutliche Fährten,
eine nach rechts, eine nach links; die letztere war durch
sehr starken Schweiss ausgezeichnet.

In der Ueberzeugung, dass ein derartig angeschossenes
Thier nicht weit gekommen sein würde, nahm ich die andere

Fährte auf und verfolgte sie wol 500 Schritt, immer sorgfältig sichtend und zu einem zweiten Schuss mich bereit
haltend. Die Schweisstropfen mehrten sich, je weiter ich
kam; es musste also meine Kugel zwei Böcke zugleich getroffen haben. Einen hohen Fels hinanklimmend prüfte ich
sorgfältig jede Ecke und hatte das Vergnügen, den Kopf
eines Bocks auf etwa 300 Schritt Entfernung zu entdecken.
Ueberzeugt, dass das Thier verwundet war, und eines Winkes
des alten Kert eingedenk, beschloss ich es nicht zu stören;
je länger es da lag, desto steifer und schwächer würde es
werden, während es gleich verfolgt vielleicht noch einige
Kilometer weit und mir aus Sicht laufen könnte, bis es ein-
ginge. Nachdem ich mir deshalb die Stelle genau gemerkt
hatte, ging ich auf demselben Wege zurück und nahm nun die
andere Spur auf; in Verfolg derselben fand ich auch bald
einen todten Bock mit einem Kugelloch quer durch den
Körper von Blatt zu Blatt. Rasch ausgeweidet ward er über
die Schulter gelegt, sodass die Läufe zu jeder Seite des
Kopfes an mir herunterhingen, und so-nach dem Felsen getragen, von wo ich seinen Spielkameraden zuletzt gesehen
hatte, welcher jedoch jetzt nicht mehr sichtbar war. Ich folgte
also der Spur, um ihm den Fangschuss zu geben, fand ihn
aber an derselben Stelle von vorhin nicht länger sitzend,
sondern todt zusammengebrochen. Meine Kugel war durch
beide hindurchgeschlagen!

Erst am andern Tage gegen Mittag erschien Jan wieder
mit dem Pferde und begleitet von einem Boer, auf dessen
Gut das Thier früher in die Weide gegangen war, welcher aber
nicht eher seinen Standort verrieth, bis Jan ihm eine Belohnung von 1 Pfd. Sterl. versprochen hatte. Es war mal wieder einer
von Froude's ehrenwerthen, Räubersold nehmenden, frommen,
scheinheiligen, aufrichtigen, diebischen Schuften, welche das
Frühstück kalt werden lassen über ihren langdrähtigen
Familiengebeten, dann aber hinausgehen, um des Nachbars
Eigenthum zu „annectiren"; ich nahm deshalb die Gelegenheit wahr, ihm nicht das Goldstück, wol aber eine

klare und deutliche Vorstellung meiner Meinung von ihm zu
geben.

Am Nachmittag passirten wir dann Wittewater und
füllten an der dortigen Quelle unsere Wasserbehälter, nachdem wir uns die letzten Tage mit dem Inhalt der Pfuhle am
Wege beholfen hatten. Auf dem weitern Wege nach dem
25 km entfernten Landgut Cope's wurden wir von einem furchtbaren Regenguss überfallen, lagerten uns deshalb in einem
Schafkraal, mussten aber ohne Imbiss zur Ruhe gehen, weil
es unmöglich war, in dem heftigen Regen Feuer anzumachen.
Das Stossen und Schnauben der vorsichtig am Wagen festgebundenen Maulthiere weckte mich um 3 Uhr früh auf. Der
Sturm war vorüber und der Mond schien hell — so glänzend,
dass ich leicht eine Heerde Ziegen entdeckte, welche sich
ein Frühstück aus meinem Geschirr bereiteten, das in der
Eile an der Erde niedergeworfen worden war. Nachdem ich sie
weggejagt, schlief ich bald wieder ein und erwachte erst nach
Tagesanbruch aus einem glücklichen Traum von einem Lande,
in welchem es stets Wasser gab.

Nach dem Aufbruch trafen wir einen Mischling — einen
von Kert's Freunden, mit Namen Abraham — welcher in
Griquatown gewesen war, um Mundvorräthe einzukaufen, aber
sein ganzes Geld für eine Karre nebst Geschirr ausgegeben
und jetzt nichts zu beissen hatte. Er bat um die Erlaubniss,
bis zu seinem Wohnort Kheis mit uns zu reisen und wollte
uns für einen Antheil an einem Schaf zu Hause ein ganzes
Schaf dafür wiedergeben; der Vorschlag wurde natürlich angenommen, alsbald ein Bock gekauft, eingefangen, geschlachtet
und in den Wagen geworfen, worauf wir weiterzogen.

Unser nächster Lagerplatz lag in einem Thale mit verschiedenen Wasserpfuhlen, an welchen ich zwei Kraniche mit
langem Nackengefieder entdeckte; ich schoss zweimal auf
sie, fehlte sie aber, weil ich wie gewöhnlich die Entfernung
überschätzte. Hier verspeisten wir unser vorher gekauftes
Schaf; der Bastard und sein zerlumpter Bursche sammelten
das Brennholz aus den in der Nähe gelegenen Büschen, während

Kert das Thier abhäutete, zerwirkte und den Abfall für die
neuen Bekannten zurücklegte. Sie bereiteten sich denselben
in der Art zu, dass sie die Eingeweide einfach durch die
Finger gleiten liessen, dann in etwas schlammigem Wasser
ausspülten, die engen Gedärme aufrollten und in die weiten
steckten und darauf sie nebst Füssen, Haut und allem in die
heisse Asche steckten.

Nach einer Weile nahm der Bursche die Läufe wieder
heraus, einen nach dem andern, klopfte mit einem Stein die
Haut herunter und legte sie wieder in die Asche. Nachdem
sie hinlänglich gebraten waren, wurden die Hufen mit einem
Stein gewandt abgeschlagen und dann begann das Festmahl.
Das eine Ende des Knochens mit der Hand festhaltend nagten
sie Haut und Knorpel mit den Zähnen ab, und wenn ein ungewöhnlich zähes Stück Sehne den vereinigten Anstrengungen
von Kinnbacken und Händen Trotz bot, so fuhr ein Messer
zwischen den Lippen und dem Knochen durch und trennte
den widerstrebenden Bissen von seinem ursprünglichen Sitze.
Ist sie auch nicht elegant, so ist diese Methode, mit einem
Bratenstück fertig zu werden, doch praktisch: denn einmal
zwischen den Zähnen kann einem der Mundvoll nicht mehr
entgehen und der Rest ist gleichfalls sicher in der andern
Hand aufgehoben. Ich muss gestehen, dass ich die Methode
selber oft praktisch erprobt habe, wenn ich ein ungewöhnlich
zähes Lendenstück bearbeitete, und kann sie als ein sicheres
Mittel gegen ein unglückliches „Entschlüpfen zwischen —
Messer und Lippe" empfehlen.

Darauf hielten wir bei Abraham's Dam, einem Sandloch,
dessen unteres Ende eine Mauer bildete. Das einzige was
fehlte war Wasser. Dicht daneben war jedoch ein Brunnen,
aus welchem einige Leute vermittelst einer primitiven Vor-
richtung, Eimer genannt, Wasser schöpften: dieselbe bestand
aus einem kegelförmigen leinenen Beutel von etwa 2 m Länge
und 30 cm Durchmesser am offenen Ende, welcher sich bis
auf 10 cm am spitzen Ende verengte und dort mit einer
Schlinge zusammengebunden war. Dieser Beutel wurde nun

mit einem Gewicht am offenen Ende, um das Untersinken zu
sichern, in den Brunnen hinabgelassen, und dann das Tau an
einem Pferd befestigt, welches ihn gefüllt heraufzog. Nachdem die Schlinge am untern Ende gelöst war, floss das Wasser
in einen steinernen Behälter von $2\frac{1}{2}$ m Länge und $1\frac{1}{4}$ m
Tiefe und von da in einen Trog, aus welchem Pferde und Vieh
tranken. Ein Mann stand daneben, um die Menge der Thiere
zu bestimmen, welche gleichzeitig trinken durften, damit kein
Gedränge entstand. Wie die hastigen, keuchenden, durstigen
Geschöpfe herbeirannten und den Kopf bis zu den Augen in
die kühle Flüssigkeit steckend für ihr Leben schlürften, als
ob sie nicht genug davon bekommen könnten! Wir mussten
fast eine Stunde warten, bis wir an die Reihe kamen, und
bezahlten dann die mässige Taxe von 1 Schilling an den Eigenthümer des Brunnens, einen Herrn Salomon, dessen Gesichts-
ausdruck seine Abstammung noch deutlicher als sein Name
verrieth, und welcher uns den Rath gab, eine kleine Strecke
weiter unser Lager aufzuschlagen, wo es Gras für die Maulthiere gebe, dort bis 2 Uhr nachmittags zu bleiben, und dann
mit den wohlgefütterten und gut getränkten Thieren am Nachmittag durch den ersten tiefen Sand vorwärts zu reisen, auf
einer kleinen Strecke harten Grundes 1—2 Stunden anzuhalten
und darauf die Reise fortzusetzen, bis wir zum Oranjefluss
bei einem Orte Namens Zechobaar kämen.

Früh am andern Morgen wurde ich durch das Rufen von
über uns wegfliegenden Rebhühnern aufgeweckt, sprang aus
dem Bett und zog mich an — d. h. setzte meinen Hut auf —
stürzte für eine Stunde fort und hatte bald vollauf zu thun
mit dem Auflesen der geschossenen Vögel. Ich gebrauchte
drei Stunden, um sie auszunehmen und einzusalzen; die übrige
Zeit verfloss über der Ausbesserung der gebrechlichen alten
Karre des Bastards, welche zusammengestürzt war, weil der
Bolzen, welcher die Feder an der Radbüchse festhielt, nachgegeben hatte. Zufällig hatte ich einige Reservebolzen, und
durch Hämmern, Schlagen und Fluchen gelang es mir endlich
einen festzumachen, welcher weit kräftiger war als sein Vor-

gänger. Der alte Knabe freute sich nicht wenig und rief:
„Die Amerikaaner is slim" (d. h. schlau).

Um 2 Uhr brachen wir also auf, schossen Rebhühner den
Weg entlang, auch gelegentlich einen Koran, erreichten bei
Anbruch der Dunkelheit die erste sandige Stelle und spannten in einem Rieselregen aus. Nach dem Abendessen ging es
weiter und zwar bis 11 Uhr abends, als der Regen in Strömen herunterkam. Kert rieth eifrig zum Ausspannen, weil
ein solcher Regen die „Pfannen" (Niederungen) auffülle, und
wir folgten seinem Rath, als wir zu einem verlassenen Kraal
kamen, welcher uns Brennholz in Fülle versprach. Mitten
in der Nacht erwachend sah ich mich um und fand Kert und
die übrigen im tiefen Schlaf — einige unter dem Wagen,
die andern unter der Karre — und das Feuer beinahe er-
loschen. Meinen Regenrock anziehend stieg ich herunter,
schürte das Feuer und weckte darauf Jan, um ihn zu fragen,
wo die Maulthiere seien. „Da hinüber", antwortete er halb
im Schlaf. Aber da man nicht wissen kann, was „da hinüber"
bedeuten sollte, so weckte ich den alten Kert und wiederholte
meine Frage. Er flog wie eine Kugel in die Höhe und ging
in die Finsterniss hinaus, während ich das Feuer im Brand
erhielt, damit er sich nicht verirre; nach einer halben Stunde
kam er zurück wie ein begossener Pudel, brachte aber die
Maulthiere mit. Ich befahl ihm, sie festzubinden und im
Auge zu behalten; als wir aber nach dem Frühstück anspannen wollten, fehlten wieder beide Pferde und ein Maulthier. Jan ging sie zu suchen, als er aber nach einer Stunde
nicht zurückkehrte, wurde ich besorgt und bat den Bastard,
sein Pferd zu satteln und seiner Spur zu folgen. Nach einer
Stunde kam er mit den Thieren zurück, jedoch ohne Jan.
Wir warteten geduldig den ganzen Tag und unterhielten ein
grosses Feuer die ganze Nacht hindurch, aber Jan blieb verschwunden. Wo konnte er stecken? Kert meinte, ihm fehle
nichts und wir brauchten seinetwegen keine Sorge zu haben;
würde er sehr lange aufgehalten, so wisse er auch, dass wir
nicht länger warten könnten, denn wenn wir nicht vorwärts

zögen, so trockneten die Pfannen ein und wir fänden kein
Wasser. Schon seien alle Spuren des letzten heftigen Regens
verwischt und wir erzeigten ihm keine Wohlthat mit unserm
Warten, brächten uns selber aber in Gefahr. Ich ging aber
ungern weiter, solange ich ungewiss war über das Schicksal
des Burschen; deshalb veranlasste ich noch einmal den Bastard,
auf Kundschaft auszureiten, während Lulu und ich Rebhühner
jagten, um durch das Schiessen möglichst seine Aufmerksamkeit auf uns zu lenken und zugleich unsern Mundvorrath zu
vergrössern. Ich selbst ging danach weiter und erstieg eine
der höhern Sanddünen, mit einem Auge hinter Jan und dem
andern hinter einem Steinbock her.

Am Nachmittag kehrte der Bastard zurück, aber ohne
Nachricht von Jan. Der alte Kert, welcher sich oft mit Jan
gezankt hatte, meinte jetzt, er sei auf- und davongegangen
und werde nicht wiederkommen. Ich glaubte das nicht, aber
wenn wir noch länger warteten, so liefen wir Gefahr Hunger zu
leiden; ich hinterliess deshalb einen Zettel für ihn, auf welchem ich ihn aufforderte, uns nach Kheis zu folgen, befestigte
denselben an einem Pfahl neben unserm Lager und wir setzten
nun unsere Reise fort.

Kert sagte, wir könnten zwei Stunden schlechten Weges
sparen, wenn wir Zechobaar links liegen liessen, obwol in
Wirklichkeit der eine Weg kaum schlechter als der andere
zu nennen war; sie waren eben beide grundschlecht. In dem
von uns durchzogenen Lande schienen Sanddünen und Stein-
koppjes im wunderbarsten Wirrwarr durcheinander verstreut
zu sein. Das eine Paar Räder versank im tiefsten Sand,
während das andere über ungeheuere Steine weglief: ein steiler,
nicht ganz senkrechter felsiger Anstieg auf der einen Seite
wechselte mit einem gleich steilen Abstieg in den Sand auf
der andern Seite. Geradezu wunderbar war es anzusehen,
wie die Maulthiere auf solchen schwierigen Abhängen hinan-
zogen, und ebenso wunderbar, wie sie überhaupt noch festen
Fuss zu fassen vermochten. Da Jan fehlte, so war mir die
Rolle des Jehu-Rufers zugefallen, aber nie hat diese Verant-

wortlichkeit so schwer auf mir gelastet. War das Fahren
schon schlimm, so war das Anhalten noch bedenklicher; denn
gerieth ein Wagenrad in dem Sande fest oder klemmte sich
in einer Felsspalte ein, so konnten wir es nicht wieder daraus
befreien. Zuletzt brach knacks! die Deichsel durch die Spannung und wir mussten für Ersatz sorgen. Während Kert
einen jungen Baum abhieb, um eine neue zu machen, nahmen
Lulu und ich unsere Flinten und pürschten auf wilde Kaninchen, die man hier „Dossi" oder „Kliphasen" nennt, kleine
kaninchenartige Thiere, welche sich nur in den Felsspalten
aufhalten. Wir konnten sie zwischen den Felsen klagen
hören, es gelang uns aber nicht, unsere Schiessprügel so
ruhig zu halten, dass wir ein Thierchen zu unserm Wagen
mitgebracht hätten. (Dies sind die im Capland häufig vorkommenden Klippschliefer, Hyrax.)

Nachdem der Schaden ausgebessert war, ging es weiter,
zum grossen Verdruss unserer Mischlinge. welche die merkwürdige Ausrede vorbrachten, wir kämen zu früh zum Wasser,
wenn wir so schnell reisten! Wir waren noch nicht weit gekommen, als wir zu einem steilen Abfall tiefen Sandes gelangten,
in dessen Mitte die Maulthiere Miene zum Anhalten machten.
Ich rief den Leuten zu, die Peitsche zu gebrauchen, aber es
war zu spät; obwol die Leitthiere, welche bereits auf hartem
Boden standen, sich mächtig ins Geschirr legten, so halfen
die übrigen Gespanne nicht mit und wir sassen fest. Es
wurde schon zu dunkel, als dass wir noch versuchen konnten
herauszukommen; wir liessen deshalb alles stehen wie es war,
Lulu übernahm die Wache neben den weidenden Thieren und
wir übrigen legten uns nach dem schweren Tagewerk schlafen.
Aber für mich gab es keinen Schlaf; ich dachte darüber nach,
wie wir den Wagen am leichtesten herausbekämen. Plötzlich
hatte ich einen Einfall: die sandige Strecke mit den zu Hunderten
herumliegenden platten Steinen zu pflastern. Gedacht, gethan!
Aufspringend, war ich sofort an der Arbeit, den Sand vor den
Rädern wegzuschaffen, und legte dann eine doppelte Reihe
Pflastersteine vor dieselben bis zu dem harten Grunde, eine

Strecke von 6 m weit, die uns blos von dem Geborgensein
trennte. Dann wurde der Wagen mit der Handwinde empor-
gehoben, ein grosser Stein unter jedes Rad gelegt, und dann
kroch ich wieder „zu Bett". Es wurde bald Tag, und ich
hatte mich erst kurz vorher niedergelegt, als Lulu mit den
Pferden zurückkam. Schleunigst eingespannt, sollten sie ziehen
helfen, wurden aber widerspenstig, da eins sogar besser rückwärts arbeitete als vorwärts; wir spannten sie also wieder aus
und überliessen ihren armen Verwandten, den Maulthieren.
die Arbeit allein zu verrichten.

Einige Kilometer weiter geriethen wir abermals auf einem
steilen Sandhügel fest, von dessen Rücken wir einen hohen
Berghang sehen konnten, über welchen unsere Strasse lief —
wenn man diesen Weg Strasse nennen durfte — an einem
Wasserlauf im Grunde vorbei, dessen Bett mit Steinen aller
Art und Grösse besäet war; bald grosse viereckige Blöcke,
so scharf behauen, als kämen sie gerade aus dem Steinbruch,
mit flachen Köpfen, bald winkelig nach allen obern Richtungen,
oder gezackt mit sägeartigen, oder durch die Thätigkeit des
Wassers und der Luft abgerundeten Rändern. Der Anblick
war nicht einladend. Hier sassen wir in einer Sandbank fest,
wie sollte es mit uns werden, wenn wir erst einen so ungang-
baren Weg, wie den vor uns, passiren sollten?

„Was sollen wir anfangen?" rief ich Kert zu, nur um
seine Meinung einmal zu hören.

„Ich weiss nicht, was Baas will!" erwiderte er. „Sie
haben Maulthiere genommen, während ich behauptete, Ochsen
passten besser für dies Land."

Er hatte recht, mit Ochsen wäre es uns besser ergangen.

„Wohlan Kert, nehmt mein Pferd, reitet nach Kheis und
miethet 12 Ochsen; ich will unterdessen den Wagen abladen
und sehen was sich machen lässt."

Der alte Buschmann war nicht traurig darüber, seine
überlegenen Kenntnisse so anerkannt zu sehen, und ritt bald
von dannen, während wir mit aller Kraft uns daran machten,
den Wagen auszuladen. Nachdem dies geschehen war, schirr-

ten wir die Maulthiere wieder an; sie zogen auch den Wagen richtig heraus und gleich darauf ging es hinauf zum „Teufels-Kloof". Ich konnte kaum stehen bleiben, als die Räder vom Fels auf einen Block und vom Block wieder auf den festen Fels stiessen, bumsten und pufften und dann wieder durch einen Geröllhaufen knirschten. Der Anstoss warf die Thiere manchmal beinahe um, aber gleich darauf legten sie sich desto lustiger ins Geschirr, mit ihren Hufen sich festhaltend. Pang! Bums! Krach! Puff! halbwegs sind wir schon. Werden sie, wird der Wagen es aushalten, bis wir oben sind? Nun, was wartet unser dort? Hinunter fuhr das Vorderrad in ein Loch. „Da liegen wir", dachte ich, und sah mich nach einem passenden Zielpunkte meines Absprungs um; aber dann stiess es wieder gegen einen Fels und der Wagen richtete sich wieder auf. Er glich einem Schiff auf einem versteinerten Meer. Dreiviertel des Wegs heil zurückgelegt! aber jetzt kam ein sehr tiefes Loch. Die Maulthiere hingen vor und über uns wie Fliegen am Fels. Es schien ein Wunder, dass der Wagen sie nicht herabzog, statt dass sie den Wagen hinaufzogen. Pferde hätten das nimmer geleistet. Sie scheinen ihre eigene Gefahr zu ahnen und zu fühlen, dass Stillstand lebensgefähr-lich werden könne, darum erkletterten sie schliesslich die Höhe, ohne dass etwas zerbrach. Nach dieser Probe war der Wagen offenbar allen Zumuthungen gewachsen. Aber wie sollte es mit der alten gebrechlichen Karre des Mischlings gehen? Würde sie nicht durch ihr eigenes Gewicht zusammen-brechen, auch ohne dass wir sie beluden? Aber der Versuch musste gemacht werden; ich belud sie also leicht, nahm die Maulthiere zurück und zum zweiten mal legten sie den Weg ohne Havarie zurück. Viermal musste die Karre eine frische Ladung fassen und ebenso oft den steilen Aufstieg wieder-holen. Bevor wir aber alles ordentlich einladen konnten, überfiel uns ein schweres Gewitter und wir mussten deshalb eiligst geöltes Leinenzeug und Guttapercharöcke anziehen und Decken über alles werfen. Todesmüde kroch ich unter den Wagen und liess die Maulthiere die zackigen Felsen abweiden.

Um allen Regen eines südafrikanischen Himmels wäre ich nicht aufgestanden. Es hörte jedoch bald auf, wir luden unsere ganze Habe ein, sammelten Wasser aus den Felslöchern in unser kleines Wasserfass — das erste Wasser seit dem Aufbruch aus dem Lager und seit mehrern Tagen das erste klare Wasser — spannten die Thiere an und fuhren thalwärts. Der alte Virgil ist nie in Griqualand gewesen, sonst würde er nicht so bestimmt sich über den *Facilis descensus Averni* ausgesprochen haben. Der Abstieg zum Avernus mag ja schön stufenartig gewesen sein, aber der beste *carrus*, *rhedarius* oder *carruca* des alten Rom würde, mit so schwerem Gepäck beladen, auf einer Strasse wie der unserigen sicher in die Brüche gegangen sein. Wir fuhren ja nicht, wir sprangen hinunter. Wir hüpften von einem Fels zum andern in einer Reihenfolge heftiger Stösse, wobei die losen Felsstücke dann noch häufig unter uns nachgaben und uns zu folgen und zu überwältigen drohten. Zweimal stürzten die Deichselpferde zusammen, als ein Vorderrad früher als das andere gegen harten Fels stiess und nun die Deichsel von der einen Seite zur andern flog; aber indem ich mit aller Kraft sie durch die Zügel zu stützen suchte, bewahrte ich wenigstens ihre Knie vor Schaden.

Als wir unten angekommen waren, stiess Lulu zu seiner Erleichterung einen Stossseufzer aus, indem er ausrief: „Wer möchte jetzt doch wol in einem bequemen Hause daheim sitzen, wenn es hier solches Vergnügen in Hülle und Fülle gibt? Von allen elenden, niederträchtigen, gottverlassenen, sandigen, felsigen, vertrockneten Stellen auf dem Antlitz unsers herrlichen Planeten ist dies doch die auserwählt schönste. Könnte ich ein Erdbeben fünf Minuten lang nach meinem Sinn dirigiren, so müsste hier ein See entstehen, auf welchem ich ruhig heimwärts zu Frau und Kindern segeln könnte.“

Da ich ihm nicht widersprechen mochte, so zog ich vor zu schweigen und antwortete blos durch ein Lächeln, und in der nächsten Minute pfiff er eine Melodie aus „Patience“.

Auf die Felsen folgte ein langer Strich tiefen orange-
farbigen Sandes, durch welchen der Wagen schwer arbeitete,
aber ausser dem Knirschen und Knarren der im Sande mah-
lenden Räder war alles mäuschenstill. Dann und wann stehen
bleibend, um den keuchenden Maulthieren einige Minuten zum
Verschnaufen zu geben, verloren wir den alten Bastard beinahe aus Sicht, welcher mit seiner Karrete vorauffuhr und
in dem dunkeln Schatten eines Berges, hinter welchem die
Sonne sich verbarg, fast verschwunden war. Mit dem Eintritt der Dunkelheit dachte ich wieder an den armen Jan
und was wol aus ihm geworden war. War er nach Abraham's
Dam zurückgegangen, weil er nirgends Wasser fand? Oder
hatte er einen Seitenweg nach dem Oranjefluss eingeschlagen,
in der Hoffnung uns dort abzufangen? Oder war er nach
dem Lagerplatz zurückgekehrt und folgte nun, weil er ihn
verlassen und ohne Nahrung und Schutz vorfand, uns durch
diese unwirthliche Wildniss? Lulu schloss sich der Ansicht
Kert's an, dass er als Eingeborener geradeswegs zum Fluss
gegangen sei in der Ueberzeugung, wir müssten auch dahin
kommen. In diesem Augenblick holten wir die Karre des
alten Mischlings ein, der uns hier erwartet hatte, und hörten
ihn rufen: „Hier uitspan!"

„Ist denn Wasser hier?" erwiderte ich, „ich sehe keins."

„Der Fluss ist ganz in der Nähe; wir dürfen nicht näher
heran. Horch!"

Wir blieben stehen, um zu lauschen, und unsere Ohren wurden erquickt durch das köstliche Gemurmel fliessenden Wassers.

„Ja", sagte ich, „es kann nicht weit sein, ich höre es auch."

„Nein, nur etwa eine halbe Stunde."

Nur eine halbe Stunde! und es klang nicht 10 Minuten
weit! Jedoch war jetzt keine Zeit, um darüber zu streiten, die
Thiere wurden ausgeschirrt, und der Mischling unternahm es,
sie zur Tränke zu führen, während wir das Abendessen bereiteten.

Nach ungefähr einer Stunde kehrten sie zurück, als alles
bereit, die Suppe gekocht und eine helle Laterne hoch über

uns zu unserm Benefiz aufgehängt war. Der Bastard rieth
mir, die Pferde und Maulthiere so zu fesseln, wie er es mit
seinen Thieren machte, weil sie dann nicht weit weglaufen würden; ich war indessen mistrauisch und band sie lieber an den
Wagen fest; darauf feuerte ich zweimal mein Gewehr ab, um
Kert's Aufmerksamkeit hierher zu lenken, falls er mit den
Ochsen vorbeizöge, im Glauben, wir steckten auf Teufels-
Kloof fest, und darauf brachten wir dem Gott des Schlafes
unser Opfer dar.

Am andern Morgen war ich früh auf, um Pferde und
Maulthiere loszulassen, fand sie auch wo ich sie verlassen
hatte, sah aber keins der Thiere des Bastards. Derselbe folgte
alsbald ihrer Spur, kehrte aber erst gegen Mittag zurück, da
sie sich 11 km weit verlaufen hatten. Mittlerweile frassen
meine Thiere sich voll Gras und Laub von den Gebüschen
und hatten sich obendrein gut ausgeruht. Als wir gerade
anspannen wollten, ritt Kert auf der „Lady Anna" heran. Er
war ganz erstaunt, uns hier zu finden, da er den obern geraden Weg nach dem Kloof eingeschlagen hatte; da er aber
in der Entfernung einen Wagen entdeckte, so ritt er mit dem
richtigen Instinct eines Buschmanns querfeldein, um zu sehen
was es gäbe, und überliess inzwischen die Ochsen sich selber.
„Jetzt können sie jedoch den Wagen ziehen", rief er, „denn
bezahlen müssen wir doch für sie, und dann schonen wir die
Maulthiere so lange." Der Zug ging nun von dannen und in
einer Stunde waren wir in Kheis; die Maulthiere gingen vor
der Karre des Bastard und Kert mit dem Jungen schloss den
Zug mit den Pferden.

Die in Südafrika üblichen Ochsenjoche sind gerade Stücke
Holz, die über die Schultern der Ochsen gelegt werden, direct
vor einen natürlichen Höcker, welcher die Bestimmung erhalten zu haben scheint, das Abgleiten derselben zu verhindern. An jedem Ende des Jochs ist ein flaches Holzstück
befestigt, welches fast den halben Hals hinunterreicht, und
die Enden desselben sind mit einem Streifen roher Haut um
den Hals herum befestigt, welcher die geduldigen Thiere zu

erwürgen droht, wenn sie eine schwere Last schleppen. Es ist ein ganz gewöhnlicher Anblick, Gespanne von 12, 20 bis 24 Ochsen in dieser umständlichen Weise angeschirrt zu sehen, wobei die grossen weit seitlich vortretenden Hörner sich gegenseitig belästigen und wie spanische Reiter die Strasse zu sperren scheinen. Zuweilen misst dieser nutzlose Schmuck

Kert, mein Fuhrer.

bis zu $3\frac{1}{2}$ m querüber, und die Thiere müssen sich förmlich darauf einüben, die Hörner unter des Nachbars Hals durchzustecken, um frei voneinander zu bleiben.

Die Barracken hinauffahrend übergab ich Christie's Brief an das Oberhaupt der Polizei, Herrn Davis, welcher mir die Erlaubniss gab, innerhalb der Umzäunung auszuspannen, und mich nachher in eine kleine runde Hütte von mit Schlamm

beworfenen Pfählen einlud, wo wir Thee tranken. Er ent-
schuldigte sich wegen Mangels von Milch, bot mir aber
lächelnd als Ersatz einen Krug mit Rahm, d. h. reines, unbe-
schmutztes Flusswasser. „Wir alle hier trinken Rahm, sobald
wir keine Milch bekommen können — Pferde, Vieh, wir alle;
und den trinken Ihre Maulthiere nachher auch" — die armen
durstigen Geschöpfe rannten, so schnell ihre Beine sie tragen
konnten, durch den vertrockneten Kraal — „der Fluss fliesst
ja nahe bei den Hütten vorbei."

„Da wir doch einmal vom Wasser reden", unterbrach ich
ihn, „gibt es eine Weide hier herum? Meine Pferde und
Maulthiere haben in den letzten drei Tagen von Steinen ge-
grast!"

„Die nächste ist im «Veld», 10 km von hier, hinter
jener Bake", und dabei zeigte er auf einen hohen 5—7 km
entfernten Steinhaufen. „Jene Bake bezeichnet die Grenze
zwischen dem Britischen Gebiet und der Kalahari oder
Korannaland. Sie finden einen kleinen Karrubusch auf der
Grenze, sonst nichts als Sand bis dahin. Gerade jenseit
dieser Bake kommen Sie zu einer Anzahl Hütten, die einer
Gesellschaft Buschmänner gehören, welche wir über die Grenze
schicken mussten, weil ihre Ansichten über Mein und Dein
nicht mit den unserigen übereinstimmten. Der südliche Theil
der Kalahari gehört nach den herkömmlichen Ansichten zu
unserer Rechtspflege, wird aber nur von einigen Mischlingen
(Vieh- und Schafzüchtern) bewohnt, welchen eine Selbstver-
waltung gestattet wird, solange ihre Satzungen nicht mit den
Ansichten der Colonialregierung in Widerspruch gerathen.
Dies geschieht aber häufig. Ich komme gerade heute
erst zurück von einem langen Ritt hinter einem diebischen
Buschmann her. Ich war die ganze Nacht auf seiner Fährte,
verlor sie aber bei Tagesanbruch zwischen den Steinen."

Nachdem wir Herrn Davis noch bei uns mit „Stachel-
beeren" tractirt hatten, fuhren wir in der angedeuteten Richtung weiter und spannten eine Stunde vor Sonnenuntergang
in Korannaland auf der Grenze der Kalahariwüste aus. Der

ganze Weg führte durch tiefen rothen Sand, welcher wellen-
förmig, jede folgende Welle höher als die vorhergehende, dalag,
und aus welchem hier und da weisser Kalkstein hervorschaute,
wodurch das Land um so mehr wie ein See — das leibhaftige
Rothe Meer — aussah, dessen Wellen stellenweise vom Winde
zu weissem Schaum gepeitscht wurden. Die Ochsen wanderten
jedoch, wie einstmals die Israeliten durch ein anderes Rothes
Meer, wie auf trockenem Lande hindurch. Der Gegensatz
zwischen der Art und Weise, wie sie durchgingen, und der
Störrigkeit der Pferde und Maulthiere war so augenfällig,
dass ich beschloss, entweder Ochsen zu miethen oder bei erster
Gelegenheit die Maulthiere gegen Ochsen umzutauschen.

Beim Ausspannen helfend bemerkte ich, dass einem der
Maulthiere das Hufhaar stark weggeschunden war, sei es
durch Reibung des Halfters oder durch einen Fehltritt auf
den harten Steinen vom Teufels-Kloof. Im Glauben, ein wenig
Fett würde die Heilung befördern, nahm ich den Fuss auf um
es einzureiben, erhielt aber in Würdigung meiner Güte von
ihm einen derben Schlag gegen den Kopf mit dem hintern
Huf, wobei das Thier augenscheinlich vergessen hatte, seine
noch dazu eisernen Schuhe auszuziehen. Es war unzweifelhaft recht gedankenlos von dem Thier, da ich ihm etwas zugute thun wollte und oft Jan verhindert hatte, es mit der
Angelruthe zu schlagen; und das war jetzt der Lohn dafür.
Ich habe immer gehört, dass Vertraulichkeit Verachtung erzeugt; aber ich muss gestehen, ich hatte jetzt mehr Respect
vor dem Huf des Maulthiers und weniger vor ihm selber als
bisher. Die plötzlich zwischen uns entstandene Entfremdung
verhinderte mich jedoch, ihm die Veränderung in meinen Ge-
fühlen thatsächlich zu beweisen; mittlerweile sprangen Lulu
und Kert herbei, um mich aufzuheben und meine Püffe zu untersuchen. Mein Kopf trug noch sein Haar und war nicht arg
mitgenommen, aber der Knöchel meines rechten Zeigefingers
war geschunden und der Nagel vom zweiten Finger beinahe
weggeschlagen. Kert tröstete mich mit den Worten, ich könne
nichts Besseres von einem Maulthier erwarten, das weder ein

Mensch noch ein Pferd sei, und ich kam jedenfalls zu der
Ueberzeugung, dass Güte gegen einen Bastard die reine
Verschwendung sei.

Wir waren bald von 15 bis 20 Buschmännern und Frauen
umgeben — ein Lumpenpack sondergleichen! Eine Frau, mehr
„bekleidet" als die andern, trug einen alten Unterrock, in
welchem die Löcher vorherrschten; die übrigen nackt, ausser
einem Stück Schaffell um die Hüften, über welches die langen
Brüste wie Lederbeutel bis fast auf die Lenden herunterhingen; die Männer sahen etwas respectirlicher aus, weil sie
noch weniger Fetzen an sich trugen, um ihre Blösse zu bedecken; dafür war das wenige desto schmutziger.

Hier hatte Kert die Ochsen von dem Schwiegervater des
Bastards gemiethet, welchen wir auf der Strasse aufgelesen
hatten; deshalb dauerte das Händeschütteln, begleitet von
unzähligen „Clicks", einige Minuten hindurch. Der alte Kert
hatte sich mit einer alten Admiralsuniform aufgeputzt, damit
er möglichst grossartig aussah, und war offenbar der Stutzer
des Orts. Plötzlich verschwand der Haufen wie durch
Zauberei.

„Zien gij", rief Kert stolz; „ek es groot man hier. Det
es mij men. Oons zal krijgen houdt en water." („Sehen
Sie, hier bin ich ein grosser Mann. Das ist mein Volk. Sofort sollen Sie Holz und Wasser bekommen.") Dann ging er
hin, um die Ochsen zu bezahlen und sich zu erkundigen, ob
wir sie bis Wilkerhout's Drift weitermiethen könnten. In einer
halben Stunde kamen die Leute zurück, obgleich es 1½ km
zum Fluss war, einige mit Holz, andere mit Wasser beladen,
legten schweigend ihre Traglasten ab und entfernten sich.

# SIEBENTES KAPITEL.

Die Familie eines Bastards. — Das Zelt eines Buschmanns. — Jan
kehrt halbtodt zurück. — Erzählung seiner Erlebnisse. — Botanisiren
in der Wüste. — Die Sama oder wilde Wassermelone. — Buschmanns-Reis.
— Ein gehöriger Mundvoll. — Sammeln von Insekten. — Festgefahren in
einer Sanddüne. — Ein Traum von Golkonda. — Diamantensuchen. —
Jagd auf Fasanen und wilde Gänse. — Neueste Pariser Moden. — Natürliche Sattelkissen. — Ein Mantalini der Wüste. — Eine urwüchsige
Pumpmaschine. — Ausgeschieden. — Farbige Familie.

Kert blieb so lange aus, dass ich mit einem Irländer auf
die Suche ging, welcher mit seinem Handelswagen nebenan
ausgespannt hatte und auf der Rückreise nach der Fähre,
seinem Wohnort, sich befand. Derselbe hatte für täglich
50 Pf. — dem gewöhnlichen Preise — für jedes Thier sich
Ochsen gemiethet, und ich schlug ihm deshalb vor, zusammen
zu reisen, dann wollte ich ihm die Hälfte vergüten, wenn er
uns dafür helfen wolle, falls wir im Sande stecken blieben.
Da er bereitwillig einschlug, so beeilte ich mich, Kert ausfindig zu machen, bevor er einen Handel abschloss, und ich fand
ihn endlich bei dem Zelt eines Händlers Namens Roolf, welcher neben einem qualmenden Feuer vor seiner Warf (auf einer
Anhöhe stehendes Wohnhaus) seine Pfeife rauchte in Gesellschaft
zweier kränklich gelb aussehender Söhne, von welchen jeder einen
ungeheuern Hund liebkoste, einen Bastard von einer Bulldogge
und einem Windspiel, während seine Frau, ein feistes altes
Weib, ein Schaf zerlegte und die Stücke in einem Topf ein-

machte, und zwei Töchter mit ihren kleinen Kindern auf dem
Rücken Wasser herbeitrugen, das Feuer unterhielten u. dgl. m.
Ganz in der Nähe molken mehrere Mädchen die Kühe, nachdem
sie ihnen die Hinterbeine zusammengebunden hatten, damit sie
nicht gegen die Eimer stossen sollten.
Die erste Frage war nach dem Kriege und was die Engländer thun würden. Bis dahin hatte jedermann, welcher an
dem Streite zwischen Engländern und Boers Interesse nahm,
die Partei der letztern genommen: diese Leute aber waren
den Engländern günstiger gesinnt; die tyrannische Behandlung,
welche sie und ihresgleichen von den Boers erfahren hatten,
hatte sie die Boers ebenso gründlich hassen gelehrt, als die
Boers aus weniger guten Gründen die Engländer hassten.
Ihre Zuneigung zu den Engländern — und ich war für sie
ein Engländer, weil ich kein Boer war — bewiesen sie nun
freilich nicht durch eine verschwenderische Gastfreundschaft,
denn als ich wagte, sie um etwas Milch zu bitten, behaupteten
sie keine zu haben, trotz der Milchmädchen einige Schritte
vor uns; erst als ich mich erbot, dafür zu bezahlen, ermunterte
sich ihr Gedächtniss, sodass sie mir etwas aufheben wollten,
sobald sie welche hätten, und endlich auch sich erinnerten, dass
noch „etwas von frühmorgens übriggeblieben sei". Während
die Milch gekocht wurde, erfuhr ich endlich etwas Näheres
über ihre Lebensweise. Sie hatten, wie es schien, etwa
5000 Schafe, 800 Stück Rindvieh und 1000 Ziegen, mit welchen sie über die Landschaft hinzogen, ohne etwas anderes
bei sich zu führen als ein Zelt zum Obdach mit einigen Fellen
und Decken zum Nachtlager. Die letzten sieben Jahre waren
sie so „getrokken" von Carnarvon her, indem sie Kaffern und
Buschmänner als Hirten benutzten, welche mit ihren Heerden
meilenweit ins „Veld" zogen und jeden zweiten Tag oder, bei
weiten Gängen zum Wasser, alle vier Tage zum Familienzelt
zurückkehrten. Sie lebten gänzlich von Fleisch, tranken das
Regenwasser wie sie es fanden, und brauten sich gelegentlich
einen Kaffee als Festgetränk, den sie mit Bodensatz und allem
Sonstigen ohne Zucker genossen. Sie bedankten sich für die

halbe Mark, welche ich ihnen für knapp 2 Liter Milch verehrte, und dann verliess ich sie.

Es war ganz dunkel, der Himmel bewölkt und der Mond
noch nicht aufgegangen, deshalb kamen wir auf dem Rückmarsch zum Wagen vom Wege ab, verlockt durch das Feuer
vor dem Zelt eines Buschmanns. Das war ein urwüchsiger
Bau aus ein paar in die Erde gesteckten Stäben mit einigen
Büscheln Unkraut hier und da darüber geworfen, welche viel Luft-
zug, jedoch wenig Schutz boten, jedenfalls nicht gegen Regen
und noch weniger gegen wilde Thiere; merkwürdigerweise lieben
die Buschmänner keinen Schutz gegen die Sonne, sitzen vielmehr
den ganzen Tag draussen, um sich in der Sonne zu wärmen.

Ein Gang von noch einer Minute brachte uns zu unserm
Warf (wenn das Zelt des Buschmanns den Namen und Charakter einer Wohnung verdiente, so durfte unser Wagen den
Titel erst recht beanspruchen), wo ich hörte, dass Herr Davis
einen Ritt zu uns gemacht habe und mit Lulu und den Leuten
beim Feuer sässe; aber von Pferden und Maulthieren war
nichts zu sehen. Nach allen letzten Erfahrungen und Warnungen an die Leute war mir dies doch zu viel. Meine Geduld war erschöpft. Der Buschmann bekam zuerst eine glatte
Lage von meinem feinsten Afrikander-Holländisch und dann
machte mein Stiefel seine Bekanntschaft mit des — ach ja,
er hatte ja nie einen Schneider beschäftigt; endlich bekam
Kert eine Reihe neuer zärtlicher Namen zu hören, die ihm
noch nie zuvor zu Ohren gekommen und ihm die bedeutsame
Aussicht auf gleiche Behandlung eröffneten. Weg stoben sie
hinter den Thieren her und, geleitet von dem Schall ihrer Tritte
zwischen den Steinen, fanden sie dieselben glücklicherweise
auch bald und banden sie für die Nacht an.

Als das Donnerwetter vorüber war, brachte Herr Davis
mir die angenehme Nachricht, dass ein Kaffer in seinem
Wohnort erzählt habe, ein Mensch, der nach der Beschreibung wie Jan aussehe, sei mit ihm des Wegs gekommen und
habe sich nach unserm Wagen erkundigt. Er sei halbtodt,
und bei Peter Smidt's Haus geblieben, um etwas zu essen

zu bekommen. Ich sandte sofort Kert mit einem Pferde ab, um ihn nach unserm Wagen zu holen. Der „arme Junge" musste eine schwere Zeit durchgemacht haben; als er nach 2½ Stunden ankam, konnte er kaum vom Pferde steigen, so schwach und steif war er. Wir waren alle begierig, seine Erlebnisse zu hören, aber er sollte nicht eher sprechen, bevor er etwas Branntwein mit Wasser zu sich genommen nebst etwas gekochtem Weizenschrot, der „leichtesten" Kost, welche ich für seinen ausgehungerten Magen besass.

Dies brachte ihn wieder zu sich und dann begann er zu erzählen, nicht ohne seinen Worten einen beredten Ausdruck seiner Reue über die Vernachlässigung der Pferde vorauszuschicken, welche an allem Elend schuld sei.

„Wenn Sie nur dies eine mal verzeihen wollen, so will ich Tag und Nacht aufpassen; ich bin dadurch genug bestraft, dass ich im Veld beinahe Hungers gestorben bin."

„Zuerst kam ich vom Wege ab, indem ich längere Zeit einer Spur durch den Sand folgte, welche ich für die der vermissten Pferde und Maulthiere hielt; schliesslich erwies sie sich als die zweier Stuten und eines Füllen einiger Boers. Inzwischen war ich den Bergen so nahe gekommen, dass ich sie wegen der bessern Aussicht von oben erkletterte; dabei wurde ich aber von einem heftigen Gewitter überfallen und suchte nun Schutz unter einigen Felsen. Hier griffen mich einige Babuins (grosse Affen, von der Gattung Cynocephalus) an und kamen, ihre grossen Zähne fletschend, ganz nahe auf mich zu, sodass ich sie mit Steinwürfen vertreiben musste. Sobald das Gewitter vorüber war, machte ich mich auf, hinter dem Wagen her, und wanderte bis zum Abend, ohne etwas von ihm zu entdecken. Im Gefühl, im Gebirge verirrt zu sein, stieg ich auf einen Hügel und schaute nach einem Lagerfeuer aus, konnte aber auch jetzt nichts sehen. Ich hatte nichts zu essen noch zu trinken, nicht einmal ein Blatt Taback, um mich zu trösten, deshalb legte ich mich unter einem Busch schlafen. Ich konnte aber nicht einschlafen, weil die Affen fortwährend bellten und dann ein neues Gewitter losbrach, welches mich völlig durchnässte; doch war ich nicht traurig darüber, weil ich mir etwas Wasser in meinem Hut sammeln konnte. Dann brach der Mond durch, ich sah mich nach Wasserpfützen um, konnte aber keine entdecken; Felsen mit Wasserlöchern gab es dort nicht, denn der Boden war so trocken, dass der Regen sofort hineinzog.

„Eine Reihe auf den Felsen sitzender grosser Affen war alles was ich sehen konnte, und darüber erschrak ich dermassen, dass ich mich wieder auf den Weg begab. Den ganzen folgenden Tag wanderte ich von den Bergen weg und begegnete spät am Nachmittag einigen Boers, welche ihre Pferde verloren hatten. Sie fragten mich, ob ich sie nicht gesehen hätte, aber meine Zunge war so trocken, dass ich nicht sprechen konnte, und ich bat sie durch Zeichen um einen Trunk Wasser. Sie gaben mir etwas und dann erzählte ich ihnen, ich habe mich verirrt und fragte, wie weit es nach Abraham's Dam sei, welchen ich ganz in der Nähe wähnte. Da hörte ich denn, dass es bis Abraham's Dam 12 Stunden, zum Oranjefluss aber nur 2 Stunden sei. Einer von ihnen ritt darauf nach den Hügeln und kehrte mit einem Kuhhorn voll Wasser zurück. Ohne diese Erquickung hätte ich sicherlich nicht den Oranjefluss erreicht; meine Füsse waren voller Blasen, dabei quälte mich ein wüthender Hunger, und die Boers konnten mir nichts zu essen geben.

„Es schien mir eine Ewigkeit zu dauern, bis ich die grünen Bäume am Flussufer entdeckte, dann aber kroch ich, obgleich es fast schon finster war, zum Wasser, ging bis an die Hüften hinein und trank. Es schmeckte besser als jeder Capwein und all mein Ach und Weh schien vergessen, solange ich im Wasser stand. Das Gefühl war so angenehm, dass ich wol eine Stunde darinnen gestanden habe. Und als ich heraustrat, warf ich mich in den Sand und verfiel in festen Schlaf. Die Sonne stand schon hoch am Himmel als ich erwachte, ich fühlte mich aber erfrischt, wenn auch sehr hungerig. Eine Art Cactus entdeckend, welche ich für essbar hielt, schnitt ich einige dicke Blätter ab und begann sie zu kauen; sie

schmeckten bitter, aber angenehm und kühl, doch begann
mein Mund zu brennen, als ich sie hinunterschlucken wollte.
Ich spuckte sie aus und lief zum Fluss, mir den Mund aus-
zuspülen, aber Zunge und Lippen waren schon voll Blasen,
Mund und Schlund waren wie abgehäutet und schwollen an.
Ich sass am Fluss und hielt immer den Mund voll Wasser,
aber erst nach längerer Zeit hörte das Brennen auf. Dann
stand ich auf und wanderte den Fluss entlang, bis ein Kaffer
mich überholte und mir etwas Mehlspeise gab, welche ich
mich zwingen musste zu essen, so weh that mir des wunden
Mundes wegen das Schlucken. Die Nacht über schlief ich
wieder auf dem Sand und wanderte den ganzen folgenden Tag
hindurch, bis ich einem Boer begegnete, den ich nach Ihnen
ausfragte. Er erzählte, es habe ein Wagen auf seinem Lande
die letzte Nacht gehalten und sei dann nach Kheis weitergefahren, das nur vier Stunden von hier liege. Darauf
quälte ich mich weiter bis nach dem Hause von Peter Smidt,
welcher mir sagte, dass Sie nach mir gefragt hätten, mir
etwas Milch gab und ein Pferd anbot, um bis hierher zu
reiten, weil Sie in der Nähe der Bake lagerten."

Das war Jan's Geschichte, welche er wegen seines wunden Mundes, und halb verhungert wie er war, mit vielen
Unterbrechungen erzählte. Er schien aber alles zu vergessen
über dem Glück, einmal wieder gerettet zu sein, und über der
Sorge, ob ihm wirklich vergeben sei und wir durch unser
Warten auf ihn nicht zu Schaden gekommen seien. Der arme
Jan! Er hatte seine Erfahrungen theuer bezahlt und ich war
zu froh, ihn gesund und heil wieder bei uns zu sehen, als dass
ich ihm ein Wort des Tadels hätte sagen mögen.

Es war ganz spät darüber geworden, bis Jan die Erzählung seiner Abenteuer beendet hatte; deshalb blieb Herr Davis,
der sie hatte mit anhören wollen, die Nacht über bei uns,
indem er sich unter dem Wagen häuslich einrichtete, was ihm
mit Hülfe einiger Wolldecken als Betttücher und einigen
Schlucken von unserm hier selten gesehenen Cognac aus der
Capstadt als „Nachtmütze" auch bestens gelang.

Am andern Morgen fuhr der Irländer nach Wilkerhout's Fähre ab, und wir wollten deshalb früh zusammen aufbrechen; aber als ich gerade bei Tagesanbruch herumging, um die Leute zu wecken, fehlte ein Maulthier und die Stute des Herrn Davis. Kert folgte ihrer Spur und brachte sie beide zum Wagen zurück, aber erst gegen Mittag, sodass unser früher Aufbruch kläglich vereitelt wurde. In der Zwischenzeit trieb der alte Abraham, den Kert an sein Versprechen, uns ein Schaf zu geben, erinnert hatte, seine Heerde heran; wir wählten ein Thier aus und dasselbe wurde nun rasch eingefangen, geschlachtet, in Stücke zerschnitten, gepfeffert und gesalzen und in einen Sack gerollt. Haut, Kopf und Eingeweide wurden den Buschfrauen und deren Gefährtinnen geschenkt, welche uns hauptsächlich mit Holz und Wasser versehen hatten; dieselben assen die Eingeweide roh auf, nachdem sie sie einfach durch die Finger gezogen hatten.

Der Irländer war eine Stunde vorher abgefahren, bevor wir fertig wurden; sobald aber die Ausreisser eingebracht waren, fuhren auch wir ab, ängstlich bemüht, ihn einzuholen, um uns seiner Hülfe zu versichern, im Fall wir in einer Sanddüne stecken blieben, von denen einige recht hohe vor uns sichtbar wurden. Die kleinen Maulthiere zogen prächtig an, sodass wir die Bake bald hinter uns liessen und zu einigen erbärmlichen Hütten aus Zweigen und Lehm kamen, welche einsam inmitten Tausender von Steinackern dastanden; auch nicht ein Grashalm oder Busch war hier zu erblicken. Vor den Hütten stand ihr Besitzer, ein hübscher, gutmüthig aussehender alter Herr Namens Kert van Veys, der das Amt eines „Feldhüters“, einer Art Magistratur bei den Bastards wahrnahm.

Nach dem üblichen Händeschütteln und Fragen nach dem Kriege bot er uns eine Tasse Kaffee an — eine Mischung von „Kaffeesatz“ und noch anderm „Satz“, nämlich Lehm. Ein Becher mit kaltem Wasser wäre uns freilich lieber gewesen, ich machte aber die Augen zu und stürzte mit Hülfe eines mächtigen Wechsels auf meine Einbildungskraft das ekelhafte Getränk hinunter, als wäre es Nektar gewesen.

Der auf die öde Wildniss, welche dieser Ansiedler sich
ausgesucht hatte, zunächst folgende Weidegrund lag 5 km
weiter und dort spannten wir in einer wirklichen Pflanzen-
und Gräsersammlung aus. Hier fanden wir die „Buschmanns-
Kartoffel", eine knollenartige Pflanze, mit grünen braunge-
sprenkelten Blättern, welche eine Menge Wasser enthielten.
Ich kostete die Wurzel und fand sie ein wenig bitter, doch
nicht unangenehm. Auch eine Zwiebel war dort mit läng-
lichem, dunkelgrünem, glänzendem Blatt, wovon nach Kert
sich die Affen hauptsächlich nährten. Sodann fanden wir
dort ein der Maiblume ähnliches Gewächs, welchem Kert stark
giftige Eigenschaften beilegte. Auch die erste von mir gesehene Sama wuchs hier üppig. Diese Pflanze ist für Menschen und Thiere in der Wüste von unschätzbarem Werthe.
Es ist die „wilde Wassermelone", welche ihrer veredelten
Schwester im Aussehen, sowol innerlich als äusserlich, gleicht
und menschlichen Wesen sowol als Pferden und Vieh zur
Speise und zum Trank dient, da der fleischige Körper eine
Menge wässerigen Safts, und der Same einen beträchtlichen
Vorrath von Oel enthält. Sie liefert jährlich zwei Ernten,
und die zweite Ernte lugte gerade aus dem gelben Sand hervor, während die erste, hart und trocken, mit reifem schwarzen Samen noch auf dem Boden lag. Die reife Frucht hält
sich ein Jahr ohne zu verfaulen, vorausgesetzt dass kein Regen
sie trifft. Ich kostete eine dieser wilden Melonen — nur
um erst einmal zu probiren, denn vielleicht mussten wir, je
weiter wir in der Wüste vorrückten, ganz von ihnen leben.
Sie schien mir sehr bitter zu sein, Kert behauptete jedoch, die junge Frucht sei durchweg süss und werde erst
später bitter; aber auch dieser Beigeschmack verliere sich
beim Kochen.

Während dieser meiner gastronomischen Versuche verfiel
Kert in ein wahres Entzücken, als er „Buschmanns-Reis"
fand, eine Art Ameisen mit breiten schwarzen Köpfen und
langen feisten Leibern, die wie Maden mit Füssen aussahen.
Eine Handvoll derselben steckte er sich in den Mund, kaute

sie mit dem grössten Wohlbehagen und leckte noch lange
mit den Lippen, nachdem er sie durch die Kehle hinunter-
geschickt hatte.

So von der Botanik zur Entomologie übergehend, erinnerte
ich mich zu rechter Zeit einiger Papierschachteln, welche ich
mitgebracht hatte, um darin Insekten zu sammeln. Die meisten
von uns gesehenen waren ohne Zweifel wohlbekannte Coleop-
teren oder Käfer: aber ich musste an meinen alten Freund
Jenner Weir denken, einen Schwärmer für solche Sachen,
welcher jeden Versuch, seiner Leidenschaft für Insekten zu
dienen, und jede wenn auch noch so unbedeutende Vermehrung
seiner Sammlungen oder seiner Kenntnisse mit Jubel begrüssen
würde. Auch fand ich einige wilde Bienen, von welchen ich
gern einige Exemplare an meinen Bruder (einen Bienenzüchter
und Bienenkenner) schicken wollte, und so hielten wir einen
richtigen Feldzug ab in diesem reichen Insektenleben. Nicht
die wenigst interessanten Funde waren die Ameisen, von
welchen ich während des Nachmittags 13 verschiedene Arten
einsammelte, und zwar auf einem Raum von kaum zwei
Quadratmeter. Wir öffneten eine der grossen Bauten dieser
Termiten oder weissen Ameisen, kleiner Insekten, welche kaum
den Namen Ameisen verdienen, weil sie weder die Gestalt
noch die Farbe von Sir John Lubbock's kleinen, röthlichen,
schlanken Freunden haben und man sie höchstens wegen ihres
Fleisses so nennen darf. Die hohen kegelförmigen Nester,
welche von ihnen aus Sandkörnern vermittelst eines aus ihrem
durchscheinenden runden Kopf ausschwitzenden Klebstoffs zu
einer soliden festen Masse verbunden werden, die in trockenem
Wetter so hart wird, dass zur Offenlegung eine Spitzhacke
erforderlich ist, sieht man hier zu Tausenden; und doch sollte
man denken, der Aufbau eines jeden erfordere ein Jahrhundert, da jedes Sandkorn erst sozusagen unterirdisch gebrochen
und durch unzählige Gänge an die Oberfläche befördert
wird, bevor sie es zum Bau verwenden. Diese Musterjungen
des Fleisses unter den Maurergesellen — mit nicht blos „acht-
stündiger Arbeitszeit" — bilden zugleich das Futter für den

Ameisenfresser, den Koran, das Rebhuhn sowie andere Vögel und endlich nicht am wenigsten für den Buschmann.

Wir spannten um 6 Uhr nachmittags wieder ein und fuhren über Berg und Thal — letzteres in Gestalt harter Stellen von Kalkstein, erstere in Gestalt weicher Sanddünen — bis wir ungefähr um 9 Uhr abends die schlimmste Sanddüne von allen antrafen. Die Räder versanken bis an die Naben, die Maulthiere bis an die Knie in dem losen trockenen Sand, und weiter gab es bis oben nichts; aber es ging doch immer vorwärts, bis die Leitthiere hoch über dem Wagen standen, als ob sie es sich in den Kopf gesetzt hätten, wie Pegasus zum Himmel emporzusteigen, aber durch das Gewicht des Wagens zurückgehalten würden.

„Wir sitzen fest, Jan", sagte ich, „es ist nutzlos, die armen Thiere zu peitschen; sie werden ziehen bis alle Anstrengung vergebens wird, und nachher wollen sie nicht von der Stelle. Wir wollen ausspannen und Kaffee kochen. Vielleicht kommt vor dem Morgen jemand hier vorbei und hilft uns heraus. Horch! was ist das? Ich höre eine Peitsche knallen! Da fährt ein Wagen links von uns! Wir müssen aus der Spur nach rechts hin ausgewichen sein. Ich will einmal sehen wer es ist, spannt nur aus unterdessen." Mit diesen Worten ging ich nach der Richtung, woher ich den Schall gehört hatte, und traf glücklicherweise mit einem nach Kheis bestimmten leeren Wagen und Gespann zusammen. Die Führer willigten ein, uns aus der Verlegenheit zu helfen, und nach einigem Aufenthalt waren sie mit ihrem Gespann bei unserm Wagen. Kert und ich fassten jeder einen an den Leitochsen festgebundenen Riemen an, um sie nach der richtigen Strasse zu steuern, und dann begann das Peitschen und Rufen. Nach vielem Stürzen und Schnauben kamen wir einige Schritte weiter, als der Strick in meiner Hand zerriss, mein Ochse stehen blieb und ich kopfüber in das Sandmeer stürzte. Nachdem der Schaden ausgebessert war, machten wir einen zweiten Versuch und waren etwa 3 m weiter gekommen, als der Treiber ausrief: „Holla, einige Minuten Athempause!" dann ging's

weiter. Diesmal stürzte mein Ochse derartig, dass er zu
Schaden kam und fast über den alten Kert wegrollte; aber
unter Rufen und Peitschenhieben erhob er sich wieder und
dann schrie Lulu, welcher sich neben den Maulthieren auf-
hielt, „Hurrah, er kommt; bleibt im Gange bis ihr oben seid!“
Knack! Krack! Puff! Paff! Brrrr! und die Leitthiere stehen
auf dem Kamm. „Bravo! weiter!“ schrie Lulu, und hinunter
ging's den andern Abhang, dass wir — Kert und ich — uns
kaum vor den Tritten der aufgeregten Thiere retten konnten.

Fahrt durch die Kalahari.

Welch ein Glück! Jetzt konnten wir bis Mitternacht in
Wilkerhout's Fähre sein, statt auf der Sanddüne schlafen zu
müssen! Diese Ochsen oder ihre Herren verdienten ehrlich
die 2 Schillinge, welche sie für ihre Dienstleistung forderten;
aber als sie Anstalt machten, mir Kaffee, Taback und gar
Branntwein abzubetteln, überliess ich Kert die unangenehme
aber nothwendige Pflicht es abzuschlagen. Der alte Buschmann hätte lieber sein Herzblut hingegeben, als dass Branntwein an die Fremden ausgetheilt worden wäre. Diesen liebte
er mehr als alles auf der Welt, und es hätte ihm beinahe

das Herz gebrochen, als er mich am Tage zuvor seinem alten Freunde Abraham etwas in einer Flasche verabreichen sah. Unsere Freunde mussten sich also mit ihrem Gulden zufrieden geben und mit dem herzlichen „Gute Nacht" und dem tiefgefühltesten Dank, mit welchem wir von ihnen schieden. Nachher passten wir besser auf, dass wir nicht wieder die Spur verloren, und erreichten Wilkerhout's Fähre um die mitternächtliche Geisterstunde.

Die Maulthiere wurden festgebunden und die kleine Schar müder erschöpfter Männer lag bald in tiefem Schlaf. Hätte der *Genius loci* einen Einfluss auf die Träume der schlafenden Männer gehabt, so müsste ich von dem Matrosen Sindbad und von Aladdin's Lampe, von den Marmorhallen und reichen und seltenen Diademen von Golkonda und von Eldorado geträumt haben; denn der Boden, auf dem wir schliefen, barg vielleicht ungezählte Reichthümer. Hier in der Nähe hatte Kert seinen Diamant von 180 Karat gefunden, der so oft in London der Gegenstand seiner Gespräche und zugleich der Köder gewesen war, mit welchem er mich zu dieser Reise verlockte. Aber selbst „die Gewalt des Reichthums über die habsüchtigen Träume" störte nicht meine Ruhe; ich bedurfte des Schlafs und nicht der Diamanten, und die „sanfte Amme Natur drückte bald meine Augenlider nieder und versenkte meine Sinne in Vergessenheit", sodass ich weder an Steine oder Sand noch an Diamanten und Wüste dachte.

Mit Tagesanbruch schwelgten wir schon in einem Flussbade, während das Frühstück bereitet wurde, und nach beendeter Mahlzeit schickten wir Jan ins Veld, um die Pferde und Maulthiere zu holen, während Lulu, Kert und ich auf Diamantensuchen auszogen. Auf einen mit kleinem Geröll bedeckten Hügel kletternd, entdeckten wir mit Kert's Hülfe einen Whithaat Boom (weissen Eselsbaum) und „dort", rief er aus, „dort fand ich den Diamant von 180 Karat, ganz nahe bei dem Baum". Wir suchten und suchten, zerkratzten die Oberfläche über und über mit grösster Sorgfalt, aber kein Diamant ward gesehen. Dann überkamen uns leise Zweifel an des alten Buschmanns Aufrichtigkeit. Lulu nahm ihn beiseite und fragte ihn aus, ob er dieselbe Geschichte wol noch einmal erzählen wolle; aber währenddem kam ein alter Mann zu ihnen und redete Kert mit den Worten an:

„Was, Kert, schaut Ihr nach mehr Diamanten aus! Habt Ihr wieder welche gefunden?"

Kert war gerieben; er verstellte sich. „Ich gehe mit diesen weissen Männern in die Kalahari auf die Jagd", antwortete er.

„Nun ja! Jagen ist ein besser Handwerk als Diamantensuchen. Sag mal, Kert, wo fandest du den grossen Stein damals?"

Offenbar war die Thatsache hinlänglich bekannt, dass Kert einen Diamant gefunden hatte; aber er versicherte, er habe niemand ausser uns die genaue Stelle gezeigt. Unser Vertrauen zu ihm war wieder im Zunehmen; aber es war nutzlos, hier noch weiter herumzuscharren, darum verschoben wir unsere Maassregeln auf morgen.

Bevor aber am andern Tage die Sonne über die Dünen schaute, hatten Lulu und ich ein 1 Quadratmeter grosses Loch gegraben von etwa $\frac{1}{2}$ m Tiefe, doch kein Diamant belohnte unsere Mühe. Mit Blasen an den Händen und steifem schmerzenden Rücken kamen wir einstimmig zu der Ueberzeugung, dass unsere Körperbeschaffenheit sich nicht eigne zum Diamantengraben, und es besser sei noch einmal die Erdoberfläche abzusuchen. Nachdem wir etwas „Bort" (vergl. S. 34) sowie einige Granaten und sonstige Steine aufgelesen hatten, welche zugleich mit Diamanten im Felde gefunden werden, kehrte ich zu dem von uns gegrabenen Loch zurück, entschlossen, den Staub noch einmal sorgfältig zu sieben. Am Rande des Loches sitzend und die Hände voll Staub, wurde ich von Lulu also apostrophirt:

„Ich bin vollständig überzeugt, dass Kert uns mit dem Diamanten nichts vorgeschwindelt hat, und dass er ihn wirklich hier fand. Vielleicht sitzen Sie jetzt gerade an der Mündung der reichsten Diamantengrube der Welt. Aber ich möchte nicht hier bleiben und graben, nicht um den dicksten Diamanten der Schöpfung. Was helfen mir Reichthümer ohne Behaglichkeit? Eine Reise von 20000 km zu machen, um unter dieser sengenden Sonne zu braten; vor Staub halbblind zu werden; Schlamm aus den Strassenpfützen zu trinken; in einem Wagen auf harten Bretern zu schlafen; nie die Kleider abzulegen, ausser um sich im Schmutz umzuwenden, denn schwimmen kann man das doch nicht nennen — finden Sie das behaglich? Ich gehe jede Wette ein, dass ich mehr als mein erlaubtes Maass Schmutz in den letzten drei Wochen verschluckt habe; geben Sie mir also lieber eine Wohnung, und nehmen Sie dafür die Diamantengrube."

„Denk nicht daran, mein Freund! Wenn Sie Diamanten suchen wollen, so müssen Sie dieser Jagd die beste Seite abzugewinnen sich bestreben. Jeder ist seines Glückes Schmied; wenn ich aber auch überzeugt bin, dass sich hier Diamanten finden, so bleibt es noch immer fraglich, ob sich die Arbeit lohnt; das können wir mit unserm Graben allein nicht beweisen, deshalb ist das Beste, wir kehren zu unsern Leuten zurück, sehen nach unserm Vieh und machen uns über Upington auf die Rückreise, um unsere Lose uns von dem Commissar des Bastard-Territoriums, Herrn Scott, bestätigen zu lassen. Wir wollen aufpacken und morgen weiterziehen. Bald befinden wir uns auf den Jagdgründen längs der Schurve-Berge, und dann holen Sie ihre Camera heraus und photographiren nach Herzenslust."

„Einverstanden! Bestimmen Sie wie Sie wollen, ich mache mit; aber versuchen Sie nicht sich einzubilden, dass es hier behaglich sei, das ist es einmal nicht. Es ist die reine Quälerei!"

„Nun ja, aber es ist gesund."

„Das können wir auch näher bei Haus haben und viel billiger. Aber Sie sind der Baas; befehlen Sie nur."

So kamen wir zu der Ueberzeugung, dass unsere Lose eitel Dunst seien, nahmen Spaten und Spitzhacke auf die Schulter und gingen zum Wagen, sandten Kert voraus, einige

Schafe und etwas Kaffee von einem seiner Freunde, Namens Wells, zu kaufen — einem frühern Matrosen, der hierher verschlagen war und eine Buschmännin geheirathet hatte. Wir gingen ihm nach, indem wir längs der tiefen Flussufer dahinschlenderten und Tauben und sogenannte Fasanen, die in Wirklichkeit aber mehr wie Perlhühner aussahen, und wilde Gänse schossen. Die Fasanen waren sehr scheu, sodass wir sie nur dadurch zum Schuss bekamen, dass einer sich hinter kleinen Sandhügeln und Dorngebüschen versteckte und der andere sie ihm zutrieb. Auf diese Weise erhielten wir zwei Stück. Die Gänse waren auch schwer zu schiessen, denn wenn man nicht eine tödliche Stelle traf, so flogen sie mit einem halben Pfund Schrot ohne Beschwerde davon. Auf 30 Schritt Entfernung schien Nr. 6 von gar keiner Wirkung zu sein. Hier gebrauchen die Leute nie feinern Schrot als Nr. 4, weil man nie vorher weiss, ob man eine Hyäne oder einen Hasen, eine Elenantilope oder einen Elefant aufjagt. Nicht dass wir hier gerade gute Aussicht auf grösseres Wild als Springböcke hatten, welche noch alle Jahr hierher zum Fluss in Heerden von 100 bis 10000 auf einmal kommen. In der Woche vor unserer Ankunft war eine solche Heerde jenseit des Flusses gewesen und nach dem District Carnarvon weitergezogen. Aber alles übrige grosse Wild war in die Kalahari gejagt und eine Reise von 14 Tagen trennte uns von ihm.

Es dauerte fast drei Stunden, bis wir Well's Laden, d. h. seinen Wagen erreichten, neben welchem ein kleines Zelt als seine Privatwohnung aufgeschlagen war. Der Eigenthümer des Geschäfts war gerade dabei, einer Kaffernfrau die „neuesten Pariser Moden" zu zeigen, wobei alle beide neben dem Wagen am Boden hockten, inmitten eines Haufens bedruckter und anderer Stoffe. Die alte Dame wünschte sich einen druckkattunenen Anzug, natürlich nach der neuesten Mode, ob sie aber dabei sich auch nach einem der sogenannten „Sattelkissen", auf deutsch Tournüre, erkundigte, wage ich nicht zu behaupten. Diese Luxusartikel bildeten auch schwerlich einen Theil der auserwählten Vor-

räthe von Herrn Wells, denn sie sind minderwerthig in einem
Lande, in welchem die Mehrzahl der Kunden aus Koranna-
frauen besteht, denen die Vorsehung schon einen natürlichen
Wulst an gewisser Stelle geschenkt hat, welcher die kühn-
sten Bauten der Schneiderkünstler aus dem Felde schlägt. Einer
Pariser Schönen würde das Herz brechen und ihre Gesichts-
farbe „grün aus Eifersucht" werden, wenn sie eine dieser
dunkeln Schönheiten der Wüste mit ihrer natürlichen Tournüre sähe, welche jede Gewähr bietet, nicht herunterzufallen
oder sich zu verschieben, weil die Natur sie in jener Voll-
endung hergestellt hat, welche die Kunst nie erreichen kann.
Als wir uns diesem entfernten Vertreter des unsterblichen
Mantalini näherten, verliess er seine Kundschaft und trat auf
uns zu, um uns zu begrüssen. Er behauptete aus Schottland zu
stammen, aber seine Sprache verrieth eine nähere Verwandtschaft mit den Celten als mit den Galen. Gleichviel ob Irländer oder Schotte, jetzt war er ein „naturalisirter Bastard"
und wurde demgemäss von den dieses Weges kommenden
weissen Männern gemieden. Er führte mich zu seiner Frau
und den Kindern. Die letztern waren von allen Farben, einige
schwarz genug, um für reine Kaffern zu gelten, andere braun
in verschiedenen Schattirungen und noch andere glichen den
gelbhäutigen Söhnen des Himmlischen Reichs. Ich fiel schön
herein mit der Frage, ob eins der Kinder — ein nicht übel
aussehendes Mädchen von 8—9 Jahren — ein Buschmann
oder ein Kaffer sei, arbeitete mich aber wieder heraus mit
der Ausrede, ich sei hier zu Lande noch unbekannt und durch
die vielen Farbenschattirungen verwirrt worden, und fügte
dann noch hinzu, ich hätte blos deshalb so gefragt, weil das
Kind so schön sei. Das war Balsam auf das verwundete Herz
des eifersüchtigen Vaters. Sie sprachen alle Holländisch, waren
aber auch der Koranna-Sprache mächtig.

Neben dem Zelt hatte Wells versucht einen Garten anzulegen, den er mit Flusswasser bewässerte, welches er in einem
zinnernen Eimer herbeischaffte, der vermittelst eines Taues
über einen an einen Baum befestigten Rollblock lief. Ein alter

Neger bediente diese Pumpe, und nach dem Aussehen der
wenigen Melonenranken und zerfallenden Kohlköpfe zu schliessen, musste die Maschine wegen Reparaturbedürftigkeit wol
häufig stillstehen. Auf dem Flusse stellten zwei kleine Ruder-
boote die Fähre vor. Vieh und Pferde mussten hinter dem
Boote her hinüberschwimmen, während die Wagen zur Ueberfahrt auseinander genommen werden mussten, welche Maassregel
etwa einen halben Tag Zeit kostete. Eine Schar Passagiere
wartete auf die Ueberfahrt, während wir dort waren. Unter
ihnen war ein Bastard, welcher wegen seiner ungewöhnlich
weissen Hautfarbe der weisse Nelson hiess. Er war ein rich-
tiger Blonder und hatte ganz europäische Züge; jedenfalls
hätte er überall für einen Boer passiren können, wenn er auch
ein Bastard war. Andererseits war seine Frau, obwol auch
gemischter Rasse, fast ganz schwarz, und noch seltsamer waren
die Kinder dieses wunderbar assortirten Paares. Eine Tochter
war so schwarz und hatte so wolliges Haar wie ein Neger;
eine andere hatte eine gelbe Haut und welliges weisses Haar;
dagegen waren die beiden Knaben kaffeebraun. Sie waren
alle in Lumpen gekleidet, durch deren Löcher man die Haut
in eben dem Maasse sehen konnte, wie sie von ihnen bedeckt
wurde, und sie sahen nicht halb so anständig aus als ihre
Kafferdiener, welche nur ein kleines Stück Tuch um die Lenden
trugen.

# ACHTES KAPITEL.

Jan in Aengsten. — Das beste Pferd ertrunken. — Ein Hoch! auf das
Leben in der Wüste! — Wieder festgefahren. — Umtausch der Maulthiere
gegen Ochsen. — Nachrichten aus Chartum. — Ein schlauer Handelsmann. — Ochsenritt. — Besuch von den Gebirgs-Buschmännern. — Höhle
mit Sculpturen. — Tanz und Concert der Eingeborenen. — Eine Hyäne
wird erlegt und verschmaust. — Ein Tag beim wilden Geflügel. — Eine
Blumenwüste. — Graben nach Wasser. — Organisiren einer hohen Jagd. —
Verirrt auf der Straussenjagd. — Abendessen von Straussenfutter. —
Eine Nacht in der Wüste mit dem Tod als Bettgenossen.

Nachdem wir noch einige Erzählungen von Wells aus
dem Koranna-Kriege angehört hatten, gingen wir im Mondschein zu unserm Wagen zurück, um nicht eine Mahlzeit
gedämpfter Tauben zu versäumen, für welche wir den richtigen
Appetit mitbrachten. Die erste uns zu Gesicht kommende Person
war Jan, welcher ein wenig seitwärts vom Wagen allein dasass. Wir dachten er schmolle mit Kert, weil sie sich immer
zankten, wer von ihnen am meisten arbeite, und nahmen deshalb keine Notiz von ihm; während wir aber assen, erzählte
uns Kert, Jan sei in tausend Aengsten.

„Was gibt's? Seid ihr miteinander zerfallen?"

„Nein: aber das Pferd ist hineingefallen."

„Was ist das Pferd?"

„In den Fluss gefallen."

Ich sah rund um mich und erblickte nur die Stute
„Lady Anna", gut gefesselt. Das beste der beiden Pferde
fehlte.

„Sage Jan, er soll herkommen."

Und Jan kam, den Kopf tief hängen lassend. und ganz dämlich aussehend.

„Was ist mit dem Pferde geschehen, Jan? Erzähle!"

„J—jah, Herr; die Pferd das ist den Berg runtergespringt und ich konnt es nicht kriegen. Sie waren alle in die Büsche und bevor ich hinkommen that, kamen sie alle heraus. Blos er kam nicht. Ich kann's nicht helfen, Herr. So schnell ich laufen konnte, war ich ans Wasser. Ich war auf seiner Spur auf das steile Ufer, und die Spur kam Sie nicht wieder heraus. Ich lief hinunter zur Fähre, ob ich ihn da fassen könnte, konnt's aber nicht."

„Sank es unter, sodass du es nicht sehen konntest, bevor du zur Furt liefst?"

„Ja, Herr, so war's. Ich sah ihn nicht mehr. Ich kam zu's Wasser, sah Spur, aber sah nicht Pferd."

„Es war natürlich gefesselt und konnte nicht schwimmen. Warum sprangst du nicht hinein und schnittst die Halfter durch oder warfst sie ihm über den Kopf?"

„Das konnte ich nicht machen; er sinkte so schnell."

„Also sahst du es sinken?"

„J—jah, Herr — nein, Herr."

„Jan, du lügst. Ich habe dir hundertmal gesagt, niemals Pferde oder Maulthiere gefesselt zur Tränke zu lassen. Sie stürzen sich ins Wasser, weil sie sehr durstig sind, und wenn das Wasser auch anfangs seicht ist, so kann es doch auf einmal tief werden. Ich miethete dich als einen kundigen Menschen; du sagst, du hast seit Jahren Wagen gefahren und Maulthiere und Pferde geführt und doch bist du so dumm, dass du nicht allein meine Pferde verlierst, sondern dich selbst auch, und jetzt ist mein bestes Pferd durch deinen Ungehorsam ertrunken. Du versprachst mir gestern. auf alles zu achten was ich anordnen würde, nun lasse ich dir die Wahl. Du kannst jetzt gehen, ich will dir meinen Verlust nicht anrechnen und von dem Werth des Pferdes soll nicht weiter die Rede sein, oder du kannst weiter bei mir bleiben und ich will dich durchfüttern, bis du den Preis des Pferdes abverdient hast."

„Danke, Herr. Ich will hart vor Sie arbeiten, bis ich zahlen kann, Herr. Weiss nicht, warum Gott mich so gestraft hat: alles geht mir schlecht von Hand."

„Das ist deine eigene Schuld: klage keinen andern an als dich selbst. Deine niederträchtige Nachlässigkeit ist an allem schuld."

Als der „Junge" ganz niedergeschlagen sich wegwandte, sagte Lulu: „Es ist ziemlich einerlei, wohin wir gehen oder was wir thun wollen. Es ist blos noch der Blitz übrig, der uns Schaden zufügen kann; alles andere haben wir durchprobirt bis auf den Blitz und vergiftete Pfeile. Schadet nicht, wir wollen ja Diamanten und Viehheerden suchen. Ein Hoch auf das Leben in der Wüste!"

An diesem Abend schlachteten wir die beiden von Kert gekauften Schafe, schnitten das Fleisch in Streifen und hingen dieselben auf zum Trocknen, für den Fall, dass unser frisches Fleisch knapp werden würde: dann ging es am andern Morgen bei Tagesanbruch weiter, die Schurve-Berge hart zu unserer Rechten. Während ich die Zügel nahm, klatschte Jan mit der langen Peitsche, und Kert ritt auf der „Lady" vorauf, um nach dem besten Wege auszuschauen. In zwei Stunden kamen wir an eine Reihe steiler Sandhügel, welche wir nicht umgehen konnten. Nachdem der erste Höhenzug erstiegen war, sah ich mich um und konnte nichts als Sandwellen nach jeder Richtung hin entdecken, zwischen denen ebener Grund von 50—150 Schritt Breite lag. Es blieb uns nichts übrig, als den Maulthieren ihren Willen zu lassen und ihnen zwischendurch die Peitsche zu geben — dafür konnten sie auf den zwischenliegenden ebenen Flächen sich einige Minuten verschnaufen. Diese bestanden öfters aus hartem Boden, noch öfter aus Sand; doch diente der Sand, wie ich glaube, lediglich als Decke für einen weitgedehnten steinigen Untergrund, und die Dünen waren im Grunde nichts als Steinhaufen, auf welchen der Flugsand sich angehäuft hatte. Ohne diesen

Sand war freilich das Land gar nicht zu passiren, denn kein
Fuhrwerk hätte über die nackten Felsen wegfahren können.
Auf alle Fälle musste ich mich über die Geschicklichkeit
wundern, mit welcher die kleinen Maulthiere uns über die
Sandwellen dahinzogen. Zuletzt kamen wir leider an einen
Abhang, welcher ihnen zu viel zumuthete, sodass wir auf halbem Wege stecken blieben. Mit aller Gewalt konnten sie uns
nicht weiterbringen. Ich hatte beschlossen, nicht wieder den
Wagen abzuladen, denn wenn wir erst anfingen, bei jedem
Hinderniss uns auf diese Weise zu helfen, so würde kein Ende
in die Sache kommen; deshalb ritt ich zu Wells zurück, um
meine Maulthiere gegen Ochsen umzutauschen. Darauf wollte
er jedoch nicht eingehen. Er sei an Ochsen gewöhnt, sagte
er, und obendrein könne er, wenn ein Maulthier stürbe, dasselbe nicht essen, ein todter Ochse gäbe aber immer noch
einen guten Braten ab. Er kannte jedoch in einigen Meilen
Entfernung einen Händler, welcher Maulthiere gebrauche und
sie vielleicht in Tausch gegen Ochsen nähme; er sattelte deshalb sein Pferd und ritt mit mir dahin.

Der Handelsmann war ein deutscher Jude aus Frankfurt.
Namens Hochschild, ein lustiger Patron, welcher Luftsprünge
machte aus Freude darüber, Ochsen gegen Maulthiere vertauschen zu können. Ich verlangte vier Ochsen für ein Maulthier, und die Joche und Ketten im Tausch gegen mein Geschirr; er wollte mir aber im ganzen nur 16 geben und überhaupt nur unter der Bedingung, dass die Maulthiere ihm ge-
fielen. Nach einigem Feilschen wurden wir handelseins bei
einem Schluck „Cape-smoke", und dann lud er mich, weil es
unterdessen finster geworden war, ein, mein Abendessen, einen
Springbock, bei ihm einzunehmen und die Nacht in seinem
Wagen zuzubringen. Natürlich theilten wir uns gegenseitig
die neuesten Tagesnachrichten mit; und so hörte ich hier
zuerst von dem Fall von Chartum und dem Tode Gordon's,
dessen Name und Ruf selbst bis zu diesem finstern Erden-
winkel hinabgedrungen war. Sodann weihte mein semitischer
Gastgeber mich in einige Handelsgeheimnisse ein und erzählte

prahlerisch, wie er die Eingeborenen zu betrügen verstünde,
indem er z. B. bei den Rechnungen das Datum mit addire
u. dgl. Es fiel ihm nicht im Traume ein, dass diese Praktik
nicht anständig sei; dies seien erlaubte Kniffe.

Vor Tagesanbruch waren wir unterwegs zum gestrandeten
Wagen, mit 16 Ochsen und allem Zubehör und zwei Koranna-
Kaffern als Treibern, erreichten unsern Bestimmungsort aber
erst gegen Mittag. Hochschild wollte sehen, wie die Maulthiere zogen, deshalb spannte ich sie an den Wagen als er
dastand.

„Wollt Ihr sie nehmen, wenn sie den Wagen aus dem
Loche da ziehen?"

„Ja", war seine sofortige Antwort, „aber das können sie
nicht."

„Wollen sehen", antwortete ich, indem ich alle Zügel in
die Hand nahm und sie lose durch die Kummete führte.
Dann gab ich Jan das Wort und dieser erfüllte nun die Luft
mit seinem Peitschengeknall und obligatem Geheul, dass die
kleinen Thiere sich bis zum Bauch im Sande streckten. Nach
der zweiten Secunde würden sie stehen geblieben sein, aber
glücklicherweise bewegte sich der Wagen, sodass sie frischen
Muth fassten und sich derartig ins Geschirr warfen, dass der
Wagen wol 6 m weiter kam, worauf ich sie anhielt. Nachdem sie sich einige Minuten verschnauft hatten, liess ich sie
wieder anziehen und diesmal zogen sie den Wagen bis auf die
Höhe des Abhangs.

„Was denkt Ihr jetzt von diesen kleinen Ratten?"

„Das sind die richtigen Ratten für mich: ich nehme sie;
noch sechs von diesen Ratten und Sie können damit durch
die ganze Welt kutschiren."

Damit war der Handel abgeschlossen und wir spannten die
Ochsen an, freilich nicht ohne allerhand Schwierigkeiten, denn
es waren sich fremde hier und da zusammengekaufte Thiere,
welche noch nie zusammen gearbeitet hatten. Eine Stunde
lang konnte unser vereinigtes Rufen und Peitschen sie nicht
bewegen, den Wagen den Hügel herunterzuziehen. Die einen

wollten hierhin, die andern dorthin; aber zuletzt nach vielen
Umstellungen gelang es uns, die richtigen Paare als Leitthiere
und als Deichselochsen herauszufinden, und nun ging es wie mit
Dampf vorwärts. In der Niederung halt machend, überliefer-
ten wir die Maulthiere sammt ihrem Geschirr dem neuen Eigenthümer und mietheten einen der Kafferntreiber, einen schlanken schmächtigen Gesellen, mit einer Stimme wie die einer
Haustaube und einem Paar Storchbeinen, dass man jeden

Ochsenritt.

Augenblick befürchten musste sie brächen ab oder verwickel-
ten sich zu einem Knoten, der aber dabei etwas von der
Strasse oder besser von der einzuschlagenden Richtung —
denn eine Strasse gab es nicht — verstand. Darauf sagten
wir dem Handelsmann Lebewohl und tauchten von neuem
unter in das Kalahari genannte Sandmeer.

Sehr bald nachher wurden wir durch den Anblick einiger
auf Ochsen reitenden Mischlinge überrascht. Ein durch die
Nase des Thieres geführter Stock diente als Gebiss und an
jeder Seite angebundene Stricke als Zügel; ein Schaffell und
eine Decke mit einem Sattelgurt und Steigbügeln daran stellten

die Sättel vor. Die Ochsen gingen Pass und liefen Trab und
schienen leicht zu lenken zu sein. Lulu photographirte sie
als eine der Merkwürdigkeiten dieses Landes.

Mit Finsterwerden spannten wir aus; die Ochsen wurden
über Nacht an die Kette gebunden und mit Tagesanbruch für
einige Stunden losgelassen, während wir zur Tränke kommende
Rebhühner schossen. Dann spannten wir nach dem Morgenkaffee an, fuhren etwa vier Stunden, spannten wieder aus bis
5 oder 6 Uhr, und fuhren dann noch 5—6 Stunden weiter. Das
war unsere übliche Tagesleistung, die nur durch das Bedürfniss, das Vieh einmal täglich zu tränken, eine Aenderung erlitt.
Es hatte ziemlich viel geregnet, sodass die Regenlöcher gefüllt
waren; da sich diese aber in sehr ungleichen Zwischenräumen
fanden, so hielt es schwer, die Zeit immer so abzupassen, dass
wir die Löcher stets zur rechten Zeit erreichten. Der Treiber
gab den Thieren am liebsten des Morgens einen tüchtigen Mundvoll und später nichts mehr; als Grund führte er an, dass sie
immer Durst haben würden, falls sie häufiger zu saufen bekämen, während bei seiner Praxis sie im Fall der Noth es
zwei, selbst drei Tage ohne Wasser aushalten könnten ohne
Schaden zu leiden.

Am fünften Tage kamen einige Buschmänner des Gebirges
von den Bergen herunter zu uns, da sie uns auf Rebhühner
hatten schiessen hören. Es waren hohe kräftige Burschen,
viel schwerer als die durchschnittlichen Buschmänner der
Ebene. Zwei von ihnen führten Flinten, der eine ein Stein-
schloss-, der andere ein Percussionsgewehr, aber die übrigen
waren blos mit vergifteten Pfeilen bewaffnet. Alle kannten
Kert und luden ihn und uns zu einem Besuch in ihrer Heimat
auf den Bergen ein. Lulu nahm die Einladung an und fand,
dass ein grosser Theil von ihnen in einer Höhle wohnte, deren
Wände mit einigen sehr alten Zeichnungen und Sculpturen
geschmückt waren; erstere waren auf dem weichen Gestein
mit irgendeiner schwarzen Farbe ausgeführt, vielleicht derselben, womit die Weiber ihre Backen zu beschmieren pflegen; die Sculpturen waren leicht in den Fels gehauen. Lulu

entwarf eine Zeichnung dieser rohen Kunstwerke, welche in
nachfolgender Abbildung wiedergegeben ist.

Bei ihrer Rückkunft wurden Kert und Lulu von einigen
Männern und Weibern begleitet, welche sich sehr um uns und
unsere Hantierung bekümmerten. Verwundert schauten sie
zu, als Kert ihnen meine Insektensammlung zeigte, als aber
Lulu seine Camera auf sie richtete, in der Hoffnung, photographische Bilder von ihnen zu erhalten. erschraken sie derartig, dass Weiber und Kinder fortrannten, und es Kert erst

Wandverzierungen in der Buschmann-Höhle.

nach sehr vieler Mühe gelang, sie zur Rückkehr zu er-
muthigen. Ungleich den Mischlingen und Boers enthielten
sie sich durchaus jedes Wunsches, alles was sie zu sehen
bekamen auch zu besitzen, nahmen aber Geschenke mit
vielem Dank an. Einige Weiber hatten eine völlig gelbe,
man kann sogar sagen weisse Haut; Männer und Weiber
trugen ihr Haar auf gleiche Weise in kurzen Zöpfen, welche
den breiten Bau des Hinterkopfs erkennen liessen. Ihre
Kleidung bestand in einem Stück Fell, welches handgross vorn
herunterhing; dazu trugen einige Weiber noch ein Spring-

bockfell hinten. Ihre Nahrung bestand der Hauptsache nach
aus Wurzeln, gelegentlich aus Wildpret; einen grossen Festschmaus führte der gelegentliche Diebstahl von Schafen und
Vieh aus Griqualand herbei.

Diese Buschmänner sind in der Colonie so wenig als in
London bekannt; infolge ihrer lässigen sorglosen Lebensweise
werden sie wol bald nur noch in der Ueberlieferung fortleben,
weil sie an Zahl fortwährend abnehmen. Wenn die Natur
ihnen nicht ohne grosse Mühe zu erlangende Nahrung bietet,
so entbehren sie sie lieber. Als einzige Anstrengung kennen
sie die Jagd auf Hochwild, und wenn sie dann endlich einen
Bock erlegen, so setzen sie sich hin und schlingen davon
hinunter, bis sie nicht mehr können, d. h. bis nichts mehr
davon übrig ist, ohne jemals an morgen zu denken. Ich sah
selber zwei Buschmänner sich abends zu einem Springbock
niedersetzen und erst am andern Mittag wieder aufstehen,
als nichts mehr davon übriggeblieben war.

Wir schenkten unsern Gästen etwas Docha, eine Art
wilder Hanf, den sie als Taback gebrauchen, und als sie von
demselben aufgeregt wurden, gaben sie uns ein Tanzvergnügen
zum besten, wenn man nämlich ein Stampfen mit den Füssen
auf dem Boden und einige im Takt hervorgestossene Kehl-
laute so nennen darf. Auch ein Concert gaben sie uns, bei
dem jeder Mitspieler ein auf einen bestimmten Ton gestimm-
tes Schilfrohr blies, welches aber nur den einen nach der
Grösse des Rohrs wechselnden Ton von sich gab. In der
Entfernung klang die Musik nicht unangenehm, aus der Nähe
gehört war sie aber alles andere, nur nicht melodisch. Den
Gebrauch dieser urwüchsigen Instrumente sollen sie von den
Damaras entlehnt haben.

Zwei Buschmänner erboten sich freiwillig, uns eine Strecke
Weges zu begleiten und nach Wurzeln, Zwiebeln und Insekten
Ausschau zu halten. Unter den Pflanzen gab es eine Menge
Zwiebelgewächse, die auswendig grün, inwendig braun, fast
wie richtige Zwiebeln aussahen, aber platte Blätter und einen
sehr angenehmen Geruch hatten. Das von den Busch-

männern gegessene Zwiebelgewächs schmeckte fast wie unsere
Zwiebel.

Diese Buschmänner erzählten uns auch, dass es in dem
Lande zu unserer Linken seit März nicht geregnet habe, dass
alle Sama ausgegangen sei und weder Wasser noch Wild
sich vorfinde. Nur Strausse seien übriggeblieben, weil diese
auch ohne Wasser fortkämen, und wenn nach Eintritt des
Regens die Jäger ihnen folgen könnten, so würden sie eine
reichliche Jagdbeute an Federn machen. Und doch war hier
das Land völlig grün. Gras in Menge vorhanden. Sama versprach reiche Ernte und der Pflanzenwuchs gedieh durchweg
sehr gut. Als wir ein Stachelschwein ausgruben, erwies sich
der Sand 8 cm unter der Erdoberfläche völlig mit Wasser
gesättigt, obwol es hier erst einmal stark geregnet hatte.

Während unserer langsamen Weiterfahrt rief einer der
Buschmänner plötzlich: „Sieh hier, Baas", und als Kert und
ich zur Stelle eilten, zeigten sie auf eine Wolfs- (d. h. Hyä-
nen-) Spur, welche wir wol eine Stunde weit unter Führung der Buschmänner verfolgten, bis sie plötzlich stehen
blieben und, die Finger auf den Mund legend, uns einluden,
mit äusserster Stille zu ihnen zu kommen. Da lag nicht
sechs Schritte vor uns eine starke Hyäne im festen Schlaf.
Ich hob die Flinte und schoss, das Thier flog in die Höhe
und fiel todt zurück, da die Kugel es gerade hinter dem Blatt
getroffen hatte. In 10 Minuten war es abgehäutet, und dann
fiel ein Buschmann darüber her und schnitt das Fleisch in
Stücken, während die andern eiligst Feuer anmachten, um das
Fleisch zu braten. Die zwei setzten sich dann zum Schmause
hin und hörten nicht eher auf, bis sie das ganze Gerippe
kahl abgefressen hatten.

Auf der Weiterreise durch knietiefes langes Gras — welches mich an die amerikanischen Prairien des fernen Westens
erinnerte, obwol hier das Gras in kleinen mehrere Fuss voneinander getrennten Büscheln wuchs — kam der „Lange Berg" zu
unserer Rechten in Sicht, während der Boden von Sand in harten Kalkstein überging, welcher stellenweise mit kleinen Ge-

büschen aber nicht mit Gras bestanden war, da letzteres nur
in dem rothen und gelben Sand oder in einem Gemenge von
Sand und Lehm fortkommt. Dann folgte ein 80 km langer,
völlig wasserleerer Landstrich. Alle kleinen Pfützen waren
eingetrocknet und unsere Ochsen mussten es zwei Tage und
eine Nacht ohne Wasser aushalten; glücklicherweise gab es
reichliches Gras, sodass sie dem Durst besser widerstehen
konnten. Zuletzt erblickten wir eine sehr breite Niederung,
welche das Vieh kaum witterte, als es auch schon laut zu
brüllen anfing und mit einer Extraanstrengung versuchte, das
Wasser zu erreichen. Wir schirrten es in einer Entfernung
von 1 km aus und liessen die durstigen Ochsen auf eigene
Hand zur Tränke gehen, um nicht die unzähligen Vogelscharen
aufzuschrecken, welche die Ränder des Sumpfes einsäumten
und über seine Oberfläche hinwegflogen; denn unsere Vorrathskammer war leer und wir waren nothgedrungen die
richtigen „Topfjäger". Wir warteten bis zum Aufgange des
Mondes, bevor wir hinuntergingen, um den Pfuhl zu recognosciren und uns über die beste Art schlüssig zu werden, wie wir,
ohne die Thiere zu sehr zu stören, unsere Rucksäcke füllen
könnten. Die Niederung war etwa 300 Schritte breit, doch
liefen von ihr eine Menge langer schmaler Kanäle in den umliegenden Sand aus, während die Mitte eine kleine Insel
bildete, auf welcher wir eine Menge grosser Vögel erkennen
konnten. Mein Operationsplan war, vor Tagesanbruch mit
einem Buschmann nach dieser Insel zu waten oder zu schwimmen, während Lulu, Kert und die übrigen sich an den Aus-
läufern dieser langen Kanäle aufstellen sollten, indem sie Gebüsche zur Deckung auswählten.

Die Eingeborenen benutzen Klötze von Weidenholz als
Schwimmbojen, wenn sie über tiefe Flüsse setzen, und ich hatte
mir einen solchen vom Oranjefluss mitgebracht. Auf denselben legte ich Flinte, Munition und Kleider und steuerte
dann auf die Insel zu, doch reichte mir das Wasser nur bis
zur Brust. Vor Tagesanbruch waren wir alle auf unserm
Posten und warteten nur noch auf das Sonnenlicht. Etwa

20 Schritt vor mir sah ich einige Flamingos im Wasser stehen und hinter ihnen eine Anzahl weisser Vögel langsam umherschwimmen. Der Buschmann nahm die erstern aufs Korn, während ich platt auf dem Bauche und dadurch mit ihnen in gleicher Höhe liegend auf die letztern zielte und eine Gasse durch sie schoss, auch mit dem zweiten Lauf sie beim Auffliegen begrüsste. Damit war ein regelmässiges Gewehrfeuer von allen Seiten des Pfuhls eröffnet. Auf einmal flog ein Volk Gänse mir über dem Kopf weg und eine Schar schwarzweisser Vögel hinter ihnen her, welche laut schrien und wie der Sand vor dem Winde dahineilten. Als ich feuerte wirbelten sie herum, sodass das Geräusch ihrer Schläge wie ein Orkan klang, und kamen herunter, als ob sie bei ihren todten Gefährten bleiben wollten. Gerade als sie ihre langen Beine über dem Wasser auseinander breiteten, schoss ich rasch zweimal hintereinander, worauf sie unter Zurücklassung ihrer todten und verwundeten Kameraden sich davonmachten. Die Luft war dicht mit Vögeln erfüllt — grosse Kraniche, welche ihre schwerfälligen Flügel langsam zusammenklatschten und mit ihren Contrabass-Stimmen den Lärm vergrössern halfen; Gänse, welche sich gegen uns über die Ruhestörung beschwerten; flüchtige Schnepfen, welche hierhin und dorthin schossen, und erschreckte Flamingos, welche ihre langen Stelzen hinter sich herschleppten.

Dann hörten die Feindseligkeiten auf, das Gemetzel war vorüber. 2 Flamingos, 3 Kraniche, einer mit einem Kamm im Nacken, 1 Dutzend Gänse, 35 von den schwarzweissen Vögeln, 15 weisse entenartige Vögel und manch anderes kleineres Gethier waren uns zur Beute geworden. Die schwarzweissen Vögel waren mir völlig neu, deshalb bewahrte ich einige Bälge auf und erfuhr später, dass es Becassinen seien. Die Läufe waren aschgrau, die Schnäbel schwarz und der Schwanz hell orangefarben. Sie verstanden offenbar besser im Sumpf zu waten als zu schwimmen, da die Schwimmhäute nur kurz und die Läufe 25 cm lang waren. Von der Spitze des 12 cm langen Schnabels bis zum Ende des Schwanzes massen sie

40 cm. Sie waren fett und gaben einen delicaten Braten ab. Während des Sammelns stürzte ich in ein stachliches Gebüsch unter Wasser, veränderte deshalb meine Methode der Orts-

Kalahari-Geflügel.

veränderung und schwamm auf dem Rücken solange herum, bis meine Tasche ganz voll war. Als dann Lulu und Kert mich anriefen, schwamm ich zum Ufer und sah, dass Lulu einen seltsamen „Vogel" in der Gestalt eines grossen blauen Wildebeest-Bullen (Gnu) geschossen hatte, welcher ihn vom Wasser aus noch vor Tagesanbruch angegriffen hatte, während Kert ein Hartebeest und ein solches Sortiment von wildem Geflügel geschossen hatte, dass wir mit unserer ganzen Beute einen Geflügelladen eröffnen konnten. Den ganzen Tag über hatten wir vollauf damit zu thun, die Vögel zu rupfen, einzusalzen und zu pfeffern, das Wild in Streifen zu schneiden, zum Trocknen aufzuhängen und es vor den directen Sonnenstrahlen zu schützen, wodurch es nach der Meinung der Eingeborenen einen schlechten Geschmack annimmt.

Im Westen dieses Thals, welches Libuschani heisst und zuerst von Campbell im Jahre 1813 betreten wurde, lagen Kert's frühere Jagdgründe, und der alte Geselle lud uns

dringend ein, einen Abstecher dahin zu machen, indem er uns
eine prächtige Beute versprach. Aber die Sama war noch
nicht reif genug, auch würden die Pfützen (oder Pfannen, wie
man sie dort nennt) wol alle eingetrocknet sein, sodass wir
genöthigt waren, den verlockenden Vorschlag abzulehnen.
Schliesslich jedoch kamen wir zu einem vermittelnden Entschluss,
uns mit Wasser zu versehen und einen Abstecher in nord-
westlicher Richtung auf drei Tage zu unternehmen, wodurch
wir nicht zu weit abseits und nach Rubini gelangen würden,
wo sicher Wasser erwartet werden konnte. Dahin brachen
wir auch am andern Morgen auf, Kert in hochgradiger Er-
regung, dass es wieder nach seinen alten Jagdgründen losging,
und deshalb auf der „Lady" als Vorposten voraufreitend, um
nach der besten Strasse auszuschauen, wenn hier in diesem
Sandmeer von Strasse die Rede sein konnte. Düne folgte auf
Düne und Thal auf Thal in nicht endender Reihenfolge, die Thäler
bedeckt mit Gras, unter welchem die Sama und wilde Gurken
gerade auftauchten, auch hier und da ein Gebüsch oder ein
verstümmelter Baum und gelegentlich eine Oase lieblicher
Blumen. Eine von ihnen fesselte meine Aufmerksamkeit ganz
besonders, eine zwiebelartige Pflanze mit langen spitz zulaufen-
den Wurzeln und dunkelgrünen Blättern nach Art der Schwertlilien, welche Büschel weisser und rothgetüpfelter Blätter trug,
deren Wohlgeruch die Luft ringsum erfüllte.

Wir machten einen langen Tagesmarsch und hielten nur
zuweilen an, um verschiedene Blumen und Samen einzusammeln und Wurzeln einzulegen, sodass wir erst um 11 Uhr
abends das Lager aufschlugen. Am nächsten Morgen ging
Kert und die Buschmänner auf Kundschaft aus, kehrten aber
erst um 4 Uhr nachmittags mit der Nachricht zurück, dass
sie einige Fährten von Gemsböcken und Straussen angetroffen
hätten, weshalb sie es für das Beste hielten, noch denselben
Abend soweit als möglich vorwärts zu gehen und am andern
Tage eine grosse Jagd abzuhalten. Deshalb fuhren wir bis
10 Uhr weiter, kreuzten dabei beständig frische Spuren und
schlugen am Rande einer trockenen Pfanne das Lager auf.

Wir mussten haushälterisch mit dem Wasser umgehen, welches jetzt kostbarer als Gold war, obgleich die sorglosen Eingeborenen gleich alles frischweg aufgetrunken hätten und es gar nicht leiden mochten, dass ich ein beschränktes Maass Kaffee austheilte und dabei sagte, dass sie bis zum Frühstück am nächsten Morgen nichts mehr bekommen würden. Als ich aber Anzeichen entdeckte, dass noch kürzlich Wasser in der Pfanne gestanden hatte, rief ich nach Schaufeln und Hacken und liess sie mit vereinten Kräften ein 3—4 m langes, 2 m tiefes Loch auswerfen. Der Sand schien allmählich feuchter zu werden je tiefer wir kamen. aber auf einmal stiess die Schaufel gegen hartes Gestein. Mit der Spitzhacke entdeckten wir, dass wir auf eine Schicht harten Kies gestossen waren.

„Es nützt nichts, Baas: da ist kein Wasser und wir thun besser, wenn wir uns schlafen legen."

Da es beinahe 2 Uhr nachts war, so gingen wir zum Wagen zurück unter der Verabredung, dass jeder von uns mit Tagesanbruch aufstehen und einzeln nach verschiedenen Richtungen abmarschiren solle; dann wollten wir einen möglichst grossen Kreis bilden und so viel Wild als möglich in diesem Kessel zusammentreiben. Diejenigen, welche am weitesten zu gehen hatten, brachen zuerst auf, und ich benutzte die Zeit, nach der von uns ausgeworfenen Grube zu gehen, in welcher ich zu meiner grossen Freude 45 cm tiefes Wasser vorfand. Ich war so vergnügt darüber, als hätte ich eine Diamantgrube entdeckt. Das Vieh fand auf alle Fälle hinlänglich zu saufen vor, und ich beeilte mich jetzt, völlig beruhigt, meinen Platz in dem Kesseltreiben einzunehmen.

Nach kurzer Weile nahm ich eine frische Straussenfährte auf, welcher ich instinctmässig folgte und darüber ganz vergass, dass ich eine Lücke in dem zu bildenden Kreise auszufüllen hatte. Die Spur führte mich quer über eine Sanddüne, von deren Höhe ich vorsichtig rundschaute; kein Vogel war zu sehen, desto deutlicher aber die Fährte quer durch die Niederung. Entschlossen nicht unverrichteter Sache um-

zukehren, folgte ich ihr über Dünen und Thäler hinweg, bis die
zunehmende Hitze und der sich meldende Durst mich daran
gemahnten, dass die Tageszeit vorrückte. Die Sonne stand
jedoch noch nicht sehr hoch, ich wollte deshalb ein wenig im
Schatten eines Busches ausruhen. Nach einem Trunk Wasser
aus meiner Flasche griff ich zum Fernrohr und liess es über
die Dünen schweifen. Sand, Sand und wieder Sand, aber
keine lebende Creatur zu sehen. Wie ich so dasass, überkam mich
ein Gefühl von Müdigkeit und ich dachte, eine kleine Siesta
würde mir wohl bekommen; nachher könnte ich die Fährte
wieder aufnehmen und auf demselben Wege zurückkehren.
Mit diesem Gedanken legte ich mich nieder und war bald
unter einem baumartigen Dornbusch fest eingeschlafen.

Beim Erwachen zeigte mir der Sonnenstand, dass der
Nachmittag schon mehr als zur Hälfte vorüber war. Um mich
schauend, entdeckte ich eine Heerde Gemsböcke nach einer
Seite und nach einer andern einen Trupp von sechs Straussen.
Letztere waren die kostbarern Thiere und so verfolgte ich sie
auf der Stelle, indem ich bald auf dem Bauch über einen
Sandhügel kroch, bald über das zwischenliegende Thal weg-
rannte, in welchem ich nicht gesehen werden konnte. Glücklicherweise hatte ich es gegen den Wind, und so gelang es
mir, nach einstündigem Rennen und Kriechen in Schussweite
zu kommen. Sie ässten auf mich zu, ich liess sie deshalb bis
auf 100 Schritt herankommen, hielt dann auf den Hahn und
feuerte. Weg stoben sie wie der Wind, ohne Anzeichen dass
eins getroffen war, glücklicherweise aber unter rechtem Winkel gegen die Schusslinie, sodass ich noch sechs Kugeln hinter
ihnen herschicken konnte, bevor sie ausser Schussweite kamen.
Ich sah sie über die erste, dann über die zweite Sanddüne
verschwinden und zwar alle in so leichter Gangart, dass nicht
einer getroffen zu sein schien, obwol ich fest überzeugt war,
dass nicht alle Schüsse fehlgegangen waren.

Eine halbe Stunde folgte ich so ihrer Spur, bis ich an
ein Weibchen kam, welches auf dem Abhange einer Sanddüne lag und sich vergeblich bemühte wieder aufzustehen;

aus Furcht, dass es ihm dennoch gelingen möchte, gab ich ihm
noch eine Kugel, rannte so schnell als möglich den Abhang
hinauf, zog mein Messer hervor, schnitt ihr gleich hinter dem
Kopf den Halswirbel durch und machte mich wieder auf, hinter
den andern her. Von einem sehr hohen Sandhaufen spähte
ich, wiewol vergeblich, nach ihnen; und doch mussten sie angehalten haben oder anderswo zu finden sein. Ich eilte also
weiter, in der Hoffnung sie bald einzuholen. Endlich nach
Verlauf von wol einer Stunde sah ich den alten Hahn sitzen,
schlich möglichst nahe an ihn heran und gab ihm eine zweite
Kugel. Als er aufsprang, feuerte ich nochmals und sah ihn
taumeln. Mein Herz klopfte, als wenn es vor Aufregung
springen wollte; Sonnenuntergang stand bevor und ich wusste
nur zu gut, wieviel Meilen ich zurückzugehen hatte, wollte
aber doch meine Beute nicht fahren lassen. Es bedurfte noch
zweier Kugeln, bis er die Läufe seitwärts streckend auf einem
Sandhaufen zusammenbrach. Seine schnellen Füsse waren
freilich kraftlos geworden, aber seinen Schnabel gebrauchte
er noch desto kräftiger, und ich erfuhr recht bald und sehr
genau, wie stark er kneifen konnte. Ihn im Nacken fassend,
legte ich ihm jedoch schnell einen Maulkorb an, indem ich
ihm die Kehle abschnitt: dann zog ich ihm die schönsten
Federn aus, alle „blutig", doch nicht sehr lang, da es noch
etwas früh in der Jahreszeit war. Jetzt endlich begann ich
zu überlegen, wieviel Meilen ich bis zu unserm Wagen marschiren müsse. Der Wind wehte ziemlich stark, sodass meine
Fussspuren, vermittelst deren ich den Rückweg zu finden ge-
hofft, wol bald verwischt sein würden: aber hungerig und müde
zugleich machte ich erst Feuer an und kochte ein Stück von
der Lende des Vogels, welche Suppe mir schmeckte, wie sie
nur einem Menschen mit einem solchen Appetit wie dem
meinigen munden konnte. Während das Stück vom „Trommel-
stock" briet, untersuchte ich den Vogel und fand, dass er
durch den andern Schenkel geschossen war und drei Kugeln
ihm durch den Leib gegangen waren, und doch hatte er
mich meilenweit hinter sich herrennen lassen!

Das Nächstliegende war jetzt für mich, meinen Weg nach der Straussenhenne zurückzufinden, bevor sie von den Schakaln angeschnitten wurde; ihr Balg würde den Buschmännern für ihre Straussenjagden von Nutzen sein; dann war ich dort auch so viel näher beim Wagen, und drittens konnte ich mir dort noch eine Straussenmahlzeit leisten. Es kostete mir aber zwei Stunden anstrengenden Gehens bis ich dort war, und ich kam, weil die kleinen grauen Kalahari-Füchse schon um das Thier herumstrichen, gerade zu rechter Zeit, um mich zu überzeugen, dass es todt sei und niemand sich in der Nähe versteckt hatte.

Nachdem ich ihm die besten Federn ausgerupft hatte, legte ich mich unter gehöriger Rücksicht auf den Wind und die Büchse im Arm, um auf einen nächtlichen Angriff vorbereitet zu sein, neben dem Vogel nieder und fiel bald in festen Schlaf. Das Bellen der Schakale und Hyänen weckte mich mehrmals, doch davon abgesehen, habe ich niemals gesünder geschlafen. Mit der Dämmerung wachte ich auf und rieb mir den Sand aus den Augen, um zu sehen, wo ich sei, als plötzlich mein Blick auf ein menschliches Gesicht fiel, welches aus der Entfernung von nur wenig Schritten mich starr ansah. Ich ergriff meine Büchse, aber das Wesen, oder was es war, wich nicht vom Fleck, sodass ich glaubte, mich getäuscht zu haben und meine Augen noch stärker rieb, leider nur mit dem Erfolge, dass ich den Sand noch tiefer hineinrieb. Und doch stand dort mir gerade gegenüber ein menschliches Wesen, ein Buschmann nach seiner Farbe zu urtheilen, welches mich anstarrte und angrinste, bis auf Kopf und Schulter hinter einem Busch versteckt und mit angewehtem Sande bedeckt. Ich ging auf dasselbe zu und rief es an, aber das Wesen antwortete nicht und regte sich auch nicht. Es sollte nie mehr sprechen. Es war der leblose Körper eines armen Buschmanns, welcher elendiglich auf der Jagd umgekommen war, denn neben ihm lag seine Büchse und auf dem Strauch hing ein Bündel Straussenfedern, etwas vom Wetter mitgenommen, aber noch immer vielleicht 20 Pfd. Sterl. werth. Die

Wüstenwinde hatten den letzten Theil des Begräbnisses über-
nommen, indem sie den Körper in ein Leichentuch von Sand
hüllten und blos den Kopf frei gelassen hatten. Nicht ein
Thier hatte die Ruhe dieses Grabes gestört, zum sichern
Zeichen, dass der Mensch vor Durst umgekommen war; die
Eingeborenen behaupten wenigstens, dass kein Thier den
Körper eines auf diese Art gestorbenen Menschen anrühre.
Es unterlag keinem Zweifel, dass dieser Mensch, erschöpft
von Anstrengung, Hunger und Durst, sich zum Schlafen hinter
den Busch gesetzt hatte und darüber verstorben war. Ein
Schauder ging mir durch den Körper, als ich daran dachte,
dass mein eigenes Schicksal vielleicht das nämliche gewesen
wäre und dass ohne meine treue Wasserflasche meine Gebeine
den seinigen vielleicht Gesellschaft leisteten; man kann sich
deshalb meinen Schrecken vorstellen, als ich meine Flasche
auf der Stelle, wo ich geschlafen hatte, leer vorfand. Ich
hatte vergessen, sie vor dem Einschlafen gut zu verschliessen —
und jetzt war ich viele Stunden weit von meinem Heim und
zwar ohne einen Tropfen Wasser. Doch hatte ich jetzt nicht
die Zeit, über das in der Wüste vergossene Wasser zu weh-
klagen, ich musste mich darein schicken, gleichviel ob ich
auch meine ganze Beute auf dem Rücken zurückschleppen
musste. Ich balgte also den Strauss ab, band meine Federn
in das Bündel der Federn des todten Buschmanns und bekam
noch den Einfall, den mumienartigen Schädel desselben als
Gedenkzeichen mitzunehmen. Es gelang mir unter einiger
Schwierigkeit, ihm das Wirbelbein zu durchschneiden, und
dann sammelte ich meine verschiedenen Trophäen, schulterte
des Buschmanns Büchse auf der einen, meine eigene auf der
andern Seite und trat so bepackt den mühseligen Rückmarsch
zum Wagen an.

# NEUNTES KAPITEL.

Verloren in der Wüste. — Sterbensmüde vor Hunger und Anstrengung.
— Giftige Wurzeln gegessen. — Todeskampf. — Eine Beute wilder
Thiere. — Aufgegeben als todt. — Vom Rande des Grabes entwischt.
— Milch und Wasser. — Kalahari-Kaffee. — Köstliches Wasser. —
Gras und Sama in Ueberfluss. — Kuis. — Der Häuptling. — „Mache
schnell." — Ein wucherischer Häuptling. — Erlebnisse eines Wüsten-
händlers. — Compagniegeschäft mit zwei Bastard-Jägern. — Wie man
Sama kocht.

Ich war etwa drei Stunden gegangen, als mir die Sonnenstrahlen zu lästig wurden und ich meine Bürde ablegte, um
ein wenig auszuruhen. Wie ich mich nach einem Becher
Wasser oder nach einer Sama sehnte, oder nach sonst etwas,
um meinen Durst zu löschen! Gleich darauf erklomm ich
eine hohe Sanddüne in der Hoffnung, eine Landmarke oder
irgendein Zeichen zu erspähen, wodurch ich mich zum Wagen
zurückfände. Hier und da glaubte ich meine Fussspuren von
der Verfolgung der Strausse her zu erkennen, aber die
Zeichen waren fast verweht und konnten auch die Spuren
anderer Personen sein. Dieser Gedanke gab mir einige Zuversicht zurück, denn Kert, Lulu und die andern mussten ja
nach mir ausschauen; ich wollte mich deshalb soviel als
möglich oben auf den Dünen aufhalten, wenn es auch grosse
Anstrengung kostete, auf und nieder zu klettern, noch
dazu bei dieser erdrückenden Hitze. Was hätte ich nicht
für einen Schluck Wasser hingegeben! Es war jetzt Mittag
vorüber, sodass ich schon sechs Stunden in dieser versengenden
Sonnenglut marschirt war; ich wurde schwach aus Mangel an

9*

Nahrung und Wasser und kleinmüthig dazu aus Angst. Die
Sanddünen waren sich alle gleich. und ich hatte meinen Weg
so vollständig verloren, dass ich ebenso gut weiter und immer
weiter weg als auch im Kreise rundherum gehen konnte,
ohne dadurch dem Wagen näher zu kommen. Um die Speichel-
drüsen zu reizen und meinen brennenden Mund zu kühlen,
hatte ich einen Knopf in den Mund gesteckt; aber das durch
den Mangel an Speise hervorgerufene niederdrückende Gefühl
machte mich schwindelig, und zwar in immer höherm Grade,
je mehr meine Aengstlichkeit zunahm. Ich fühlte die Nothwendigkeit einer kurzen Rast, wo ich vielleicht etwas Ess-
bares fände. Da die *Inchies* (Wurzeln) nach allgemeiner
Ansicht ganz essbar sein sollten, bevor die Sama blühte. so
zog ich einige heraus und wollte sie roh essen; aber sie
waren so unschmackhaft, dass ich ein kleines Feuer an-
machte und sie in Sand zu kochen versuchte. Dann ass ich
einige und fand, dass sie nicht allein den Durst linderten,
sondern mich auch von dem Schwindel befreiten, der sich
meiner bemächtigt hatte; nachdem ich eine halbe Stunde
gesessen, fühlte ich mich besser, erkletterte einen Sandhügel
und sah auf der andern Seite eine Heerde Antilopen weiden.
   Wenn ich nur nahe genug herankommen konnte, um eine
Geiss zu schiessen, so konnte ich etwas Milch erhalten, aber
sie waren zu weit entfernt. Ich war zu schwach, um sie zu
beschleichen, deshalb wartete ich geduldig in der Hoffnung,
dass sie in Schussnähe kommen möchten, weil sie auf mich
zu grasten. Zuletzt waren sie bis auf 80 Schritt heran und
ruhig auf eine der Geissen zielend — man unterscheidet sie
leicht durch das feinere spitz zulaufende Gehörn von den
Böcken — schoss ich, sodass sie im Feuer zusammenbrach.
Der fliehenden Heerde noch zwei Schüsse nachsendend erhob
ich mich auf meine Füsse, aber mein Kopf schwindelte, und
nur indem ich alle Augenblicke stehen blieb und mich auf
meine Büchse stützte, konnte ich mich nach der Stelle hin-
schleppen, wo die todte Geiss lag. Zunge und Kehle brannten
und mich verlangte nach einem Trunk Wasser, Milch, Blut

und sonst etwas, um das brennende erstickende Gefühl loszuwerden; aber ich war zur Enttäuschung verdammt. Ich
fühlte, dass Hände und Gesicht anfingen aufzuschwellen, ein
kalter Schauder lief mir über den Körper und die zitternden
Knie verweigerten jeden weitern Dienst. Plötzlich schien die
Erde sich in die Höhe zu heben und mir wurde schwarz vor
den Augen. Ich falle, meine Waffen stürzen haltlos neben
mir nieder. und ich kann nichts mehr zu meiner Rettung
thun —

So schwach bin ich, dass meine schwankenden Füsse
Nicht länger noch die bebende Gestalt vermögen zu tragen.
Mein Herz vergisst vor Schwäche zu schlagen.
Der Triebsand ist bereit mich zu begraben.

Ich fühle nichts weiter als ein Brennen durch den ganzen
Körper.

Jene Wurzeln, welche ich für so erfrischend hielt, waren
giftig und nun ist der Anfang vom Ende da. Eine Erstarrung
beginnt sich meiner zu bemächtigen, dann und wann unterbrochen von dem schrecklichen brennenden Gefühl. Ja, das
muss der Tod sein. Ich habe nicht die geringste Gewalt über
mich. ein Glied zu bewegen, aber in meinem Gehirn wurde es
immer lebendiger. Vergangenheit, Gegenwart und Zukunft
schienen sich in einem reissend schnellen geistigen Panorama
zu vermengen. und ich fing an mich zu wundern, ob mein
Körper jemals würde gefunden werden, oder ob ich zu einer
Beute der Löwen und Schakale bestimmt sei, während ich
mir zugleich die Trauer Lulu's und der übrigen ausmalte.
wenn sie mich nicht zurückkehren sahen. Ich spürte grau-
sames Bauchgrimmen und ein Gefühl von Uebelkeit, mit dessen
Zunahme die Körperstarre und die brennenden Schmerzen im
Magen abnahmen. Sterben war doch nicht so leicht und bequem. Statt eines betäubenden hatte ich ein reizendes Gift
zu mir genommen. und statt ruhig wie im Schlaf zur grossen
Armee abzumarschiren, sollte ich noch einen Strauss mit dem
grimmen Sensenmann ausfechten.

Ich versuchte meine Hand zu erheben, um den Finger
die Kehle hinabzustecken, entdeckte aber, dass ich keine
Kraft zu einer freiwilligen Bewegung hatte. Dann zog ein
nochmaliger starker Krampf meine Beine empor, und die
Kehl- und Magenmuskeln setzten sich in Bewegung. Ich er-
brach mich und fühlte mich darauf leichter. Die Krampf-
beschwerden hörten auf, und noch einmal hoffte ich den Tod
um seine Beute zu betrügen. Ich begann leichter zu athmen.
Aber das brennende Gefühl innerlich wie äusserlich dauerte
fort, und dann packte mich die Vorstellung, dass alles nur
ein kurzer Aufschub sei. Der Tod würde sein Schlachtopfer
schliesslich doch bekommen, denn wenn ich hier länger wie leb-
los da lag, so mussten die wilden Thiere mich finden, bevor
die Nacht vorüber war. Vielleicht war es schon Nacht. Ich
konnte nicht sehen, ich konnte nicht fühlen, aber denken
konnte ich und athmen und hören; und ich horchte, horchte
und horchte wieder auf das leiseste Geräusch, auf den ver-
stohlensten Fusstritt, ein Rascheln in dem langen trockenen
Grase, auf das hastige Schnüffeln eines seine Beute wittern-
den Raubthieres und das kurze frohlockende Grunzen, mit
welchem es seine Entdeckung begrüsste.

Horch! Das sind Fusstritte; ein schnelles Rascheln im
Grase und dann eine Pause; sie kommen näher und halten
wieder an; näher und näher kommt der Klang und dann
höre ich ein rasches kurzes Bellen. Ist es ein Schakal oder
eine Hyäne, welche mich aufgespürt haben? Werde ich gebissen und fängt mein Blut an zu fliessen, so gibt das mir
vielleicht mein Bewusstsein oder meine Bewegungsfähigkeit
zurück. Könnte ich mich doch nur bewegen, könnte ich nur
die Augen aufschlagen und meine Büchse erfassen, könnte ich
nur laut rufen, so sollte kein feiger Schakal, keine schleichende
Hyäne sich an meinem Körper vergreifen. Aber es kann
auch ein Löwe in der Nähe sein. In dem Fall wird ein
plötzlicher Sprung meiner Spannung ein rasches Ende bereiten. Er wird mich an der Schulter packen, mich schütteln
wie der Hund eine Ratte schüttelt, und mich nach seinem

Versteck schleppen. Werde ich aufwachen und den Griff seiner Zähne, das Zerfleischen durch seine Klauen fühlen, oder werde ich ihn blos mein Fleisch zerreissen, meine Knochen zermalmen hören, ohne Schmerzen davon zu spüren? Horch! Da höre ich einen winselnden Ton ganz in der Nähe; ein Thier schnüffelt an mir herum, ich höre es rasch keuchen. Entfliehen ist unmöglich. Im nächsten Moment wird es seine Zähne in mein Fleisch eingraben. Ich hätte ja wol einen schmerzhaftern Tod finden können, schwerlich aber einen schrecklichern. Ich hatte immer gesagt, dass ich in meinen Stiefeln zu sterben wünschte; man muss den Tod einmal kommen sehen und das Wie und Wo sind von geringerer Bedeutung. Aber diese Weise passte mir doch gar wenig. Der Gedanke, tausende von Meilen gereist zu sein, um die Beute wilder Thiere zu werden, zu wissen, dass meine letzten Augenblicke gekommen sind und kraftlos dazuliegen, ohne eine Muskel bewegen oder mich retten zu können, das war mehr als ich bedungen hatte. Horch! Da höre ich wieder Geräusch in der Ferne; mein raubgieriger Besucher wartet auf seine Freunde zum Festschmaus. Halt! Ist das ein Brüllen? Nein, das ist eine menschliche Stimme. „Bull! Bull!" Das ist ja die Stimme Kert's, der meinen Hund ruft. Jetzt hört das Winseln neben mir auf und ich kann Bull bellen hören in Beantwortung von Kert's Ruf. Er hat einen Augenblick neben mir gestanden und erzählt ihm jetzt, dass er mich gefunden hat. Er bellt wüthend, als rasche Fusstritte herankommen, und dann höre ich Kert ausrufen: „Maak gaauw, die Sieur is dood!" (Macht schnell, der Herr ist todt!) Konnten sie wirklich glauben, ich sei todt? Soll ich lebendig begraben, statt von wilden Thieren in Stücken zerrissen werden?

„Er ist kalt. Er ist vor Durst gestorben."

„Nein, er kann nicht todt sein. Diese Antilope ist nicht kalt; er muss sie geschossen haben, und das waren die drei Schüsse, welche wir vor einer Stunde hörten."

„Ja; vielleicht verwundete er das Thier, kam ihm zu nahe und ist dann mit dem Gehörn getödtet worden. Kommt,

wir wollen ihn aufrichten und untersuchen. Ah! Hier ist Blut
im Sande, und hier seine Wasserflasche — leer. Er wollte mir
nicht glauben, als ich ihm sagte, ein Mensch könne in dieser
Sandwüste nicht einen Tag ohne Wasser jagen. Jetzt hat er
es erfahren. Armer Sieur!"

Dann hörte ich Kert in der Sprache der Buschmänner
reden; augenscheinlich gab er den Buschmännern Befehle was
zu thun sei. Aber wo steckte Lulu? Vielleicht sucht er
nach mir in anderer Richtung. Sie waren nicht ganz sicher
darüber. ob ich todt sei, und wollten mich vielleicht begraben,
bevor sie zurückgingen um nach ihm zu forschen. Darauf
hörte ich Kert in richtigem Holländisch sagen: „Ons moet
hem bring na de vaar" (Wir müssen ihn zum Wagen bringen).
Ich fühlte es nicht, dass sie mich anfassten; aber ich hörte
bald ihre Fusstritte und urtheilte nach ihrem Gespräch, dass
sie mich zum Wagen trugen. Dann würde alles von Lulu's
Urtheil abhängen. Aber vielleicht würde ich den Wagen nicht
lebend erreichen. Es schien mir ein Jahrhundert zu dauern,
bis ich Lulu in der Entfernung rufen hörte: „Habt ihr ihn
gefunden?"

Ein feierliches „Ja!" war die ganze Antwort.

„Ist er verletzt? Legt ihn sanft nieder! Was fehlt
ihm? Sprich. Kert!" schrie Lulu im leidenschaftlichen Ton.
„Sprich!"

Keine Antwort.

„Mein Gott, ist er todt?"

„Ik weet niet; Ik denk so!" (Ich weiss es nicht; ich
glaube es wohl!)

„Unmöglich", schrie Lulu. „Lass mich seinen Puls fühlen.
Jan, hole mir schnell meinen Spiegel, rasch! während ich das
Hemd öffne. Er kann nicht todt sein; es ist nicht möglich.
Hier, fühle da, er ist warm."

„Hier ist der Spiegel, Herr", sagte Jan im halben
Flüsterton.

Ich wundere mich darüber, dass in Gegenwart einer
Leiche jedermann im Flüsterton spricht. Fürchtet man sie

aufzuwecken? In meinem Fall war ich doch erst halbtodt, und doch konnten sie mich nicht aufwecken.

„Halte das Licht so! Gott sei Dank, er athmet: das Glas ist beschlagen; er lebt. Hol mir den Cognac; wir müssen ihm etwas hinuntergiessen. Bring mir einen Löffel. Kert, befiehl den Buschmännern, seine Beine, Hände und Füsse zu reiben und zwar so —!", und Lulu zeigte ihm ohne Zweifel, wie sie es machen sollten, ich selber fühlte aber nichts.

„Wie steif seine Gliedmaassen sind. Ich fürchte, wir haben ihn zu spät gefunden. Reibt tüchtig fort! Jan, reib seine Hände, so! Jetzt richte ihn etwas auf, Kert, damit ich ihm den Cognac eingebe.

„Wie fest sitzen die Zähne aufeinander! Ich weiss gar nicht, wie ich ihm den Cognac einflössen soll. Halte den Kopf nach dieser Seite. So, ich glaube, er hat etwas heruntergeschluckt. Gib mir die Flasche, Jan; der Löffel sitzt zwischen den Zähnen fest. Jetzt hat er eine tüchtige Dosis bekommen. Legt ihn sanft nieder; jetzt müssen wir alle ihn reiben, so stark wir nur können!"

Das war seine Lieblingskur gegen alle Gebrechen. Aber allmählich erwachte ein prickelndes Gefühl in Händen und Füssen. „lauter Stifte und Nadeln"; bald konnte ich die Reibung ihrer Hände verspüren. Der Tod hatte zu früh bei mir angeklopft, er musste ein anderes mal wieder vorsprechen!

„Reibt immer zu!" schrie Lulu. „Ich fühle, sein Fleisch wird warm. Sieh, seine Lippen bewegen sich. Er kommt zu sich. Er wird nicht sterben!"

Mit dem Gefühl kehrte auch der Gesichtssinn zurück und ich konnte ein zerstreutes Licht wahrnehmen, wie wenn man mit geschlossenen Augen in die Sonne sieht. Ich versuchte die Augen zu schliessen, konnte es aber nicht. Ich vermochte mich auch noch nicht zu bewegen, noch zu sprechen, obwol ich meine Lippen zittern fühlte. Dann richteten sie mich wieder auf und gossen mir mehr Branntwein ein; diesmal konnte ich es fühlen, dass sie mich aufhoben, und ich bemühte mich nachzuhelfen, vermochte es aber nicht. Ich versuchte zu schlucken, vergebens, obwol ich den Cognac hinuntergehen fühlte; einige Minuten später konnte ich schon die Augen öffnen und schliessen, und bekam dann auch wieder die Gewalt über meine Zunge und die Kehlmuskeln. Das erste, was ich sagte, war „Castoröl!", das Lulu mir ebenso eingab wie den Cognac. Glücklicherweise schmeckte ich es nicht. Etwa eine Stunde später konnte ich Hände und Arme bewegen, und vor Tagesanbruch vermochte ich mich aufzurichten. Alles war finster, bis auf das trübe Lampenlicht, mit dessen Hülfe ich erkennen konnte, wie vergnügt Lulu aussah, als ich um mich blickte und sagte: „Ich bin ganz wohl, gebt mir etwas zu essen!" Er hatte die ganze Nacht bei mir gewacht und war meinem Wunsch zuvorgekommen, indem er eine Schüssel warmer Suppe fertig hielt. Diese hatte eine so beruhigende Wirkung, dass ich in Schlaf verfiel und erst erwachte, als die Sonne schon ziemlich hoch stand und ich sie alle mit ängstlichen Mienen um mich herum sitzen sah.

„Was geht vor?" fragte ich.

„Was vorgeht?" sagte Lulu, „erzähle du uns lieber was passirt ist. Wie geht es dir?"

„Oh! ich fühle mich ganz wohl, Gott sei Dank! nur etwas schwach. Gib mir noch etwas Suppe." Und dann erzählte ich ihnen, was ich erlebt hatte. „A propos!" fügte ich hinzu, „lass die Buschmänner die Federn und den Balg sowie die Büchse holen, den Schädel nicht zu vergessen."

„Sie werden weder die Büchse noch den Schädel anrühren", sagte Kert. „Sie glauben alle, dass Sie gerade davon krank geworden sind."

Es musste also Jan dazu ausgesandt werden, und während dessen Abwesenheit erzählte mir Lulu die Einzelheiten ihrer Jagd, welche bald so tragisch geendet hätte.

Bis zum nächsten Tage fühlte ich mich wieder ganz wohl, ohne dass eine Spur meines eben erlebten Abenteuers zurückgeblieben war. Die Pfannen waren jetzt fast ganz ein-

getrocknet und einige, die wir passirten, enthielten nur noch
Schlamm; wenn wir ein Loch ausgruben, erlangten wir etwas
flüssige Erde, der wir ein wenig Alaun zusetzen konnten,
um die darin schwebenden Theile niederzuschlagen. Dadurch
wurde freilich ein guter Theil Schlamm niedergeschlagen,
aber ohne dass der Rest klar geworden wäre, und so assen
wir eigentlich mehr Lehmsuppe als Wasser. Selbst wenn es
ganz geklärt war, sah es noch wie „Milch und Wasser" aus.
„Man könnte glauben in London zu sein", rief Lulu, „mit
dieser echten Kalk- und Wasser-Milch — hu!" und dabei stiess
er ein überirdisches Geheul aus, welches jedem Ausläufer
eines Milchverkäufers Credit verschafft hätte, wenn er die
Lehmessenz überreichte, mit welcher wir verurtheilt waren
unsern Morgenkaffee zu bereiten.

Da ich nicht bei den Guamo-Indianern in die Lehre
gegangen war, und auch nicht wie ein Irländer an „Erd-
hunger" litt, so schmeckte mir, aufrichtig gestanden, der
Kalahari-Kaffee herzlich schlecht, und ich konnte nie mehr
als eine Tasse davon auf einmal hinunterwürgen. Lulu, der
durstigen Seele, gelang es desto besser; er trank das Wasser
sogar in ungekochtem Zustande. Dies that ich nie, sondern,
so durstig ich auch sein mochte, ich wartete immer, bis es
aufs Feuer gesetzt war und sich nachher abgekühlt hatte.
Kert nannte es „lekker water", und die Buschmänner gar
legten sich einfach auf den Bauch, steckten das Gesicht ins
Loch, und saugten den reinen unverfälschten flüssigen Extract
von der Mutter Erde mit demselben Behagen auf, wie ein
echter Matrose in aufrechter Stellung einen Topf Bier seine
geräumige Kehle hinuntergleiten lässt.

So oft wir Wasser fanden, füllten wir jedes verfügbare
Gefäss damit, nachdem wir es zuerst in zwei grossen Zink-
eimern gekocht hatten; glücklicherweise sollten wir bald vom
Wasser unabhängig werden, da die Sama schon so gross wie
Eier waren.

Die sandigen Wüsten begannen jetzt mit Stellen harten
steinigen Bodens abzuwechseln; aber alles war gleichgrün

mit verschiedenen Gräsern und Gebüschen bedeckt; die letztern
waren immer mehr oder weniger dornig. Die Ranken der
Sama sah man immer häufiger, doch waren sie noch nicht
zahlreich und stark genug, dass wir uns ganz auf sie verlassen konnten, deshalb schlugen wir eine direct nördliche
Richtung nach Bakaris ein, einer Pfanne, in welcher wir
nach Kert's Behauptung reichlich Wasser vorfinden würden,
weil es in ihr drei Monate nach den schweren Regen sich
hielte. Als wir aber nur einige Tage später dort ankamen,
fanden wir blos ein Sandloch vor. Vom Standpunkt eines
Ziegelbrenners betrachtet, hatten die Antilope und wahrscheinlich auch die Hottentotten den Lehm sehr hübsch bearbeitet und durcheinander gerührt — aber das war nicht

Die Wüste bei Kuis.

unser Standpunkt. Kert wollte durchaus hier einige Tage
liegen bleiben und jagen, weil viel Wild in der Nähe sein
müsse, nach allen Spuren um die Pfanne herum zu urtheilen; aber das Wasser war nicht „lecker" genug für mich,
wir brachen deshalb denselben Abend nach Kuis auf, das
ungefähr auf halbem Wege zwischen Mier und Kuruman liegt
und der einzige Ort in der Wüste mit einer Quelle von
süssem Wasser ist.

Je weiter wir vorrückten, desto schneller sahen wir das
Gras und die Sama wachsen, ein Beweis, dass es kürzlich
hier kräftig geregnet hatte. Wir sammelten einige der grössten
Sama und kochten sie. Sie schmeckten ganz wie indisches
Mark, dem sie auch äusserlich völlig ähnlich sahen; wenn

man bedenkt, wie beliebt Melonen und Kürbis in Amerika
sind, so wundert es mich sehr, dass noch niemand den Einfall gehabt hat, etwas Samen mitzunehmen und damit in
den sandigen Wüsteneien der Vereinigten Staaten Anbau-
versuche anzustellen. Sobald der Samen reif war, wollte ich
davon für spätere Versuche einlegen. Binnen zwei Tagen erreichten wir Kuis — eine Ansammlung von Kalahari-Hütten,
welche auf Kalksteinboden dicht am trockenen Flussbett des
Flusses Kuis liegen; mitten zwischen den Hütten befindet
sich der Brunnen, zu beiden Seiten desselben einige Kamelbäume.

Wir waren kaum angekommen, als der Wagen auch
schon von einer Menge Menschen umgeben war, welche um
Taback und Kaffee baten. Ich hoffte sie leicht loszuwerden,
indem ich ihnen sagte, dass ich weder das eine noch das
andere besässe; aber sie setzten mir immer wieder zu, indem
sie um alles und jedes bettelten was sie sahen, deshalb konnte
ich ihnen endlich mit nichts als mit einem entschiedenen
„Nein!" antworten. Das verschaffte uns Ruhe für eine Weile;
nachmittags aber kam der Häuptling selber, Namens Maakgoe,
was so viel heisst, als „Maak gauw", „Mache schnell", ein
vermögender Mann nach dortigen Begriffen, welcher Schafe,
Vieh und Pferde besass. Er war begleitet von einem weissen
Mann, einem Engländer, welcher sich nach den vorläufigen
Begrüssungen unter dem Namen Cann vorstellte und behauptete, als Händler und Jäger sich schon 30 Jahre in
diesem Lande aufgehalten zu haben.

Cann übernahm freundlichst das Dolmetscheramt und
fügte nach der ersten Aeusserung von Maakgoe — der alte
Häuptling wünschte eine Büchse von mir zum Geschenk zu
erhalten — den freundlichen Rath hinzu: „Geben Sie ihm
nichts; der alte Schuft liesse Sie eher Hungers sterben, als
dass er Ihnen helfen würde."

Der Häuptling hatte ein Pferd von hübschem Aussehen
mitgebracht, ein Thier wie ich es mir gerade wünschte;
darum zahlte ich ihm in gleicher Münze heim, indem ich

seine Frage mit einer gleich wichtigen beantwortete: „Willst du mir dein Pferd schenken?"

Maakgoe zog die Schultern und erwiderte: „Sie müssen mir 10 Ochsen für mein Pferd geben."

Darauf versuchte ich ihm gütlich beizukommen, indem ich ihm auseinandersetzte, dass, wenn ein Fremder zu uns käme in unserer Heimat, wir für ihn sorgten und ihn beschenkten, und dass er dagegen beim Abschiede uns wieder Geschenke mache. Ob Maakgoe mir helfen wolle, während ich durch sein Land zöge? Aber er hatte offenbar sich den Spruch zu eigen gemacht: „Wenn du nach Rom kommst, so musst du nicht handeln wie die Römer", denn er antwortete rasch:

„So mag es bei euch Sitte sein; aber ihr seid jetzt in meinem Lande und hier ist es Gebrauch, dass jeder Durchreisende mir dafür bezahlt."

Meine Antwort beschränkte sich darauf, in ganz ungenirter Weise ein Repetirgewehr zu ergreifen und nach einer weissen Krähe zu schiessen, welche ich glücklich traf, und gleich darauf einen zweiten Schuss abzufeuern. Seine Neugierde wurde erregt, sodass er wissen wollte, was das für eine Art Flinte sei. Als ich ihm erklärte, dass man damit 16mal schiessen könne, ohne von neuem zu laden, sagte er entschieden, die müsse ich ihm zum Geschenk geben, er nähme nichts anderes. Auf den Punkt wollte ich ihn aber gerade bringen, denn nun konnte ich ihm mit gleicher Münze dienen.

„Du musst mir 15 Ochsen für meine Flinte geben, sagte ich, oder wenn du das lieber willst, das Pferd und eine Kuh. Wenn nicht, so kann ich sie dir nicht eher geben, als bis ich von der Jagd aus der Wüste zurückkomme."

Dann gab ich ihm eine Rolle Taback und bemerkte ihm, ich hätte ihm nichts weiter zu sagen.

Er ging, aber der Händler blieb zurück, um ein wenig mit uns zu plaudern. „Sie haben den alten Neger ganz richtig behandelt", sagte er; „derselbe versucht uns immer anzuzapfen, aber wir geben ihm nie mehr als etwas Taback und Kaffee.

Haben Sie nur keine Furcht vor ihm, er hat keine An-
hänger." Weiter erzählte er mir, er sei jetzt unterwegs von
Damaraland zur Colonie, nach einer funfzehnmonatlichen Reise.
Er hätte nicht viel Federn und Felle erbeutet: es war die
alte Geschichte, dass der Krieg zwischen den Damaras und
Namaquas seit drei Jahren jede Jagd unmöglich gemacht
hätte, aber er hatte eine Heerde Damara-Vieh bei sich —
niedliche kleine Thiere von mittlerer Grösse und gutem Bau;
einige waren fast ganz weiss mit schwarzen Flecken, aber
die meisten waren weiss und schwarz oder weiss und braun
gescheckt, und alle hatten sehr lange Hörner, welche unter
rechten Winkeln von der Stirn sich erhoben.

Er hatte einige Schwierigkeiten vorgefunden, mit dem
Vieh durchzukommen, und hatte zweimal fechten müssen, um
nicht ausgeplündert zu werden. Dabei hatte er 20 Thiere
eingebüsst.

„Aber das macht nichts", fügte er hinzu, „ich habe
schon viel schlimmere Abenteuer erlebt als diese, mit
Menschen sowol als mit Thieren. Zweimal habe ich wegen
Mangels an Wasser meinen ganzen Besitzstand opfern müssen,
da ich meine Wagen im Sande stecken lassen musste, mit
allen Waaren und allen Gespannen, und nur durch ein Wunder
für meine eigene Person dem Verschmachten entging.

„Sie müssen das Land gut kennen, nachdem Sie 30 Jahre
hier waren", sagte ich. „Ich würde Ihnen für jeden guten
Rath von Herzen dankbar sein."

„Ja, ich glaube mit allen Stämmen hierherum bekannt
zu sein. Ich bin bis 12° Breite heraufgekommen und habe
jeden Stamm im Osten und Westen auf der Hinreise wie
auf der Rückreise besucht. Es ist ein nettes Pack, alle miteinander. Die einzigen Leute, welchen man trauen kann,
sind die Buschmänner. Wenn ein Buschmann Sie erst kennen
gelernt hat, und Sie schenken ihm Ihr Vertrauen, so hält er
zu Ihnen durch dick und dünn. Aber die Hottentotten sind
geborene Diebe. Sie leben vom Viehdiebstahl und begnügen
sich nicht blos mit dem Vieh ihrer Nachbarn, sondern

schleppen die Weiber und zuweilen selbst die Männer in die Sklaverei und behandeln sie schlechter als Hunde: sie nennen in der That ihre Sklaven «Hunde».

„Die Damaras sind kohlschwarz, nicht wie die Hottentotten, die eine Art kupferrother Farbe haben." Und dann gab er mir eine Menge Winke in Bezug auf das Land, und wie ich die Eingeborenen behandeln, welche Gegenden ich vermeiden solle, wo ich Wild finden würde u. s. w. Wirklich gewann ich aus diesem halbstündigen Gespräch mehr nützliche Belehrung über das Land, als ich durch die Lektüre aller darüber veröffentlichten Werke erhalten hatte.

Auf Cann's Rath miethete ich einen Buschmann, welchen er als Führer empfahl, und zwei Bastarde, Dirk und Klaas, welche sich einem Jagdzuge anzuschliessen wünschten: zwei kleine kaffeefarbige Vertreter des Menschengeschlechts mit rothen glühenden Augen, langem krausen Haar und schwachem Schnurrbart; beide fixe listige Jäger, aber faul und feige im hohen Grade. Sie besassen zwei Pferde und einen Wagen mit einer Bespannung von 14 Ochsen, welche ich miethete, alles um den Preis der Hälfte der Felle und Federn, welche wir erbeuten würden; das Fleisch sollte natürlich gemeinschaftliches Eigenthum werden. Des Wagens bedurften wir, um darin unsere Häute und Felle zu verladen und hinreichenden Vorrath an Wasser und Lebensmitteln mit uns zu führen, weil wir oft reichlich Wild an einer Stelle finden und dann wieder tagelang reisen würden, ohne etwas zu Gesicht zu bekommen; und mit Wasser konnte es uns ebenso ergehen. Die Leute waren alte Jäger und versprachen uns eine ergiebige Jagd; denn obwol die lange Dürre das Wild verjagt habe, so sei doch allen Berichten zufolge nach den letzten Regen Sama in Fülle zu erwarten und das Wild zahlreich auf der Rückkehr, während die Buschmänner auf der Verfolgung des Wildes ihre alten Jagdgründe verlassen hätten und jetzt nicht so schnell zurückkehren könnten, dass es bereits gestört wäre. Die Bastarde fürchteten nichts weiter als die Löwen und verlangten darum von mir Entschädigung

DIRK UND KLAAS.

S. 144.

für jedes von den Löwen getödtete Stück Vieh oder Pferd. was ich aber rund und nett ablehnte.

Am Abend kam Cann zu mir zurück, um zu melden, dass der alte Makgoe sich so sehr nach der Repetirflinte sehne und ihn ersucht habe, mit mir darüber in Unterhandlung zu treten. Da ich keinen Grund hatte, die Vermittelung abzulehnen, so wurden wir bald einig, und am andern Morgen wartete er schon auf mich mit dem Pferde und zwei Kühen nebst einem sechs Monate alten Kalbe, welches er mir mit in den Kauf gab; diese Artigkeit erwiderte ich dadurch, dass ich dem Häuptling einige Dutzend Patronen obendrein schenkte.

Nachdem der Handel auf so befriedigende Weise abgemacht war, brachen wir auf; unsere Reisegesellschaft bestand aber jetzt aus zwei Wagen, jeden mit zwölf Ochsen davor und sechs in Rückhalt. zwei Milchkühen und einem Kalbe nebst vier Pferden, unsere vier Hunde nicht zu vergessen, und aus der Begleitmannschaft von Lulu und meiner Wenigkeit, dem alten Kert, Jan, den beiden Bastarden Dirk und Klaas, einem Kaffer, sechs Buschmännern und einer Buschfrau, welche ihren Mann zu begleiten wünschte, weil einige ihrer Kinder weiter nördlich im „Felde" waren. Die Landschaft trug noch das bisherige Aussehen, da aber die Sama jetzt schon gross genug war, dass Rinder und Pferde sie fressen konnten, so waren wir nicht mehr so besorgt wegen des Antreffens von Wasser. In der That benutzten wir den Samasaft als Ersatz für Adam's Bier sowie für alles Sonstige ausser Kaffee.

Man hat zwei Wege. der Sama das Wasser zu entziehen: entweder man schneidet sie in Stücke und kocht sie, indem man den Schaum und die Schale des festen Theils entfernt, oder, und das ist die richtige Buschmannsweise, man gräbt ein Loch in den Sand. macht Feuer darin an, und bedeckt, nachdem es eine Zeit lang gebrannt hat, die glühende Asche mit Sand. Sobald diese Sandschicht gehörig erhitzt ist, wird die heisse Masse nach einer Seite geschoben, die Sama an ihrer Stelle aufgestapelt, sodann damit zugedeckt und noch eine frische Lage Sand über das Ganze

geworfen. Zuweilen wird obendarauf noch ein zweites Feuer
angezündet. In jedem Fall lässt man diesen „Oven" mit
seinem Inhalt die ganze Nacht hindurch abkühlen, am
andern Morgen wird die Sama herausgenommen und verspeist. Sie schmeckt dann nicht so nüchtern wie man glauben
sollte, besonders mit etwas Fett oder besser Rahm als Zuthat; aber mir passte es besser, die geröstete Sama in einen
Eimer Wasser auszudrücken, es abkühlen zu lassen und dann
mit Milch vermischt zu trinken, was ein recht erfrischendes
Getränk ergab; jedenfalls löscht die Sama, ob man sie in
festem oder flüssigem Zustande geniesst, den Durst besser
als Wasser.

Aber der Herr bewahre einen vor der bittern Sama!
Ab und zu findet man eine kleine, den übrigen in allem bis
auf den Geschmack ähnelnde Frucht, welche so bitter ist,
dass ein paar derselben einen ganzen Eimer voll Wasser
verdirbt. Eines Morgens war das Wasser sehr bitter, nicht
zu geniessen — für uns, aber die Buschmänner tranken es
mit Behagen. Dies geschah mehrere mal, bis ich entdeckte,
dass diese Feinschmecker, sobald sie eine bittere Sama
fanden, dieselbe sorgfältig beiseite legten, damit sie in den
Eimer ausgedrückt würde, und sie dann Kaffee zum Frühstück
bekämen! Nachher wurde jede Sama probirt, bevor sie ausgedrückt wurde, sodass der „Zufall" nicht ferner eintreten
konnte.

Von dieser ölhaltigen Pflanze werden die Buschmänner,
welche in Zeiten der Fülle fast ganz davon leben, so fett
wie Ferkel und geben sich keine Mühe mit der Jagd, wenn
die Nahrung ihnen zu Füssen liegt.

# ZEHNTES KAPITEL.

Löwenspur. — Kert setzt die Eingeborenen in Erstaunen. — Ein Nacht-Kraal. — Neuartige Krippe. — Eine grasbedeckte „Wüste". — Sammeln von Grassamen. — Eine Heerde Springböcke (Beisa-Antilope) von Löwen angegriffen. — Dirk und Klaas laufen weg. — Auf der Verfolgung des Löwen. — Mit knapper Noth entwischt. — Wir finden den Löwen gespiesst auf den Hörnern des Gemsbocks. — Das Abhäuten der Leute. — Einsame Nachtwache. — Ein fremder Eindringling. — Ich werde zu einem geheimnissvollen Zweck abberufen.

Wild gab es jetzt in Menge, besonders Springböcke, welche wir öfter als irgendein anderes Thier sahen; darum war unsere Vorrathskammer stets gut versehen. Dann und wann fanden wir auch eine Löwenspur und mussten deshalb besondere Vorsichtsmaassregeln für die Nacht treffen, indem wir abends alle Thiere zusammenbanden, aber die Ketten nicht länger an dem Wagen befestigten, damit dieser bei einem plötzlich eintretendem Schrecken nicht etwa umgerissen würde.

Eines Tages kam, als wir gerade für die Nacht abgeschirrt hatten, ein Hottentotte zum Wagen, welcher zu einer auf Springböcke jagenden Gesellschaft gehörte, die nicht sehr weit von uns sich gelagert hatte. Er erkannte Kert, welcher wünschte, ihn als Führer zu seinem Lager für diesen Abend zu benutzen. Aber Dirk sagte: „Nein, wir kennen das Feld besser als er und wir können heute Abend nicht weiter gehen. Obendrein kenne ich diese Leute, und wenn sie schon so lange gejagt haben, so wird das Wild scheu geworden sein. Wir gehen deshalb besser unsere eigenen Wege." Darum blieben wir diesen Abend an Ort und Stelle und schlugen am andern Morgen eine ganz entgegengesetzte Richtung ein, wodurch wir aber alsbald einer Gesellschaft Bastard-Jäger begegneten, alten Freunden von Kert, welcher ihnen ein langes und breites von dem in England Gesehenen erzählen musste. Er sagte ihnen also, dass er die Königin gesehen, welche ihn um eine Haarlocke gebeten und zum Hauptmann über alle Bastarde eingesetzt hätte, für welche er um ihretwillen Sorge tragen solle. Dann beschrieb er die Zahl der Menschen in England und dass man diese überhaupt gar nicht zählen könne: sie seien so zahlreich wie Ameisen und Heuschrecken im Felde, von den Thieren gar nicht zu reden.

„In was für einem Hause wohnt die Königin?" fragte einer. „Ach, das solltet ihr einmal sehen! Es hat 35 Fenster, eins über dem andern, als wenn 35 Häuser aufeinander gestellt wären; und unter der Erde gibt es noch viel mehr."

„Ach! O!" war die einzige Bemerkung der gespannt Horchenden: aber als er weiter mittheilte, es gebe dort keine Ochsen, „dagegen folgten sich die Pferde und Wagen auf der Strasse so dicht, dass man kaum über die Strasse gehen könne", liessen sich laute Zweifel vernehmen und man berief sich daher auf mich, diese Aussage zu bestätigen. Nachdem dies zu ihrer Befriedigung ausgefallen war, fuhr Kert fort:

„Ihr könnt dort einen ganzen Tag lang gehen, ohne einen Grashalm zu sehen, nichts als Strassen und Häuser von Steinen"; aber da riefen sie ihm kurzweg im Chorus entgegen:

„Ei, Kert, das können wir nicht glauben; wovon sollen denn alle Pferde leben, wenn die Leute ausspannen und es kein Gras gibt?"

Das war eine schwierige Einrede, weshalb Kert sich an mich wandte; aber als ich ihnen auseinandersetzte, dass die

Pferde Häuser hätten, in welchen sie schliefen, und dass das Gras weit davon gesammelt, getrocknet und dann ihnen in ihre Häuser gebracht würde, wollten sie selbst mir nicht recht glauben.

„Häuser für die Pferde, um darin zu leben und kein Gras?" sagte einer fragend zu Jan.

„O ja; so ist es", sagte Jan.

„Habt Ihr das gesehen?"

„Ja wohl", antwortete er. „Ich habe das auch in den Diamantfeldern und in Capstadt gesehen; ich habe auch Kühe gesehen, welche nie ins Feld gehen, sondern in Häusern wohnen, die jeden Tag gereinigt und gespült werden."

„Die Engländer müssen wol Liebhaberei für solche Arbeit haben", lautete die philosophische Erwiderung. „Unsere Weise ist die bessere; wir können uns hinsetzen und Kaffee trinken und rauchen, während das Vieh sich selber Nahrung sucht."

Kert beschrieb ihnen darauf, wie er in einem Circus gewesen sei und sagte: „Alle Thiere sprechen in England und haben gelernt, alle Arten von Verrichtungen ebenso wie die Menschen auszuführen. Die Engländer haben Löwen in Wagen und treten unter sie und spielen mit ihnen, und die Löwen tödten sie nie, sondern haben Furcht vor ihnen."

Das wollten sie aber durchaus nicht glauben, selbst als Jan die Mittheilungen Kert's bestätigte, und ich auf Berufung ebenfalls die Aussage als richtig anerkannte. Ihre Erfahrungen mit den Löwen waren so durchaus verschieden, dass sie solche Redereien nicht glauben konnten.

An diesem Abend wurden die peinlichsten Vorsichtsmaassregeln gegen diesen meist gefürchteten Feind getroffen. Die beiden Wagen wurden dicht nebeneinander gezogen, sodass nur Raum für die vier Pferde zwischen ihnen verblieb. Die Ochsen wurden an ihr Trek-touw (Zugkette) vor jeden Wagen gebunden und in Form eines Dreiecks aufgestellt, die Milchkühe und Kälber an die Vorderräder festgebunden. Um das Ganze herum wurde ein Kranz von Stachelbusch angelegt

und der umschlossene Raum innerhalb von Gras gesäubert,
sodass die Männer dort ihre Felle zum Schlafen ausbreiten
konnten. Vor den Ochsen wurde ein Feuer angezündet, und
zwei Stunden nach Eintritt der Dunkelheit ging die ganze
Gesellschaft etwa 50 Schritt weiter vor und zündete einen
Kreis von Feuern um das Lager herum an. Diese Feuer
wurden jedoch nicht die ganze Nacht hindurch unterhalten,
da ihnen die Vorstellung zu Grunde lag, dass der Geruch des
frischverbrannten Holzes und Grases hinreichen würde, die
Löwen fernzuhalten.

Zur Fütterung der Pferde wurde eine Krippe im Sande
angelegt, indem sie eine Grasschicht von einigen Zoll Dicke mit
Sama überstreuten und diese dann mit Stöcken festnagelten.
Dieses neue Futter nahm aber „Lady" nicht an, doch wussten
die Eingeborenen sie umzustimmen, indem sie ihr einige wilde
Gurken gaben — kurze, dicke, stachliche Pflanzen, die wie
grosse Raupen aussahen aber ganz wie unsere Gurken
schmeckten — und binnen kurzem frass sie Sama, als ob sie
seit ihrer Jugend nichts anderes gehabt hätte.

Als alles für die Nacht eingerichtet war, machte ich einen
Rundgang, um mich von der Sicherheit des Kraals zu überzeugen. Sonderbar genug sahen die Wagen aus mit dem
längs derselben dicht zusammengedrängten langhörnigen Vieh,
in ihrer halben Beleuchtung von dem flackernden Feuer, um
welches, einem schwarzen Gespenste gleich, ein nackter Buschmann umherwanderte, während die andern in der Nähe sassen
oder lagen und wilde Hexenlieder sangen oder sich abenteuer-
liche Geschichten erzählten. Kert war augenscheinlich der
Held des Abends und wurde nie müde, von den Dingen, die
er gesehen, verübt oder gehört hatte, zu erzählen, wobei
natürlich manches unterlief, was nur in seiner fruchtbaren
Phantasie entstanden war. Seine frühe Uebung im Gebrauch
von Pfeil und Bogen war nicht ohne Resultat geblieben, denn
sicherlich wusste kein Reisender den langen Bogen besser zu
spannen als er. Aber auch seine Zunge bedurfte endlich der
Ruhe und nach einer Weile war alles still, ausser den beiden

Wächtern, welche die Feuer unterhalten und gegen unberufene Gäste aufpassen sollten.

Um 2 Uhr früh weckte mich das Bellen der Schakale und ich stand leise auf, um Rundschau zu halten. Die Feuer waren alle ausgegangen und die Wächter schliefen. Ein grosses halbechtes Windspiel Namens „Fass-an" folgte mir, wie ich vorsichtig herunterstieg und einen Gang durchs Lager antrat. Nicht eine Seele rührte sich, kein Klang war zu hören ausser dem Kläffen der Schakale draussen. Ich machte einen vollständigen Rundgang ums Lager, ohne einen Mann oder ein Thier im Schlaf zu stören; nicht einmal die andern Hunde hörten uns. Ein Löwe hätte sich heranschleichen und ein Pferd oder einen Menschen entführen können, und zwar ebenso leicht, als ob alle diese mühsamen Vorsichtsmaassregeln unausgeführt geblieben wären. Glücklicherweise hielt sich Freund Leo diese Nacht jedoch fern, und weil ich nicht an die Geschichten von Löwenangriffen auf ein solches Lager wie das unserige glaube, so mochte ich auch die Träume der schlafenden Schwarzen nicht früher als eine Stunde vor Tagesanbruch stören, als das Vieh abgebunden und ein Mann zur Bewachung bestimmt wurde. Mit Tagesanbruch wurden auch die Pferde freigelassen und Kaffee bereitet. Eine Stunde nachher ging die Sonne auf, wir spannten an und fuhren bis 11 Uhr; dann wurde drei Stunden halt gemacht. Gemäss unserer üblichen Marschordnung ritten zwei Bastarde voraus, um Sama zu suchen, nach Wild auszuschauen und geeignete Lagerplätze aufzusuchen; gerade als wir wieder anspannten, kamen sie zurück mit der Meldung, sie hätten ein grosses Grundstück mit Sama und dicht dabei eine Heerde Springböcke gefunden, wovon sie einen geschossen hätten; deshalb wurden zwei Buschmänner mit ihnen voraufgeschickt, um das Thier abzuhäuten und zu zerwirken, bis wir dort ankämen. Als wir zur Stelle kamen, hatten sie bereits die sämmtlichen Eingeweide verzehrt und kochten die Füsse. Wir freuten uns ebenso wie sie über die Mahlzeit frischen Fleisches, und der Rest des Tages verging über dem Kochen desselben, dem

Trocknen des Restes, dem Hacken von Holz für die Grube, dem
Sammlen und Brauen von Sama und all den hunderterlei
kleinen Verrichtungen, welche ein nächtliches Lager im Felde
herbeiführt. Diesen Abend war die Sama ungewöhnlich süss
und die Buschmänner, zu deren Obliegenheiten das Einsammeln dieser Frucht gehörte, bereiteten sich einen solchen
Festschmaus, dass ihre Magen bis oben hinauf gefüllt waren
und jede fernere Zuthat sie zum Platzen gebracht hätte.
Die nächste Woche hindurch ging es gerade so weiter
wie die Tage vorher. Plötzlich aber änderte sich das Bild.
Die Vorreiter kamen zurück und berichteten, dass nach Norden gar keine Sama, und nach Westen hin nur wenig sich fände;
am andern Tage würden wir auf harten Boden kommen, zu
dessen Durchfahrt die Wagen nach ihrer Schätzung wol drei
Tage brauchen könnten. Es entstand nun die Frage, ob es räth-
licher sei vorwärts zu ziehen auf die Gefahr hin, weder Sama
noch sonst Futter und Gras zu finden, oder ob wir lieber
ostwärts ausbiegen sollten. Nachdem ich alle Meinungen angehört, beschloss ich, mit den Vorreitern quer über den harten Grund zu reiten, dort zu übernachten und am andern
Tage zurückzukommen. Unser Leben und das unserer Thiere
hing von der genauen Kunde aller Umstände ab. Deshalb
liess ich am andern Morgen früh „Lady" satteln und ritt fort.
Stunde auf Stunde verrann in diesem eintönigen unermess-
lichen Grasmeer mit einem vereinzelten Stachelbusch und
„Whithaatboom". Wie aber konnte man jemals die Kalahari
zu einer Wüste stempeln, wo solcher Pflanzenwuchs, solche
zahllose Felder mit Gras gediehen, welches jetzt den Pferden
bis an den Rücken reichte?
    Wer dieses Land zuerst eine „Wüste" genannt hat, muss
eine Brille getragen haben, welche ihn nur die Sanddünen,
und noch dazu in einem unnatürlich kahlen Zustande, schauen
liess und das Gras verdeckte. Oder war es wieder die alte
Geschichte von den „afrikanischen Geographen, welche ihre
Mappen mit wilden Bildern füllen und auf unbewohnbaren
Niederungen Elefanten statt der Städte zeigen?" Alle Augen-

blicke ritten wir auf die höchsten Sandhügel hinauf, um im
glücklichen Fall ein Stück Wild in dem dahinterliegenden
Thale zu überraschen und das Land auszukundschaften; aber
das Gras nahm noch immer kein Ende. Es schien mir eine
Schande, dass in unsern übervölkerten Städten so viele Leute
fast vor Hunger umkommen, während dieses ungeheuere fleisch-
producirende Land wüst daliegt. Selbst wenn auch der Regen
ein ganzes Jahr ausblieb, so wuchs das Gras hier doch immer
so hoch wie unser Heu, und die Sama erhielt sich auch in trock-
ner Zeit ein Jahr lang. Auch fiel mir auf, dass Gräser, welche
in so dürrem Sandboden wie dieser fortkamen, sich in andern
Ländern, in Amerika wie in Europa, nützlich erweisen müssten. Landwirthe auf sandigem Boden müssten sich freuen
über eine Grassorte, welche in feinem Sande gedeiht, selbst
wenn sie vielleicht nur ein- oder zweimal im Jahr Regen bekommt. Veränderung des Klimas möchte immerhin auf ihr
Wachsthum Einfluss haben; aber jedenfalls verlohnt es sich
der Mühe, diesen Grassamen zu sammeln und nach Europa
zu bringen; wir stiegen deshalb in einer Niederung im Schatten
eines kleinen Baumes von den Pferden, sattelten ab und fesselten
sie an den Knien; darauf legten Dirk und Klaas sich schlafen, während ich reifen Samen suchte. Dabei grub ich einmal
die Erde beiseite, um zu sehen, wie tief die Wurzeln in den
Sand eindrangen, und war überrascht zu finden, dass er schon
in einer Tiefe von 20 bis 23 cm unter der Oberfläche ganz
feucht war. Freilich waren die letzten Regengüsse sehr heftig gewesen, aber ich musste auch an die Erzählungen einiger
Mischlinge in dem südlichen Theile der Wüste denken, welche
durch Graben bald süsses bald brackiges Wasser gefunden
hatten. Unter der Verwaltung einer energischen weissen Rasse
könnte dieses Land sicherlich zu einem der ergiebigsten Gras-
länder der Welt umgeschaffen werden. Die langen Trocken-
zeiten bilden die einzige Kehrseite; aber das hiesige Gras
hält sich lange grün auch ohne Wasser, sodass eine Trocken-
zeit hier nicht so zu fürchten ist wie in Australien. Auf alle
Fälle könnte man sich dagegen vorsehen, indem man den

Ueberfluss an Wasser in der Regenzeit aufsammelte. Es gibt hier keine Flüsse, um die starken Regenmengen abzuführen, das Wasser muss durch den kalkigen Untergrund durchsickern; deshalb würden Anlagen von Brunnen, Windmühlen zum Emporzuschaffen des Wassers und von Wasserbehältern zur Aufbewahrung desselben den Charakter der Landschaft völlig umgestalten; ohne dieses alles bleibt freilich das Land in des Wortes ernster Bedeutung, wie es bereits genannt wird — eine Wüste.

Mein Sinnen wurde plötzlich durch das Erscheinen einer Heerde „Gemsböcke" (Beisa-Antilopen) gestört, welche in geringer Entfernung von uns am Fusse einer Sanddüne grasend auf uns zukam. Auf Händen und Füssen zu meinen Leuten kriechend, fand ich sie im festen Schlaf, weckte sie leise auf und zeigte ihnen das Wild. Da wir uns genau unter dem Winde befanden und sie uns ungestört allmählich näher kommen würden, so beschlossen wir, ihre Annäherung abzuwarten. In erzwungener Stille sie beobachtend und ohne ein Glied zu rühren, schien es mir wie eine Ewigkeit zu dauern, bis sie in Schussweite kamen: es schien, als ob sie uns niemals nahe genug kommen würden. Während wir ihre schönen Formen, die langen scharf zugespitzten Hörner und die aschgraue Haut bewunderten, und uns das nächste und beste Opfer für unsere Büchsen aussuchten, blieben sie plötzlich stehen; hoch streckten sie die Köpfe und geradeaus die langen schwarzen Schwänze, ohne noch weiter damit ihre Quälgeister, die Fliegen, von den Seiten zu wedeln. Sie mussten uns gesehen oder gehört haben. Doch waren wir noch wenigstens 250 Schritte von ihnen entfernt. Sollten unsere Pferde die Schuld haben, welche ein wenig seitwärts von ihnen grasten?

„Nein", flüsterte einer der Bastarde, „die Pferde würden sie nicht erschrecken."

Aber die lange Reihe Elenantilopen kann es doch auch nicht sein, welche plötzlich hinter ihnen sichtbar wurde? Rasch wie der Blitz kam die Antwort von einer ganz unerwarteten Seite. Mit einem Sprunge kam ein Löwe hinter einem Busch hervor und landete oben auf dem Kopf eines Thieres. Die übrigen, statt auseinander zu stieben und nach uns hin zu fliehen, wie wir erwarteten, bildeten einen Halbkreis und griffen den Feind an. Deutlich konnten wir das Rasseln ihrer Geweihsprossen hören. Das Gras war hoch, weshalb wir nichts genau sehen konnten, aber die Verwirrung benutzend, krochen wir rasch näher, bis ich unter der günstigen Deckung eines Busches aufzustehen und zu feuern befahl. Da ich blos vier Schüsse von den andern hörte, während ich sechsmal geschossen hatte, so sah ich mich um, warum sie aufgehört hatten und fand, dass sie den Befehl „nicht mehr schiessen!" gar nicht abgewartet, sondern sich alsbald auf den Rückzug begeben hatten und jetzt bereits 50—60 Schritte entfernt über eine Sanddüne davonliefen, als wäre der Teufel selber hinter ihnen her. „Es muss der Löwe sein, und nicht der Teufel", dachte ich, obgleich ich keine Spur von der rothbraunen Majestät entdecken konnte. Nach den Pferden mich umwendend, ob sie heil seien, sah ich sie in voller Flucht den Hügel zur Rechten hinaufrennen. Vielleicht beurtheilte ich aber meine treuen Gefährten falsch und sie verfolgten die Pferde, statt vor dem Löwen zu fliehen. Jedenfalls hatte es keinen Zweck, hier stehen zu bleiben, da die Antilopen auch alle verschwunden waren; die gefallenen verdeckte das lange Gras, und die andern waren auf den Flügeln (oder Beinen) des Schreckens aus Sicht verschwunden. Deshalb folgte ich meinen Ausreissern bis oben auf die Düne, von wo ich die Umgebung besser durchmustern konnte. Die Bastarde waren mit den Pferden einen Kilometer weit auf der andern Seite. Ich winkte ihnen, zu mir zu kommen, sie aber winkten mir, zu ihnen zu kommen. Eine Zeit lang hatte dieses Signalisiren kein Ergebniss; vielmehr statt sich mir zu nähern, erweiterten sie beständig die Kluft, welche mich von ihnen trennte, sodass ich zuletzt nachgeben und hinter ihnen herrennen musste, um sie einzuholen. Endlich erreichte ich sie, ausser Athem aber in hellem Zorn, sodass diese feigen Bastarde eine glatte Lage von mir erhielten in meinem eindringlichsten Afrikander-

Holländisch. Sie erklärten ihre scheinbare Flucht dahin, dass sie die Pferde hätten wie toll wegrennen sehen, weil ihre Halfter nur lose um die Knie geschlagen seien und zwei Löwen sie verfolgt hätten; deshalb wären sie hinter den Pferden hergelaufen, um sie zu retten.

„Nun, die Löwen werden sich inzwischen aus dem Staube gemacht haben, geht also hin und holt die Sättel, damit wir unser Wild aufpacken."

„Morgen, Baas, nicht heute. Wenn wir gleich gehen, die Leeuw will onsere paarden vreet" (die Löwen werden unsere Pferde fressen).

„Dann führt die Pferde auf jenes Koppje, lasst sie dort stehen und wir wollen alle zusammen die Sättel holen", rief ich ihnen zu.

Damit erklärten sie sich einverstanden, wenn auch so widerstrebend, dass ich sicher annehmen durfte, sie würden bei erster Gelegenheit wieder auskneifen; ich nahm deshalb Dirk mit mir und liess ihn die Flinte von Klaas tragen, damit sie besser beide Wort hielten, und ging dann langsam längs des Sandrückens in der Richtung wo die Sattel lagen, immer scharf nach den vermeintlichen Löwen ausschauend. Dirk versuchte es, mir auszureden, dass ich hinter den Löwen, Böcken, Sätteln und dergleichen herliefe; aber während er seine Beredsamkeit vergebens verschwendete, kam Klaas wieder zu uns und nun drangen wir alle weiter vor auf die Sättel zu, welche wir ohne jedes Abenteuer wieder an uns nahmen. Nun konnte sie aber nichts bewegen, einen Schritt weiter vorwärts zu machen; sie meinten, wir könnten unsern Springbock morgen holen, die Löwen würden blos die innern Theile fressen und die Felle unversehrt übriglassen; sie würden in der Nähe umherstreifen, um ihre Beute im Auge zu behalten, und obwol sie ihre eigene Mahlzeit bis nach Sonnenuntergang aufschöben, so würden sie doch nicht dulden, dass sonst jemand sich früher dazu niederliesse.

„Er ist ein Skelm, der Löwe, und der Sieur muss nicht hingehen. Der Löwe ist übel gelaunt und wird fechten; denn

er hätte den Springbock nicht angegriffen, wenn er nicht von
ihm im Nachmittagsschlaf gestört wäre." Aber ich war nicht zu bekehren. „Wenn ihr nicht mitgehen wollt, so gehe ich allein. Ich nahm also Klaas, als
dem grössern Feigling von den beiden, die Flinte ab und
arbeitete mich langsam den Abhang hinunter bis zu der Niederung, wo der Springbock lag, indem ich sorgfältig jeden
Busch und jedes Grasbündel musterte, hinter welchen sich ein
Löwe verbergen konnte. Gerade als ich unten am Fusse der
Düne ankam, hörte ich etwas sich hinter mir bewegen. Rasch
wie der Gedanke drehte ich mich um und warf die eine Flinte
weg, um die andere an die Schulter zu nehmen. Es war nichts
zu sehen; dennoch glaubte ich ein Rascheln in dem Grasbüschel einige Schritte gerade vor mir zu hören, und hätte
im nächsten Augenblick geschossen, als daraus die Worte er-
tönten: „Skiet niet! Ek es Dirk" (Schiesst nicht! es ist Dirk).
Er war unbemerkt von mir so weit gefolgt, und als er mich
mit der Flinte an der Schulter sich umdrehen sah, hatte er
sich unsichtbar gemacht, aus Furcht, wie er sagte, dass ich
ihn treffen möchte!

„Ja, ja, Dirk, da bist du gerade noch gut davongekommen. Hättest du nicht gesprochen, so hätte ich Feuer gegeben; denn weil ich dich nicht sehen konnte, hielt ich dich
für den Löwen. Aber ein andermal bleibe doch besser sichtbar."

Aus Scham darüber, dass er mir im geheimen gefolgt
war, fasste er jetzt den Muth, mich offen zu begleiten. Gerade
vor uns befand sich eine niedrige Sanddüne, und auf der
andern Seite stand ein niedriger Baum. Wenn wir den Baum
besteigen konnten, so bekamen wir eine gute Rundsicht.
Nach Art der Buschmänner eine Handvoll Sand in die Luft
werfend, sah ich, dass der Wind von dem Baume her gerade
auf uns zu wehte; deshalb mussten wir sehr leise vorwärts
gehen, weil wir offenbar in der Nähe eines Thieres waren.
Wir vernahmen ein Geräusch wie von leichtem Ringen oder
als ob Hufe gegeneinander schlügen, was nicht leicht zu erklären war. Der Springbock war sicherlich schon längst ver-

endet, und in diesem Fall würde der Löwe bis zur Dämmerung im Hinterhalt liegen — so glaubte wenigstens Dirk.

„Einerlei, folge mir und wir werden bald wissen, wie wir daran sind."

„Bleibt Sieur! Es ist eine Löwin mit ihren Jungen." (Leeuwen Wijfey und Kinders.) Sie spielen mit den Hufen des Springbocks, und wenn Sie die Thiere erschrecken, wird die Löwin Sie angreifen."

Das reizte aber meine Neugier nur noch stärker, und deshalb schlich ich sachte weiter, indem ich ihn aufforderte zu folgen. Sobald wir nur noch wenige Schritte vom Baume waren, eilte Dirk voran, legte seine Flinte auf der Stelle nieder und kletterte hinauf ins dichte Laubwerk. Jetzt musst du auf alles gefasst sein, dachte ich. Ich hörte ein Rauschen im Grase, als ob ein Thier gerade auf mich los käme. Ich fühlte den Schweiss aus allen Poren treten, als ich mich zusammennahm, die Büchse an die Backe legte und das Gesicht dem Schall entgegenwandte. Es kam aber niemand. Das Stöhnen klang ferner zu mir herüber, aber keinerlei Bewegung verrieth woher es kam; ich schmiegte mich deshalb an den Baum, bückte mich nieder und händigte Dirk seine Flinte ein, damit er ausschaue und berichte, was da weiter vorn vorging. Während ich mich nach der Flinte bückte, flüsterte er zitternd das eine Wort „Leeuw!" und weiter nichts. Ich stellte also meine Büchse gegen den Baum, sodass ich sie nachher fassen konnte, und kletterte selber hinauf. Von da sah ich 20 Schritt weiter vorn einen Löwen mit dem Rücken nach mir zu gewandt, anscheinend dem Springbock das Lebensblut aus dem Halse saugend, während dessen Füsse krampfhaft zuckten, und unter dem Hintertheil des Löwen lag ein zweiter Bock. gleich seinem Kameraden im letzten Todeskampf. Wenige Schritte weiter lag ein drittes Thier, todt aber unverstümmelt. woraus ich entnahm, dass wir es nur mit dem einen Löwen zu thun hatten. Sorgfältig nach seinem Hinterkopf zielend, feuerte ich einen Lauf ab und gleich darauf den zweiten, ohne mich um die Wirkung des ersten Schusses zu

kümmern. Er lag noch da, ganz in der nämlichen Stellung.
Ich konnte ihn unmöglich gefehlt haben, auch konnte er nicht
so erpicht sein auf seinen Bluttrunk, dass er meine winzigen
Kugeln verachtete; indessen der Sicherheit halber schoss ich
noch einmal. Wieder keine Bewegung, ausser den krampfhaften Zuckungen des hülflosen Springbocks. Hatte ich wieder
gefehlt oder ihn mit der ersten Kugel getödtet? Ich fragte
Dirk um seine Meinung, welche er in die drei Worte zusam-
menfasste „Ek weet niet" (Ich weiss nicht).

Ihn auf dem Baume zurücklassend kletterte ich herunter
und näherte mich vorsichtig dem Löwen von der Seite, entschlossen, bei der geringsten Bewegung ihm eine Kugel aufs
Blatt zu setzen. Da denke man sich meine Ueberraschung,
als ich ein Horn des Springbocks durch des Löwen Schulter
und das andere durch dessen Hals hindurchstecken sah,
während die Spitzen der Hörner des zweiten Bocks aus seinem Hinterlauf hervorragten. Er hatte sich auf den Hörnern
der zwei ihm zur Beute gefallenen Thiere gespiesst, und
während er sie hülflos machte, sich selber kampfunfähig gemacht. Er war todt wie eine Kellerratte. Ihn beim Büschel
fassend, versuchte ich ihn wegzuziehen, konnte ihn aber nicht
von der Stelle bringen, rief also Dirk zu Hülfe, welcher
schnellfüssige Jüngling augenblicklich an meiner Seite war,
sobald er sah, dass alle Gefahr vorüber war.

Dies wäre eine Gruppe für Lulu gewesen! Ich war halb
willens, sie liegen zu lassen bis die Wagen kämen; aber die
Schakale, Hyänen und Geier würden kommen und die Felle
anschneiden, und das uns so dringend nöthige Fleisch wäre
verdorben, sodass wir den Gegenstand selber verlieren müssten,
während wir auf sein Bild warteten. Ich gab deshalb den
unglücklichen Böcken den Fangschuss und dann begannen wir
unsere Beute einzusacken. Das war aber keine Kleinigkeit,
die grossen Thiere zu bewegen. Wir konnten den Körper
des Löwen nicht von den Hörnern streifen, und auch den
Bock nicht unter dem Löwen wegziehen. Dirk schlug vor,
den Löwen bis zum Rücken aufzubrechen und zu viertheilen,

aber damit wäre das Fell verdorben gewesen; ich sandte ihn
deshalb fort, um Klaas und die Pferde zu holen, und ersann
mir inzwischen folgenden Operationsplan: den hintern Theil
des Löwen wie er dalag abzuhäuten, weil wir die Beine hoch
genug heben konnten, um die Haut an der Innenseite abzutrennen und den ganzen Hintertheil abzulösen. Damit konnten wir die Eingeweide entfernen, und dann war es ein leich-
tes Stück Arbeit, das Fell längs des Bauches bis zu den
Vorderbeinen zu durchschneiden und diese abzuhäuten und
abzutrennen.

Im Verfolg dieser Maassnahmen fand ich, dass das eine
Horn des Bocks fast mitten durchs Herz gegangen war, sodass der Löwe unmittelbar darauf verendet sein musste, nachdem er freilich vorher Hals und Schulter seiner Beute vollständig zermalmt hatte.

Nachdem wir das seltsame Band gelöst hatten, wodurch
die beiden Böcke in ihrem Tode verbunden waren, knüpfte
ich sie an die Schwänze der Pferde — ein Kniff, den ich
vorigen Herbst in Arkansas gelernt hatte — und holte sie
so nacheinander aus dem dichten Grase bis oben auf die
Düne, wo einige Stachelbüsche und verstümmelte Bäume standen, aus denen ich einen Schirm um sie herum machte und
brennende Feuer zum Schutz während der Nacht unterhalten
konnte. Bis dies alles in Ordnung gebracht und genug Holz
gesammelt war, um das Feuer die Nacht hindurch zu unterhalten, war es beinahe finster geworden, weil der erst im
ersten Viertel stehende Mond nicht viel und auch nicht lange
Licht spendete.

Dirk und Klaas lagen bald im festen Schlaf; aber die
Aufregung der letzten paar Stunden, welche sie ermüdet
hatte, hatte mir den Schlaf von den Augenlidern vertrieben,
und so that es mir nicht leid, ihnen die erste Nachtruhe zu
überlassen. Wenn sie ihre Müdigkeit während der ersten
Wache loswurden, so konnten sie desto besser die zweite
Wache übernehmen, während ich mich dann gründlich ausruhte. Und so schliefen sie den Schlaf der Gerechten. Keine

Spur von Angst lag auf ihrem Gesicht, während sie ein Duett
schnarchten, dessen Geräusch glücklicherweise zum Theil durch
die Antilopenfelle gedämpft wurde, mit welchen sie stets ihren
Kopf umwickeln, bevor sie sich zum Schlafen niederlegen.
Nachdem ich die Feuer wieder angeschürt hatte, sah ich auf
meine Uhr und wunderte mich, dass es schon nach 2 Uhr
war. Es schien mir noch nicht Mitternacht zu sein und ich
bezweifelte beinahe das Richtiggehen meiner Uhr; aber da sie
mich bisjetzt nie belogen hatte und lustig fortticktackte, so
musste ich ihr wol glauben und wollte Klaas und Dirk aufwecken. Aber ebenso gut hätte ich die „Geister der Tiefe"
heraufbeschwören können. Erst als ich sie mit meinem Fuss
hin- und herrollte, hörte die Schnarchmusik auf und dann
erwachten sie ganz verblüfft und griffen instinctmässig nach
ihren Gewehren, welche sie im Schlaf immer unter den rechten Arm legten. Es war ihnen etwas gegen den Strich, jetzt
ihrerseits Wache zu halten und das Feuer zu nähren, und sie
meinten, weil der erste Theil der Nacht der gefährlichere sei,
so brauchten sie jetzt nicht wach zu bleiben. Es ist zum
Erstaunen, wie oft man Sorglosigkeit und Feigheit in einer
Person vereinigt findet. Ich sagte ihnen, sie wären an der
Reihe gewesen und jetzt käme ich daran; ich würde mich
hinlegen zum Schlaf, und wenn sich etwas ereigne, so sollten
sie mich rufen; wenn sie aber ihrer Pflicht nicht nachkämen,
so müssten sie für die Folgen stehen.

Es war heller Tag, als Dirk mir ins Ohr flüsterte: „Da
kommt ein Mensch auf uns zu."

Im nächsten Augenblick hob ich mein Glas, nicht meine
Büchse, nach der von Dirk bezeichneten Richtung, und
richtig, da stand nicht $1\frac{1}{2}$ km entfernt eine menschliche Gestalt, ihrer Grösse nach zu urtheilen ein Knabe, und wegen
seiner Nacktheit sicherlich ein Eingeborener, ob aber schwarz
oder braun, konnte ich nicht deutlich unterscheiden. Er war
anscheinend allein und versuchte nicht sich zu verbergen,
aber er blieb öfters stehen, um seine Waffen zu verstecken —
Bogen und Pfeil nebst Lanze — und dann streckte er seine

Hand aus, als ob er sagen wollte, er sei ein Freund. Als er näher kam, stand ich auf und winkte ihn heran, worauf aus dem dichten Grase, welches ihn oft gänzlich eingehüllt hatte, sich die possirlichste kleine Figur entwickelte, welche ich je gesehen hatte: auf zwei dünnen Beinen stak eine dicke runde Kugel als Bauch, und darüber eine zweite viel kleinere runde Kugel als Kopf, dessen gefurchtes Antlitz ihn als Mann und noch dazu als alten Mann verrieth.

„Goen dag", sagte ich und gab ihm meine Hand.

„Goen dag", erwiderte er.

Damit war die Unterhaltung plötzlich zu Ende. Er hatte offenbar die äusserste Grenze seiner Kenntniss des Afrikander-Holländisch erreicht und begann nun eine Reihe von Ticks und Tacks, auf welche keiner von uns sich eine Melodie machen konnte. Dirk und Klaas versuchten ihm mit Koranna und Hottentottisch beizukommen, aber er verstand sie nicht besser als mich oder wir ihn. Dann nahm er seine Zuflucht zum Geberdenspiel. Nach dem andern Koppje zeigend machte er mir ein Zeichen, mit ihm zu gehen: darauf legte er sich nieder und that, als wenn er nicht wieder aufstehen könne. Es war klar, dass jemand krank sei und Beistand bedürfe. Bei den Worten „Man ziek" (Mann krank) leuchteten seine Augen und er nickte heftig mit dem Kopfe, indem er die Worte mehrmals wiederholte; darauf legte er seine Finger auf meinen Kopf und grunzte kopfschüttelnd, als er seinen Kopf mit dem Finger berührte. Augenscheinlich handelte es sich um einen weissen Mann, der krank am Boden lag und sich nicht rühren konnte. Als ich ihm andeutete, dass ich kommen wolle, gab der kleine alte Kerl die deutlichsten Zeichen der Freude und Ungeduld kund, damit ich sogleich mit ihm zurückgehe. Ich befahl also Dirk und Klaas, den Bock abzuhäuten und zu zerwirken, füllte meine Flasche mit Wasser und meine „Taschenpistole" mit Cognac, sattelte „Lady" und stieg hinauf. Sie versuchten es mir auszureden mitzugehen, indem sie zu verstehen gaben, der kleine affenartige Geselle wolle mich blos in einen Hinterhalt locken; ich muss aber zu ihren Gunsten auch bemerken, dass sie sich erboten mich zu begleiten. Dabei liessen sie sich vielleicht ebenso sehr von der Furcht leiten, sich selbst überlassen zu bleiben, als von dem Gedanken, dass mir etwas passiren könne. Aber ich verscheuchte ihren Verdacht, indem ich darauf hinwies, dass die Wagen nicht mehr sehr fern sein könnten, und fügte hinzu, einem von ihnen stände es frei, gleich dahin zurückzureiten und die Wagen ohne Verzug hierher zu geleiten. Ich gestehe, dass die Erinnerung an das Schicksal des von den Buschmännern kurze Zeit vorher in Kang Pan ermordeten Händlers Harris mir einige Besorgniss einflösste, aber vor meinen Leuten durfte ich nicht zaudern; obendrein sah der kleine Zwerg so ernst aus und seine Handlungen waren so natürlich, dass ich mich vor Verrath sicher fühlte. Unterwegs liess ich „Lady Anna" ab und zu anhalten, damit sie etwas Gras und Sama fressen konnte. Das arme Thier war durstig, da es schon seit gestern nichts zu trinken bekommen hatte, und von meiner Seite erschien es geboten, sie für den Fall der Noth frisch zu erhalten. Bei jeder Pause sah mein Führer sich um, bat mich rasch vorwärts zu kommen und ging voran, immer eine vergnügte Miene aufsetzend, wenn ich im Trabe ihn wieder einholte.

# ELFTES KAPITEL.

Einem Sterbenden Hülfe gebracht. — Der kranke Deutsche erzählt seine Geschichte. — Verrath der Hottentotten. — Dem Tode in der Wüste überlassen. — Sama und nichts als Sama. — Eine Wildniss von schönen Blumen. — Behexte Springböcke. — Eine Inventarisation. — Vorräthe einlegen. — Ein Grasmeer. — Nächtliche Ruhestörung. — Eine Gesellschaft von Betschuana-Händlern. — Ein phantastischer Zauberdoctor.

Nachdem es etwa zwei Stunden so vorwärts gegangen war, rannte der kleine Kerl plötzlich so schnell er konnte eine Düne hinunter und verschwand hinter einem Dornbusch. Ich blieb einen Augenblick stehen, um zu recognosciren, erkannte aber bald meinen Zwerg, wie er sich über einen Mann bückte, welcher zusammengekauert eine kleine Stelle im Innern des Busches ausfüllte. Alsbald sprang ich vom Pferde, der kleine Geselle steckte seinen Kopf durch eine Oeffnung im Busche und lud mich ein, ihm auf diesem Wege zu folgen. Ich versuchte es auf Händen und Knien; aber das Dornengebüsch machte mir jeden Zoll Bodens streitig, und ich musste mich schlangenartig auf dem Bauche hindurchwinden. Da sah ich einen grossen knochendürren weissen Mann, mit blassen Wangen, der um so bleicher aussah, je tiefer seine braunen Augen eingesunken waren. Jeder Knochen hob sich scharf aus der hagern Gestalt heraus: seine vertrockneten Lippen erzählten vom Fieber, aber der schwache Puls verrieth, wie sehr er einer Anreizung bedurfte; ich hob deshalb zunächst seinen Kopf empor und flösste ihm etwas

Cognac mit Wasser ein. Das belebte ihn, und ich konnte ihn leise in deutscher Sprache seufzen hören:

„Mutter! ich bin sehr durstig!"

Armer Schelm, in seinem Fieberwahn fühlte er sich weit weg in der alten deutschen Heimat, wo seine Mutter bei ihm wachte. Er verlangte nach Wasser, welches ich ihm gab, immer nur wenige Tropfen auf einmal; dann plötzlich brach es los in ihm:

„Ihr schwarzen Teufel, ihr wollt mich plündern und morden! Das sollt ihr nicht! Ich nehme es mit euch allen auf! Ich bringe euch alle um! Da! da!" und dabei erhob er seine Arme, als ob er schiessen wollte, fiel aber erschöpft zurück.

. Ich machte ihm nun eine Gabe Chinin zurecht, welche ich immer in meinem Notizbuch bei mir führe, und gab sie ihm sofort, während der kleine Mann meinem Befehl gemäss mein Pferd weiden liess. Nachdem ich eine halbe Stunde bei ihm gesessen, öffnete der Kranke mühsam die Augen und rief: „Korap! Korap!"

„Was wollen Sie?" fragte ich dagegen auf Deutsch. Er stutzte bei den Worten, starrte mich fest an und versuchte aufzustehen. „Ich bin ein Freund". fuhr ich in derselben Sprache fort, indem ich ihn sanft emporhob.

„Wie kamen Sie hierher?" fragte er weiter in seiner Sprache.

„Der kleine Mann holte mich. Er sieht nach meinem Pferde."

„Pferd? Korap! Pferd?"

„Ja, mein Pferd ist hier! Korap" — denn dies war offenbar der Name des zwerghaften Dieners — „weidet es. Mein Wagen ist nicht weit von hier, und wenn wir Sie erst dort haben, sind Sie bald wieder obenauf!"

„Aber wer sind Sie, und was suchen Sie hier so weit draussen in der Wüste?"

„Ich will Ihnen alles nach und nach erzählen; aber vorläufig müssen Sie sich ruhig verhalten. Da nehmen Sie dies",

indem ich Chinin an seine Lippen führte, das er zu sich nahm,
worauf er sich ruhig, ganz zufrieden zurücklehnte. „Ich
bin gleich wieder da", fügte ich hinzu, indem ich hinauskroch,
um meine Decke zu holen, welche mit einem Riemen an dem
Sattel festgeschnürt war. Beim Ruf: „Korap! Korap!" kam
der Pygmäe rasch zu mir; und nachdem ich den Kranken
zugedeckt hatte, gab ich dem Diener ein Zeichen, dass ich
vom Lager mehr Wasser holen und bald zurückkehren wolle.
Er lief keine Gefahr, in dem dicken Busch, in welchem er
augenscheinlich schon mehrere Tage gelegen hatte, von
Thieren belästigt zu werden. Es schien in der That, als sei
der Dornbusch eigens zum Schutz gegen wilde Thiere ge-
schaffen. Keines von ihnen versucht je hindurchzudringen,
und die Buschmänner brauchen blos in einen solchen Gebüsch-
klumpen zu kriechen und die Mitte aufzuräumen, so können
sie in vollständiger Sicherheit vor jedem drohenden bedenk-
lichen Feind sich schlafen legen.

In kurzer Zeit war ich zum Lagerplatz der vorigen
Nacht zurück. Meine Leute hatten den Wagen erblickt, Dirk
war ihm entgegengeritten und Klaas hatte eine Anzahl Steaks
gebraten, in welche die Antilope zerlegt war und die er
zum Trocknen hingehängt hatte. Ich hatte einen rasenden
Hunger und Steak nach Steak verschwand, hinuntergewaschen
mit einem Schluck Samawasser. Plötzlich schrie Klaas: „Da
kommt der Wagen!" und zeigte nach der Richtung, in
welcher der kranke Deutsche lag. Das traf sich glücklich;
ich stieg deshalb rasch zu Pferde und ritt fort, von jedem
Dünenrücken gleich einem Schiff von jedem Wellenberge Ausschau haltend nach dem Wagen, den ich gleich darauf wieder
im Dünenthal aus Sicht verlor.

Einige Augenblicke genügten für die nöthigen Erklärungen,
worauf Lulu mit einer Büchse mit Suppe und einer Flasche
Laudanum sofort zu dem Buschhospital voranfritt, wohin
die Treiber so rasch als möglich folgten. Allmählich kam
der Wagen heran, wir schlugen den Dornbusch nieder und
holten den Kranken heraus. Er war in einer schrecklichen

Verfassung; seine Hände und Arme zerkratzt und zerrissen von den scharfen Dornen, sein Haar von Blut verfilzt; seine Kleidung so zerlumpt, dass sie beim Aufheben in Fetzen zerfiel. Korap sah mittlerweile zu, indem ein Schimmer von Genugthuung sich über sein stoisches Gesicht stahl. Sorgfältig trugen wir unsern Patienten in den Wagen und gaben ihm nach einigen Löffeln Suppe eine Dosis Laudanum, damit er das Rütteln des Wagens nicht fühle; dann fuhren wir vorsichtig nach dem Platz, wo Dirk und Klaas zurückgeblieben waren.

Eine geschäftige Scene entwickelte sich darauf in den nächsten drei Stunden, bevor die Dunkelheit einsetzte, auf jener Sanddüne mitten in der Kalahari-Wüste. Alle Hände hatten vollauf zu thun — einige vergrösserten das Lager, andere häuteten die zweite Antilope und schnitten das Fleisch in Streifen; wieder andere machten Feuer an und kochten, und dann wurde jeden Augenblick nach unserm Kranken gesehen, ob er aufwache. Ein wenig Liebig'scher Fleischextract mit Reis wurde für ihn fertiggestellt, und er ass es auf, wie nur ein Verhungerter essen kann. Er verlangte mehr, bekam es aber nicht; statt dessen erhielt er eine neue Gabe Laudanum, diesmal 30 Tropfen, worauf er in einen gesunden Schlaf verfiel, der die ganze Nacht anhielt.

Am frühen Morgen erwachte er, augenscheinlich viel besser. Das Fieber hatte ihn völlig verlassen, es handelte sich also nur darum, ihm seine alte Stärke wieder zu verschaffen. Eine Hängematte wurde für ihn aufgeschlagen, und zum Morgenimbiss erhielt er eine Mehlsuppe in Samawasser, ein wenig Fleisch und etwas Kaffee mit gekochter Milch; bei dieser Behandlung war er in drei Tagen soweit hergestellt, dass er wieder sitzen und uns seine Geschichte erzählen konnte, welche ich hier in reiner Sprache wiedergebe, statt wie er es vorbrachte in dem Mischmasch von Deutsch und gebrochenem Englisch.

„Ich heisse Fritz L.— und bin von Geburt ein Deutscher. In den letzten sieben Jahren lebte ich im südlichen Afrika

als Schmuus (Händler). Meine letzte Reise führte mich ins
Damara-Land, wo ich mit Pulver und Gewehren, Messern,
Perlen, bunten Tüchern, Kaffee und andern Dingen Handel
trieb; ich hatte guten Erfolg, indem ich meistentheils Ochsen
im Tausch annahm, weil während der letzten Jahre der Krieg
zwischen den Damaras und Namaqua-Hottentotten unaufhör-
lich fortgewüthet hatte und wenig Federn und Felle erbeutet
waren. Ich kehrte nach Hause zurück mit 200 Ochsen, un-
gerechnet mein Gespann, und wenig Federn und Fellen; vermittelst scharfen Fahrens war ich glücklich den Namaquas
entgangen und hatte die Kalahari erreicht, in welcher ich
mich sicher vor allen Gefahren wähnte und deshalb nicht
mehr so wachsam als früher blieb. Ich hatte zehn Mann
bei mir, Hottentotten, welche ebenso ängstlich darauf bedacht
zu sein schienen wie ich, das Land zu verlassen; aber eines
Abends weckte Korap, der kleine Zwerg da, mich auf, und
stellte sich als ob er fechte, indem er fortwährend: «Hodnots!
Hodnots!» (Hottentotten!) rief und mich schleunigst heraus-
drängte. Ich verstand sogleich, dass Gefahr im Verzuge sei,
sprang also auf, die Büchse in der Hand, und rief meine Leute,
die aber nirgends zu sehen waren. Nun wusste ich, dass
Verrath im Spiele war.

„Mit dem Rufe, ich würde schiessen, wenn die Leute nicht
sofort zu mir kämen, lief ich bis vor den Wagen und sah,
dass einige Leute die Ochsen wegtrieben, andere die Riemen
abschnitten. Ich gab Feuer auf einen derselben, aber von
allem später Vorgefallenen weiss ich nichts mehr. Jemand
hatte mir von hinten einen Schlag auf den Kopf versetzt,
sodass ich betäubt hinfiel, und als ich wieder zur Besinnung
kam, lag ich an der Erde, der kleine Korap neben mir, still
und stumm wie ein Stein. Ich konnte mich nicht zurecht
finden; es schien mir so seltsam, dass ich da so hülflos am
Boden lag; als Korap aber mich die Augen aufschlagen sah,
brach er das Schweigen mit dem Ruf: «Hodnots! vaar!»
(Hottentotten! Wagen!), indem er zugleich über die Wüste
deutete. Dann versuchte ich aufzustehen, aber mein Kopf

war schwer, und plötzlich kam mir die Erinnerung an die
Nacht zurück. Ich arbeitete mich empor, fiel aber vor
Schwindel beinahe wieder um; dann griff ich mir mit der
einen Hand in den Nacken, während die andere sich auf den
kleinen Korap stützte, und fühlte, dass mein Haar von Blut
ganz verklebt war. Nach einer Weile konnte ich um mich
sehen und fand, dass alles spurlos verschwunden war bis auf
meine Felldecke, meinen zinnernen Becher und einen todten
Hottentotten. Es musste der von mir getroffene Mann sein,
und die schwarzen Teufel hatten uns beide für todt liegen
lassen. Dem Wagen nachzulaufen, konnte nichts nützen, es
wäre geradezu mein Tod gewesen, und das Geschehene liess
sich nicht ändern. Keine Regierung hätte sich meines Falls
angenommen, denn Händler müssen in dieser gesetzlosen
Gegend selber sehen, wie sie durchkommen. Ich war hier in
der Wüste gestrandet zurückgelassen, ohne Nahrung und Obdach, ohne die Mittel, mir beides zu verschaffen, hunderte
von Meilen fern von jeder Hülfe; ohne Wasser, ja selbst ohne
Sama, die hier nicht wuchs. Noch gestern war ich frisch
und wohlauf, heute war ich ruinirt und halbtodt. Warum
hatten sie mich nicht gleich ganz todtgeschlagen? Das wäre
besser gewesen, als vor Durst wahnsinnig zu werden und
so umzukommen!

„Mit der kühlern Abendluft kehrten indessen die Kräfte
wieder und ebenso die Hoffnung auf Rettung. Der kleine
Korap war gesund und wohl und musste im Stande sein,
selbst in der Wüste etwas Nahrung aufzufinden, und so beschloss ich zu versuchen, nach Quang am trockenen Flussbett
des kleinen Nosob zurückzukehren. Den Weg dahin kannte
ich sehr gut, und zugleich hoffte ich in dieser Richtung mit
einem andern Händler Namens Cann zusammenzutreffen,
welcher Damara-Land 1 bis 1½ Wochen nach mir hatte verlassen wollen. Von da ab hatten wir dann den gleichen
Weg; ich gab also Korap die genaue Marschrichtung an und
versuchte selber etwas zu gehen.

„Ein sehr schlimmer Uebelstand war, dass Korap, obwol

schon seit zwei Jahren bei mir, kein Wort Holländisch verstand, so wenig wie ich seine Sprache kannte. Ich kaufte ihn auf einer Geschäftsreise für ein seidenes Taschentuch und eine Handvoll Perlen von den Ovampos, welche mir zugleich erzählten, dass eine solche Zwergrasse, Kara-Kara genannt, in einem gleichnamigen weiter nördlich belegenen Landstrich wohne, und dass Korap und ein Mädchen von 15 Jahren die letzten aus einer während eines kurz vorher unternommenen Raubzuges erbeuteten Schar von Gefangenen seien. Ich hatte Mitleid mit dem kleinen Kerl und befreite ihn aus dieser schrecklichen Sklaverei bei den Ovampos, welche ihn schlechter als einen Hund hielten; ohne ihn wäre ich jetzt eine Beute der Geier und Hyänen geworden.

„Nachdem wir eine kurze Strecke gegangen waren, kamen wir vor Dunkelwerden zu einem dichten Stachelbusch, aus welchem wir eine zum Schlafen hinreichend grosse Stelle ausräumten, indem wir den ausgerodeten Busch nach draussen warfen und Bündel desselben auf dem Wege wieder hinter uns herschleppten, auf welchem wir hineinkrochen. Auf diese Weise den Eingang blokirend schützten wir uns vor nächtlichen Angriffen der wilden Thiere. Oefters sah ich einen Löwen draussen herumschleichen und erkannte des Morgens seine Spuren, wie er immer in der Runde gegangen war, um einen Eingang zu finden; aber niemals versuchten sie mit Gewalt sich einen Weg durch den stacheligen Busch zu bahnen. Am Morgen nach unserer ersten Nacht im Busch fanden wir ein wenig Sama, welche wir roh assen, als einzige Mahlzeit an diesem Tage, bis abends Korap eine Kiki genannte Wurzel und einige Cocons mit den Larven darin fand, die wir verspeisten. Wir sammelten glücklicherweise genug trockenes Knüppelholz, um Feuer anmachen zu können; dann steckte Korap die Larven auf Stöckchen eine Minute lang in die heisse Asche und bot sie mir zum Essen an. Anfangs ekelten sie mich an und er bekam sie alle; aber am andern Tage probirte ich auch eine und fand sie so gut, dass ich nach mehr verlangte und sie von jetzt ab immer ass, sobald wir welche fanden."

„Aber bekamt Ihr nichts anderes zu essen? In solcher Speise, wie die genannte, war nicht viel Nahrungsstoff vorhanden!"

„Nein; wir würden auch bald Hungers gestorben sein, wenn es Korap nicht zweimal gelungen wäre, eine Anzahl jener kleinen Thiere zu fangen, welche wie Kaninchen in Erdhöhlen wohnen und von ihm Katteah[1] genannt wurden. Sie waren nicht viel grösser als Ratten, schmeckten aber vorzüglich. Wir hatten kein Gewehr, und als diese kleinen Thiere selten wurden, verfertigte Korap Bogen und vergiftete Pfeile, mit welchen er einen Steinbock zu erlegen hoffte. Das Gift bereitete er sich aus Spinnen und einem Klebstoff aus einer gewissen Wurzel; als er aber zum Schuss kam, brach die aus Gras hergestellte Bogensehne und Korap konnte keine herstellen, welche die Spannung zu vertragen vermochte. So blieb uns keine andere Nahrung als Wurzeln und gelegentlich eine Sama; ob nun infolge dieser alleinigen Nahrung oder weil ich über Nacht mich erkältet hatte, genug ich bekam einen bösen Anfall von Dysenterie, welcher mich schrecklich schwächte. Dennoch gelang es uns, nach dem Flusse uns hinzuschleppen; zu unserer grossen Enttäuschung erblickten wir aber dort die frische Spur eines Wagens, und nun wusste ich, dass Cann schon durchgefahren war. Ich war zu schwach, ihm zu folgen, deshalb blieb nichts übrig, als uns nach Lihutitung durchzuschlagen, wo es Wasser gibt und Mapaar, der Häuptling der Bakalahari, wohnt. Das übrige wissen Sie, und ich kann Ihnen und dem kleinen Korap da nur dafür danken, dass Sie mir das Leben gerettet haben und mich hier behalten."

„Aber Sie waren auf Ihrem Wege nach Lihutitung viel zu südlich gerathen. Wir sind hier weit von jenem Ort entfernt."

—  —

[1] Es werden die Hyrax oder Klippschliefer gemeint sein. D. Uebers.

„Allerdings, aber das war gerade mein Glück, dass ich meinen Weg verfehlte und krank wurde, sonst hätten Sie mich nicht gefunden, und deshalb beglückwünsche ich mich wegen meines letzten Fiebers als einer Gabe Gottes. Jetzt aber bin ich hier und weiss keine bessere Arbeit für mich, als Ihnen zu helfen, bis ich mich selber wieder durchschlagen kann." Anfangs schien seine Wiederherstellung nur langsame Fortschritte zu machen, aber mit einer täglichen Zugabe von Hopfenbitter ging es desto schneller und nun hatten wir grossen Vortheil von seiner Erfahrung und Hülfe, die er mit grösster Liebenswürdigkeit uns überall zur Verfügung stellte. In dem Maasse wie seine Körperkräfte zunahmen, machte er sich uns von Tag zu Tage nützlicher und bildete so einen werthvollen Zuwachs zu unserer Gesellschaft. Von mächtigem Körperbau. 6 Fuss gross, breitschulterig, mit muskulösen Armen und Händen, erinnerte er mich an das Bild vom Dorfgrobschmied, wenn er seine Aermel aufstreifte, bevor er sich an die Arbeit begab. Er war nie müssig und nie glücklicher, als wenn es etwas zu thun gab. Er kochte gut, verstand sich prächtig auf die Eingeborenen und konnte in der Hottentotten-Sprache so gut wie auf Holländisch und Englisch plaudern; war ein Freund der Naturgeschichte und hatte Geschmack an Entomologie; und als er merkte, dass wir zum Vergnügen reisten, mit dem Nebenzweck, die Kalahari zu durchforschen und Sammlungen über ihre Fauna und Flora anzulegen, und zwar mit der besondern Absicht, zu ermitteln, ob das Land zur Viehzucht im grossen geeignet sei, und eventuell einen grossen Strich Landes zu diesem Zweck zu erwerben wünschten, da gab er sich diesem Plan mit allem Eifer hin. Seine Begeisterung wurde aufs lebhafteste erregt, als ich ihm auseinandersetzte, dass wir die Wahrheit über die vermeintlichen Zwergrassen am Ngami-See erforschen wollten, deren Vertreter wir so unerwarteterweise in der Person seines kleinen „Sklaven" kennen gelernt hätten. „Sklave" sagte ich? Ja, Sklave! Ein menschliches Wesen, gekauft für ein Taschentuch und eine Handvoll Perlen, zusammen nicht eine

Mark werth! Aber der Sklave war glücklich, wohlgenährt
und aufgehoben und hatte grössere Freiheit als Tausende
„freier und unabhängiger" Bewohner europäischer Städte.
Wenn die Flagge Englands oder einer andern civilisirten Macht
vorangetragen würde, diese „Schwarzen" vor sich selber und
ihren schwarzen Unterdrückern zu schützen, ja selbst wenn
sie bis morgen alle zu Sklaven ihrer weissen Herren gemacht
würden, welches Elend und Blutvergiessen würde ihnen erspart bleiben und um wie viel Segnungen das Wohlergehen
der Welt vermehrt werden!

Auf Fritz' Rath gaben wir den Gedanken, den harten
Grund zu überschreiten, auf und folgten der Sama, wobei
wir nur dann und wann einen schmalen Streifen harter Kalk-
steinformation passirten. Geht man diesen Kalksteinstreifen
nach, erzählten Dirk und Klaas, so kommt man zu verschiedenen Salzpfannen, und vielleicht sogar zu Süsswasser-
pfannen, weil Wolken und Blitze in der Entfernung uns heftige
Regengüsse weiter ostwärts anzeigten. Aber wir liefen zu
grosse Gefahr dabei, so verführerisch auch die Aussicht auf
einen frischen Trunk Wasser und ein Bad waren. Der Sama
und ewig wieder Sama waren wir nachgerade herzlich satt
geworden. Wir assen sie roh, wir assen sie gebraten, wir
tranken Samawasser, wir bereiteten unsern Kaffee mit Samawasser, wir schmorten unser Fleisch darin und waren fast
krank von dem Geschmack dieses Gebräus. Aber unser Vieh
gedieh bei der Kost, und wenn wir unsern Curs änderten,
um Wasser zu suchen, so liefen wir Gefahr, das eine zu verlieren und das andere nicht zu finden. Auch litten wir ja
noch keinen Mangel an Wasser, denn wir hatten noch zwei
Fässer voll, welche wir mit der entschlossenen Ergebung von
Stoikern gewissenhaft nicht anrühren wollten, bis einmal eine
Gegend käme, wo wir keine Sama fänden.

Wir versuchten auf alle nur denkbare Weise, Samawasser
in den leeren Wasserfässern aufzubewahren, überzeugten uns
aber, dass es regelmässig über Nacht sauer wurde und dann
uns abscheulich schmeckte. Die Eingeborenen tranken es

trotz alledem; deshalb beschlossen wir, wenigstens ein Fass voll davon für sie aufzuheben, sobald wir einmal in einen gesegneten Samastrich kamen.

Das geschah früher als wir erwarteten, denn schon am nächsten Tage standen wir mitten in einem Felde reifer Sama. Sie bereitete uns aber eine grosse Enttäuschung, denn das Wasser von der reifen Pflanze schmeckt bei weitem nicht so angenehm, als das von der grünen; obendrein kann das Vieh wegen der ganz harten Rinde und weil sie mit schwarzbraunen Samen ganz gefüllt sind, diese Sama nicht so bequem fressen. In diesem Zustande kann aber die Sama ein ganzes Jahr liegen, ohne zu verfaulen, vorausgesetzt dass es nicht regnet.

Hier und da wurde meine Aufmerksamkeit auf hunderte prächtiger lilienartiger Blumen gelenkt, welche vollständig weiss in dicken Klumpen von 50—60 Blüten an einem Schaft sassen, sodass jede Pflanze für sich einen sehr schönen Strauss bildete. Ich sammelte eine Menge der schönsten Blumen, grub mit der Schaufel eine Anzahl der dicken Knollen aus, und stellte Blumen und Knollen zu einer Gruppe zusammen, welche Lulu darauf photographirte.

Auf einmal lenkte ein Buschmann meine Aufmerksamkeit auf einen grossen Trupp Springböcke, welche nach seiner Ansicht behext seien. Als wir auf sie zugingen, lief die Schar von dannen unter Zurücklassung von etwa hundert, welche keine Furcht vor uns zu haben schienen, vielmehr fast auf derselben Stelle stehen blieben, eine kurze Strecke hin- und herrannten, in die Luft sprangen, die wunderlichsten Capriolen machten, gleich Betrunkenen da und dorthin taumelten, zu Boden fielen, sich gegenseitig stiessen und dann wieder steif und todtenstarr umherlagen. Nach meiner Meinung litten sie an irgendeiner Krankheit oder unter den Angriffen sie reizender Insekten; Kert aber erklärte, sie seien durch den Genuss der schönen lilienartigen, von uns so viel bewunderten Pflanze vergiftet, und dass er schon hunderte dieser Böcke infolge Genusses dieser Blumen habe eingehen sehen.

Plötzlich fiel mir ein, dass vielleicht die Knolle dieser Pflanze mir damals den Anfall von Schlafsucht zugezogen

Eine Gruppe der Kalahari-Flora.

hatte, welcher für mich beinahe so verhängnissvoll geworden wäre. Jetzt bemerkte ich auch, dass das Blatt vollständig dem Kiki-Blatt glich, welches die Eingeborenen essen, und dass ich irrthümlicherweise etwas von dieser giftigen Pflanze

zu mir genommen hatte. Die Buschmänner nannten sie
Marbo.

Ein wenig weiterhin stand die reife Sama so dicht, dass
die Pferde nur mit Gefahr hindurchzubringen waren. Eine
Weile suchten sie sorgfältig ihren Weg hindurch, aber die
beiden voraufreitenden Bastarde stürzten. Ihre Pferde waren
auf den harten runden Kürbissen ausgeglitten, und deshalb
beschlossen wir, da es ohnehin Nacht wurde, nicht weiter zu
fahren und am Morgen zu recognosciren, wie wir am besten
aus diesem Samameer herauskämen und ob wir sicher gerade
auf Lihutitung lossteuern könnten. Klaas und Kert ritten
demgemäss am Morgen auf Kundschaft aus, kehrten aber
erst gegen Abend zurück, nachdem sie 14 Stunden im Sattel
gewesen waren. Sie berichteten, drei Stunden weiter vorwärts keine Sama weiter angetroffen zu haben, und dass sie
von da aus bis zu einer Wagenspur geritten seien, welche
nach Mapaar's Stadt führe, die man von einer kleinen
Koppje aus sehen könne. Wir brachen erst gegen Mittag
des folgenden Tages auf, sodass die Thiere sich gut ausruhen und vollfressen konnten; und um sie gut im Gange
zu erhalten während der folgenden drei Tage, welche uns
die Reise bis zu Mapaar's Stadt kosten würde, füllten wir
den Buckwagen (Wagen ohne Zeltdach) mit Sama. Auch
benutzte ich den langen Halt als eine gute Gelegenheit. ein
Inventar unsers Wagens aufzunehmen. Unser Patient gewann inzwischen seine volle Körperkraft wieder; er hatte
sich wunderbar rasch erholt; deshalb machte ich ihn zum
Commandeur des Wagens, freilich zum grossen Aerger von
Kert: aber dieser alte Führer kannte das Land nicht, welches
wir durchfuhren, und hatte alle Autorität über die beiden
Bastarde verloren, theils weil er zu sehr von ihnen abhängig,
theils weil er mit ihnen zu vertraulich war. Dennoch bestand er darauf, ihnen Befehle zu ertheilen, welche sie
ebenso beharrlich misachteten, und so schwand seine Gewalt
dahin, bis er nur noch der Baas der Buschmänner war. Ich
überantwortete deshalb den Wagen sammt Inhalt an Fritz,

welcher seinen Regierungsantritt damit bezeichnete, dass er den ganzen Bestand aufnahm, aus welcher Aufnahme sich nachstehendes Inventar ergab:

2 Wagen.
2 Hebeschrauben.
50 Ochsen.
2 Kühe.
2 Kälber.
4 Pferde.
4 Hunde.
12 Ochsenjoche.
2 Zugketten.
40 Ochsenriemen.
40 Riemen für die Jochstützen.
37 Gewehre.
1 Schrotflinte.
15000 Metallpatronen für amerik. Büchsen.
1200 Metallpatronen für Martinigewehre.
10 Pfund Schiesspulver von Curtis und Harvey.
1 Gewehrkasten mit allem Zubehör.
250 Patronen für Schrotschüsse.
2 Patrontaschen.
2 Feldstecher.
12 Ahlen oder Pfriemen.
6 Segeltuchnadeln.
24 Taschenmesser.
12 grosse Schlachtmesser.
12 Mundharmonikas.
1 Accordion.
12 messingene Zunderbüchsen.
40 Pfund assortirte Perlen.
12 Betttücher.
15 Decken.
2 Gummidecken.
2 Gummiröcke.
4 Tassen und Schalen, emaillirtes Eisen.
4 Teller desgl.
6 Messer und Gabeln.
18 Löffel.

1 Sperrhaken.
2 grosse Blecheimer.
2 kleine desgl.
1 Spitzhaue.
1 Spaten.
1 Brühpfanne.
1 Topf.
1 Kessel.
1 Bratpfanne.
1 Rost.
1 Axt.
1 grosse Schüssel.
1 kleine desgl.
2 Sättel.
2 Zügel.
2 Reitpeitschen.
2 Satteltaschen.
2 Pistolentaschen.
6 Unzen Chinin.
8 Unzen Laudanum.
10 Unzen Schwefelsäure.
2 Schachteln Brausepulver.
1 Flasche Ricinusöl.
1 Tropfenglas.
Eine halbe Flasche Olivenöl.
„    „      „   Gewehröl.
6 zinnerne Schalen.
10   „   Teller.
2 Pfund Nägel.
2 Packete Haken.
2 Knäuel Bindfaden.
10 Pfund Seife.
2 Zehnpfundkruken Arsenikseife.
2 Bowiemesser und Gürtel.
1 Revolver.
5 Dutz. Flaschen Eau-de-Cologne.
1 Laterne.
8 Pfund Stearinlichter.
2 Korkzieher.
20 Springbockfelle.
1 Schakalfell.

1 Steinbockfell.
1 Gemsbockfell.
4 Elenantilopenfelle.
12 Gemsbockschwänze.
1 Löwenfell.
1 Straussenbalg.
2 Pfund Federn.
8 Gemsbockköpfe mit dem Gehörn.
6 Steinbockköpfe mit dem Gehörn.
1 Iguana-Haut.
6 Schlangenhäute.
8 Schachteln mit Insekten.
1 Flasche mit Pflanzengift.
115 Päckchen Sämereien.
1 Sack Pflanzenknollen.
1 halber Sack gebrochener Weizen.
1 halber Sack Mehl.
10 Pfund Reis.
4 Dosen Hafergrütze.
1 Dose Pfeffer.
1 Büchse Salz.
1 Sack Salz.
10 Pfund getrocknete Pfirsiche.
6 Flaschen Weinessig.
1 Flasche Cognac.
1 Flasche Ingwerschnaps.
30 Pfund Zucker.
1 $\frac{1}{2}$ Pfund Thee.
2 kleine Säcke mit Gesteinsproben.
1 grosses Zeltsegel.
2 Peitschen.
8 Säcke.
10 Vogelbälge.
1 Bündel verschiedener Gräser.
1 Korb.
2 Flaschen Worcester-Sauce.
6 Sitzkissen.
1 Sack Patronenhülsen.
1 wasserdichte Decke im Riemen.
2 Hängematten.
1 Bohrer.

1 Hammer.
1 Schraubenzieher.
2 Dutzend assortirte Bolzen.
1 Eimer Wagenschmiere.
1 Camera mit Linsen.
2 Casetten mit photogr. Trocken-
platten.
1 Gestell für d. photogr. Apparat.
6 Handtücher.
13 Ellen türkisch-roth Garn.
2 Dutzend baumwollene Handtücher.
2 Längen Tau.
4 Lederbeutel.
8 Breter für Sitze und Betten.
4 Paar Veldschuhe.
2 Wasserbeutel.
2 Schulterriemen für Patronen.
1 abgeplattetes Wasserfass.
1 Quartfass desgl.
1 grosses desgl.
1 Hemmkette.
8 Riemen von roher Haut.
2 Felleisen.
1 Toilettenkoffer.
2 schwere Ueberzieher.
1 leichter desgl.
1 Frickboh er.
Nadeln und Zwirn.
Federn und Tinte.
12 Bleifedern.
1 Beutel mit geschnittenem Taback.
12 Pfd. gerollten Cavendish-Taback.
3 Dutzend Schachteln mit Schwefel-
hölzern.
100 Pfeifen.
2 Rollen Boer-Taback.
1 Sack desgl.
1 Sack mit Gewehrfutteralen.
8 seidene Taschentücher.
1 Kiste Hopfenbitter.

Von dem lebenden Inventar machten die beiden Kühe
uns die meiste Freude. Hätte ich die Reise noch einmal zu

unternehmen, so würde ich wenigstens sechs Kühe mitführen, und die Sama durch sie hindurchgehen lassen, bevor ich sie tränke. Die Landschaft wurde allmählich immer ebener. Die leichten, nur hier und da von einer entfernten Koppje unterbrochenen und mit reifem Gras bedeckten Bodenwellen glichen dem sanft schwellenden Busen des Oceans, zumal die Aehnlichkeit beider noch erhöht wurde durch die reifen Aehren der sich vor dem Winde beugenden Gräser, welche von ihrer untern Seite ein silberfarbiges Licht ausstrahlten, wie die vom Mondschein erhellten Kräuselwellen des Meeres. Als das Tageslicht erlosch und der von Süden kommende Wind an Stärke zunahm, waren wir alle, besonders aber die Buschmänner froh, uns nahe ums Feuer versammeln und die landläufigen Erzählungen der Heldenthaten im Jagdgebiete wieder hören zu können, als plötzlich die Hunde wüthend zu bellen anfingen und dadurch uns wieder auf die Beine brachten. „Bull" sprang vor und befand sich bald im wüthenden Handgemenge mit einem ungesehenen Feinde, denn die Nacht war dunkel und wir konnten nichts unterscheiden. Von dem Lärm jedoch geleitet, machten Lulu, Fritz und ich, dicht gefolgt vom kleinen Korap, und die Gewehre in der Hand, uns auf nach dem Kampfplatz, als wir jemand rufen hörten: „Kin nach heikong hulah", was Fritz uns übersetzte: „Schiesst nicht, wir sind Freunde", und darauf gegenfragte, wie viele sie seien und was sie wollten. Sie antworteten, sie seien ihrer vier Betschuanen, Jäger und Händler, mit zwei Trekochsen, und sie hätten unser Feuer gesehen und wünschten neben uns sich zu lagern. Im Verlauf der Unterredung kamen Kert und einige andere in Sicherheit hinter uns Zurückgebliebene heran, und Kert erhielt den Befehl, die neuen Ankömmlinge willkommen zu heissen und „Bull" zurückzurufen, worauf wir alle zurück- und jene vorgingen. Zuerst tauchten die Köpfe der beiden Ochsen aus der ringsumgebenden Dunkelheit auf, dann die mächtigen Hörner und ihre mit Töpfen und Kesseln, Fellen und Säcken bedeckten Körper, welche ein seltsames Durcheinander von Rohproducten und Fabrikaten aufwiesen. Zunächst folgten zwei baumlange Kaffern, so schwarz wie Ebenholz, welche ihre Anwesenheit zuerst durch das Leuchten ihrer weissen elfenbeinartigen Zähne und das Funkeln der vom Feuer getroffenen schwarzen Augen verriethen. Das dritte Mitglied der Gesellschaft war, wie die andern, in rohes geripptes Baumwollenzeug gekleidet, aber hinter ihm kam ein kupferfarbenes höchst phantastisch aufgeputztes Individuum daher. Ueber seinen Schultern hing ein grosses Fell, welches nur dürftig die Reste eines ursprünglich vielleicht weissen Hemdes verdeckte, dessen Farbe sich aber jetzt seiner Körperfarbe genähert hatte; auf dem Kopfe trug er einen alten kegelförmigen Filzhut, auf dessen Spitze ein Bündel Straussenfedern gesteckt war, während von einer Seite eine wollene Schlafmütze herunterhing. Arme und Knöchel waren mit vielen Ringen von Eisen- und Kupferdraht verziert, deren Klirren bei jedem Schritt sich mischte mit dem Rasseln der von den Knien herunterhängenden Stränge trockener Cocons. Um den Hals trug er Schnüre vielfarbiger Perlen, untermischt mit Bündeln von Löwenzähnen, Hyänenkrallen und Wirbelknochen von Wölfen, unter welchen ein Packet dreieckiger Knochen die besondere Aufmerksamkeit auf sich zog, da es mit Hieroglyphen und einem rohen Knochenkreuz als mittlerm Hauptschmuck verziert war.

Jeder von ihnen führte eine Streitkeule in der einen und ein Assagai in der andern Hand, aber sie versicherten uns alsbald ihrer freundlichen Absichten, indem sie ausser uns drei Weissen jedem aus unserer Gesellschaft die Hand gaben und sich dann wie auf Verabredung niederliessen, um nach der Landessitte uns zu erkennen zu geben, dass sie gern etwas zu essen haben und unsre guten Freunde sein möchten. Das einzige von ihrer Seite geäusserte Zeichen feindseliger Gesinnung ging von einem ihrer zwei Köter aus, dessen Ohr zerrissen war und blutete, während unsererseits der augenscheinliche Urheber des Schmisses, „Bull", seinen jüngsten Gegner anknurrte, als ob er ihm lieber gleich

hier oder sonstwo den Garaus machen wollte. „Bull" zur
Ruhe verweisend, liess ich unserm Besuch etwas Speise geben
und dann begann ein langes Pau-wau zwischen ihnen und
Kert. Es dauerte wenigstens eine halbe Stunde, bevor Kert
mir etwas über sie mittheilen konnte, denn sie assen und
sprachen beständig und Fragen und Antworten drängten sich in
rascher Folge. Unterdessen war der vierte Mann in der Nähe
damit beschäftigt, die Ochsen auszuspannen und ein Feuer
anzumachen, und erst bei seiner Rückkehr erhoben sich die
andern in feierlichem Schweigen und rückten in ihr eigenes
Quartier ab.

„Nun, Kert, erzähle uns, was du von ihnen weisst", und
des alten Knaben Augen erglänzten vor Freude, als er uns
dazu Glück wünschte, mit dieser Gesellschaft zusammen-
getroffen zu sein. Es seien Kaffern aus dem Bangweketsi-
Lande im Osten, welche mit den Bakalahari und Buschmännern
Handel trieben und Strausse und Schakale unterwegs jagten.
Schakale seien ihr Hauptwild, weil deren Felle von den
Häuptlingen gern genommen würden und ein Anzug davon
in ihrem Lande ein Pferd werth sei. Diese Kaffern, fügte er
hinzu, seien durchweg reich und wir könnten von ihnen alles
kaufen was wir wollten, Kaffee oder Taback, Pulver und
Blei und sonstige Handelswaaren; sie würden morgen gern
mit uns einen Tauschhandel beginnen. „Obendrein", sagte
Kert, „werden sie uns sagen können, wo Wild und Sama zu
finden ist, und wo wir die kleinen Zwergrassen antreffen."

„Frage sie, wer der alte Knochen- und Lumpenkerl
ist?"

Das so despectirlich bezeichnete Individuum erwies sich
als ein Suunja oder Zauberdoctor. „Er wird uns sagen, ob
unser Zug ein glücklicher sein wird", erklärte Kert, „ob die
Löwen unser Vieh angreifen werden", denn in der That
schrieb man ihm die Wahrsagekunst in jeder denkbaren Aus-
dehnung zu.

Lulu meinte, wir sollten unser Sternenbanner oder den
Union-Jack aufziehen, den Suunja „annectiren" und ihn dann

als Vogelscheuche jeden Abend ausserhalb unsers Lagers auf
einer Stange ausstecken; aber im Gegensatz zu dem gott-
losen Lulu thaten Kert und Dirk Busse, indem sie mit der
grössten Ehrfurcht von dem Suunja sprachen und mir als
erste Pflicht für morgen früh empfahlen, diesen Wunder-
mann in Betreff meiner zukünftigen Reisepläne um guten
Rath anzugehen. Weil ich voraussichtlich aus einer solchen
Besprechung Vortheil haben würde, wenn auch vielleicht nicht
in dem Sinne von Kert und Dirk, so willigte ich ein und
verwandte die nächste halbe Stunde dazu, mit Lulu die Rolle
durchzugehen, welche ich in der morgigen Sitzung zu spielen
haben würde. Zwischendurch konnte ich Kert und die übrigen
Leute noch von den wundervollen Kräften des Suunja oder
M'tagat, wie diese Betrüger in der Zulusprache genannt
werden, reden hören, und selbst als ich glaubte, das ganze
Lager sei im Schlafe, hörten wir die Eingeborenen sich noch
lange die klaren Beweise erzählen, welche zu ihrer speciellen
Kunde gekommen waren, wo die Zauberdoctoren wunderbare
Heilungen verübt hatten, welche selbst noch über die Wunder
des Hopfenbittern hinausgingen, und wo sich ihre Gutes wie
Böses weissagenden Worte als wahr erwiesen hätten.

# ZWÖLFTES KAPITEL.

Die Sitzung beim Wunderdoctor. — Das Orakel verheisst guten Erfolg.
— Ein Zauberer übertrumpft den andern. — Der Neger in die Enge getrieben. — Am Rande des K'gung-Waldes. — Ein merkwürdiges Vogelnest. — Schreckliche Enttäuschung. — Versuche das Unglück zum Guten
zu wenden. — Graben nach Wasser. — Ein verlassenes Lager der Balala.
— Ein Löwe springt mitten in unser Lager. — Eingeborene Wasserträger. — In Lihutitung. — Ein Geschenk von Mapaar. — Unser
erstes Bad.

Früh am Morgen erwachte ich aus einem wüsten Traum,
in welchem Frickel, Bosco, Bellachini und ein schwarzer
Beschwörer die Hauptrollen spielten, und entdeckte Kert
neben mir, welcher mich bat, zuerst den Zauberdoctor aufzusuchen. Auf dem Wege zu der Gruppe von Gebüschen,
bei denen der Suunja und seine Begleiter bereits an der Arbeit
waren — sie häuteten zwei Schakale ab, welche sie in der
Nacht in ihren Stahlfallen gefangen hatten, um nebenbei das
Fleisch zum Frühstück zu kochen — vertraute Kert mir an,
dass, obwol seines Wissens der weisse Mann nicht an Zauberei
glaube, er und Dirk feste Gläubige seien. Es ist „onze
Geloof" (unser Glaube), und er bat mich, nicht selber zu
sprechen, sondern die Unterhaltung ihm völlig zu überlassen.
Damit war ich gern einverstanden; Kert nahm also seinen
Sitz ganz glücklich, beinahe möchte ich sagen ganz vertraulich gegenüber dem grossen Wahrsager ein, gegen den er
sich halb freundschaftlich, halb unterwürfig benahm. Klaas
und Dirk waren bereits da, hatten sich niedergelassen und
bildeten mit den andern einen Halbkreis um den grossen

Mann. Einige Minuten nach unserer Ankunft herrschte völlige
Stille, die nur durch das Rasseln der alten Knochen und anderer Zaubermittel des Hexenmeisters, welcher die passendsten für diese Gelegenheit aussuchte, unterbrochen wurde.
Der alte Kerl musste ihn schon vorher benachrichtigt haben,
dass wir seinen Rath in Anspruch nehmen würden, denn er
ging mit einer geschäftsmässigen Miene zu Werke, als sei es
ihm eine gewohnte Sache, von einer auserwählten Gesellschaft
Europäer consultirt zu werden, welche die furchtbaren Geheimnisse der Zukunft sich enthüllen lassen wolle.

Aller Augen warteten auf ihn als er sich bedächtig erhob, die Zaubermittel in der hohlen Hand schüttelte und auf
die Erde warf. Als sie herunterflogen, richtete er die Augen
in die Höhe, bis nur noch das Weisse zu sehen war. Dann
bückte er sich lächelnd zur Erde, nahm die Knochen auf und
warf sie nochmals auf den Boden, wobei er ein unverständliches Kauderwelsch murmelte, während er sie mit dem Zeigefinger ordnete. Dann, plötzlich aufblickend, fing er an zu
lachen, aber fragt mich nur nicht wie! Seine Mundwinkel
berührten die Ohren; seine Lippen öffneten sich, bis nichts
sichtbar war als die weissen Zähne und das rothe Zahnfleisch;
nie zuvor hatte ich einen Menschen so völlig „mit dem ganzen
Gesicht lachen" sehen. Darauf plötzlich nachlassend wandte
er sich an Kert, welcher die Aussprüche des Orakels in
Afrikander-Holländisch übersetzte. Wir würden viele Schwierigkeiten vorfinden, aber sie alle bewältigen. Einige Leute würden krank werden, aber keiner sterben. Unser Zug würde
erfolgreich verlaufen und wir würden das kleine Volk neben
einem grossen Wasser finden. Anfangs würden sie sich weigern zu uns zu kommen, nachher aber würden sie einwilligen.
Der Sieur würde Giraffen und anderes grosses Wild schiessen.
Ein Löwe würde ihn angreifen, aber er würde unverletzt
davonkommen. Auch würde er Strausse zu sehen bekommen,
aber keinen erlegen. Endlich würden wir an Stellen kommen,
wo die Sama bitter und das Wasser rar sei, zuletzt würde
aber alles sich in Wohlgefallen auflösen.

Nun, das war nichts weiter als die gewöhnliche Wahrsagerei europäischer Zigeuner, angepasst auf die örtlichen Verhältnisse. Wunderbarerweise durchdringt derselbe Geist alle diese Wahrsager, gleichviel welchen Stammes oder welchen Landes sie sind. Hätten wir ein Frauenzimmer bei uns gehabt, so wäre unzweifelhaft die „schöne Dame" vor dem jungen Mann mit dem schönen Haar gewarnt worden, und ebenso bestimmt der brennenden Liebe des schönen Herrn mit den dunkeln Augen versichert worden sein. Die Vorhersagungen bewegten sich alle innerhalb der Wahrscheinlichkeit und einige von ihnen mussten sicherlich eintreffen; nur überraschte mich einigermaassen die Bezugnahme auf das „Zwergvolk", bis auf näheres Befragen Kert mir eingestand, dass er den Suunja schon früh am Morgen besucht habe, bevor er mich weckte, und dass er von dem verschmitzten alten Wahrsager über alle unsere Reisepläne ausgehorcht worden sei.

Als das Orakel geendigt hatte, stand ich auf, bevor es seine Knochen und Talismane aufgehoben hatte, sammelte sie bedächtig und schüttelte sie in meiner Hand auf gleiche Weise und warf sie dann zur Erde, gerade wie der Suunja vorher gethan hatte. Dann nahm ich einen zwischen rechten Zeigefinger und Daumen auf und liess ihn scheinbar in die linke Hand übergehen, während ich ihn wirklich à la Bosco in der rechten verbarg; darauf führte ich die linke Hand zum Munde und stellte mich, als ob ich den Knochen unter heftiger Anstrengung verschlucke. Während der krampfhaften Anstrengungen, mit dem Knochen fertig zu werden, glitt ich nach Kert hinüber, welcher mit offenen Augen, Mund und Rocktaschen dicht neben mir stand, liess den Knochen in eine der letztern fallen, zeigte ihm meine Hände und bat ihn sich zu überzeugen, dass der Knochen wirklich verschluckt und nicht etwa im Munde versteckt sei.

Nachdem ich das Manöver mit allen Knochen der Reihe nach ausgeführt hatte, zog ich ein kleines Taschenmesser hervor und fuhr, mich bückend, mehrmals mit ihm an meinem Bein bis zur Kniebeuge hinunter, hob es dann wieder zum

Munde, und indem ich diese Bewegungen immer schneller
wiederholte, bog ich plötzlich beide Knie ein, sodass ich halb
auf der Erde sass, führte gleichzeitig beide Hände zum
Munde und stellte mich, als ob ich das Messer verschluckte,
welches längst innerhalb der Kniebeuge in Sicherheit gebracht
war. Als ich dann langsam aufstand, trat Lulu nach ge-
troffener Verabredung hinter mich und wischte seine Hände
in einem Handtuch, welches er über das Messer fallen liess,
als es vom Knie frei wurde. Alle Zuschauer standen mit
sperrweit geöffnetem Munde da, und als ich, ihr Beispiel nach-
ahmend, herumging, um ihnen meinen geöffneten Mund zu
zeigen, in welchem das Messer sich nicht befände, hob Lulu
Tuch und Messer auf, indem er mich ganz unschuldig fragte,
was ich eigentlich wolle. Bei dieser Unterbrechung verwies
ich ihm feierlich zurückzutreten und in aller Stille wie die
übrigen das Weitere abzuwarten, worauf er hinter dem Suunja
herumging und das Messer in einem Kuhhorn neben ihm
verbarg.

In demselben Augenblick ging ich zu dem Anführer hinüber, welcher von dem Zauberdoctor am weitesten entfernt
sass, malte ihm mit Copirtinte allerlei Hieroglyphen ins Gesicht und versicherte ihm durch Kert, solange er diese
Zeichen schone, würde er viele Schakale aber keine Federn
finden und viele Stämme antreffen, mit welchen er Handel
treiben könne.

„Ihr habt", fuhr ich fort, „so vielerlei Dinge zum Verkauf
mitgebracht", und beschrieb dann nach den am vorigen Abend
belauschten Gesprächen von Kert und Dirk, die zu unserer
Belehrung gedient hatten, fast alle ihre mitgebrachte Habe —
ihre Felle nach Zahl und Art, ihre Fallen, wieviel Pulver und
Taback sie hätten — kurz alles, bis auf das sonderbare
Stück Blei herunter, welches der Anführer der Gesellschaft
mitgebracht und als grossen Zauber ebenso wie die übrigen
verehre. In Erwiderung ersuchte ich ihn, den Inhalt meines
Wagens zu beschreiben.

Ob der Suunja meine Zauberkünste dem Besitz seiner

alten Knochen beimass oder nicht weiss ich nicht, aber er
war augenscheinlich über ihren Verbleib beunruhigt, denn sobald als ich geendigt hatte, liess er mich durch Kert ersuchen,
sie ihm wiederzugeben.

Zuerst möge der Suunja mir mein Messer wiedergeben,
rief ich aus, sah ihm gerade ins Gesicht und hielt ihm meine
Hand hin. Mit einem bestürzten Lächeln erhob er Einspruch,
da er es nicht habe. Es befände sich bei seinen Knochen,
denn habe der weisse Mann es nicht ebenfalls verschluckt?
„Lass den Suunja zuerst selbst nachsehen, bevor er sagt, dass
er es nicht habe. Er weiss gar nicht was er sagt", fügte ich
hinzu, und als nun alle Augen sich auf ihn richteten, begann
er langsam nach dem Messer sich umzusehen. Als er es im
Horn fand, wohin Lulu es gelegt hatte, nahm sein Gesicht den
Ausdruck grösster Verwunderung an, und ich glaube bestimmt,
dass sein schwarzes Antlitz blass wurde. Nie sah ich einen
Neger in solcher Verlegenheit. Er fürchtete sich geradezu,
es mir einzuhändigen; aber ich war noch nicht ganz mit ihm
fertig, liess deshalb, als er mir das Messer reichte, eine halbe
Krone (2½ Schillingstück) in eine Falte seiner Thierhaut gleiten,
trat einige Schritte zurück, und liess auf eine zweite derartige Münze von Kert einige Striche mit dem wiedererhaltenen
Messer machen; dann nahm ich das bekannte „Passez" von
einer Hand in die andere vor, hielt die Faust geschlossen und
liess Kert darüber wegblasen. Natürlich war die halbe Krone
verschwunden, als ich die Hand öffnete. Der Suunja wollte
böse werden, als ich ihn zum zweiten mal ersuchte danach zu
suchen; als er sich aber bewegte, fiel die andere halbe Krone
aus seiner Decke zur Erde. Ich besänftigte ihn vollends, als
ich seine Macht als Zauberer rühmte, dass er die Münze aus
meiner geschlossenen Hand habe entfernen können, und versprach nun, ihm seine alten Knochen zurückgeben zu wollen.
Kert den alten Hut abnehmend, hielt ich ihn einen Augenblick
unter meinen Kopf, machte zum Schein einige convulsivische
Bewegungen, setzte dann den Hut Kert verkehrt auf und liess
ihn in die Höhe springen. Währenddessen schlug ich mit

einem Stock an seine Tasche und forderte den Suunja auf, mit eigener Hand nachzuforschen. Kert war zu ehrfürchtig, um Einsprache zu erheben; was mich aber überraschte, war, dass der alte Betrüger, welcher doch recht wohl wusste, dass alles was er thue Schwindel sei, Zeichen wirklicher Furcht verrieth, zitternd seine Hand in Kert's Tasche steckte und eins nach dem andern seine geliebten Zaubermittel wieder hervorzog.

Damit war die Vorstellung zu Ende. Die Kaffern begannen sofort aufzupacken; ihr grosser Reichthum aber, mit dem Kert so dick gethan hatte, bestand in etwa 2—3 Pfd. grünem Kaffee, 2 Pfd. Schiesspulver und einer halben Dose Zündhütchen, 1—2 Pfd. Taback und einem Klumpen Blei von zwei Faust Dicke. Jeder Gegenstand war für sich in Netze gerollt, welche auf den Rücken der Ochsen festgebunden waren, während einige Töpfe, Pfannen und hölzerne Schalen an deren Aussenseite hingen, und durch ihre Augenfälligkeit ihnen das Aussehen gaben, als habe man die Bude eines Kesselflickers nach einem harten Winter vor sich.

Da Fritz gerade zum Frühstück rief, so überliess ich es Kert, die Kaffern zu fragen, wo das nächste Wasser und was unser bester Curs sei, und kehrte dann mit Lulu zum Lager zurück, welcher nach dem Frühstück zurückkehren und den Lumpen- und Knochenmann nebst seinen Gefährten kurz vor dem Aufbruch mit ihren bepackten Ochsen photographiren wollte; als er zurückkam, waren sie ohne ein Wort des Abschiedes verschwunden.

Doch hatte Kert in Erfahrung gebracht, dass es ein Wasser Namens Kang-Pan etwa 1½ Tagereisen nach Nordost gäbe, mitten im K'gung-Walde, an dessen Rand wir schon einige Tage hingezogen waren. Diese Richtung würde uns auch zum Ngami-See führen, in dessen Nähe etwas westlich von ihm der Stamm „kleiner Menschen" wohne, welche man M'Kabbas nenne. Klaas und Dirk behaupteten beide, besagte „Pan" zu kennen und fügten hinzu, wenn irgend Wasser darin sich fände, so würden wir daselbst sicher einen Nomadenstamm, die Balala, antreffen, welche die grossen Wasser-

melonen (Mangatan) und Kaffernkorn dort einernten. Diese
Hoffnungen hoben unsern Muth mächtig, sodass wir in einer
Stunde nach dem Frühstück ebenfalls unterwegs waren. Selbst
die Ochsen schienen das Wasser zu wittern, wenigstens bildeten wir es uns ein, und so fuhren wir bis spät am Abend
und spannten nur aus, um den Thieren eine Pause zu gönnen.
Wir näherten uns jetzt dem eigentlichen Wald und die Bäume

K'gung-Baum mit merkwürdigem Vogelnest.

wurden so zahlreich, dass wir bei der schlechten Beleuchtung sehr
aufpassen mussten, um nicht gegen sie zu fahren. Der Boden
war der nämliche. Sand mit dünnem langen Grase, aber die
vorherrschenden Bäume gaben dem Ganzen das Aussehen eines
englischen Parks, zumal viele Bäume alten wohlgewachsenen
Ulmen glichen. Der K'gung-Baum, von dem der Wald seinen
Namen führt, hat viel Aehnlichkeit mit den Giraffenbäumen, die

auch hier und da zerstreut umherstanden. In der Entfernung ist der Unterschied zwischen ihnen kaum wahrzunehmen, aber der K'gung-Baum hat kurze, hakenförmige, dunkle Dornen, während die der Mimose lang, gerade und weiss sind. Der K'gung-Baum, unter welchem wir ausspannten, enthielt ein höchst merkwürdiges Exemplar des Nestes eines geselligen Finken, eines kleinen Vogels von der Grösse eines Sperlings. In grossen Massen vereinigt, nehmen sie ein gemeinschaftliches Interesse an einem ungeheuern Nest, das unter einem und demselben Dach angelegt, jedoch wie gewisse Arbeiterwohnungen in gesonderte Haushaltungsräume getrennt ist. Von einem Zweige des Baums zum andern erstreckt sich ein ungeheueres Grasdach, in eine dichte Masse von fast 2 m Dicke und mehr denn 20 Centner wiegend verfilzt. Stellt man sich unter diesen dachartigen Bau, so sieht man ihn von Hunderten von Löchern durchbohrt und aus jedem ein paar heller Augen hervorlugen. Diese zahllose Masse von Nestern muss das Werk mehrerer Jahre gewesen sein, indem wahrscheinlich Jahr für Jahr neue Anbauten hinzugefügt wurden, weil die Vögel neue Nester unter die alten anbauten. Die umstehende Abbildung des Baumes nach einer Photographie von Lulu gibt eine Idee von seinem Aussehen. Aus der Entfernung sah das Nest wie ein grosser Regenschirm aus.

Am nächsten Morgen kamen wir gegen 9 Uhr bei der Pan an, welche aber zu unserer grossen Enttäuschung vor kurzem ausgetrocknet war. Da wir so lange ohne Wasser gewesen waren, so hatten wir grosse Hoffnungen auf diese Stelle gesetzt, waren jetzt aber schlimmer daran als je. Kein Wasser und meilenweit keine Sama zu finden, aus deren Strich wir uns entfernt hatten. Enttäuschung malte sich auf jedem Gesicht und der arme Lulu war in Verzweiflung. Er litt mehr als jeder von uns unter dem Mangel an Wasser, denn während wir andern es über uns gewannen, den Samasaft statt Wassers zu trinken, konnte er seinen Durst nicht damit stillen; ihm bekam er wie Seewasser, je mehr er davon trank desto ärger wurde der Durst, und wir mussten ihm deshalb mehr als den ihm von Rechts wegen zukommenden Antheil am Wasser zugestehen. Gleich dem melancholischen Jakob entfernte er sich zuweilen von der Gesellschaft und erleichterte sein Herz durch ein Selbstgespräch ausser Hörweite, kehrte dann zum Wagen zurück, seufzte und bot mit Sheridan's Worten: „Alles was ich habe, Alles was ich bin, Alles was ich wünsche" — mein Eigenthum hinieden und meine Ansprüche im Himmel — Alles um einen ehrlichen Trunk Wasser feil. Oft stahl sich Fritz mit einem Becher nach einer besondern Ecke, bei welcher Lulu vorbeikommen würde, und genoss dann in Stellvertretung die Freude, welche Lulu's Gesicht wiederstrahlte. Armer Lulu! Sein Magen war nicht für dieses Land eingerichtet. Ich erklärte mir wol seinen ungewöhnlichen Durst aus dem leidenschaftlichen Rauchen; aber er konnte sich nicht überwinden, die Pfeife aufzugeben. „Sie lieben die Sama: ich ziehe meine Pfeife vor", war die ganze Antwort, wenn ich ihn bat, es einmal eine Woche ohne Taback zu versuchen.

„Nein, ich liebe die Sama durchaus nicht: aber ich mache aus der Noth eine Tugend. Diese Lebensweise macht mir Vergnügen, und wegen seiner Neuheit würde ich noch mehr Dinge in den Kauf nehmen." Selbst wenn das Samawasser bitter war anstatt süss, trank ich es mit eben solchem Behagen wie ein Irländer seinen Whisky trinkt. Aber für Lulu war die Wüste, um die bekannten Reime zu parodiren:

Eine Wüste, weit vom Flusses Rand,
Eine sandige Wüste war sie ihm
Und gar nichts mehr;

und er wollte auch nicht freiwillig erdulden, was er während unsers Aufenthalts in der Samagegend gelitten hatte, nein, nein, nicht für alle „Negative" in der Welt! In dieser Sache sprach er sehr positiv.

Da ich Spuren von Schlamm in der Pan entdeckte, so rief ich nach den Schaufeln; wo weicher Schlamm ist, muss Wasser sein, gerade wie wo Rauch ist Feuer sich befinden

muss, und in einer Stunde war ein Loch von $1^1/_2$ m Tiefe
und 2 m Breite gegraben, auf dessen Grund 30 cm milch-
weisses Wasser stand. Nachdem dies sich ein wenig gesetzt
hatte, führten wir das Vieh hierher zur Tränke, während wir
für uns selber ein zweites Loch gruben; aber nur mit der
grössten Mühe konnte ich die faulen Bastarde zu der neuen
Arbeit zwingen. Sie hätten lieber mit dem Wasser vorlieb
genommen, welches vom Vieh beschmutzt war.

Verwünscht, das harte Werk.
Ihr und wir werden niemals Freunde sein,

war der Inhalt ihrer Gesänge, und so fiel uns drei Weissen
die Hauptarbeit zu. Ein Europäer verrichtet selbst unter dieser
heissen Sonne mehr körperliche Arbeit, als ein halbes Dutzend
dieser faulen Bummler. Der Buschmann ist der geborene
Tagedieb, und noch schlimmer zur Arbeit zu drängen als der
reine Schwarze; er ist gut zum Tragen und Fahren, jagt auch
gut zu Fuss, ist aber für alles, was wirklicher Arbeit gleichsieht, nicht zu gebrauchen; er scheint dafür kein Verständ-
niss zu haben.

Dennoch gelang es uns, eine Grube fertig zu bringen, in
welcher wir das Wasser absetzen liessen, bevor wir es in
unsere Fässer füllten; die milchige Färbung blieb freilich,
aber Lulu meinte, alles sei besser, als jener klebrige Samasaft.

Auf der andern Seite der Pfanne fanden wir die verlassenen Kraals der Balala, welche verduftet waren, als das
Wasser rar wurde. Dicht daneben entdeckten wir ein Feld
mit jungen Kürbissen, welche Kert Kaffer-Melonen nannte;
sie sahen jedoch weder aus wie unsere Wassermelonen noch
wie unsere Kürbisse; aber gleichviel, jedenfalls waren sie nicht
reif genug, um gegessen werden zu können, nachdem die
Balala augenscheinlich die Ranken vor kurzem abgesucht
hatten.

Nachdem wir den Ochsen einen ganzen Tag Ruhe ge-
gönnt hatten, brachen wir in der Abendkühle nach dem Balala-
Lande auf, marschirten bis 10 Uhr durch, spannten in einer

Gruppe K'gung-Bäume aus, welche an der einen Seite von einem Streifen baumartiger Stachelbüsche begrenzt war. Das Wetter wurde wärmer, je weiter nordwärts wir kamen, sodass ich für diese Nacht meine Hängematte zwischen einem Wagenrad und einem benachbarten Baum festband, um in ihr die erste Hälfte der Nacht zu verschlafen und frühmorgens je nach Bedarf in den Wagen zu kriechen, weil es dann immer kühl wird, selbst wenn die Witterung im ganzen nicht kalt ist. Aber unsere Hoffnung auf Schlaf erfüllte sich ebenso wenig wie vorher die auf Wasser. Wir sassen im Halbkreise um das Feuer, einen Wagen an jeder Seite von uns dem Stachelbusch gegenüber, und hörten Dirk zu, welcher ein Abenteuer mit einem Löwen erzählte, als plötzlich ohne die geringste Warnung — krach! etwas mitten unter uns stürzte, und uns mit Sand, Asche und Feuer bedeckte. Klaas, welcher sich gerade vornüber bückte, um mit etwas glühender Asche seine Pfeife anzustecken, schrie: „Die Leeuw bijt mij!" (der Löwe beisst mich), aber in demselben Augenblick wurde seine Stimme übertönt durch ein lautes, tiefes, blutdürstiges Knurren, was uns klar machte, dass wirklich ein Löwe sich mitten unter uns befand. Ich war in den Stachelbusch gestossen, sah aber, mich aufraffend, bei dem flackernden Licht des Feuers einen Löwen in voller Länge auf dem Boden hingestreckt, welcher mit seinem Schwanze ab und zu mein Gesicht peitschte und offenbar etwas unter sich am Boden festhielt. Ein hervorragender menschlicher Fuss überzeugte mich, dass Klaas hier von dem Griff des Löwen festgehalten wurde. Es war kein Augenblick zu verlieren, wenn ich ihn retten wollte, aber was war zu thun? Dort der Löwe, hier der undurchdringliche Stachelbusch; bewegte ich mich rückwärts zum Wagen, so sah mich der Löwe, und vor mir war das glimmende Feuer.

Da fiel mir glücklicherweise ein, dass die Löwen sich vor dem Feuer fürchten. Ich entdeckte einige halbverkohlte Brände auf der glühenden Asche, sprang mit einem Satz auf sie zu, und stiess einen Feuerbrand dem Löwen unter den

Schwanz und schleuderte darauf möglichst viel glühende
Kohlen auf das heulende Unthier. Sofort liess der Löwe
Klaas los, machte drei Sätze vorwärts, sprang unserm schwar-
zen Deichselochsen „Blomberg" auf den Nacken und riss ihn zu
Boden. Mittlerweile hatten fast alle Buschmänner Gewehre
und Feuerbrände ergriffen und stürzten kühn zur Rettung vorwärts. Pang! Pang! knallte es Schuss auf Schuss, aber der
Löwe kümmerte sich weder um die Schüsse noch um das
Schreien, sondern klammerte sich hartnäckig unter lautem
Knurren an seine Beute. Dann hörte ich Lulu's Stimme vom
Wagen herunter, der nach mir rief und fragte, ob ich heil
sei. „Kümmere dich nicht um mich, aber schiesse!" und beim
zweiten Schuss kegelte der Löwe über. Schleunigst wurden
einige Fackeln von dürrem Grase gemacht, mit denen wir
uns vorsichtig näherten und den Löwen noch mit seinen
Krallen Schulter und Hals des Ochsen festhalten sahen, obwol
er mausetodt war. Lulu hatte ihn durchs Auge geschossen.
Wir rissen ihn vom Ochsen herunter, dieser aber kollerte frei-
händig über und stand zu unserer Ueberraschung ruhig auf.

Unser nächster Gedanke galt dem armen Klaas. Halb
geblendet und erstickt von Sand und Asche fanden wir ihn
aufrecht sitzend, dort wo der Löwe ihn angesprungen hatte,
vor sich hinmurmelnd: „Ik is dood" (ich bin todt), was das
beste Zeichen war, dass er noch lebte. Die Laternen wurden
angesteckt und er dann sorgfältig untersucht. Das Gesicht
war ein wenig zerkratzt, einige hässliche Wunden in der Hüfte
entdeckt, wo die Klauen des Löwen sich eingesenkt hatten,
die Schulter verrenkt, aber glücklicherweise keine Knochen
gebrochen. Die Verrenkung war bald geordnet, und dann
wurden die Wunden sorgfältig ausgewaschen und verbunden.
Er wusste nichts weiter zu berichten, als dass ihm etwas auf
den Kopf schlug, während er seine Pfeife anzündete, und dass
dann Gesicht und Brust in den Sand gedrückt und seine Beine
zerkratzt wurden. Er schloss daraus, dass ein Löwe ihn angesprungen und er einmal geschrien habe, bevor sein Mund
in den Sand gedrückt wurde. Die Augen geschlossen haltend,

wagte er nicht aufzublicken, selbst als der Löwe ihn losgelassen hatte, aus Furcht, er möchte jeden Augenblick zurückkehren. Klaas war natürlich der Held des Abends und wurde von allen bedauert, obwol er, wenn auch nur mit genauer Noth davongekommen, sich nicht so sehr verletzt als vielmehr erschreckt fühlte; auch war er überzeugt, dass, wenn der Löwe ihn nicht getödtet, wir doch seine Schulter zerbrochen hätten, weil „er es krachen hörte, als wir so daran zogen".

Die Vergleichung der gegenseitigen Heldenthaten ergab, dass Fritz der einzige von der Gesellschaft war, der sofort zur Büchse gegriffen und auf den Löwen geschossen hatte, als er den Ochsen angriff. Kert und Dirk liefen einfach davon und versteckten sich hinten im Wagen. Lulu, der so vortrefflich gezielt hatte, war, im Wagen schlafend, durch das schreckliche Brüllen des Löwen aufgeweckt.

Aber es gab noch mehr zu thun als zu plaudern. Blomberg's Wunden, obwol tief, waren nicht unheilbar; einige Nadeln in der Schulter und eine Mischung von Theer und Wagenschmiere als Salbe liessen erwarten, dass er nach einigen Tagen Ruhe wieder angeschirrt werden könnte. Von dem übrigen Vieh war jedoch nichts zu sehen. Die Ochsen waren entflohen und der übrige Theil der Nacht verging darüber, sie mit Fackeln in der Hand wiederzusuchen. Wir fanden freilich kein Stück in dieser Nacht, aber die beständige Bewegung hielt uns wach, und die Fackeln schützten uns vor weitern unliebsamen Besuchen. Erst um Mittag gelang es den Buschmännern, das entflohene Vieh wieder herbeizuschaffen; zwei Stunden später spannten wir an, tauften die Stelle „des Löwen Ueberfall", und schüttelten dann den Staub von unsern Füssen.

Die Buschmänner verbanden Klaas's Wunde täglich zweimal mit breiartigen Umschlägen, welche sich als sehr kühlend und heilsam erwiesen, sodass er bald wieder auf seinen eigenen Beinen marschiren konnte. Er wollte gern rasch geheilt werden, da er gegen die Zeit wieder wohlauf sein wollte, wenn wir die Elefantengegend erreichten, weil Elfenbein wegen seines hohen Werthes neben Straussenfedern allein die Jagd lohnte.

Die Thierfelle sind die Mühen des Transports nicht werth, ausser für Bastarde und Eingeborene, welche sie vor dem Verkauf gerben. Das Giraffenfell ist das werthvollste; die dickern Theile von Rücken und Hals werden in Streifen geschnitten, welche als Stiefelsohlen für die sogenannten Feld-Schuhe (veldt-schoens) dienen und von den Eingeborenen selber verarbeitet werden; die übrigen Theile schneidet man in Streifen, um aus ihnen im getrockneten Zustande Peitschen zu machen.

Zum Zweck des Gerbens rollt man die Decke zusammen, sobald das Thier abgehäutet ist, damit die Sonnenhitze eine Zersetzung vorbereite, infolge deren das Haar sich löst und leicht abgeschabt werden kann. Dann wird das Fell ausgebreitet, um einige Tage zu trocknen; darauf wird es angefeuchtet, dann gerieben, gedreht, geklopft und getreten, bis es fast trocken eingefettet wird, um von neuem gerieben, gedreht, geklopft und getreten zu werden, bis es so biegsam wie Tuch und so weich wie Schnee wird. Nach diesem Verfahren wird es zuweilen noch in eine von der Wurzel eines kleinen Strauchs präparirte Flüssigkeit gesteckt; dieselbe enthält viel Tannin und gibt dem Leder eine röthliche Farbe. Haben die Eingeborenen es eilig, so gerben und färben sie ein Fell in zwei Tagen. Die kleinern Felle werden gewöhnlich von den Weibern, die schwerern von den Männern bearbeitet.

Der Strick, an welchem einer unserer Wagen vorwärts gezogen wurde, war aus Streifen Ochsenfell gemacht: dieselben werden zu dem Zwecke bündelweise an einen Baumzweig gebunden, am losen Ende mit einem schweren Stein beschwert und nun gedreht, bis es nicht mehr geht; dann lässt man los und das Bündel wird von neuem gedreht und so fortgefahren, bis die Streifen weich genug sind, um gegerbt werden zu können. Beisa- (Gemsbock-) und Kudufelle werden für stärker gehalten als alle andern, und wir hielten einige Stränge in Reserve für den Fall, dass unser Ziehtau brechen sollte.

Wir vermissten aber das alte schwarze Sattelthier, das jetzt bei den Kühen ging, solange es invalide war, und noch mehr des alten Kert kundige Peitschenführung. Da jedoch Fritz sich freiwillig erbot, des letztern Stelle einzunehmen, weil er von der Behandlung und Führung von Ochsen mehr verstand als alle andern zusammen, so kamen wir, dank seiner Fortschritte in diesem Geschäft, bereits gegen Abend in Sicht von Lihutitung und überholten eine Anzahl Frauen, welche unter Gesang ihren Wohnungen zustrebten mit Kürbisschalen voll Wasser auf dem Kopf. Es waren freilich keine Schönheiten ersten Ranges, doch befanden sich unter den jungen einige leidliche Gesichter; aber alle ohne Ausnahme waren wohlgebaut, mit gut proportionirten Gliedern, trugen sich aufrecht, zeigten einen freien Gang, und wussten durch die Art, ihre Lasten auf dem Kopf zu tragen, ihre Figuren ins beste Licht zu stellen. Einige hatten ein kleines Kind auf dem Rücken und ein Thierfell theilweise umgeworfen; andere, augenscheinlich die ledigen Mädchen, trugen nur ein Bündel kurzer Grasschnüre, die wie lederne Schuhriemen aussahen, vorn an einer Schnur um die Hüften gebunden. Einige von ihnen stürzten sich bei unserm Anblick hinter einen Busch, um sich zu verbergen, während andere vor uns davonliefen und sich in ihre Hütten begaben.

Als wir das Dorf betraten, wenn man einige zerstreute Hütten so nennen darf, kamen Dutzende von nackten Kindern beiderlei Geschlechts von jeder Grösse und jedem Alter heraus, blieben wie Statuen stehen und starrten uns still an, ohne durch ein Wort oder Blick auf unsere Ansprache zu antworten. In der Nähe des Mittelpunkts des Platzes machten wir halt und sandten Kert voraus, dem Häuptling Mapaar unsere Ankunft zu verkünden und uns die Erlaubniss zum Ausspannen zu erbitten. Nach einer halben Stunde zurückkehrend, brachte Kert einige mit Kalabassen und Schildkrötenschalen voll Kaffernkorn und gewiegtem Melonensamen beladene Weiber mit, welche ausserdem vier grosse Melonen und etwas aus dem Korn destillirten Branntwein trugen. Mit den Weibern

kamen auch zwei Männer, welche unsere Ochsentreiber auf
den Weg zu einer Quelle bringen sollten, wo das Vieh saufen
konnte, während uns eine Pfanne gezeigt wurde, in welcher
wir ein Bad nehmen sollten. Nach Uebergabe der Geschenke
zogen sich die Weiber zurück und wir blieben den ganzen
Tag über uns selber überlassen, da nicht eine Seele uns
nahe kam um zu handeln oder, was noch seltsamer war, um
zu betteln.

Zuerst vor allen Dingen gestatteten wir uns den Luxus
eines Bades, des ersten seit so vielen Wochen. An dieses Bad
werden wir noch nach Jahren gedenken. Samawasser zu trinken ist schlimm genug; aber verdammt zu sein, sich darin
zu waschen, ist noch schlimmer, und doch hatten wir seit
Wochen keine andere Wahl. Nach jeder Abwaschung ist
man genöthigt, mit Hülfe von Sand den schleimigen Ueberzug
zu entfernen. Hände, Arme und Beine vertragen diese Behandlung schon, aber das den ganzen Tag über der aus-
dörrenden Sonne ausgesetzte Gesicht ist zu zart, als dass es
die Anwendung dieses rohesten aller „Handtücher" vertrüge.
Infolge dessen blieb das Gesicht ganz und gar ungewaschen.
Ich versuchte nur einmal, mein Gesicht mit Samawasser zu
waschen. Mein Bart, welchen ich einige Wochen hatte wachsen lassen, wurde zu einer klebrigen Masse, welche die heisse
Sonne derartig fest verband, dass ich sie kaum wieder voneinander trennen konnte. Rasiren war unmöglich, der Firniss
der Sama blieb undurchdringlich für jedes Rasirmesser. Mit
einem gewöhnlichen Wasserbade war es unmöglich, diese
Masse zu lösen, und ich musste mir die unwürdige Behandlung gefallen lassen, eine Schale mit heissem Wasser unter
mein Kinn zu halten, um den Bart wieder einigermassen
zu ordnen. Erst nachdem er durch sich selbst „rein gewachsen" war, konnte ich die letzten Spuren dieses ersten
und einzigen Versuchs, mich mit Samawasser zu waschen,
beseitigen.

Wie wir uns in dieser Pfanne zu Lihutitung erquickten,
ist nicht zu beschreiben. Der Umstand, dass wir einige Zoll

tief in den Bodenschlamm einsanken, störte unsern Genuss
nicht; unsere Abwaschung mochte ebenfalls das Wasser in
Schlamm verwandeln, aber auch das kümmerte uns nicht.
Heisst es doch im alten Liede:

> Es ist die grösste Wohlthat, die Gott uns erwies.
> Dass schmutziges Wasser wäscht reiner als Kies.

Wir hatten oft Kalkwasser getrunken, warum sollten wir uns
nicht auch darin waschen? Solange dasselbe nur kein Samawasser war, blieb sich alles gleich. Lulu lebte geradezu wieder
auf; das Vorhandensein von Wasser genügte, seine gute Laune
zurückzuführen, und ausser dem Wasser gab es so viel zu
photographiren und obendrein frisches Fleisch in Fülle.
Letzteres war für mich ein Hochgenuss, nachdem Schmalhans
so lange Küchenmeister gewesen war.

Frühmorgens wurde ein Ochse uns zugeführt und alsbald
geschlachtet, zerlegt und die Streifen auf Baumzweige gehängt.
Es war ein Geschenk des Häuptlings, dem wir durch Kert die
Absicht ausdrücken liessen, ihm einen Besuch abzustatten.
Um 10 Uhr wurden wir in einem kleinen Hofe vor dem
„grossen Kraal" empfangen, einer strohgedeckten runden Hütte,
die aus senkrecht in die Erde gesteckten Pfählen bestand,
welche mit Grassträngen verflochten und dann mit Lehm
überdeckt waren; in der Mitte sass der Häuptling.

# DREIZEHNTES KAPITEL.

Ein Besuch beim Häuptling. — Ein fürstlicher Bettler. — Leichte Heirath. — Mapaar's Garten. — Seltsames Getränk. — Mapaar erfreut sich des Genusses von Eau de Cologne. — Hausbauende Spinne. — Mapaar ladet uns zu einer Jagd ein. — Ich beleidige meine „schwarze Schönheit". — Bereitung von dicker Milch. — Jagd auf Gemsböcke. — Der enttäuschte Photograph. — Vertheilung der Beute.

Nicht ein Wort begrüsste uns beim Eintritt. Mapaar begnügte sich damit, uns durch eine Handbewegung einzuladen, auf den im Halbkreise vor ihm ausgebreiteten Fellen Platz zu nehmen. Wir kauerten also der Sitte gemäss nieder, und ich liess durch meine beiden Buschmänner die für den Häuptling bestimmten Geschenke herbeibringen, nämlich zwei hellgestreifte wollene Decken, welche ich feierlich vor ihm ausbreitete. Aber noch würdigte mich Mapaar keines Wortes, nicht einmal einen herablassenden Blick warf er auf meine prächtige Gabe, und so hatte ich Zeit, mir ihn etwas genauer anzusehen — diesen grossen, schwerfällig gebauten, ebenholzfarbigen Neger von ungefähr 40 Jahren, mit dem intelligenten, alle Schlauheit eines Kaffern verrathenden Blick.

Kert brach das Stillschweigen zuerst; unter vielen Gesticulationen und häufiger Bezugnahme auf mich, indem er sich alle paar Minuten umwandte, wie um die Bestätigung seiner Worte von mir einzuholen, redete er wol 20 Minuten in einem fort und setzte sich dann mit der Miene eines Volksredners nieder, welcher seinen Sitz inmitten des Beifallsklatschens der versammelten Menge wieder einnimmt. Aber

kein Wort begrüsste Kert's Rede; was er sagte mag ja sehr
schön und sehr wahr, andererseits mochte es auch das Gegentheil von aufrichtig gewesen sein; jedenfalls unterbrach weder
ein zustimmendes Hört! Hört! noch ein widersprechendes
Nein! Nein! seinen Redestrom.

Natürlich verstand ich kein Wort von allem, bis Mapaar
seine Antwort an mich richtete und ich entdeckte, dass Kert
seine Stellung als Dolmetscher und Sprecher zu seinem Vortheil benutzt hatte, wie aus der Uebersetzung der Antwort
des Häuptlings deutlich hervorging. Mapaar freute sich danach sehr, den grossen Kapitän von London zu sehen, war
froh, dass die Königin wohlauf sei und stolz darauf, dass sie
Nachrichten von ihm zu empfangen wünsche und sich im
besondern nach seiner Gesundheit erkundigt habe. Meine
Decken seien sehr schön, aber er habe gehört, dass ich ein
Löwenfell im Wagen habe, das möchte er, der Fürst der
Bakahalari, gern für seinen Kraal besitzen. Der Fürst von
London sei ein grosser Held, dass er einen Löwen tödten
könne, und Mapaar würde das Fell seinem Volke zeigen,
wenn der grosse Kapitän fort sei; auf diese Art wusste der
fürstliche Bettler unter vielen Schmeicheleien die Gelegenheit
zu benutzen, mir begreiflich zu machen, dass ich ihm das
Fell nicht abschlagen dürfe. Er fügte sogar zum bessern Ver-
ständniss bei, dass er das grosse, nicht das kleine Löwenfell
zu besitzen wünsche. Da war nichts zu machen. Selbst mein
bester auserwähltester Besitz musste wohl oder übel geopfert
werden. Das Fell hatte ja keinen grossen Werth, aber als
Trophäe hätte ich es gern behalten. Ich musste es jedoch abgeben und mich nur freuen, dass es nicht auf meine Lieblings-
flinte abgesehen war, oder das beste Paar von meinen Stiefeln,
liess deshalb sofort das Fell holen und präsentirte es ihm
mit dem besten Anstande. Der Häuptling war augenscheinlich sehr befriedigt, gab mir auch meine Decken wieder,
welche ich aber zurückwies, indem ich einmal Verschenktes
nicht zurücknähme, und damit war die Audienz zu Ende;
Mapaar theilte mir noch Kert mit, ich möge während meiner

Rast hier über ihn verfügen, und er habe schon einen allein-
stehenden Kraal zu meiner Benutzung angewiesen.

Zwei Begleiter zeigten mir sofort den Weg zu der Hütte,
welche mich für die nächsten acht Tage aufzunehmen bestimmt
war. Am Eingang standen zwei alte Weiber, aber beim Eintritt ins Innere war ich etwas überrascht, in der Mitte der mit
Thierfellen belegten Flur eine junge Dame zu entdecken,
welche augenscheinlich mich erwartete, wenigstens keine Anstalt machte sich zu entfernen. Kert gab zur Erläuterung
kund, dass der Gipfel der Gastfreundschaft bei den Balala
darin bestände, dem Gast eine Frau *ad interim* zu geben, und
dass ich die schwarze vor mir stehende Schöne der besondern Hochachtung Mapaar's verdanke. Ich müsste mich zum
wenigsten befriedigt stellen und die Gnade in dem Geiste annehmen wie sie gewährt sei, wenn ich nicht das ganze Dorf
beleidigen wolle.

Da stand ich im Innern des dunkeln Welttheils, ein
Wanderer auf Gottes weiter Erde, fern von der Heimat, Ver-
wandten und Freunden, und war plötzlich versehen mit einem
Heim und einem Weibe, alles fix und fertig, ohne Umstände,
Kosten oder Feierlichkeiten. Das übertrifft doch das coulan-
teste Heiraths-Vermittelungs-Bureau der civilisirten Welt.
Wie viele Männer würden sich freuen, wenn einige afrikanische
Gebräuche nach Europa und Amerika übertragen und das
Heirathen so leicht wie bei den Bakalahari gemacht würde!

Und wie viel Menschen würden glücklich darüber sein,
wenn die Ehescheidungen so leicht vor sich gingen, wie in
der Kalahariwüste, welche ja selbst Amerika in dieser Be-
ziehung den Vorrang abläuft!

„Die schwarze Schönheit hat ein ausnehmend starkes
Aroma, sehr verschiedenartig von dem in unsern heimischen
Parfümerieladen!" bemerkte ich.

„O", mischte sich Fritz dazwischen, welcher offenbar
merkte, was in mir vorging, wenn er auch meine Worte nicht
völlig verstand, „das ist nichts; gebt sie man mich, ich will
vor alles aufkommen. Und wäre sie nur halb so niedlich,

so wäre sie gut genug vor mir. Ich würde meine Nase nicht
rümpfen, wenn ich ihr bei uns zu Hause sähe. Ich bin froh,
wenn ich eine finde die halb so jung ist."

Ich hielt es indessen nicht für gut, Fritz zu willfahren
auf die Gefahr hin, Mapaar vor den Kopf zu stossen, that
also, als sei ich ganz zufrieden, schickte nach meinen Decken
und nahm von meiner Wohnung Besitz.

Gegen Abend ging ich hinüber zu den Wagen, um zu
sehen, was meine Begleiter machten, fand dort eine Menge
Weiber, welche sich daselbst häuslich einrichteten, und fragte
Fritz wer die seien.

Sein Gesicht strahlte von ungeheuchelter Befriedigung,
als er antwortete: „Gott hat mir nicht verlassen; diese Frauenzimmer sein unsere Weiber."

Die andern Leute waren ebenso glücklich, hatten reichlich zu essen und Weiber, um für sie zu kochen: sie ergaben
sich also ganz in ihr Schicksal und diesmal beneidete ich sie
darum. Ich konnte mich nicht so leicht in die Umstände
schicken, überlegte hin und her was zu thun sei, kehrte zuletzt gerade vor Finsterwerden zu meiner Hütte zurück, that
als ob ich sehr müde sei und warf mich auf meine Decken,
indem ich sofort einzuschlafen schien, um meine dunkle Braut
nicht zu beleidigen, welche sich alsbald, angezogen von dem
Singen und Jubeln bei den Nachbarn unter den Wagen, sachte
aus der Hütte wegstahl. Mit Sonnenaufgang kehrte sie zurück, brachte Milch und Mehlspeise zum Frühstück und schien
ganz beglückt, dass ich ihre Kost annahm. Als ich sie aber
bat an meiner Mahlzeit theilzunehmen, zog sie sich scheu
zurück, über die bei ihrem Stamm unzulässige Zumuthung
erschreckt, dass eine Frau zugleich mit einem Mann essen
sollte — selbst wenn es ihr Ehemann war!

Nach dem Frühstück liess ich den Häuptling durch Kert
um die Erlaubniss bitten, seinen Garten zu besehen, da ich
erfahren wollte, wie sie ihr Land bebauen und was sie ernten.
Mapaar kam sogleich selber mit einem ganzen Gefolge von
Leibdienern, von denen der eine seinen Klappstuhl (ein

hölzernes Gestell, worüber Lederstreifen, die als Sitz dienten),
der andere einen Fächer, der dritte ein Fell u. dgl. trug.
Der alte Häuptling, offenbar in bester Laune, erkundigte
sich nach meinem Befinden und lachte laut auf, als ich ihm
sagte, ich sei ganz wohlauf und gestärkt nach den Strapazen
der Reise, da ich die ganze Nacht gut geschlafen hätte.
Die nur wenige Schritte abseits liegenden Gärten waren
von dicken Reihen Stachelbusch umgeben, deren Wurzelenden
nach innen, wogegen die Buschseite sorgfältig nach aussen
gedrückt war und die so ein vollkommenes Gehege bildeten. Das
Thor bestand aus einem grossen Stachelbusch, welcher nur
mit einiger Geschicklichkeit beiseite gebogen werden konnte,
ohne dass man sich verletzte. Jeder Häuptling des Stammes
hatte seinen besondern Garten zu bebauen. Der Garten
Mapaar's war natürlich der grösste, war aber doch kaum
einen Acker gross; mit diesem Grundstück konnte er
jedoch seine Bedürfnisse befriedigen. Die Cultur erstreckte
sich nicht viel hinaus über den Anbau von Mehlfrüchten und
Melonen, von welchen man zwei Ernten, eine reife und
eine grüne, sah, indem der ersten Mehlfruchternte sofort das
Auspflanzen der Melonen, und der ersten Melonenernte die
Aussaat von Mehlfrüchten folgt. Diese Melonen umfassten
sowol die grosse runde als die lange hakenförmige Art
Melonenkürbis. In einer Ecke war eine kleine Stelle mit
Weizen bebaut, der erst vor kurzem gesäet war; aber hinter
dieser Frucht zeigte mir Mapaar die Perle seiner Culturen,
einige hundert Tabackstauden, auf welche er sehr stolz war.
Er hatte einige Hände voll eines Stoffes, der wie grüner Thee
aussah, in seiner Tasche, das Zeug roch aber wie Taback.
Das war das Product seines eigenen Gartens; sie schneiden
die Blätter ab und lassen sie im Schatten welken und trocknen, schneiden sie, bevor die Farbe ganz verschwindet, in
Schnitzel, und diese behalten dann die grüne Farbe statt ins
übliche Braun überzugehen. Lulu rauchte davon und fand
ihn sehr gut.
    Ausser mit wirklichem Taback beschäftigte sich Mapaar

mit dem Anbau von Docha, einer Art wilden Hanfs, welchen fast alle Stämme ziehen, trocknen und statt Taback rauchen, was ihnen so grosses Vergnügen bereitet wie den Chinesen das Opium und was auch fast gleicherweise wirkt.

Nach der Besichtigung seiner Gärten stattete Mapaar unserm Lager einen Besuch ab, woselbst ich ihm einen Ingwerbranntwein anbot. Er schmecke wie Ingwer, aber den möge er nicht, er zöge vielmehr „Kölnisches Wasser" vor. Er nannte es nicht gerade so, aber es war doch gemeint, und Fritz brachte also eine Flasche herbei, weil ich glücklicherweise davon einen Vorrath besass, infolge der freundschaftlichen Ermahnung zu Kimberley, dass dies der beliebte Likör der Eingeborenen, und fast ebenso populär als Dr. Lewin's neuer Sorgenbrecher „Kawa-Kawa" sei. Die Händler mussten, nachdem sie einmal den Geschmack der Eingeborenen für pikante Getränke angeregt hatten, auf irgendeine Weise dem Begehr Genüge leisten und verkauften, wenn der Spiritus zu Ende ging, ein Parfüm, und wenn auch das alle wurde, an seiner Stelle einen Apothekerschnaps. Der Kork wurde also von der elendesten Marke von Maria Farina gelöst, Mapaar führte die Flasche an seine Lippen und setzte nicht eher ab, als bis er den ganzen Inhalt die Kehle hinunter geschickt hatte.

Und darauf bat er sich noch mehr aus!

Ich schrak zuerst davor zurück, diesem bescheidenen Verlangen zu willfahren, weil ich fürchtete, das Volk würde es mir zur Last legen, falls es ihm schlecht bekäme.

„Nur keine Sorge", sagte Fritz, welcher sich auf dies Geschäft verstand, „geben Sie sie ihm, so trinkt er Sie sechs Flaschen auf einmal aus", und noch bevor ich sagen konnte: „In Gottes Namen denn, holt ihm was er wünscht!" war die zweite Flasche auch schon geholt. Es dauerte nicht lange, so folgte sie der ersten, und dann wanderte Se. Lordschaft ohne Umstände nach seinem Palais von schmutzigem Lehm und Gras, ebenso glücklich, wie ein Dreiflaschengentleman seinem eleganten Clubhause zusteuert.

Der grösste Theil des Tages verfloss über der Besich-

tigung unserer Sammlungen von Vogelbälgen und Insekten.
Von den erstern waren einige unmittelbar nach dem Abhäuten
weggepackt, nachdem sie höchstens mit etwas Arsenikseife
eingerieben waren; daher fürchtete ich, dass Fäulniss eingetreten sei, besonders weil einige viel Fett enthielten. Der
erste Balg, der uns in die Hände fiel, war der eines grossen
Adlers, an welchem meine schlimmsten Besorgnisse sich bestätigen sollten; denn obwol er vier Tage zum Trocknen aufgehängt gewesen, so war das Exemplar doch überall verfault,
wo nur eine Spur von Fett zurückgeblieben war, und zerfiel
deshalb bei der leisesten Berührung; merkwürdigerweise war
indessen alles, was ohne zu trocknen gleich in der Eile weggepackt wurde, vollständig gut erhalten.

Lulu die ganze Sorge des Wiedereinlegens überlassend, ging
ich in der Nähe der Wagen auf die Insektenjagd. Das erste was
ich erblickte, war eine ungeheuere Spinne, die aus einem Loch
in der Erde kam. Kert entdeckte sie zuerst und machte mich
auf sie aufmerksam; er nannte sie „Haar-Snyder" (Haar-
schneider) und sagte, sie wohne in einer Art Schachtel mit
einem Deckel darüber, die sie sich einige Zoll unter der Erdoberfläche anlege. Bei unserer Annäherung zog sie sich in
ihr Loch zurück; wir gruben sie also sorgfältig aus und fanden richtig dicht unter der Erdoberfläche ein kleines vier-
eckiges, schachtelartiges Nest von Spinnengewebe, dessen
oberer Deckel plötzlich aufgestossen wurde, um die heraus-
eilende Spinne auszulassen, und dann sich schnell wieder
schloss. Im nächsten Moment lag meine Hand auf ihr, trotz
Kert's Rufen: „Nicht doch, Sieur, sie ist giftig!" — alles was
kriecht, war in Kert's Augen „giftog" (giftig) — und ich fasste
sie am Leibe. Leider stürzte darüber der Sand und ihre
Wohnung ein, aber ich verschaffte ihr bald eine andere in
einer meiner Schachteln. Ihre mächtigen Kinnbacken waren
mit einer doppelten Reihe scharfer Sägen bewaffnet, womit
sie mich ohne Zweifel heftig gebissen hätte; aber ich hatte
sie glücklicherweise gerade hinter dem Kopf ergriffen, und
dadurch war es mit dem Beissen vorbei.

Da kam gerade ein Bote von Mapaar mit der Meldung, dass einige Gemsböcke (Beisa-Antilopen) ganz in der Nähe gesehen worden seien und deshalb morgen eine Jagd stattfinden würde, wozu die schnellsten Läufer bereits befohlen seien. Ob der grosse Kapitän mit Tagesanbruch sich dem Zuge anschliessen wolle? Wir möchten unsere Büchsen mitbringen und die Thiere schiessen, welche seinen Jägern entgingen. Ich befragte den Boten über ihre landesübliche Jagdmethode und hörte zu meiner Ueberraschung, dass sie die Thiere zu überholen und mit dem Assegai oder Speer zu tödten pflegten. Es war freilich kaum glaublich, dass ein Mensch einen Gemsbock überholen könne, weil ich so oft auf meinem Pferde hinter ihnen zurückgeblieben war, aber um so freudiger nahm ich Mapaar's Einladung an, nicht allein wegen der Aussicht zu Schuss zu kommen, sondern vielmehr deshalb, um dieser Jagd unter so neuartigen Verhältnissen beizuwohnen. Lulu war anderer Meinung; nicht für alle Jagden der Welt würde er sich der Mühe unterziehen und die Wagen verlassen.

„Aber bedenken Sie doch, was für ein hübsches Bild das geben kann! Die Buschmänner können die Camera und alles Zugehörige tragen und Sie können jeden Augenblick mit Ihren Platten losschiessen, ohne jemand zu verwunden.“

„Das hört sich schon besser an“, erwiderte der Camera-Schwärmer. „Ich laufe ja meilenweit um ein gutes Bild. Aber Sie haben gut reden, niemanden zu verletzen. Hier habe ich die jungen Mädchen auf ihrem Wege von der Quelle mit den Wasserkrügen auf dem Kopf photographiren wollen, und wenn ich gerade die Camera eingestellt habe, so springen sie mir blitzschnell in den Busch. Ich liess ihnen durch Kert sagen, dass ich ihnen nichts zu leide thun würde, aber das half alles nichts.“

„Sie müssen sich in der Richtung ihres Weges aufstellen, sich im Wagen verbergen und sie fassen, sobald sie unter jenem K'gungbaum vorübergehen.“

„O, ich bekomme ihre Photographien schon; ich muss für diese verschämten Schönen nur eine extra empfindliche

Platte aussuchen und den Verschlussapparat gut in Stand setzen. Damit hätte ich den Löwen photographiren können, wie er auf den armen Klaas sprang, wenn Se. Majestät nur so höflich gewesen wäre, seine Absicht, bei uns vorzusprechen, etwas vorher anzuzeigen. Was hätte das für ein herrliches Bild gegeben, wenn es Tag war! Doch wir sollten uns schämen, hier so davon zu sprechen. Ich fürchte, wir müssen den armen Burschen hier lassen, denn es geht ihm viel schlechter, seit er seine Wunden von den hiesigen Leuten behandeln lässt."

Gegen Abend schickte meine Kraalgenossin mir die Botschaft, dass das Abendessen fertig sei; ich folgte demgemäss der Aufforderung und lud mir Lulu als Gast ein. Beim Betreten der Hütte klopfte ich der „Dame des Hauses" auf den Kopf, um ihr meine Freude über ihre Anwesenheit kundzugeben; aber solche unbedeutende Liebkosung schien sie nicht zu verstehen und nahm sie nur mit dem schwärzesten ihrer schwarzen Blicke hin. Vielleicht hatte ich mich wieder unbewussterweise gegen die gesellschaftliche Ordnung dieses Volkes vergangen, aber das störte mich wenig und meinen Appetit erst recht nicht; wir liessen uns in der landesüblichen Weise nieder und thaten dem Mahl alle Ehre an, wobei wir unsere Finger und Taschenmesser statt des fehlenden Geschirrs benutzten. Die Speisekarte war gar nicht zu verachten. Gewiegte Mehlspeise, gebacken und dann in Milch gebraten; gedämpfter Kürbis und Hammelcotelettes in Holzasche, die von der „Frau" beschafft war, geröstet, nebst Kaffee und Zucker aus meinem Wagen, was wollten wir mehr! Die Mehlspeise schmeckte vorzüglich und langten wir deshalb frisch zu, so frei, dass wir das Wohlgefallen der ältern Damen uns erwarben, welche als Dienstmädchen fungirten und die Aufmerksamkeit der „Frau Farini *ad interim*" auf diese Thatsache hinlenkten.

Es ist gar zu dumm, dass ich für diese Dame gar keinen Namen aufzufinden weiss. Ihren wirklichen Namen kann ich nicht aussprechen, ja nicht einmal buchstabiren. Ich kann sie doch nicht als meine „Frau" anreden, „Jungfrau" ist nicht

Kaffernmode: „Haushälterin" ist mir zu förmlich: zerhauen
wir den Knoten und nennen sie „schwarze Schönheit".

Aber die schwarze Schönheit war übelgelaunt und kümmerte sich nicht darum, ob ich ass oder nicht. Sie that mir
leid, weil sie es ohne Zweifel als eine Beleidigung empfand,
dass der weisse Kapitän sie vernachlässigte, während ihren
Freundinnen von seinen Gefährten in aller Weise gehuldigt
wurde, aber es wollte mir nicht in den Kopf, auch nur entfernt schön zu thun mit dieser schwarzen Schönheit. übel-
riechend, fettig, unbekleidet, ungewaschen und ungekämmt
wie sie war.

Als wir mit dem Essen fertig waren, kam die Reihe an
die Frau vom Hause. Ihre untergeordnete Stellung hatte
ihren Appetit nicht beeinträchtigt. denn sie ass für drei und
wusch das kräftige Mahl mit einer kleinen Kalabasse voll
Milch herunter, welche erst wenige Minuten vorher frisch von
der Kuh gemolken aber jetzt schon völlig dick war. Dies
setzte mich in Erstaunen, weil doch einige Zeit dazu gehört,
bis die Milch dick wird, in welchem Zustande die Kaffern sie
so lieben, wenigstens sah ich es so bei den Zulus. welche Thier-
häute, die schon etwas Hefen enthalten, mit frischer Milch zu
füllen und dann kräftig zu schütteln pflegen. Welche Zauberei
bewirkte aber hier, dass frische Milch so rasch verändert
wurde? Hatte die saure Gemüthsstimmung meiner schwarzen
Schönheit diesen Wandel bewirkt? Ich versuchte sie durch
Mienen zu befragen, konnte mich aber nicht verständlich
machen; sie glaubte, ich verlange auch nach Milch, und
schickte nach frischem Vorrath, welcher in einer Viertelstunde
auch gebracht wurde, mit dem Schaum noch darauf, also frisch
von der Kuh. Da ich aber noch etwas dicke Milch in der
Kalabasse entdeckte, so zeigte ich erst auf diese und dann
auf den frischen Ersatz. Jetzt verstanden sie mich und eine
der Abigails brachte zwei kleine Beeren herbei, von der Grösse
einer rothen Johannisbeere und fast von derselben Farbe, doch
nicht so glänzend. Sie fasste sie dann zwischen Daumen und
Zeigefinger, stach ein Loch hinein und liess zwei Tropfen einer

grünlichen Flüssigkeit aus jeder in die frische Milch fallen.
Binnen einer halben Minute war diese völlig geronnen, behielt
aber ihren vollen süssen Geschmack. Die Beere selber
schmeckte eigenthümlich bitter. Sie wächst auf einem niedrigen Dornbusch gleich einem Rosenstrauch; ich habe mir
etwas Samen eingelegt, weil ich denke, dass man diesen Ersatz für Lab in Europa willkommen heissen wird.

Nachdem ich mich auf Kosten der schwarzen Schönheit
gestärkt hatte, war ich undankbar genug, sie an diesem Abend
ganz allein zu lassen, und schlief im Wagen. Vor Tagesanbruch kamen zwei Boten, um uns zu wecken, und in wenigen
Minuten waren wir marschfertig. Kert, Fritz und ich mit unsern Gewehren, Lulu und die Buschmänner mit der Camera.
Mapaar und seine Jäger erwarteten uns vor der Thür seiner
Hütte und nun ging es ohne Verzug vorwärts. Von der Ebene
uns wegwendend, durchwanderten wir einige Kilometer weit
das wellenförmige Gelände, den Ocean von Sandwogen, dessen
Graswellen vom Winde gekräuselt wurden. Zuletzt machten
wir halt am Fusse einer langen hohen Sanddüne, auf welche
die Jäger hinaufkrochen, sich platt auf den Bauch legend und
die Gegend sorgfältig von der Höhe herunter durchmusternd.
Bald begannen sie Zeichen mit der Hand zu geben, um anzu-
deuten, dass sie Wild sähen, und die übrigen vertheilten sich
darauf nach verschiedenen Richtungen, je nach den Zeichen
des Postens auf dem Auslug. Dies dauerte mehrere Stunden.
Nicht ein Wort wurde dabei gesprochen, und obgleich ich es
erst interessant fand, auf die verschiedenen Anordnungen der
Jäger gemäss den Zeichen von der Hügelspitze zu achten, so
wurden diese Vorgänge doch mit der Zeit langweilig. Endlich bekamen wir den höchst willkommenen Befehl, den Abhang hinaufzusteigen, welchem wir rasch nachkamen. Ich war
zuerst von allen oben, liess mich platt auf den Sand nieder
und kroch neben die beiden Ausluger. Drei Kilometer zur
Linken sah ich eine Heerde Gemsböcke in dem Dünenthal
weiden, und etwa ebenso weit konnte ich nach rechts herüber
zwei Leute entdecken, welche etwa 100 Schritt voneinander

auf einer leichten Bodenwelle sich befanden. Kert duckte
sich neben mich und neben ihm Mapaar; deshalb liess ich
den Häuptling durch Kert nach dem Operationsplan befragen,
um leichter mit dem Fernrohr folgen zu können. Seine einzige Antwort lautete aber dahin, er dürfe den Häuptling nicht
stören, solange derselbe seine Leute dirigire; aber Kert hatte
am vorigen Abend schon genug von den Jägern darüber gehört und konnte mir selber ihre Taktik schildern.

Die Heerde war bereits allmählich umstellt und zwar
hatte der grössere Theil der Jäger sich in einiger Entfernung
nach der Windseite hin aufgestellt, weil der Gemsbock, wenn
aufgestört, immer gegen den Wind entflieht, die Heerde sollte
aber nach der Seite getrieben werden, wo die beiden obengenannten Leute sichtbar wurden. Nirgends sonst konnte man
jedoch eine menschliche Gestalt entdecken; hier und da freilich glaubte ich einen Menschen durch das Gras kriechen oder
sich hinter Büschen verstecken zu sehen; aber selbst mit
Hülfe meines Glases blieb das Urtheil unsicher. Plötzlich
jedoch erschien auf einmal auf ein Zeichen von Mapaar ein
Halbkreis von Köpfen über dem Grase und die Leute begannen als Treiber sich um die bisjetzt noch arglosen Thiere
zusammenzuziehen. Die Hörner dieses Halbmonds rückten
schneller vor als die Mitte, sodass die halbkreisförmige Linie
zu einer Ellipse wurde und mir dadurch die Gewissheit gab,
dass die Schlachtopfer nach dem ihnen bereiteten Hinterhalt
getrieben werden sollten.

Die Linie der Jäger war aber bald fast unsichtbar, bald
sahen wir von unserm erhabenen Standpunkt einen oder den
andern sich seinen Weg durch das dichte Gras bahnen und
sich näher und näher an das Wild ziehen, sodass wir uns
wunderten, dass die unter dem Winde befindlichen Thiere
ihre Verfolger nicht witterten oder ihre Bewegungen hörten.
Je näher die Jäger an ihre Beute heranschlichen, desto
schwerer konnten wir ihren Bewegungen folgen, weil sie sich
so nahe am Boden hielten; aber dennoch war es ihnen bislang unmöglich, die grasende Heerde zu erreichen, ohne sie

zu alarmiren. Da witterte oder hörte sie der alte Bulle,
sein Kopf fliegt in die Höhe, das prächtige Gehörn in seiner
Vollkommenheit zeigend, und mit zwei andern Thieren trabt
er weg. Die ganze Heerde wird folgen. Bewahre! sie halten
nach einigen Schritten wieder an und grasen ruhig weiter.
Da sah ich gerade hinter ihnen einen fremdartigen Gegenstand sich über dem Grase bewegen. Nach Mapaar hinüber-
blickend, um zu sehen was er that, bemerkte ich, dass er eine
an einen Stock befestigte Schakalruthe hin- und herbewegte
und dass der fremdartige Gegenstand also das Antwortsignal
bedeutete — zugleich die Stellung der Treiber andeutend und
zum Todeslauf auffordernd. Bevor ich wieder rundschauen
konnte, waren die Treiber aufgesprungen, hinter und nahe
bei der Heerde. Die Böcke blieben einen Augenblick wie
gelähmt auf dem Fleck stehen, dann aber senkte sich ihr
Gehörn über dem Rücken und fort ging es durcheinander, und
mit derselben halsbrecherischen Eile ihre Verfolger hinter
ihnen her. Sollte aber wirklich ein Mensch hoffen dürfen,
sie zu überholen! Der Bock wird doch sicherlich entwischen,
als plötzlich ein Mann gerade vor ihm in die Höhe sprang
und nach zwei Sätzen einen Assagai auf ihn als leitenden
Bock und noch auf einen andern warf, und sogar noch einen
dritten Speer auf ein folgendes Thier. Dieser Angriff veranlasste die Heerde, nach uns hin abzuschwenken, als ein
zweiter Jäger, diesseit des ersten, aufsprang, und zwar an
unserer Seite der Heerde, und auch drei bis vier Speere, zwei
wenigstens mit derselben Wirkung und einen auf den bereits
verwundeten Leitbullen warf.

　　Einen Augenblick schienen die erschreckten Thiere in
ihrer Flucht anzuhalten, aber die Treiber hinter ihnen, jetzt
ebenfalls als Jäger auf sie losstürzend, beschleunigten ihre
Schritte, und nun wurden sie beim Weitergehen von zwei
neuen Speerwerfern, einen von jeder Seite, angegriffen. So
ging die Jagd fort unter dem vereinigten Jauchzen und
Schreien der Jäger, welche ihre Speere verschossen hatten,
während die zum Tode erschrockene Heerde unbarmherzig

gezwungen wurde, Spiessruthen durch eine doppelte Reihe
verborgener Speerwerfer zu laufen, welche in häufigen
Zwischenräumen aus ihrem Versteck hervorsprangen, erst
einer auf dieser, dann ein anderer auf jener Seite, ihre Assagais mit nie fehlender Sicherheit warfen und dann sich zur
Verfolgung der getroffenen Beute aufmachten. Allmählich
führte der Leitbulle nicht länger; ein halb Dutzend Speere
steckten in seinem Leibe, sodass er einem riesigen Stachelschwein glich, er mässigte seine Eile, wurde von einigen
Thieren seines Gefolges überholt, welche nun an die Spitze
stürmten, nur um von dem Schicksal ihres Führers ereilt zu
werden.

Einige Jäger traten jetzt aus den Reihen der Verfolger
zurück, um ihre Aufmerksamkeit den am schwersten verwundeten Thieren zuzuwenden, und überliessen den Rest der
Heerde der Gnade ihrer noch weiterhin lauernden Kameraden.
Der alte Bulle nebst zwei Gefährten waren allmählich weit
zurückgeblieben und standen verlegen da, jedes Thier umgeben
von einer kleinen Anzahl Jäger, welche die erste Gelegenheit
abwarteten, um auf sie einzustürzen und ihnen den Gnadenstoss
mit dem breiten schweren Speer zu geben, welcher für den
Nahkampf aufgespart wird, nachdem die leichten Assagais ihr
Werk vollbracht haben. Da eine Unterbrechung der Operationen jetzt nicht weiter gefährlich war, so rannte Lulu mit
seiner Camera und gefolgt von den Buschmännern mit dem
übrigen Apparat jetzt die Düne herunter auf den nächsten
Bullen los, während ich stehen blieb, um das Schicksal der
andern voneinander abgetrennten Thiere zu verfolgen. Aber
bevor der letzte unverwundete Bock seine Speertaufe erhalten,
wurde meine Aufmerksamkeit auf die Schlussscene des Kampfes gegen den alten Bullen abgelenkt, der noch eben vorher
so stolz im Gefühl seiner Stärke gewesen war und jetzt,
seinen Harem in alle Winde zerstreut sehend, seinen Feinden
zum letzten Gange Trotz bot. Edelwild bis zum letzten Augenblick, äugte das schöne Thier seine Feinde gerade an, warf
den Kopf zurück, dass das lange, gerade, scharf zugespitzte

Gehörn über den Rücken strich und bis zum hintern Viertel
reichte, dann bog es den Hals krumm, sodass die Hörner gut
hervortraten und einen Angriff von vorn unrathsam machten.
Seine Quälgeister drängten sich dann näher heran, die kurzen
Speere mit beiden Händen führend; jetzt machte der eine zum
Schein einen Sprung nach seinem Kopf, auf welche Bewegung der Bulle mit einem langen seitlichen Ausholen seiner
Hörner antwortete, aber in demselben Augenblick sprang von
der andern Seite ein anderer Jäger auf ihn ein und vergrub
seinen Speer in der Seite des Thieres. Der Bulle stolperte
und brach zusammen, aber mit einem letzten Stoss seines
Gehörns streifte er den Arm des Jägers und verwundete ihn
anscheinend, denn die andern Männer versammelten sich um
ihn, als ihre Beute vor ihnen zusammensank.

Dieses ganze Schauspiel dauerte kürzere Zeit als die Beschreibung erfordert, sodass Lulu nicht nahe genug herankommen konnte, um ein Bild von der Gruppe zu erhalten. Als
der Bulle fiel, rannten wir alle so schnell als möglich hinzu,
kamen aber erst auf dem Kampfplatz an, als der Bulle schon
halbabgehäutet war. Lulu's Gesicht war der Mühe werth
zu sehen. Hätte er nur seine Camera auf sich selber richten
können, um die hoffnungsvolle Aufregung und die tiefe Enttäuschung verewigt zu sehen, als er athemlos den Schauplatz
erreichend bemerkte, dass er zu spät kam und auch keine
andere Kampfscene rechtzeitig erreichen konnte.

„So geht es mir immer! Bleibe ich zu Hause, so ist
Wild in Fülle da, wenigstens sagt ihr so; bringe ich aber
meine Camera hinaus, so ist keine Spur davon zu sehen.
Ich will Ihnen meine Meinung geradeheraus sagen: verstehen
Sie die Dinge nicht besser zu leiten als hier, so nehme ich
ein Retourbillet nach Hause. Wenn ich gewusst hätte, dass
es nothwendig sei, die Camera auf ein Reitpferd zu laden und
im vollen Galop Bilder der wilden Thiere aufzunehmen, dann
hätte ich einen Revolverapparat mitgebracht. Aber einerlei, von jetzt an stelle ich den Apparat oben auf dem Wagen
auf und richte mich daneben häuslich ein; und wenn ich

dann einmal elektrisches Licht anwende, so kann ich es noch so weit bringen. den Löwen in seiner Häuslichkeit zu photographiren!" Während Lulu in dieser Weise Dampf abblies, machten die Jäger rasch ein Feuer an und rösteten in der Asche die Eingeweide des Bocks, nachdem sie sie erst durch die Finger gezogen hatten, um sie zu reinigen. Ich bat, mir die grossen Stangen des Gehörns gütigst zuzuwenden, und Mapaar versprach sie zum Wagen zu schicken. Er und alle seine Jäger waren in bester Stimmung. Von den 13 Gemsböcken, woraus die Heerde bestand, war nicht einer entkommen, und jetzt begann die Arbeit, die Felle und das Fleisch nach Hause zu schaffen. Jeder Jägersmann wurde mit Fellen oder grossen Vierteln Fleisch beladen. Es war ein mühseliger Rückmarsch; aber eine halbe Stunde vor dem Dorf begegneten uns die Weiber. Welch ein Pandämonium! Alle Welt schreiend. tanzend, singend und sich in affenartigen Possen ergehend. woran selbst die Jäger, so müde sie auch sein mussten, fröhlichst theilnahmen. Lulu gelang es, ein Bild der Procession zu erwischen, wie sie an Mapaar's Hütte vorbeidefilirten, vor welcher jeder seine Last an Häuten und Fleisch niederlegte. Dann wurde ein Halbkreis um den Häuptling gebildet und mit der Vertheilung der guten Sachen begonnen, als die ganze Gesellschaft plötzlich auseinanderstob. Ich stand gerade neben Mapaar und bewunderte die Ordnung und den Anstand, mit welchem jedermann vortrat und den für ihn bestimmten Beuteantheil empfing, als der dichtgedrängte Haufe plötzlich in die Lüfte zu verduften schien. Ich blickte umher, in der sichern Erwartung, dass wenigstens ein ganzes Rudel Löwen sich zum Sprunge anschicke. und da stand hinter uns Lulu mit seiner vielgefürchteten, auf den Haufen eingestellten Camera! Mapaar rief selber hinter seinen von panischem Schrecken ergriffenen Unterthanen her, aber sie blieben taub gegen alle seine Befehle.

Da luden wir, um der Situation eine bessere Wendung zu geben, Mapaar selber ein, die Camera in Augenschein zu nehmen und glücklicherweise folgte er uns, wenn auch nicht

ohne Zittern, während Kert ihren Nutzen zu schildern versuchte. Nur nach Ueberwindung beharrlichen Widerstrebens
gelang es uns, ihn einen Blick hineinwerfen zu lassen, damit
er sich persönlich überzeuge, wie harmlos das Ding sei; als
er aber seinen Kraal das Unterste zu oberst erblickte, wollte
er nichts mehr sehen, erklärte alles für Zauberei und stellte
sich auf die Seite seines Volks, welches verlangte, dass der
ganze Kram beseitigt werde. Ich darf nicht verschweigen,
dass Lulu sich andern Tags rächte, indem er nicht allein
Mapaar, sondern auch eins seiner Weiber photographirte,
welche, ohne zu ahnen was mit ihnen vorgenommen wurde,
vor der Thür ihres Lehmpalastes standen. Hier ist das Bild.

Als endlich der Stein des Anstosses entfernt war, schlichen
sich die Leute wieder heran, je eins oder zwei auf einmal und
empfingen ihren Antheil vom Wildpret; aber es ging nachher
sehr still zu. Unter den Empfängern befanden sich auch die
schwarze Schönheit und ihre beiden aufwartenden Abigails,
welche, wie ich bemerkte, ein langes Gespräch mit dem Häuptling führten und ihre Reden mit vielen Geberden begleiteten;
darauf kehrten sie in mein Schloss zurück und ich folgte ihnen
auf dem Fusse nach.

KÖNIG MAPAAR UND SEINE GEMAHLIN.

S. 245.

# VIERZEHNTES KAPITEL.

Ein Misverständniss in der Familie. — Ich muss mich auf die Defensive beschränken. — Urtheil „nicht schuldig". — Vom Regen in die Traufe. — Verwandlung in einen Wetterpropheten. — Eine gefährliche Klemme. — Auf der Entenjagd. — „Gewonnen, doch nicht gefreit." — Meine Prophezeiung erweist sich als nur zu wahr. — Noch einmal im Verhör. — Meine Logik gegen Mapaar. — Ende gut, alles gut. — Adieu Mapaar! — Im Wald. — Auf der Löwenfährte.

Beim Eintritt in meine Hütte überraschte es mich, sie ganz voll Weiber und Kert als die einzige Mannsperson unter ihnen zu erblicken. Mich mitten unter der Versammlung auf meine Decken niederlassend wartete ich auf die Enthüllung, aus welchem Grunde diese Versammlung stattfände, welche, wie ich mit einem Blick übersah, mir zu Ehren, wenigstens in meinem Interesse angesetzt war. Meine dicklippige Venus sass neben ihrer Mutter, welche die Verhandlungen durch eine lange und augenscheinlich aufregende Ansprache eröffnete, welche häufig erst auf ihre Tochter, dann auf meine Wenigkeit Bezug nahm. Zum Schluss sah sie mir gerade in die Augen, wiederholte dieselben Worte dreimal und setzte sich dann nieder mit der selbstzufriedenen Miene eines jungen Advocaten, welcher überzeugt ist, einen starken Eindruck auf die Herren Geschworenen gemacht zu haben. Darauf trug Kert mir eine Uebersetzung der Rede in seinem besten Afrikander-Holländisch mit etwa folgendem Inhalt vor:

„Dies ist die Mutter der Frau, welche der Häuptling Ihnen schenkte. Ihr Vater war Mapaar's Vater, und deren

Vorfahren waren auch Häuptlinge seit der Zeit, dass der
Bakalahari-Stamm auftauchte. Sieh da ihre Tochter, wie
schön sie ist, und wie sie gelernt hat, ihrem Ehemann zu gehorchen. Korn und Melonen zu kochen und Kaffee zu machen.
Womit hat sie nun den Kapitän von London beleidigt?
Mapaar hat Ihnen die Ehre erzeigt, dieses Mädchen zu Ihrer
Frau zu bestimmen, solange Sie sich hier aufhalten, und hat
sich im voraus darauf gefreut, einen Sohn von dem grossen
Kapitän von London zu bekommen, welcher zum Andenken
an Ihren Besuch in seinem Hause sollte auferzogen werden:
aber der weisse Kapitän hat seine Braut verschmäht und
einen schwarzen Schatten auf ihre Familie geworfen. Will
der grosse Kapitän sein Verhalten rechtfertigen?"

Es erforderte beträchtliche Selbstbeherrschung, das Lachen
über die spasshafte Seite der mir gewordenen Mittheilung
zurückzuhalten; aber die Sache hatte auch ihre ernste Seite;
denn es war durchaus nicht ausgeschlossen, dass die Eingeborenen meine Lage zu einer sehr ungemüthlichen machen
würden, falls ich keine genügende Entschuldigung vorbrachte.
Jedenfalls hatten sie die Macht dazu. Ich legte also meinen
Mienen Zwang an, sodass sie weder Behagen noch Aengstlichkeit verriethen, stand ruhig auf, als Kert sich niedersetzte,
und begann mit folgenden Worten:

„Der Kapitän von London ist sehr erfreut über den
freundlichen Empfang beim grossen Stamm der Bakalahari
und dankt ihm für die ihm erzeigten Ehren."

Dabei sah ich Kert an, zum Zeichen, dass er meine
Worte Satz für Satz übersetzen solle. Hielt ich eine lange
Rede und liess ihn dieselbe hernach verdolmetschen, so konnte
er auf seine eigene Faust hinzuthun oder weglassen, während
bei einer Uebersetzung Satz für Satz es ihm schwerer wurde
abzuschweifen und ich leichter die Wirkung meiner Worte
auf die Zuhörerschaft überwachen und demgemäss ihre Fassung
ändern konnte. Als ich still schwieg, nahm deshalb Kert das
Wort, indem er meine Ideen auf die für eine Bakalahari-
Zunge passende Weise einkleidete und ihnen die richtige

Localfarbe gab, ohne Gelegenheit zu bekommen, ihren Inhalt abzuändern. Er hatte eine rasche Auffassungsgabe und ich wusste im voraus, dass meine bevorstehende Erklärung weder bei ihm noch bei denen, an deren Adresse sie speciell gerichtet wurde, ihren Eindruck verfehlen würde.

„Die schöne Tochter von Mapaar's Vater verdient gewiss den besten Ehemann", fuhr ich fort. „Vom ersten Augenblick dass ich sie sah, haben ihre glänzenden Augen es mir angethan; und ihre Kochkunst haben wir vollauf gewürdigt. Nicht weil sie nicht würdig und schön ist, habe ich den Anschein auf mich geladen, dass ich sie vernachlässige und die Ehre nicht schätze, welche Mapaar mir mit ihrer Wahl zu meiner Frau erwiesen. Aber weiss denn das grosse Volk von Lihutitung noch nicht, dass der grosse Kapitän von London, dem es so viel Ehre erzeigt, nicht immer thun kann, was er wol möchte. Als der oberste Wunderdoctor der grossen Königin von England darf er nicht heirathen. Nähme er die schöne Tochter der Balala zu seinem Weibe, so würde seine Macht, Gutes und Böses vorherzusagen, dahinschwinden. Deshalb darf er es nicht. Doch hat er sein grosses Vergnügen daran, sie in seiner Nähe zu wissen und es würde ihm sehr leid thun, wenn sie nicht fernerhin ihren gewohnten Platz bei ihm einnähme und ihn wie bisher mit ihrer Gegenwart beehre. Sie sollten mich bedauern und nicht tadeln, weil ich sie nicht zum Weibe nehmen darf."

Ich muss gestehen, dass das Studium der Gesichter meiner Zuhörerschaft mir nicht gerade viel Beruhigung verschaffte, als ich dieses Phantasiestück zum besten gab. Auch meine Leser werden sagen, dass meine Entschuldigung ziemlich lahm gewesen, aber mir fiel keine bessere ein. Ich setzte mich also wieder nieder, nachdem ich meine Vertheidigung beendet, und erwartete den Urtheilsspruch der schwarzen Matronenjury. Einige Augenblicke herrschte tiefstes Schweigen, dann aber sprang eines der alten Weiber auf und verliess rasch die Hütte. Noch immer sprach niemand, deshalb wandte ich mich an Kert und fragte ihn leise, was

der nächste Act des Dramas bringen würde, als Mapaar
selber erschien, bevor Kert antworten konnte, nebst zwei Be-
gleitern und dem „Obmann der Geschworenen", welcher vorhin hinausgegangen war. Das Ganze glich dem Fall, wo der
Richter in den Sitzungssaal gerufen wird, um den Spruch
der eingeschlossen gehaltenen Geschworenen entgegenzunehmen.
nur dass er meine Vertheidigung von meinem Stellvertreter
statt von meinen eigenen Lippen anzuhören gerufen wurde.

Zuletzt konnte Kert mir mittheilen: „Mapaar ist vollständig befriedigt und befiehlt, dass das Mädchen bei mir
bleiben soll. Er meint, Sie haben ihm grosse Ehre damit
erwiesen, dass Sie dem Mädchen gestatten in Ihrem Kraal
zu bleiben, und zwar weil der Fürst sie selber für Sie aussuchte."

„Aber", fragte Mapaar, „warum darf ein englischer
Pillyass (Zauberdoctor) nicht heirathen?"

„Weil", erwiderte ich, „die Vergnügungen und Pflichten
des Ehestandes unsere Aufmerksamkeit von unsern Studien
ablenken und wir die grössere Verpflichtung gegen unsere
Königin hintansetzen würden. Wir müssen viele Berech-
nungen anstellen und viele Bücher von frühern Pillyassen
durchstudiren, sodass uns keine Zeit zu andern Dingen übrig
bleibt."

Indem ich so ihren Aberglauben zu meiner Vertheidigung
benutzte, gelang es mir, nicht allein meinen Process zu gewinnen, sondern mich von neuem bei Mapaar und seinem
Volke beliebt zu machen, da sie mich als den „ersten Wunderdoctor der Königin" mit grösserer Achtung zu behandeln
schienen, denn als „Londons grossen Kapitän".

Aber nachdem ich so der einen Schwierigkeit entgangen
war, gerieth ich unerwarteterweise vor einer zweiten fest. Ich
war an einer Klippe vorbeigesegelt und sollte jetzt auf einer
andern stranden, denn Mapaar liess jetzt nicht locker, bis
ich mit ihm in seinen Kraal ging, um ihm zu verkünden, wie es
in diesem Jahr mit dem Regen gehen würde. Natürlich konnte
ich nichts Besseres thun, als ihm nachgeben, aber ich erhielt

wenigstens Aufschub für die peinliche Stunde, indem ich ein-
wandte. ich müsse erst die Sterne beobachten und meine
Bücher zu Rathe ziehen. Er war unendlich vergnügt, rief
die schwarze Schönheit zu sich heran und hielt ihr einen
langen Sermon, dessen Wirkung sich in dem reizenden Lächeln
wiederspiegelte, welches ihren umfangreichen Mund umzog.
Nachdem so alle Schwierigkeiten aus dem Wege geräumt
waren, hielt ich es an der Zeit, die Gelegenheit zu benutzen, um
fürbass zu ziehen, bevor wieder etwas anderes dazwischen
kam. Meine Ochsen hatten sich erholt und es lag kein
Grund vor, länger zu verweilen; ich wollte also, nachdem ich
morgen als Wetterprophet fungirt hätte — denn dieser Arbeit würde ich nicht entgehen können — ihn um einen
Führer nach dem Ngami-See bitten, um denselben nach
funfzehn bis sechzehn Reisetagen zu erreichen. Als ich Fritz
oder „Ich will's machen", wie wir ihn nach seinem Lieblings-
spruch benannten, von meiner Absicht in Kenntniss setzte
und ihm auftrug, alles für einen frühen Aufbruch vorzu-
bereiten. rief er aus: „Das ist die beste Neuigkeit, welche
ich seit langem hörte. Ich will's machen. dass wir fertig sind.
Ich kann packen in zwei Ticktacks."

Die Anzeichen des bevorstehenden Wetters hatten jetzt
für mich ein ungewöhnliches Interesse, deshalb wandte ich
die nächste Stunde an ein Studium der Meteorologie von
Südafrika, wodurch ich mich vergewisserte, dass nach den
vorherrschenden Winden dieser Jahreszeit und den Anzeichen
der wolkigen Atmosphäre Regen zu erwarten war. Früh am
Morgen, nach einem ängstlichen Blick auf das Barometer.
welches in den letzten zwei Tagen fortwährend gefallen war
und noch immer fiel, trat ich bei Mapaar in meiner neuen
Eigenschaft als Regendoctor ein. Der Häuptling empfing
mich in Privataudienz, welcher blos der alte Kert beiwohnte.
und fragte sogleich. ob ich mit meinen Studien zu Ende sei.
Ich zog also gleich ein Exemplar eines hundertjährigen
Kalenders aus meiner Tasche. studirte sorgfältig die Zeichen des Thierkreises, nahm meine Uhr in die Hand. zog

sie auf und legte sie dann auf die Erde nieder. Ihr Ticktack hallte deutlich durch die Stille der Hütte und dann verkündete ich mit aller geheuchelten Zufriedenheit über den Erfolg meiner Beobachtungen und mit in die Höhe gerichteten Augen dem Häuptling, dass er Regen und Wind erwarten dürfe, bevor der Neumond einige Tage älter würde: dass vor morgen Abend Regen kommen würde, sei es hier oder in der Nähe, und dass es Wild die Fülle in der Nachbarschaft geben würde. In allen diesen Prophezeiungen blieb ich bestimmt innerhalb der Grenzen der Wahrscheinlichkeit, denn noch gestern hatten die Jäger Kert erklärt, dass sie viele „Spuren" gesehen hätten, sowie dass sie erwarteten, dass Regen kommen und folglich reichlich Wild nachfolgen würde.

Mapaar schien sehr zufriedengestellt zu sein und versprach, mir Melonen und was ich sonst zu haben wünschte zu schicken; deshalb benutzte ich die Gelegenheit, ihm für seine freundlichen Gesinnungen gegen mich zu danken und ihm mein Bedauern auszudrücken, dass meine Verpflichtungen mich zwängen, ihn heute Abend zu verlassen, da ich meine Ochsen hätte auf heute bestellen lassen und meine Wagen bereits so voll wären, dass ich mich nicht länger aufhalten dürfe. Ich müsse zum Ngami-See reisen, um das „kleine Volk" ausfindig zu machen, und zeitig genug zur See zurückkehren, um das Dampfschiff nicht zu verfehlen, welches mich wieder nach England zurückschaffen solle. Dabei liess ich Kert ein Dampfschiff beschreiben und vom Ocean erzählen, in der Hoffnung ihm dadurch die Wichtigkeit meiner Worte erst recht eindringlich zu machen; aber alles war vergebliche Liebesmühe, denn er rief mir am Ende des Besuchs die peremtorischen Worte zu: „Sie können übermorgen abreisen, wenn Ihre Ochsen und alles übrige bereit sind."

Aengstlichkeit, ob meine Wettervorhersagung sich nicht besser bewähren würde als die Mehrzahl der Prophezeiungen der Seewarte, liess es mir wünschenswerth erscheinen, nach dem Ngami-See weiterzuziehen; vielleicht verleitete eine ganz ähnliche Besorgniss, ob meine Prophezeiung eintreffen

würde, Mapaar meinen Plan zu durchkreuzen. Es war ein
hoffnungsloses Beginnen, ohne seine Erlaubniss abzureisen,
weil, abgesehen von der Gefahr, das Land gegen uns aufzu-
regen, Kert meinte, dass niemand es wagen würde, ohne
directen Befehl des Häuptlings uns unsere Ochsen wieder
zuzuführen. Es sah nach Regen aus und fühlte sich auch
so an; aber wenn die nächsten 24 Stunden nicht einen
tüchtigen Guss brachten, so mochte es uns schlecht ergehen,
und ich fühlte mich deshalb etwas muthlos. Als „Ich will's
machen" vom Stande der Dinge hörte, rief er mit bezeichnen-
dem Frohlocken:

„Das ist ganz recht, Sie werden es machen; Sie werden
das schon besorgen. Das wird regnen ganz viel, aber jetzt
nehmt das Gewehr und schiesst Enten auf dem Pfuhl; sie
riechen so schön im Topf."

Für mich war es entschieden besser, in Bewegung zu
bleiben, als dass:

> Der angebor'nen Farbe der Entschliessung
> Würd' des Gedankens Blässe angekränkelt.

darum verurtheilte ich gleich einige Enten in Gedanken zum
Tode. Eine Schar derselben schwamm über den Pfuhl auf
uns zu; ich verbarg mich hinter einen Busch, bis sie in
Schussweite kamen, und schickte ihnen dann den Inhalt
beider Läufe zu, des rechten auf dem Wasser, des linken im
Auffliegen. Der kleine Korap watete hinter ihnen her und wir
mussten herzlich lachen über seine krampfhaften Bemühungen,
sich aus dem zähen Schlamm, in welchen er bei jedem Schritt
festgerieth, wieder loszuarbeiten, aber er liess sich keine entgehen und brachte 11 Stück als Resultat der beiden Schüsse
zurück. In der Entfernung hatten sie ausgesehen wie die
kleine Taucherente, welche auf den Pfuhlen des Landes häufig
vorkommt; um so mehr war ich überrascht zu finden, dass
es die Knäkente (Anas querquedula) und dabei so fett wie
Butter, also eine wirklich willkommene Beigabe zu unserer
Speisekammer war.

Diesen Abend verbrachte ich in der Gesellschaft meiner Braut. „Gewonnen, doch nicht gefreit!" dachte ich, als sie mich mit freundlichem Lächeln bewillkommnete. Sie war ganz vergnügt und gesprächig; mit Kert's Beihülfe erfuhr ich von ihr allerlei Neues und Belehrendes.

Die Bakalahari stammten nach ihrer Erzählung von den Matabele-Kaffern und Vaalpens, welche letztere aus einer Kreuzung der Betschuanen und Kalahari-Buschmänner hervorgegangen seien, während die erstern ursprünglich von den Zulus herstammten.

Während wir plaudernd dasassen, hörte ich schwere Regentropfen auf das Strohdach unserer Hütte niederschlagen. Meine Prophezeiung sollte also in Erfüllung gehen. Gleich darauf kam ein heller Blitz und dann ein fürchterlicher Donnerschlag und ein Windstoss, als sollte das Dach von der Hütte heruntergerissen werden, worauf der Regen in Strömen niederstürzte, die Dichtigkeit unsers leichten Daches einer strengen Prüfung aussetzend, welche es leider nicht bestand. Ich weiss kaum, ob mehr Wasser durch das Dach oder durch die Thür hereinkam, jedenfalls reichte es am Morgen uns bis an die Knöchel. Mit Tagesanbruch war ich draussen. Die ganze Ebene war ein See, in dessen Mitte unsere Wagen bis an die Achsen im Wasser staken. Nachdem ich die Hosen heraufgezogen, watete ich zu ihnen hinüber und fand zu meinem Erstaunen alle in festem Schlaf. Zum Glück für sie hatten sie trockene Betten zum Schlafen und waren in dieser Hinsicht besser daran als die Bewohner der Hütten. Nachdem ich Lulu aufgeweckt hatte, forderte ich ich ihn auf, er möge einmal hinaussehen; da war er denn ganz mit Recht sehr erstaunt über die Veränderung, welche mit unserer Umgebung vorgegangen war. Er fragte, ob er sich auf dem Ararat befinde, ob dieser Wagen die Arche und ich etwa Noah sei.

„Wahrhaftig, Noah!" rief er, „es ist ein Glück, dass der Regen aufgehört hat und die Wasser sich verlaufen; denn es ist kein Heu mehr da für die Elefanten meines Zwingers und die Löwen und Tiger sind so hungerig geworden, dass sie alle Schafe bereits aufgefressen haben."

„Und dabei haben Sie sich eines so gesunden Schlafs erfreut, dass Sie keine Photographie des interessanten Schauspiels aufnehmen konnten."

„Alles sehr schön, Noah; aber die Katzen haben die Tauben gefressen, und für Sie wäre es besser hereinzukommen, um zu versuchen, ob Sie einen von diesen getrockneten Geierbälgen wieder fliegen lassen können. Oder wollen Sie vielleicht einen Drachen steigen lassen!"

Als ich ihn soweit gebracht hatte, dass er überzeugt war, ich sei nicht Noah, obwol ich schon etwas alt wurde, und dass er sich im Wagen, nicht in der Arche, auch nicht in Arabien, sondern in Afrika befinde, und dass es keine Sündflut, sondern nur ein Gewitter gegeben habe, kam er heraus, mit seinen Hosen in der Hand, und „Ich will's machen" hinter ihm her, welcher seine Unaussprechlichen ebenfalls in dieser nachlässigen Weise trug und ausrief:

„Wer sagt's denn, dass es hier nie regne! Sie machen es besser. Aber wenn der Garten des Häuptlings ersoffen ist, wird es was geben!"

Mit diesen Worten wateten wir den Wasserweg zu meiner Hütte zurück, um dort zu frühstücken und die Ueberlegenheit der Eingeborenen anzuerkennen: denn während die Weissen alle Hoffnung aufgaben, Feuer anzumachen, empfing uns die „schwarze Schönheit" mit einem üppigen Mahl von heissem Kaffee und gebackenem Brot.

Gegen Mittag erhielt ich eine Aufforderung, nach Mapaar's Kraal zu kommen. Weil meine Vorhersagung so reichlich in Erfüllung gegangen war, wollte er mir vielleicht einen Nachlass bewilligen und mich heute statt morgen reisen lassen. Aber er war in sehr ernster Stimmung, anscheinend sogar böse, sodass ich gespannt Kert's Uebersetzung seiner Bemerkungen erwartete. Anstatt über das Resultat meiner wissenschaftlichen Beobachtungen erbaut zu sein, war er ärgerlich, dass ich so viel Regen auf einmal hätte fallen

lassen; seine Anpflanzungen würden alle ruinirt sein, wenn
der Regen nicht aufhöre. Fühlte ich mich etwa beleidigt?
Was habe er oder sein Volk gethan, dass ich ihn so
bestrafe?

Während ich mir meine Antwort zurechtlegte, gedachte
ich Lord Beaconsfield's Ansichten über die „melancholische"
Natur der „Erklärungen", bemühte mich aber aus allen
Kräften ihm begreiflich zu machen, dass ich nichts damit zu
thun habe, den Regen selber zu machen; meine Aufgabe sei
allein, vorherzusagen ob Regen käme oder nicht. Es wurde
mir etwas schwer, ihm begreiflich zu machen, dass es zwei
verschiedene Dinge seien, den Regen zu machen oder ihn
vorherzusagen, und ihm sodann die Ansicht beizubringen, dass
mir nur die letztere Aufgabe zugefallen sei. Um ihn noch
mehr davon zu überzeugen, fügte ich hinzu, dass in unserer
eigenen Heimat öfters ganze Häuser vom Regen weggespült
würden und die Menschen ertränken.

„Wozu", fragte er darauf ärgerlich, „nützen euch denn
euere Pillyasse? Der Kalahari-Zauberdoctor ist besser als
der eurige."

„Mapaar ist ein mächtiger Häuptling; er kann seine
Unterthanen zum Gehorsam zwingen; aber die Leute in
England beachten nicht immer die Warnungen des Pillyass;
thäten sie es, so könnten sie sich gegen die Fluten wehren
und schützen; aber der Pillyass kann sie nicht dazu zwingen,
und nur wenn sie nicht auf seine Warnung hören, kommen
die Fluten und waschen sie weg. Die ganze Macht des Pillyass
besteht darin, die Menschen vorab zu warnen."

„Warum warnte denn der Pillyass nicht gestern Mapaar
und sein Volk; wollte er es gerade sehen, dass ihre Ernte
verwüstet würde?"

Der verschmitzte alte Häuptling war ein besserer Logiker
als ich geglaubt hatte. Er war entschlossen, mir die Ver-
antwortlichkeit für das Unglück aufzubürden, und alle meine
Entschuldigungen dienten ihm nur dazu, mich noch tiefer
hineinzureiten. Seine letzte Frage war eine richtige „Examen-

frage"; aber entschlossen, nun selbst zum Angriff überzugehen, apostrophirte ich ihn jetzt also:

„Mapaar ist ein mächtiger Häuptling; aber konnte er binnen einem halben Tage seinen Kraal und seine Gärten anderswohin bringen? Erst gestern wurde ich gefragt, ob Regen bevorstehe, und hätte Mapaar wol bis dahin seine Gärten nach einer trockenen Stelle schaffen können?

„Ich hätte recht gut gewusst, dass er es nicht könne, und hätte auch gewusst, dass der Regen nicht so stark würde, dass er seine Hütte wegspüle oder sein Volk ertränke, darum wäre es ein Unrecht von mir gewesen, wenn ich sie beunruhigt hätte. Und sind nicht obendrein meine Leute schlimmer daran, als die von Mapaar? Von den Hütten wird das Wasser sich bald verlaufen, aber meine Wagen stecken tief im Wasser. Dennoch scheute ich mich nicht zu bleiben, als der grosse Fürst mir gestern den Wunsch ausdrückte, ich möchte meine Abreise bis morgen verschieben."

„Das ist wahr, der Pillyass hat recht", und darauf fragte er mich, wie ich die Wagen wieder aus dem Wasser herausschaffen würde. Ich antwortete, meine Leute würden die Ochsen im Wasser anspannen und dann würden diese sie leicht herausziehen, wenn nur das Vieh gleich geholt würde. Ich würde meine Leute nach der andern Seite hinübersenden, wo das Vieh sich in guter Ordnung befinde, und den Beweis liefern, dass das Wasser nicht tief genug sei, sie zu ertränken.

Es lag mir sehr daran, die Wagen von der Stelle zu bringen, denn der Boden weichte von Stunde zu Stunde mehr ein, und die Räder versanken immer tiefer im Schlamm, wenn sie nicht bald aus dem Loch herausgeholt wurden; deshalb freute ich mich nicht wenig, als Mapaar Befehl gab, die Ochsen heranzuholen. Er liess sich sogar herbei, der Operation beizuwohnen, sah mit grossem Interesse zu, als „Ich will's machen" die Leitung übernahm, mit den Buschmännern das Vieh über die unter Wasser stehende Ebene herzutrieb, es einspannte und, obwol es bis zum Bauch im Wasser stand, doch unter Schreien und Peitschengeknall es zwang, die beiden Archen Noahs auf eine trockene Stelle zu ziehen. Die Aufgabe wurde nachgerade zu rechter Zeit gelöst, denn der aus einer Mischung von Sand und Lehm bestehende Boden war weich genug, die Räder leicht einsinken zu lassen, und nachher zähe genug, die einmal unter die Oberfläche weggesunkenen Räder dort festzuhalten. Blieben sie noch einige Stunden länger sitzen, so sässen sie noch bis zum heutigen Tage dort fest.

„Ende gut, alles gut." Nachdem wir einmal soweit gekommen waren, kostete es nicht viel, Mapaar zu bereden. uns gleich weiterziehen zu lassen. Er machte uns höchst freigebige Geschenke an Melonen und frischem Fleisch, äusserte sich äusserst achtungsvoll gegen mich. und bat mich desselben Weges zurückzukommen, bevor ich zur grossen Königin von England mich begäbe, welcher er übrigens seine fürstlichen und vetterlichen Grüsse vermelden liess.

Als Abschiedsgeschenk verehrte ich ihm einen grossen Regenmantel, den ich umgeworfen hatte, um ihm zu zeigen, wie er getragen wird, und warf ihn um seine feisten Schultern. Er passte ihm ziemlich schlecht, nichtsdestoweniger stolzirte er damit weg, so aufgeblasen wie ein Pfau und zog sich in der denkbar besten Stimmung in die Dunkelheit seines Schlammpalastes zurück.

Für die nächsten Tage ging es nun ruhig und ohne besondere Ereignisse vorwärts über einen Landstrich, welcher allmählich immer mehr vom Walde und immer weniger von einer Prairie an sich hatte. Der Boden wurde weniger sandig und dafür viel fester; mit andern Worten, er wurde mehr Land-, weniger Seeboden. Die K'gung-Bäume wuchsen in grossen Klumpen, gross genug, ein Wald genannt zu werden, doch nicht so nahe beieinander wie in einem amerikanischen Urwald. Es war ein Vergnügen, in ihrem Schatten dahinzufahren, und der einzige Uebelstand dabei war nur die Abwesenheit von Wasser, weil die Pfannen, welche wir uns voll Wasser gedacht hatten, nur eine geringe Menge schlammiger

EINE VAALPEN-FAMILIE

Flüssigkeit enthielten, in welcher allein die Thiere ihren Durst
löschen konnten. Wir selber waren beschränkt auf das, was
man im Aquarium einen „Schluck" zu nennen pflegt, und selbst
dieser war nur wie für einen Mässigkeitsapostel. Darum
machten wir während der heissen Tagesstunden Rast und
marschirten nur am Morgen und Abend. Am Ende des dritten
Tages kamen wir zu einer grossen Salzpfanne mit Namen
Mururututlu (grosse Giraffe). An dem einen Ende fanden
wir das Wasser nicht so brackisch, dass die Thiere es nicht
hätten saufen können; deshalb wurden sie zu zweien hinein-
getrieben, und doppelte Schlingen sorgten dafür, dass wir sie
beständig controliren und verhindern konnten, zu viel zu saufen.
An einer Seite der Pfanne lagerten einige Bakalahari-
Jäger, welche Strausse jagen wollten. Diese Pfanne ist zu
gewissen Jahreszeiten ein beliebtes Stelldichein dieser Vögel,
und die Jäger folgen ihnen natürlich. Alle Federn, welche
man bei den Stämmen der Bangwaketse, Barolong, Bamangwato,
Bakalla, Batlapin und Bakatla findet, stammen aus dieser
Gegend. Die Jäger hatten bisjetzt noch nicht viel Federn erbeutet, wollten aber gern verkaufen. Es leidet keinen Zweifel,
dass, wenn ich nur genug Tücher, Taback, Blei, Messer und
andere Tauschartikel mitgebracht und hier einige Wochen hätte
bleiben können, ich die ganzen Reisekosten mit dem Erlös aus
den hier einzukaufenden Straussenfedern hätte decken können.
Nach vierundzwanzigstündiger Rast, während welcher wir
das Vieh grasen liessen, damit es durstig würde und dann sich
vollsaufe, fuhren wir weiter nach dem Koba-Pfuhl, dem nächsten
Wasserplatz, der etwa drei Tagereisen entfernt lag. Unterwegs
trafen wir eine Gesellschaft von dem Nomadenstamm der Vaalpen; von einer Gruppe derselben nahm Lulu eine Photographie
auf. Die Eingeborenen erzählten uns, wir würden unterwegs viel
Elenantilopen antreffen, und warnten uns vor den zahlreichen
Löwen, vor denen wir unser Vieh gut hüten sollten. Es
musste also „gemacht" werden, wie Fritz sagen würde, dass
gute Obacht auf Vieh und Pferde während ihres Weidegangs
gegeben und die Feuer während der Nacht gut unterhalten

würden. Zuweilen, jedoch nicht oft, hörten wir die Löwen
zur Nachtzeit brüllen, sodass ich zu dem Schlusse kam, es
könne in der Nachbarschaft nicht soviel geben, als man uns
hatte glauben machen wollen; denn nach unserer Erfahrung
bei dem „Löwenüberfall" bezweifelte ich, dass die Feuer die
Thiere wirksam abhielten, obgleich wir sie gewissenhaft jede
Nacht bis 4 Uhr brennen liessen, hauptsächlich freilich aus
Nachgiebigkeit gegen die Bastarde, welche fest daran glaubten.
Eines Morgens jedoch ersuchten mich Dirk und Kert, die
Löwenfährten ausserhalb des Lagers in Augenschein zu nehmen,
und da sah ich denn unzweifelhafte Spuren dieser Thiere
rund um unsern Feuerplatz, an welchem entlang sie auf- und
niedergewandert waren. Ich wollte ihnen sofort nachsetzen,
um sie unschädlich zu machen, bevor sie sich entschlossen, mit
einem Sprunge sich auf das Vieh zu stürzen; aber Dirk war
der Ansicht, dass Vorsicht der bessere Theil der Tapferkeit
sei und verwarf den Vorschlag mit den Worten: „Die Löw'
ist recht schlimm. Wie er uns allein lässt, wollen wir ihn
auch lassen."

„Ich will's machen" wollte gern mit, aber keiner der
übrigen, ausser natürlich Lulu; aber für eine so kleine Gesellschaft war es gewagt, einem Rudel Löwen nachzuspüren;
denn nach den Fährten zu urtheilen, konnten es nicht weniger
als ein halbes Dutzend gewesen sein; deshalb gaben wir die
Idee einer Löwenjagd auf zu Gunsten eines Pürschgangs hinter
einer kleinen Heerde Elenantilopen, welche wir späterhin in
der Entfernung grasen sahen.

Als wir auf Händen und Füssen um eine niedrige Sanddüne
kriechend schon in Schussweite waren, machte „Ich will's
machen", der gerade vor uns war, plötzlich halt und veranlasste
uns vorsichtig aber sehr energisch zurückzubleiben; gleichzeitig
zog er sich selber hastig zurück und flüsterte mir ins Ohr:

„Da im Sande schlafen zwei Löwen fest. Wir können ganz
nahe herankriechen und es machen, dass wir sie regelrecht fest-
nageln. Wohlan, ich selbst will mit ihnen fechten."

# FUNFZEHNTES KAPITEL.

Wir überraschen die Löwen im Schlafe. — Ein glücklicher Schuss. —
Ein köstliches Regenbad. — Kuhmelken. — Das Vieh säuft bis zum
Platzen. — Angriff auf ein Rhinoceros. — Bombardement des Jungen.
— Ein wohlriechender Käfer. — Die Wassermelone der Kaffern. —
Wohnstätte der Zwerge. — Der M'kabba-Stamm. — Trüffeln à la
Zwerg. — Herstellung vergifteter Pfeile. — Besuch im Lager. — Die
Zwerge versprechen mit nach England zu reisen.

Unser Operationsplan war bald fertig. Wir wollten zwei
steile Sanddünen dicht nebeneinander hinaufkriechen und die
schlafenden Thiere beschleichen. Ich sollte zuerst schiessen
und „Ich will's machen" seine dicke Kugel gleich hinterher-
schicken. Fielen sie nicht im Feuer, so würden sie erschreckt aufspringen und davoneilen; vielleicht konnten sie
auch zufällig gegen uns anspringen und wir mussten daher
auf einen Laufschuss vorbereitet sein.

Kein Windhauch bewegte die schwüle Luft, darum war
es einerlei, von welcher Seite wir uns unserer Beute näherten.
Wir brauchten nicht das Knacken eines Zweiges oder das
Rascheln von Baumblättern oder das Rasseln der Steine unter
uns zu fürchten, denn der sandige Zwischenraum war entblösst von allem, ausser von Gras. Zuletzt durch einen dicken
Grasbüschel ausschauend sah ich ein halb Dutzend Schritte
von uns die lohfarbenen Monarchen des Waldes, einen König
und seine Königin. Der Löwe lag, alles verachtend, auf
seinem Rücken, den Kopf gerade nach uns zugekehrt und
die Beine in die Luft gestreckt, ein höchst lächerlicher Anblick; seine Gefährtin, auf ihren Wächter sich verlassend, lag
neben ihm und schmiegte sich an ihn. Sie waren so ruhig,
als wären sie todt, nur die leichte Bewegung der Flanken

verrieth den regelmässigen Athem, das ruhige stetige Athmen
des tiefen Schlafes. Ich horchte ob sie schnarchten, aber

> Nur des eigenen Herzschlags Klang
> Fullte die Ohren mit bangem Sang,

wie es — tumb, tumb, tumb — gegen die Rippen klopfte. Still
zueinander hinüberschauend, ob jeder fertig sei, erhoben
wir unsere Büchsen. Ich zielte, fest und ruhig, gerade
zwischen die Lichter des schlafenden Königs der Thiere.
Schnell wie der Blitz sprang die Löwin auf und lief weg um
ihr Leben, während „Ich will's machen" ihr zwei Schüsse
nachsandte und ich einen dritten. Wir konnten es nicht
wahrnehmen, ob sie von Wirkung waren, weil das tödlich
erschreckte Thier weder anhielt noch auf seiner Flucht
stockte. Der Löwe lag aber ruhig da und schlief weiter.
Als er auf die Seite überrollte, streckte er sich ein wenig,
rührte sich aber nicht weiter. Dieser Schlaf war sein letzter
langer Schlaf, aus welchem er nicht wieder erwachen sollte.
Die Todeskugel hat ihren Weg ins Gehirn gefunden und kein
Fangschuss war noch erforderlich, als er sich in seiner stattlichen Länge auf dem Boden ausstreckte.

Mich nach meinem Begleiter umschauend, bemerkte ich,
dass er verschwunden war; aber gleich nachher sah ich ihn
in der Richtung jagen, nach welcher die Löwin verschwunden
war. Doch dauerte die Verfolgung nicht lange, denn er kam
bald ausser Athem kampfbegierig zurück, die Worte hervor-
keuchend: „Die Memme, die konnte ich mit der Hand todtschlagen." Unsere Elenantilopen waren natürlich auch ge-
flohen; aber wir hatten an ihrer Stelle den Löwen, und das
war besser, denn unsere Speisekammer enthielt noch Fleisch
genug. Sobald wir mit der Haut fertig waren, spannten wir
an und fuhren weiter, da wir gern sobald als möglich zur
Koba-Pfanne gelangen wollten, weil wir selbst fast kein
Wasser mehr hatten und die Thiere es schon seit mehrern
Tagen entbehrten. Unser Bakalahari-Führer meinte, wir
könnten den Pfuhl erreichen, wenn wir bis spät in den Abend
weiterführen, da er nicht mehr als 11 km entfernt sei; aber

„Ich will's machen" wollte von diesem Vorschlage nichts wissen, weil die Thiere einer so langen Anstrengung nicht mehr gewachsen seien, da sie so grossen Durst litten. „Diese verdammten schwarzen Schufte, ich glaube ihnen nie; seht doch die Ochsen, wie hinfällig sie sind. Ich will's machen! Wenn nicht morgen Wasser kommt, so mache ich ihm ein Loch in seine schwarze Brust; dann kommt er so wenig zurück als etwas vom Vieh!"

Lager am Wege.

Zum Glück goss in dieser Nacht noch der Regen in Strömen hernieder. Ich wurde durch die auf das Wagendach fallende Sündflut aufgeweckt, hörte Stimmen draussen und sah Lulu und „Ich will's machen" damit beschäftigt, die Himmelsgabe in dem grossen Segel aufzufangen, von welchem eine Seite am Wagen befestigt war, während sie an den jenseitigen Ecken anfassend den Wasserstrom in ein untergestelltes Fass leiteten. Dicht dabei hatten sie die beiden Guttapercha-Wagendecken über eine Vertiefung des Bodens gelegt und schöpften das Wasser aus den sich bildenden Pfuhlen. Ich warf mein Nachtzeug ab und sprang hinaus,

um bei dem Auffangen des Wassers zu helfen, wobei ich ein
köstliches Regenbad in den Kauf bekam. Der Guss dauerte
vier Stunden, während dessen wir ein Fass und zwei kleine
Tönnchen füllten, ohne dass die faulen Bastarde, Buschmänner
und Kaffern nur eine Hand rührten, obschon sie gleich am
Morgen die ersten waren, welche um einen Trunk Wasser baten.
Gern gab ich es ihnen wahrhaftig nicht, denn ihrer Sorglosigkeit verdankten wir es, dass wir häufig in Gefahr geriethen,
ganz von Wasser entblösst zu sein. Um aber zu verhüten, dass
sie es ohne Noth verbrauchten, hätten wir Tag und Nacht bei
den Wasserbehältern mit Gewehrüber Posten stehen müssen.

Sobald es hell wurde, liessen wir die armen Ochsen frei
in dem nassen Grase weiden, nachdem sie solange als das
Wasser fehlte sich am Thau auf demselben hatten laben
müssen und deshalb seit unserm Aufbruch von Mapaar's Dorfe
sehr zu kurz gekommen waren. Diese ganze Zeit hindurch
waren die Kühe nicht gemolken, denn wir konnten nicht annehmen, dass sie für uns Milch übrig hätten, wenn sie kein
Wasser zu saufen und wenig zu fressen bekamen; da nun aber
Klaas sich wieder ums Geschäft bekümmern und sich nützlich machen konnte, so veranlasste ich ihn, unsere Milch-
wirthschaft wieder in Betrieb zu setzen, besonders weil unsere
beiden grossen „Kälber", die nach ihrer Grösse zu urtheilen
schon hätten vorgespannt werden können wie das übrige Vieh,
gar wenig Milch mehr bedurften. Die Eingeborenen denken
nie daran die Kälber zu entwöhnen, sondern lassen sie
saugen, „um die Milch los zu werden". Ich fragte Klaas,
was er thun würde, wenn das Kalb stürbe oder verloren
ginge. „Das würde nicht gut für die Kuh sein", antwortete
er, „und Sie müssten sie dann selber trocken machen." Als
ich ihm aber sagte, dass wir die Kälber nur die ersten Tage
von der Kuh nähren liessen, konnte er das nicht begreifen
und meinte schliesslich: „Dann müssen Ihre Kühe ganz anderer Art sein". Jetzt hatte ich ihm allerlei beizubringen.
Die Kälber wurden dazu verurtheilt, künftig fern von ihrer
Mutterbrust ihren Lebensunterhalt zu suchen. Ich fertige

eine Halfter für sie an, deren vorderes Ende über der Nase
ich mit nach aussen gekehrten Stiften spickte, und liess die
übergross gewordenen Säuglinge damit während der Nacht
hinter ihren Müttern herlaufen, in der sichern Voraussetzung,
dass der mütterliche Huf schon die richtigere Antwort auf
die prickelnden Liebkosungen solcher Art bewaffneter Kinder
finden würde, als deren Herz. Am andern Morgen versuchte
Klaas sie zu melken, als die Milch aber nicht gleich kam,
erklärte er mein Verfahren für verfehlt. „Ach was", sagte
ich, „Sie bleiben sitzen und melken weiter, und sollte auch
der ganze Tag darüber vergehen; wenn Sie müde werden,
komme ich Ihnen zu Hülfe."

„Was! kann Sieur auch melken Kuh?" Aber bevor ich
antworten konnte, gab die Kuh seiner Zudringlichkeit nach
und die kleine Zinndose war bald voll.

„Gy is pittig slim!" (Sie sind bös schlau!) rief Klaas aus.
„An so etwas hätten wir niemals gedacht. Wir lassen immer
die Kühe trocken werden, wenn die Kälber abgehen."

Das ist nur ein Beispiel der lässigen Weise dieses Volkes.
Ich versuchte ihm bei dieser Gelegenheit den Gedanken beizubringen, dass, wenn die Landwirthe — von denen einige
Heerden von tausenden Stück Rindvieh hatten, unter welchen
es ja eine Menge Milchkühe geben muss — sich die Mühe
geben wollten, die Kälber zu entwöhnen und aus der zu ge-
winnenden Milch Butter zu machen, die Colonie dadurch um
so und so viel reicher werden würde, zumal Butter in Südafrika ein ebenso seltener Artikel ist, als Diamanten in
Europa. Aber die ganze Antwort, welche ich erhielt, lautete:
„Ik denk so, Sieur; onse frouwen lijk nie so veel werks maken
nie!" (Unsere Frauen lieben nicht so viel Umstände, nie!).

Klaas hatte recht. Die ganze Bevölkerung von Südafrika — weisse, braune oder schwarze, gleichviel — ist
müde geboren.

Trotz des Weidegangs im feuchten Grase hatten wir
Mühe, die Ochsen wieder einzuspannen; doch zuletzt kamen
wir in Gang, indem Kert und der Kaffer den ersten Wagen

fuhren. Dirk und die Buschmänner die freie Heerde trieben,
und „Ich will's machen" und Jan den Schluss bildeten mit
dem zweiten Wagen, während ich auf Lady Anna vorausritt.
Wir machten häufig halt, um die Thiere ausruhen zu lassen,
spannten aber nicht aus, weil die Leute eine allgemeine Flucht
der Heerde befürchteten, sobald sie das nicht weit entfernte
Wasser witterten. Nachdem es so fünf Stunden fortgegangen
war, wollten die Leitthiere des ersten Wagens nicht mehr von der
Stelle. Als sie die Peitsche bekamen, drehten sie sich herum
und zerbrachen die Jochbogen; dann zerrissen sie brüllend
und die Köpfe senkend den Strang, welcher ihre Köpfe zu-
sammenhielt, und fort trabten sie etwas links von der Richtung,
welche wir einhielten. Darauf versuchten die andern ihnen
nachzufolgen, und weil wir einsahen, dass wir umsonst versuchen würden, sie zu bezwingen, banden wir sie rasch alle
los, damit sie nicht alles kurz und klein rissen und liessen
ihnen ihren Willen. „Sie laufen dem Wasser zu", rief Kert;
ich liess deshalb ihn und Dirk die andern Pferde satteln und
mir nachreiten, hinter den befreiten Thieren her. Sie verfolgten einen geraden Weg über die sandigen Wogen und
durch die verstreuten K'gung-Bäume, störten hier und da
eine Heerde Gnus und Hartebeests auf, erreichten aber auf
ihrer eiligen Flucht doch nach zweistündigem Rennen ein
Flussbett, in welchem sich einige Wassertümpel befanden.

Dahinein tauchten die durstigen Geschöpfe; war das
Wasser auch nur einige Zoll tief, so reichte es doch; sie
konnten ihren brennenden Durst löschen und die heissen
Füsse kühlen. Gleich nachher hörte ich hinter mir rufen
und sah Dirk und Kert mir zuwinken. Sie waren scharf
hinter mir hergeritten und hatten den Fluss etwas weiter oben
erreicht, wo sich ein grosser tiefer Pfuhl befand, an dessen
Ufern ich mich schleunigst zu ihnen gesellte. Es war ein
Glück, dass das Vieh in seiner blinden Eile nicht auf dieses
besondere Loch gestossen war, weil wir grosse Schwierigkeit
gefunden hätten es abzuhalten zuviel zu trinken, während es
auf den seichtern flachen Stellen nicht mehr fand als zum

Löschen des Durstes hinreichte. Wir beschlossen jedoch, es hinaus auf die Weide zu jagen, die Nacht über es zu bewachen und sich vollfressen zu lassen, bevor wir am andern Morgen zu den Wagen zurückkehrten. Nach einer tüchtigen Mahlzeit, während welcher sie verschiedentlich ohne Erfolg sich bemühten, zum Wasser zurückzukehren, legten die Thiere sich endlich nieder, um zufrieden wiederzukauen, und als der Tag dämmerte, erhielten sie nochmals die Freiheit, sich bis zum Rande vollzusaufen. Das thaten sie denn auch in einer Weise als ob sie platzen wollten, sodass sie den Elefanten aus Gummi gleichsahen, welche die Kinder aufblasen und die dann bei jeder Berührung zu zerbrechen und zusammenzufallen drohen. Indessen bekam ihnen diese Schlemmerei ganz gut, und nachdem sie den ganzen Tag für sich gehabt hatten, während wir die ganze Zeit hindurch fasten mussten, trieben wir sie gegen Abend zu den Wagen zurück, spannten frühmorgens an und erreichten gegen Mittag den Pfuhl.

Wir waren jetzt 80 km von der nächsten Wasserstation Ghanze entfernt, wenn wir nicht das Glück hatten unterwegs Wasser zu finden. McCabe kam auch dieses Weges und fand 19 Tage hindurch keines zwischen Ghanze und Kang-Pan. Damals muss es viel Sama gegeben haben, wovon sich jetzt nichts vorfand: Kert und Dirk ritten deshalb vorauf, „das Land auszuspioniren", während wir den Thieren für einige Tage Ruhe gönnten. Die Buschmänner und ihre Frauen machten eine Schutzwand, Jan kochte, Lulu zeichnete, während „Ich will's machen" und ich Insekten und Blumen suchten. Wir hatten keinen müssigen Augenblick, weil wir fortwährend etwas Neues entdeckten, und so verging der erste Tag sehr rasch über dem Schiessen, Jagen, Abbalgen der Vögel, Präpariren der Bälge, Fangen von Käfern, Schmetterlingen, Skorpionen, Schlangen und Eidechsen, sowie dem Einlegen von Samen von den zufällig reifen Gräsern und blühenden Pflanzen.

Neben andern Exemplaren fing ich einen Skorpion von der schwarzbraunen Art, den ich in eine zinnerne Tabacksdose legte, in welcher er noch einige Monate bei einer täglichen Kost von Heuschrecken und Käfern lebte. Warf ich dieses Futter hinein, so stürzte er sich darauf, fasste es mit seinen Krallen, hob die sechsgliederige Verlängerung seines Körpers in die Höhe und stiess rasch den Stachel in seine Beute, worauf es derselben schon nach wenigen Secunden gleichgültig war, ob sie verspeist wurde oder nicht.

Diese Skorpione kommen in ganz Afrika vor, und alle Tage kann man eine um ihr Lagerfeuer hockende Gruppe barfüssiger Buschmänner plötzlich in die Höhe fahren sehen, wenn ein solches Thier sich auf einmal zeigt, seinen langen Schwanz über den Rücken krümmt und jeden damit bedroht, der es wagen sollte es mit Füssen zu treten. Seine Bewegungen sind nicht sehr rasch und deshalb wird er leicht getödtet. Eines Abends trat einer meiner Buschmänner auf einen Skorpion, rannte sofort zum Wagen und bat mich um den Gefangenen in der Dose. Als ich ihm denselben gab, liess er ihn sogleich in den Sand fallen, stellte mit Absicht seinen Fuss ganz in seine Nähe, empfing den Stich und prakticirte ihn darauf mit einem Stecken in die Dose zurück. Dies war sein Heilmittel gegen den erst erhaltenen Stich — allerdings ein sonderbares aber, wie man mir versicherte, sicheres Mittel. Der Stich ist sehr schmerzhaft und verursacht Schüttelfrost durch alle Glieder, dem Uebelkeit und Erbrechen folgt, ist aber nie von tödlicher Wirkung. Für gewöhnlich legt man eine feste Bandage oberhalb und unterhalb der Wunde an und saugt sie dann aus.

Ein Bastard erzählte mir einst, dass am Oranjefluss fast unter jedem Stein ein Skorpion wäre und er bei der Arbeit dort so oft gestochen worden sei, dass die Verwundung gar keine Wirkung mehr auf ihn geäussert habe, abgesehen von dem Schmerz des Stichs, welcher aber nicht lange dauere. Bei einem frischen Stich ist flüssiges Ammoniak von lindernder Wirkung.

Kert und Dirk kehrten in der Nacht zurück mit der Meldung, dass sie eine ein bis zwei Tage alte Rhinocerosfährte aufgefunden hätten: „Wo Sie die alte Spur finden, finden Sie sicher auch die neue"; deshalb waren wir früh-

morgens schon in den Sätteln, um die Fährte des grossen
Wildes aufzusuchen. In etwa einer Stunde sprachen wir die
frische Fährte zweier Rhinoceros an, eines alten und eines
jungen, welche nach dem Flussbett führte, wo vielleicht sie
allein einen schilfreichen Pfuhl in einer stillen Ecke besassen.
Nach einer weitern Stunde standen wir vor einem schlammigen,
mit hohem Schilf umgebenen Pfuhl. „Die Nashorns müssen
sicher dahier sein", sagte Kert; da aber diese bepanzerten
gehörnten Ungeheuer bekanntlich dem Fremden das Recht
streitig machen, in ihre geheimen Schlupfwinkel einzudringen,
so betraten wir mit aller schuldigen Vorsicht ihre Domaine.
Kert und Dirk ritten nach den beiden Seiten ab, „Ich will's
machen" ging hinter das Schilf, während Lady Anna mit mir
in der Fronte avancirte und jeden Augenblick lauschend
stehen blieb. Sie trat sehr vorsichtig auf, aber zuletzt wurde
der Sand ihr doch zu tief; sie hätte sich vor dem Angriff
des Rhinoceros nicht umdrehen können, sondern wäre stecken
geblieben; deshalb warf ich sie nach einer andern Richtung
herum und richtete mich im Sattel auf, um mich umzuschauen,
als ich plötzlich den Herrn des Pfuhls 50 Schritt von mir
im Schlamm liegen sah, den Kopf von mir abgewandt und
anscheinend schlafend. Die Büchse aufnehmend zielte ich
ruhig auf sein Vorderblatt und feuerte. Das Unthier zollte
meinem Gruss nur geringe Aufmerksamkeit, hob sich aber
auf die Vorderläufe und schaute um sich, was los war.
    Sowie es den Kopf wandte, schoss ich noch einmal nach
dem Auge. Im Moment sprang es auf und nahm mich geradeswegs an. Die Stute, welche bei dem Schiessen nicht gezuckt
hatte, hörte es kommen und bevor ich in den Sattel zurück-
sinken konnte, sprang sie unter mir weg und warf mich der
Länge nach zur Seite in den Schlamm. Heran kam das
Rhinoceros und stürmte durch das Schilf, fast über mir weg.
Ich duckte nieder, um mich so wenig als möglich zu zeigen,
als auch schon der Kopf und die Vorderläufe über mir weggingen, die eisengepanzerte Hüfte meine Schulter traf und
mein Gesicht schrammte, sodass die Haut verloren ging.

während das Unthier in seinem blinden Ansturz hinter dem
Pferde her mich zum Glück übersah. Halb erstickt im
Schlamm und Schilf blieb ich eine halbe Minute ruhig liegen,
um sicher zu sein, dass es weit genug entfernt war, um mich
nicht zu hören und krabbelte mit so wenig Geräusch als
möglich heraus, damit ich nicht seine Aufmerksamkeit erregte, als ich den Knall einer Büchse und dann noch einer
andern hörte. Vom Rande des Schilfs sorgfältig rundschauend
sah ich den Eigenthümer des Pfuhls auf der Jagd hinter
„Ich will's machen", dem Lady Anna vorauf ritt, während
Kert und Dirk hinterher kamen. Jeden Augenblick drehte
„Ich will's machen" seitwärts ab — das einzige Mittel, um
dem Rhinoceros einen Vorsprung abzugewinnen — und wenn
das wüthende Thier dann nach ihm abschwenkte, schossen
Kert und Dirk auf dasselbe. Meine Stute lief neben „Ich
will's machen" her, und da ich also keine Aussicht hatte,
mich der Jagd anzuschliessen, so erkletterte ich einen mir
günstig stehenden K'gung-Baum, in der Hoffnung, aus diesem
vortheilhaften Schlupfwinkel zum Schuss zu kommen. Jene
ganze Gesellschaft war mir um diese Zeit aus Sicht gekommen, dafür sah ich aber das kleine Rhinoceros mit seinen
gespitzten kleinen Lauschern horchend im Pfuhl stehen.
Sofort begann ich das Bombardement, aber obwol ich jede
Kugel auf seinem Kopf und seiner Haut aufschlagen hörte,
so warf es doch blos den Kopf in die Höhe oder schlug mit
dem Büschel, ohne mir mehr Aufmerksamkeit zu erweisen,
als wenn ich es mit Erbsen bewürfe. Da ich eine Menge
Patronen hatte, so feuerte ich lustig darauf los, indem ich
versuchte, ihm in die Lichter zu schiessen, bis die Kammer
meines Whitney-Kennedy, welche 16 Schüsse enthielt, leer
war. Während ich die Kammer wieder füllte, wollte ich
gerade einen neuen Versuch machen, als es an der andern
Seite von mir krachte und ich die alte Mutter zurückkommen
sah, anscheinend ebenso wenig zufrieden mit ihrer Rolle als
Jäger wie mit der des gejagten Wildes. Ungefähr 200 Schritt
weiter zurück sah ich die drei Reiter, welche ihr folgten und

nach mir riefen, um zu erfahren, ob ich lebendig oder todt
sei. Ich gab meine Antwort ab durch einen Schuss auf die
„alte Teufelsmutter", gerade als sie wieder in das Schilf trat;
sie blieb darauf stehen, witterte einen Augenblick ringsum
und sprang dann auf mich zu, durch das Schilf. „Zu spät,
Tante, ich sitze hier oben", dachte ich, und schickte ihr noch
eine Kugel zu, um welche sie sich aber nicht bekümmerte,
vielmehr jetzt ruhig nach ihrer Residenz spazierte, wo ihr
auf halbem Wege das Junge entgegenkam.

Während sie sich gegenseitig ihren Kummer mittheilten,
nahm ich die Gelegenheit wahr, mein Repetirgewehr gegen
Kert's Martini-Henry umzutauschen, an welches der alte nach-
denkende Kamerad sein mit Patronen gefülltes Taschentuch
gebunden hatte, bevor er es mir hinauflangte. Mit dieser
Verstärkung begann ich den zweiten Angriff auf das Junge.
Die erste Kugel sass im Auge und warf es in die Knie; die
zweite rollte es über, während Madame nach jedem Schuss auf
mich losstürzte, nachher aber zu ihrem Jungen zurückkehrte.

Als ich den andern zurief, dass das Junge abgethan sei,
kam die alte Kuh mit einem Sprung durch das Schilf heraus
und machte einen Satz gegen meinen Baum, den sie mit der
Stirn traf, sodass mir alle Glieder zitterten; dann versuchte
sie den Baum mit den Hörnern umzureissen und zersplitterte
die Rinde in Fetzen. Ich musste mich buchstäblich mit beiden
Händen festhalten, um nicht aus dem Baum heruntergeschüttelt
zu werden. Sie schweisste aus fünf bis sechs Stellen, und
zog sich, nachdem ihre Wuth etwas abgekühlt war, ein wenig
zurück, um mich mit ihren kleinen scharfen Lichtern aus einer
Entfernung von 30 Schritt zu betrachten. Jetzt war es Zeit.
Mit dem ersten Schuss durch eins der Lichter sank sie in die
Knie, sprang aber sofort wieder auf und griff den Baum von
neuem an, während „Ich will's machen" und Kert auf sie feuerten;
das Aufschlagen der Kugeln auf ihre Haut klatschte, wie wenn
man feuchte Lehmkugeln gegen eine Mauer wirft. Sie trat zu
erneuertem Angriff etwas zurück, neigte sich dabei aber etwas
hintenüber, und kegelte nach einigem Straucheln ganz um.

Kert und die übrigen näherten sich so vorsichtig, aus Furcht, dass sie noch nicht eingegangen sei, dass ich schon vom Baum herunter war und neben ihr stand, als sie herankamen. Das Thier war an 18 Stellen getroffen; aber die Kugeln der Whitney-Kennedy-Büchse hatten die Haut nicht ein einziges mal durchschlagen, während alle Kugeln der Martini-Henry-Büchse durchgegangen waren. Drei Kugeln hatten sich fast 3 cm tief in den Schädel eingebohrt, aber der Schuss, welcher den grimmen Tod einziehen liess, sass hinter dem Blatt. Kert und Dirk brachen das Thier auf, nahmen Herz und Leber heraus und kochten sie sofort, während mittlerweile die Pferde, einschliesslich der auch zurückgekehrten Lady Anna, unserer Mahlzeit grasend beiwohnten. Das Gehörn konnten wir mit unsern Messern nicht lostrennen, deshalb kehrten wir ein jeder mit einem Stück Fleisch von dem Jungen beladen zu den Wagen zurück.

Ich war in einer jämmerlichen Verfassung, auf die Haut durchnässt und über und über mit Schlamm bedeckt. Glücklicherweise brachten wir alle unsere Haut unversehrt zurück (abgesehen von dem Verlust meiner Gesichtshaut), und das war mehr, als in einem gewissen Zeitpunkt erhofft werden durfte. „Ich will's machen" sagte, er hätte jeden Augenblick erwartet, niedergerannt zu werden, und wenn es nicht Kert und Dirk gelungen wäre, die Aufmerksamkeit der alten Kuh endlich auf sich abzulenken, so würde sie sicher ihre Hörner im Bauch des Pferdes begraben haben.

Drei Tage bequemen Marsches brachten uns ohne weitere Erlebnisse nach Ghanze. Als wir zum Wasser fuhren, berührten die Vorderräder meines Wagens einen Busch, welcher sofort ein starkes wohlriechendes Parfüm von sich gab. Um die Ursache zu ergründen sprang ich herunter und pflückte einige Blätter ab, aber weder sie noch der Stengel der Pflanze rochen irgendwie. Erst als ich einen kleinen Käfer berührte, von dem ein Geruch noch viel stärker als vorhin entströmte, wurde ich mit der Herkunft des angenehmen Duftes bekannt. Der kleine Käfer war ein lebendiger Par-

fümerie-Laden und gab den köstlichen Duft von sich so oft
er belästigt wurde. Ich fing drei Exemplare und steckte sie
in eine durchlöcherte Dose; dort lebten sie noch eine Woche
lang, während welcher die Bewegung des Wagens sie hinlänglich reizte, um ihren Duft in solcher Menge ausströmen
zu lassen, dass der Wagen ganz parfümirt wurde. Als sie
starben, verlor sich der Geruch ebenfalls.

Hinter Ghanze wurde das Land besser bewässert, da in
kurzen Zwischenräumen Wasserpfützen sich längs des Weges
bis zum Ngami-See vorfanden; auch die Kaffernmelone wurde
zahlreich entdeckt, da sie hier wild im Sande geradeso
wuchs wie in Mapaar's Garten zu Lihutitung und die Sama
völlig verdrängte. Die Eingeborenen schlagen sie tief im
Sande ein, woselbst sie sich wol ein Jahr lang hält, oder
zerschneiden sie in Streifen und trocknen sie. In gekochtem
Zustande ist sie dem amerikanischen Kürbis bei weitem vor-
zuziehen, auch schmeckt sie roh gegessen gar nicht schlecht,
weil ihr allerdings etwas hartes und zähes Fleisch um so viel
süsser ist als das der Wassermelone, sodass man vielleicht mit
Vortheil Zucker daraus herstellen könnte. In der Voraussicht,
dass sie in Europa und Amerika als ausgezeichnete Nährpflanze
willkommen sein würde, sammelte ich einige Quart Samen.

Noch eine Reise von fünf Tagen über Sandflächen mit
häufigen Regenpfützen und bedeckt von den in grösster
Ueppigkeit wachsenden Wassermelonen, und wir befanden
uns in unmittelbarer Nähe des Ngami-Sees. Sogleich lenkte
Kert meine Aufmerksamkeit auf eine Gruppe kleiner Ver-
stecke — Hütten konnte man sie nicht wohl nennen — welche
durch das Zusammenbiegen der Spitzen zweier starker Grasbüschel gebildet waren, die man so zusammengedreht und
gebunden hatte, dass sie eine Art Thurm bildeten mit dem
blossen Sand als Flur darunter. Das seien die Wohnungen
der zu diesem Stamm gehörigen Menschen, und in der That,
als wir herankamen, erblickten wir eine Schar von Zwergen,
von welcher jeder das Gegenstück unsers kleinen Korap war.
Aber sie verschwanden ebenso plötzlich wie durch Zauberei,

indem sie sich so vollständig hinter den Grasbüscheln versteckten, dass wir nur mit grösster Mühe ihr Versteck ausfindig machen konnten. Wir schlugen unser Lager ganz in ihrer
Nähe auf, sandten Korap zu ihnen, um ihnen wieder Vertrauen
einzuflössen und sie zu uns einzuladen. Aber nicht einmal frei-
gebig gespendete Geschenke von Taschentüchern und Taschen-
messern konnten sie an jenem Abend zu einem Besuch bei uns
verleiten, obwol sie versprachen morgen bei uns vorzukommen.

Richtig näherte sich am andern Morgen ein Trupp von
sieben bis acht kleiner brauner, fast nackter Wesen vorsichtig
unserm Wagen. Aus der Entfernung hätte man sie ihrer
Grösse nach für Kinder halten können, als sie aber näher
kamen, verriethen ihre runzeligen, im Aeussern den Buschmännern gleichenden Gesichter, dass es erwachsene Männer
und Weiber waren. Auf den Backen, Armen und Schultern
waren sie mit kurzen, geraden, blauen Strichen tätowirt, und
allen, bis zum Säugling herunter, war zum besondern Kenn-
zeichen des Stammes das erste Glied des kleinen Fingers
jeder Hand abgeschnitten. Anfangs waren sie sehr scheu,
was sich aber nach einiger Zeit verlor; im Gegentheil wurden
der Häuptling und seine Familie nach einigen Tagen ganz
zuthunlich, gestatteten mir sie zu messen und beantworteten
und stellten Fragen in ganz freimüthiger Weise.

Der Stamm nannte sich M'kabba. Sie waren Mono-
gamisten und der einzige von uns bislang angetroffene
Stamm, bei welchem die Beschneidung nicht üblich war. Der
Häuptling war ein kleiner Geselle von 125 cm Höhe, während
seine Frau noch 1 cm grösser war und seine Töchter dem
Vater glichen, insofern als sie genau so gross waren wie er.
Eine der Töchter hatte zwei, die andere ein kleines Kind.
Die Kinder sahen mit ihren zierlichen olivenfarbigen Ge-
sichtern und grossen hellen funkelnden Augen ganz niedlich
aus, und hätten sie nicht im Gehen ihren stark vortretenden
Bauch gerade so wie viele der Zwergältesten der Wüste ge-
zeigt, so wären sie wirklich ganz hübsch gewesen. Der kleine
Häuptling war in seinen Augen ein grosser Herr und liess die

Unterthanen nicht uns zu nahe kommen, wenigstens nicht
solange er dabei war, sodass sie nicht so recht zutraulich mit
uns wurden; sogar noch einige Tage nach unserer Ankunft
pflegten sie und besonders die jüngern Familienmitglieder sich
hinter einer Hütte niederzuwerfen und ihre Gesichter im Sande
zu verbergen, sobald wir plötzlich auf sie zukamen. Eines
Tages sah ich, wie ein kleines Mädchen mich durch einen
Busch betrachtete; als ich aber rasch um denselben herumging, warf es sich in den Sand und quiekte wie ein junges
Ferkel, welches in die Hand genommen wird.

Diese Leute scheinen weniger Bedürfnisse zu haben als
irgendein anderes Volk. Wenn es reichlich Mangatan oder
Wassermelonen gibt, so leben sie gänzlich davon und werden
fett von dem ölhaltigen Samen, welchen sie zu einem Kuchen
backen und braten. Gibt es keine Mangatan, so begnügen
sie sich mit Sama, und fehlt auch diese, mit Wurzeln, welche
die Frauen sammeln, während die Männer Jagd auf kleines
Wild machen. Eine besonders beliebte Speise sind bei ihnen
Trüffeln, welche zu tausenden vorkommen und deren Fund-
ort sich durch eine leichte Schwellung im Sande verräth.
Diese Trüffeln haben genau denselben Wohlgeschmack wie
die französischen, und sind eine köstliche Speise, sei es dass
man sie in Holzasche röstet oder in einem zwerghaften Sand-
ofen bäckt; in Fett gebraten sind sie eine Delicatesse.

Zur Jagd gebrauchen die Zwerge Bogen und vergiftete
Pfeile. Das Gift wird aus dem Saft einer Zwiebel mit
fächerartigem Blatt bereitet, welches beim Zerschneiden einen
weisslich-braunen Saft von der Consistenz der Milch liefert;
derselbe wird bis zum Dick- und Festwerden eingekocht und
dann das Gift der gelben Cobra hinzugethan, oder wenn
dasselbe nicht zu haben ist, so wird der Saft allein gebraucht,
und in jedem Fall mit etwas Lehm vermischt hinter dem
Widerhaken auf dem Pfeil verschmiert. Durchdringt der Pfeil
die Haut der Antilope bis in das Fleisch hinein, so geht das
Thier sicher innerhalb einer Stunde ein.

Jeder Theil eines von ihnen erlegten Thieres wird ge-

gessen und selbst Haut und Knochen bleiben nicht verschont.
Wir schenkten ihnen eines Tages eine Kudu-Antilope, um zu
sehen, was sie damit anfangen würden. Binnen kurzer Zeit war
sie abgehäutet und die Eingeweide wurden zuerst verzehrt;
dann folgte das Fleisch, welches roh oder leicht gewärmt
gegessen wurde; darauf wurde die Haut geröstet und verzehrt, und zum Schluss wurden die Knochen mit Steinen
fein zermalmt und ebenfalls verschlungen. Die Feinschmecker standen nicht eher vom Schmause auf, bis das
ganze Thier verzehrt war. So klein sie auch sind, so sind
diese Zwerge doch in der Feinschmeckerei den Buschmännern völlig ebenbürtig; ihr Bauch, der hervorragendste
Theil ihres Körpers, trat dann hervor, als ob er bersten
wollte.

Nach einigen Tagen vermochten wir den Häuptling, sich
mit seiner Familie photographiren zu lassen. Sie kamen mit
ihren neuen um den Kopf geknoteten Taschentüchern, da sie
gleich allen Afrikanern ihren Kopf zu bedecken lieben, und
liessen sich vor dem Wagen aufstellen, während Lulu seine
Camera auf sie richtete; mit welchem Erfolge ergibt nebenstehende Abbildung. Nachher vertheilten wir Kaffee und
Knackmandeln unter sie. Letztere nahmen sie dankbar an,
erstern lehnten sie ab. Sie rührten überhaupt nichts an,
vielleicht aus Furcht vor Gift, bis wir aus demselben Geschirr assen und tranken.

An demselben Abend statteten wir ihnen einen Gegen-
besuch in ihrem Lager ab, wo wir viele von ihnen schon
schlafend fanden, die Knie aufgezogen bis ans Kinn und unter
einem Busch oder Grasbüschel liegend. Selbst die Wohnung
des Häuptlings bestand lediglich aus einem in die Erde gegrabenen Loch, über welchem die Zweige zweier Gebüsche
das Dach bildeten, gewiss kein besonders ausreichender Schutz
gegen die kalte Nachtluft und schweren Regengüsse; gegen
die wilden Thiere aber schützten sie sich nur durch eine
Reihe kleiner Feuer, um welche sie liegen oder knien und
in welche sie im Schlaf oft hineintaumeln, sodass viele ver-

DIE M'KABBA-ZWERGE.

S. 246.

brannte Hände, Gesichter und selbst Bäuche haben, weil sie
zu oft über dem Feuer einnickten.

Nachdem nun das Vertrauen zu uns vollständig eingezogen
war, wurde es Zeit die Frage zu erörtern, ob einige von diesem
interessanten kleinen Völkchen willens seien mit uns nach Europa
zu reisen. Korap war dazu völlig bereit, deshalb überliess ich
es ihm, die Frage in Anregung zu bringen. Sogleich wurde eine
Versammlung berufen zur Erörterung des Gegenstandes, auf
welcher ich durch die zweifache Vermittelung von Kert und
Korap versuchte ihnen begreiflich zu machen, wo Europa liege
und was sie dort zu sehen bekommen würden. Sie sagten
selber, sie hätten oft von weissen Menschen gehört, und stellten
uns nun eine Menge Fragen über uns und unser Land.

Als wir ihnen erzählten, dass die Königin von England
die grösste und reichste Königin der Welt sei und dass sie
im Begriff stehe, ihr Land einzunehmen, wenn es nicht schon
geschehen sei, konnten sie nicht begreifen, dass unser Häuptling eine Frau sei und fragten, ob wir denn keinen Mann
finden könnten, der über uns herrsche! Ich versuchte ihnen
das englische Erbrecht auseinander zu setzen, fürchte aber
dass alle Liebesmühe umsonst war. Sie hätten es besser
verstanden, wenn wir ihnen gesagt hätten, dass sie auf Verlangen gut genährt und gekleidet werden würden; am meisten
Eindruck machte entschieden auf sie das Versprechen, dass
sie vor ihrer Rückkehr mit einigen Gewehren beschenkt werden
sollten. Sie hatten nie vorher Gewehre gesehen, wenn auch
wol von ihnen gehört, und waren deshalb hoch erfreut, als
wir ihnen deren Gebrauch zeigten. Nach einem langen Gespräch, im Verlauf dessen Kert hatte einfliessen lassen, dass
er auch der Häuptling eines Stammes sei, die Reise gemacht
habe, um die Königin zu sehen, und ganz wohlauf zurückgekehrt sei, holte Lulu einige hellbunte Tücher hervor und
band sie dem Häuptling und seiner Familie um die Taille,
worauf sie sich mit dem Versprechen zurückzogen, die Frage
in Ueberlegung ziehen zu wollen.

—  —

# SECHZEHNTES KAPITEL.

Elefantenjagd. — Ein schöner Baum. — Etwas realistische Musik. — Im Hinterhalt auf Elefanten. — Angegriffen von den Dickhäutern. — Ein sich selbst curirender verwundeter Elefant. — Eine passende Leiter. — Kert entwischt mit genauer Noth. — Abendessen aus Elefantenfüssen. — Wohlthuende Erholung. — Büffeljagd. — Mehr erschreckt als verletzt. — Eine einzige grosse Viehweide. — Wieder ein Glückskind. — Eine Heerde Zebra. — Ein Schatz, der seines Finders wartet. — Verlegenheit eines Antiquars. — Ersatz für Kartoffeln. — Beweis für die allmähliche Hebung des Landes. — Merkwürdige Gebräuche bei den Damara.

Da sich alles befriedigend anliess und ich darüber beruhigt war, dass ich diese sonderbare kleine Rasse in Europa würde ausstellen können, überliess ich Lulu und „Ich will's machen" das Weitere und machte mit Klaas, Dirk und Kert einen Ausflug nach dem See, wo wir Elefanten anzutreffen hofften. Nachdem wir am nächsten Morgen aufgebrochen waren und eine Nacht unterwegs campirt hatten, erreichten wir am andern Tage gegen 10 Uhr früh den See und hörten von einigen Eingeborenen, dass sie am Tage vorher mehrere Elefanten bei einem grossen, etwas weiter nördlich belegenen Pfuhl hätten weiden sehen. Unter Führung eines Eingeborenen machten wir uns auf, hinter ihnen her, und kamen gegen Abend zu einem grossen, sumpfigen, schilfreichen Pfuhl von mehrern Quadratmeilen Grösse, in und um welchen eine Menge grosser Bäume wuchsen. Wir lagerten uns unter einigen „Anna"-Bäumen, ungeheuer hohen Baumriesen mit weit sich ausbreitenden Aesten, welche grosse Früchte von

inwendig scharlachrother Farbe trugen, die nicht weniger
köstlich von Geschmack als verführerisch für das Auge waren.
Die Früchte sind mit Samen gefüllt, welcher ebenfalls essbar ist.
Als die Dämmerung in dunkle Nacht überging, wurden
die Pferde an einigen der dünnen Bäume festgebunden,
während wir uns zum Schlafen in die Bäume setzten, um
sowol die Pferde als uns selber vor den Löwen zu schützen,
deren Gebrüll wir in einiger Entfernung die ganze Nacht
hindurch hörten, während die Schakale die Begleitung zu
dem Bassgesang der Löwen aufführten. Die ganze Leistung
erinnerte einigermassen an Zukunftsmusik — sie war allerdings etwas leichter zu verstehen. Man konnte sich darüber
nicht täuschen, dass die Hauptnummer im Concertprogramm
die Löwensonate sei, mit Variationen und begleitet von der
Privat-Schakal-Capelle des Gastgebers. Diese wilde musi-
kalische Aufführung übte eine nachhaltende Wirkung auf
mich, solange bis die Strahlen des alten Tagesgestirns mir
klar machten, dass es mit dem Schlaf für diesmal überhaupt
nichts sei.

Die Pferde wurden also auf die Weide gelassen, und wir
tranken unsern frühen Morgenkaffee; darauf wurde aufgestiegen
und vorsichtig dem Rande des Sumpfes entlang geritten, wobei
wir öfters lange Umwege um gelegentlich aus dem Haupt-
pfuhl seitlich austretende busenartige Wasserläufe machen
mussten.

Während wir einen solchen Busen umritten, mahnte der
Führer uns halt zu machen, worauf er zwischen den dicken,
die Schlammbank der Lagunen umgebenden Bäumen verschwand. Gleich darauf erkannte ich die unverkennbaren
Fussspuren von Elefanten im Schlamm; freilich war dies die
erste Elefantenspur, welche ich in Afrika sah, aber vertraut
mit den Fährten, welche ich so oft in Amerika gesehen hatte,
wenn die Elefanten des Circus zur Tränke geführt wurden,
erkannte ich sie sofort. Aber wilde Elefanten in ihren
heimatlichen Schlupfwinkeln und zahme Elefanten auf einem
Jahrmarkt sind zwei so verschiedene Dinge, dass mein Herz

hörbar laut klopfte bei dem Gedanken, im nächsten Augenblick einem Zahnträger Aug um Aug gegenüberzustehen. Als der Führer zurückkehrte, versuchte ich in seinen Mienen zu lesen, aber er war ein Stoiker und sein undurchdringliches Antlitz verrieth nicht das mindeste. Nach einer Weile berichtete er jedoch, dass eine Heerde von sechs Elefanten, vor dem Winde gehend, welcher glücklicherweise auf uns zuwehte, in geringer Entfernung von uns sich befände. Da die Bäume dick und das Unterholz stellenweise für ein Pferd undurchdringlich war, so rieth er uns, so nahe als möglich an die Thiere heranzureiten, dann die Pferde festzubinden und in der Nähe einer offenen Stelle im Walde zu warten, bis die Elefanten in Schussweite kämen. Dieser Plan würde den Vortheil gewähren, dass die Elefanten uns von ihrer Annäherung benachrichtigen würden, während wir keine Gefahr liefen sie unruhig zu machen, was jedenfalls geschehen würde, wenn wir uns an sie heranschleichen wollten. Obendrein waren unsere Pferde nicht an den Anblick von Elefanten gewöhnt und wir durften ihnen daher nicht trauen; denn sie würden entweder, solange sie noch etwas entfernt von ihnen waren, aufbäumen, oder, wenn aus nächster Nähe überrascht, trotz Peitsche und Sporen stocksteif stehen bleiben. Deshalb ritten wir nur noch einige hundert Schritt weiter, bis wir uns oben auf einer kleinen Lichtung befanden, wo das Gras nahezu 8 Fuss hoch war und wir uns hinter einer Baumgruppe versteckten, um die Annäherung der arglosen Schar Dickhäuter abzuwarten. Ich konnte den Gedanken nicht unterdrücken, dass diese Art der Jagd einen feigen Anstrich hatte. Selbst im Kriege ist ein Hinterhalt alles andere, nur nicht ein Zeichen von Muth. Mir gefällt der offene Angriff besser. Das einförmige unsichere Warten macht mich nervös, und mein eifriges Ausgucken, ob die Elefanten noch nicht bald kämen, ärgerte den Führer, welcher mir bemerkte: „Ihre Augen sehen schärfer als deine; sehen sie uns zuerst, so haben wir das Nachsehen, weil wir ihnen durch Schlamm und Dickicht nicht folgen können".

Gerade in diesem Augenblick führte uns der Wind ein

Rascheln und Krachen zu, dass das Blut rascher in den Adern zu fliessen begann. Das Knacken eines Zweiges hatte eine sichtbare Wirkung auf die Gesichter meiner Begleiter, indem es sie plötzlich so aufhellte, als sei ein Zündhölzchen im Finstern gestrichen worden. Dann erklang hell heraus über das trampelnde, krachende, raschelnde Geräusch von dem unwiderstehlichen Vorrücken der Elefanten durch den Busch, ein schriller Trompetenstoss aus ihren langen Rüsseln. Darüber wurden unsere Pferde unruhig und es bedurfte unserer ganzen Geschicklichkeit, dass sie nicht hoch aufbäumten. Der Führer signalisirte von einem Baum herunter, dass sie etwas rechts von uns weidend herankämen. Ich äugte nach ihren schwarzen Rücken, aber trotz des wogenden Grases blieben sie unsichtbar. Um mein Pferd zu verhindern sie zu erblicken und es zugleich zu schützen, warf ich es herum, sodass sein Kopf sich hinter einem und sein Hintertheil sich hinter einem andern nahestehenden Baum befand, während ich zwischen den beiden Stämmen hindurch gut nach vorn sehen konnte. Allmählich rückten die Bewegungen des Grases näher und näher; da erscholl aus nicht 30 Schritt Entfernung ein zweiter lauter Trompetenstoss, dass mein Pferd unter mir anfing zu zittern, während Dirk's Pferd herumwirbelte und aufbäumte, sodass das Geräusch die Aufmerksamkeit der Elefanten erregte und ich schon fürchtete, dass sie kehrt machten. Statt dessen aber hoben sie plötzlich alle ihre Rüssel und schickten einen Chor metallischer Stimmen voraus, und jetzt sah ich deutlich vier junge Elefanten mit noch sehr kleinen Zähnen hintereinander in meiner unmittelbaren Nähe. Klaas gab Feuer und galopirte hinter Dirk her davon, gleichzeitig drehten die beiden hintersten Elefanten um und begaben sich auf die Flucht; die beiden vordersten zauderten aber einen Moment, warfen sich halb herum und gaben dadurch Kert und mir Gelegenheit, jedem der beiden eine Kugel auf das Vorderblatt zu setzen.

Ich feuerte viermal auf meinen Elefant, bis er zu seinen zwei Gefährten sich abwandte, während Kert nur zwei Schüsse abgab; da sein zweites Patronenpaar sich im Lauf festklemmte, so richtete ich meinen fünften Schuss auf seinen Elefanten, der reissend schnell auf uns losstürzte. Dieser stiess ihn kurz beiseite, als er aber mich erblickte, hob er seinen Rüssel hoch in die Luft, wobei er ein Paar kurze Stosszähne zeigte, und nahm mich geradewegs an. Meine Stute wollte nicht von der Stelle, obgleich ich ihr beide Sporen gab, sondern blieb zitternd und vor Furcht schnaubend stocksteif stehen: ich sprang deshalb herunter, nachdem ich einen letzten Schuss auf den angreifenden Elefant abgegeben hatte. Als meine Füsse den Boden berührten, fühlte ich seinen Rüssel über meinen Schädel fahren, meine Flinte wurde mir mit Gewalt aus der Hand geschleudert und gleichzeitig erschütterte ein heftiger Stoss die beiden Bäume vor mir. Glücklicherweise fand der Elefant nicht genügenden Zwischenraum, um hindurchzugelangen, und musste sein toller Ansturm ein jähes Ende nehmen, da sein Kopf mit den beiden Ohrlappen an jeder Seite sich festklemmte. Nach den Zügeln der Stute greifend, vermochte ich sie dazu einige Schritte vorwärts zu machen, und stieg wieder auf, als Kert von neuem schoss. Dies schien dem verblüfften Elefanten den Gebrauch seiner Sinne wiederzugeben, denn beim Umschauen sah ich ihn hinter mir her rasen. Den Kopf auf den Hals legend, um nicht mit den Zweigen in unliebsame Berührung zu kommen, trieb ich das Thier vorwärts, und nachdem es einmal in Bewegung war, schien es zu erkennen, dass sein Heil von seiner Flucht abhing, und es zeigte daher rasch dem Verfolger seine Hinterläufe.

Pang! knallte es wieder, und rechtsumkehrt lief der kampfwüthige Elefant angreifend nach der Seite, woher der Knall kam, und ich in vollem Trabe hinter ihm her, bis die Stute so plötzlich stehen blieb, dass ich beinahe über ihren Kopf hinwegflog: auch fing sie wieder an zu schnauben. Da befand sich mir gerade gegenüber der kampfsüchtige Dickhäuter, nicht vier Schritte von mir, bereit zum Kampf für sein Leben. Aber diesmal kämpfte er mit dem Tode selber, da er auf der Seite lag und sich vergebens bemühte wieder auf-

zustehen. In der Ueberzeugung, dass es ihm nicht gelingen
würde, liess ich ihn gewähren, suchte vielmehr nach meiner
Büchse, welche ich in den Schlamm getreten aber zum Glück
unversehrt wiederfand. Als ich sie aufnahm, wurde ich oben
aus den Zweigen angerufen; der Ruf kam vom Führer, welcher
sich wohlweislich nach einem sichern Ort zurückgezogen hatte,
bis alle Gefahr vorüber war. Als ich ihm bemerklich machte,
dass der eine Elefant eingegangen sei, kletterte er herunter,
zeigte aber nach der Richtung, woher die Elefanten anfangs
gekommen waren, und gab zu verstehen, dass noch ein zweiter
in geringer Entfernung verwundet umherliefe. Ich versuchte
ihn zu verleiten, mir bei der Verfolgung beizustehen, aber er
beharrte fest bei seinem Grundsatz, dass Vorsicht der bessere
Theil der Tapferkeit sei, und lehnte alles ab. Allein vorwärts
gehend begegnete ich Kert, und nun ritten wir zusammen
wol eine halbe Stunde weit auf der Fährte des verwundeten
Thiers, wobei wir hier und da von seinem Todeskampf zeu-
gende Stellen antrafen, wenn es stehen geblieben war, um das
Rohrdickicht niederzutreten oder kleine ihm im Wege stehende
Bäume und Zweige abzubrechen. Zuletzt hörten wir schweres
Schnarchen durch das dichte Unterholz — Töne, wie wenn
der Elefant Staub aus seinem Rüssel blässt.

Indem ich Kert befahl, auf einem Umwege dem Elefanten
von der andern Seite nahezukommen, sah ich mich nach einem
Baum um, den ich erklettern könnte, um von da aus eine
Rundschau vorzunehmen; aber die niedrigsten Zweige waren
mir zu hoch, um sie zu erreichen, und die Stämme zu dick, um
sie umfassen zu können. Die Natur jedoch, welche mir immer
wohlwill, hatte für eine passende Leiter in Gestalt einer
Schlingpflanze gesorgt, welche ihre langen Ranken von den
Zweigen eines Waldriesen bis nahe zur Erde niedersenkte,
und die Zügel dem Pferde über den Kopf werfend, enterte
ich auf, bis ich hoch genug kam, um über die Büsche deutlich
wegzusehen und meinen Elefant damit beschäftigt fand,
Schlamm mit seinem Rüssel aufzunehmen und auf die Wunde
an seiner Schulter zu legen. Er war offenbar recht schwer

getroffen, denn als er sich einige Schritte bewegte, lahmte sein rechter Vorderlauf. Er stand mit seinem Hintertheil nach mir zugekehrt, deshalb legte ich meine Büchse auf einen passenden Zweig, um abzuwarten, bis er sich herumdrehen und mir Gelegenheit zu einem andern Schuss aufs Blatt geben würde. Eine lange Stille folgte, während welcher das verwundete Thier mit seinem chirurgischen Verbande fortfuhr, dann donnerte wieder die Büchse; weg stürzte der Elefant, einen Augenblick hing die Luft voll Rauch, sodass ich nicht sehen konnte, wohin er abging, bis das Krachen der Zweige mich darüber belehrte, dass er in gerader Richtung von mir weggeflohen war.

Da ertönte aber von neuem das Echo des Waldes; offenbar war er von der Scylla in die Charybdis gerathen und in Kert's Flinte hineingelaufen. Aber seine Laufbahn war noch nicht zu Ende, denn ich konnte ihn noch in der Entfernung dahinkrachen hören: ich liess mich also rasch hinuntergleiten, bestieg meine Lady Anna und folgte seinem Kielwasser. Ich war noch nicht weit gekommen, als ich Kert schreien hörte, „Sieur! Sieur!" offenbar, weil er sich in Noth befand. „Kommt schnell!" Herbeieilend fand ich ihn allerdings in einem bösen Zustand. „Lasst, meine Hand ist geschunden, das Fell rein heruntergerissen; mein Bein ist gequetscht! Ich wundere mich, dass ich nicht todt bin wie mein Pferd!" und über die Schulter zeigend, deutete er auf sein hinter einem Baume liegendes Thier. Es war noch nicht ganz todt, aber so bös mitgenommen, dass wir es todtschiessen mussten, um seinen Qualen ein Ende zu machen. Nachdem ich mich vergewissert hatte, dass Kert nicht so schlimm verletzt war als er sich einbildete, liess ich mir von ihm erzählen wie alles zugegangen sei.

„Sie sahen, Sieur, als Sie schossen, kam der Elefant auf drei Beinen gerade auf mich zugehumpelt. Das Pferd rührte sich nicht von der Stelle, und wie ich feuerte weiss ich selber nicht; ich erinnere mich nur, dass der Elefant uns beide gegen jenen Baum drängte, mich herunterwarf und mein Bein quetschte, aber das Pferd zerdrückte, ohne jedoch länger zu

verweilen." Das erschrockene Thier hatte ungleich seinem
Kameraden keinen rechten Muth, sondern stürzte blindlings
vorwärts. Doch konnte es nichts nützen, ihm mit einer Flinte
zu folgen; wir nahmen deshalb den Sattel vom todten Pferd,
legten ihn auf das lebende und suchten uns nach unserm
ersten Opfer zurück. Dirk, Klaas und der Kaffernführer hatten
so viel Muth bekommen, dass sie sich ihm näherten nun es
todt war, und hatten bereits die Füsse abgeschnitten, um sie
zu kochen. Wir machten uns unser Abendessen davon und
es war wirklich ein köstlicher Bissen. Am Morgen genossen
wir das Herz zum Frühstück und auch dies wurde für delicat
erklärt. Es ist erstaunlich, welche Masse Fleisch ein Mensch
verzehren kann, welcher in freier Luft lebt. Aus den Elefantenfüssen könnte man in London Mittagsportionen für eine
Woche herrichten, und hier reichten sie gerade zu einer Mahlzeit. Nimmt mein Appetit ferner so zu, so darf ich nicht
länger die Buschmänner Vielfrasse nennen, und wenn ich nach
London zurückkomme, werden meine Table d'hôte-Wirthe
mir wöchentlich eine Summe geben, damit ich an einen andern
Mittagstisch essen gehe.

Nachdem wir am Morgen die Elefantenzähne herausge-
schnitten hatten, nahmen wir die Fährte seines verwundeten
Bruders wieder auf und kamen zu einer schlammigen Stelle,
wo sich Zeichen seiner ausgleitenden Tritte befanden, zum
Beweise, dass es ihm einige Mühe gekostet hatte, auf drei
Beinen vorwärts zu kommen. Nicht lange nachher fanden wir
den Dreifuss selber, wie er sich 60 Schritt vor uns an einen
Baum lehnte. Er bewegte die Ohren, als wir uns näherten,
machte aber nicht den leisesten Versuch zu entfliehen, und
bewillkommnete ohne Zweifel unsere Ladung als das Ende
seiner Leiden, denn er rollte im Feuer über und ging fried-
lich still über jene Grenze, von welcher kein Elefant zurück-
kehrt.

Seine Fangzähne waren so klein, dass sie nur einfach aus
der Lippe hervortraten und deshalb die Mühe des Ausschnei-
dens nicht verlohnten. Aber darum war das Thier nicht ver-

loren, denn der Kaffernführer bemerkte gleich, er würde einige Familien veranlassen, hier neben den Cadavern ein Lager aufzuschlagen, solange bis die Knochen rein abgenagt seien. Die Eingeborenen erwarteten nach seiner Aussage sehnsüchtig die Zeit, wenn die Elfenbeinhändler sich hier versammelten und Hunderte von Jägern ihnen nachzögen, denn dann würden sie ohne alle Mühe so viel Elefantenfleisch bekommen als sie nur wollten.

Einen kurzen Richtweg nach den Wagen einschlagend, bekamen wir mit Hülfe der scharfen Augen von Kert einige Büffel zu Gesicht, welche in einem seichten schilfreichen Pfuhl standen. Der alte Buschmann war sehr beflissen, mir die Thatsache einzuprägen, dass es ein sehr gefährliches Ding sei, mit einem Büffel anzubinden, denn verwundet griffe ein alter Bulle jeden an, der in seinen Bereich käme. Deshalb „machten wir einen Plan", wie es im Afrikander-Holländisch heisst. Dirk ritt zur linken, Kert zur rechten Seite und ich übernahm die Mitte. Der Wald war hier gerade ziemlich offen, sodass wir einander sehen konnten, und auf ein gegebenes Zeichen ritten wir alle zugleich auf die Büffel zu, um einen als Ziel auszusuchen und auf 100 Schritt Feuer zu geben. Bevor wir in Schussweite kamen, entdeckte uns die Heerde und sprang auf. Ich feuerte auf einen alten Bullen, welcher in die Knie zusammenstürzte, aber sich wieder erhob und gegen Dirk rannte. Kert feuerte, fehlte aber, sodass er ihn nicht zum Stillstand brachte, und als ich vorwärts trabte, um wieder zu Schuss zu kommen, sah ich die ganze Heerde dem Leitthier folgen und auf Dirk zugalopiren. Als ich eiligst in Schussweite zu gelangen mich bemühte, verbargen einige dichte Gebüsche ihn kurze Zeit vor meinen Blicken, als wir Dirk feuern hörten und gleich darauf von einer kleinen Anhöhe herunter einen Büffel im freien Felde entdeckten, während die übrigen sich spielend links in die Büsche warfen. Aber wo war Dirk?

„Da reitet er", schrie Kert, „und der alte Bulle hinter ihm her. Aber der thut ihm nichts. Sein Pferd ist frisch und die Bahn frei."

„Komm her, wir wollen sehen wie das abläuft!" rief ich,
galopirte vorwärts und kam dem Büffel bald merklich näher.
Dirk hielt sich ganz gut frei von seinem Verfolger, als plötzlich sein Pferd überschlug und ihn etwa 3 m weit über seinen
Kopf schleuderte. Der alte Bulle stürzte sich geradeswegs auf
ihn, als ich vom Pferde sprang und feuerte und den Büffel,
wie es schien, gerade in dem Moment traf, als er über Dirk
stand. Der Büffel fiel mit der Nase gegen seine Brust, da
die Kugel das Rückgrat buchstäblich entzweigeschlagen hatte.
Er konnte also Dirk nichts weiter anhaben; hätte ich freilich
gefehlt, so war es um diesen geschehen. Jetzt war er nur
ein wenig verdutzt, in einigen Minuten aber bereit, aus dem
Büffel ein Bratenstück zu machen. Nachdem wir eine gute
Fleischmahlzeit gehalten, deren Substanz mehr Aehnlichkeit
mit dem Rindfleisch von Alt-England hatte als alles, was
ich bis dahin in Südafrika gegessen, wandten wir die Köpfe
unserer Pferde wieder nach unserm Lager, aber inzwischen
bereichert um ein paar „Staatsgarnituren" und einen tüchtigen Vorrath von frischem Fleisch; unterwegs fanden wir
noch die Fährten von Elenantilopen und sahen eine Heerde
junger Elefanten.

Lulu und „Ich will's machen" hatten mit Hülfe des kleinen
Korap grosse Fortschritte in den Unterhandlungen mit dem
„kleinen Volk" gemacht, von dem einige eingewilligt hatten
uns zu begleiten, und nicht allein willens sondern sogar un-
geduldig darauf waren, das Land der „Grossen Königin" zu
besuchen; sie schlossen sich wirklich ohne Bedenken unserer
Gesellschaft an.

Während einer Ruhepause von einigen Tagen schickte ich
die Buschmänner vorauf, um nach Sama oder Mangatan oder
Wasser auszuschauen; am dritten Tage kehrten sie mit der
willkommenen Nachricht zurück, dass für drei Tagereisen
Mangatan reichlich vorhanden und dann eine Wasserpfanne
da sei, wo wir lagern könnten, während sie auf Kundschaft
weiter vorwärts ritten. Um nicht nochmals durch Mapaar's
Land zu reisen, schlug ich eine westliche Richtung ein, auf

welcher, wie das „kleine Volk" mir versicherte, sich nach einer
Weile alle paar Tage Wasser finden würde, weil die Regen-
wolken nach derselben Seite sich nach Damara-Land gewandt
hätten. Vier Tage hindurch zogen wir durch eine wellenförmige Gegend, welche viel Aehnlichkeit mit einem englischen
Korndistrict hatte; dieselbe war mit einer goldigen Ernte
von Buschmanngras bedeckt, welches der Reife entgegenging
und als Pferde- und Viehfutter einem Haferfelde fast in nichts
nachstand. Die Zwischenräume zwischen den Grasbüscheln
waren oft buchstäblich mit Sama oder Wassermelonen bedeckt, sodass wir uns um Wasser gar nicht kümmerten.
Fleisch hatten wir obendrein in Fülle, weil wir fast jeden Tag
Elenantilopen und Wildebeests schossen. Oft fanden wir auch
die Fährten von Löwen, sahen aber keins dieser Thiere, weil
der Wald allmählich lichter wurde.

Am fünften Tage änderten wir unsern Curs nach Süd-
west, um Tunobis oder Rietfontein, welches einige Otschimbunde
nennen, zu passiren. Vielleicht war es etwas gefährlich, so
weit von dem gewöhnlichen bekannten Wege abzubiegen, aber
das Vieh war in guter Verfassung — der alte Blomberg, den
der Löwe beinahe zerrissen hätte, so fett wie Butter. Wir
hatten reichlich Nahrung für Menschen und Vieh, und ich
vertraute meinem gewohnten guten Stern, welcher mich nie
verlassen hatte. Lulu desgleichen: denn wenn einmal die
Wahrscheinlichkeit, Wasser in den von dem „kleinen Volk"
prophezeiten Wasserpfannen zu finden, erörtert wurde, so
pflegte er zu sagen, es sei ganz gleichgültig, ob Wasser darinnen sei oder nicht, denn sobald er (damit meinte er mich)
dahinkäme, so würden sie ganz bestimmt bis zum Rande voll
sein; und wahr ist es, bisjetzt waren wir niemals enttäuscht
worden. Und wäre es uns schlecht gegangen, nun so kümmerte mich das gar wenig; denn mir persönlich machte es
keinen Unterschied, ob ich in der Kalahari-Wüste zu Staub
verwandelt, oder ob meine Gebeine dazu dienen würden, die
Dividenden einer Begräbnissgesellschaft zu vermehren.

Als wir zu einer weiten grasbedeckten Ebene kamen, in

deren Mitte eine Gruppe K'gungbäume stand, erklärte das
„kleine Volk", dass wir jenseit der Bäume eine Menge hohler
Steine finden würden, welche nach dem Regen voll Wasser
sein müssten, weil es Wochen erfordere, bis sie eintrockneten.
Wir spannten deshalb aus, um dem Vieh einige Ruhe zu
gönnen, sattelten aber unsere Pferde und sprengten vorwärts,
um zu recognosciren. Die Stelle sollte „gerade dort hinüber"
liegen, als wir wegritten; es erforderte aber einen zweistün-
digen leichten Trab, bis wir unter den Bäumen waren, in
welche wir sehr vorsichtig hineinritten, da wir auf unserm
Wege eine Giraffenfährte entdeckten. Aber anstatt der „Lang-
hälse" fanden wir eine Heerde Zebras — wirkliche Zebras,
nicht Equus Burchelli — und nicht weit von ihnen ein halbes
Dutzend Quaggas. Die gestreiften Schönheiten schienen
ganz verblüfft zu sein über diese unbekannten Eindringlinge
und blieben starr vor Erstaunen stehen, bis der Knall dreier
Büchsen in ihnen das Gefühl der Gefahr erregte und sie
davonjagten, unter Zurücklassung eines ihrer Kameraden.
Denn merkwürdig genug hatten wir alle auf dasselbe Zebra
gefeuert, welches auf der Stelle zusammenbrach; mich dann
gegen die Quaggas wendend, verwundete ich auch eins dieser
Thiere, welchem Dirk oder Klaas den Fangschuss gab.
Während diese beiden es abhäuteten, ritt ich in der
offenen Prairie hinter den andern her und sah sie hinter den
K'gungbäumen alle auf einer sanften Bodenschwellung stehen
und ganz in der Nähe einer andern Heerde meine Ankunft
abwarten, von deren Dasein sie aber nicht die geringste Kunde
hatten, während die Thiere ebenfalls ohne allen Argwohn zu
sein schienen. Sie sahen so schön aus, dass ich es nicht über
mich gewinnen konnte, eins von ihnen zu tödten, zumal sie
sich so spärlich vermehren. Während meiner Betrachtung
der Thiere kam mir die Anzeige eines Herrn Cross in einer
Capzeitung in den Sinn, worin 75 Pfd. Sterl. für ein wirk-
liches lebendes Zebra geboten wurden. Da standen vor mir
Thiere im Werth von ungefähr 1000 Pfd. Sterl., vorausgesetzt, dass sie eingefangen wären; aber selbst wenn diese

17*

wichtige vorläufige Bedingung erfüllt wäre, so fragt sich noch, ob viel Nutzen dabei herauskäme, wenn man die Zeit bedenkt, bis man sie nach Capstadt schaffen konnte, von Liverpool gar nicht zu reden. Indem ich ihnen deshalb Lebewohl sagte, liess ich die 1000 Pfd. Sterl. auf dem Sande stehen für einen andern Liebhaber und ging lieber auf die Suche nach den hohlen Felsen, wo wir Wasser finden sollten.

Die Steine lagen in einer Entfernung von einer Viertelmeile und sahen von weitem wie grosse Granitblöcke aus, welche zum Bau eines imposanten öffentlichen Gebäudes verwandt werden sollen. In ihrer Nähe angekommen hielt ich es für gewiss, dass sie zu irgendeiner viel frühern Zeit von Menschenhänden hierher gebracht seien. Aber woher mochten sie stammen? Waren sie wirklich einstmals zusammengelegt, oder wenn nicht, warum hatten die Werkleute die ihnen aufgegebene Arbeit nicht vollendet? Kein Stein dieser Art war auf hunderte von Meilen zu finden; nichts als Sand; vielleicht jedoch waren sie aus dem unter dem Sande befindlichen Felslager heraufbefördert, worauf ich jedesmal bei tieferm Nachgraben nach Wasser stiess. Es mochte eine Zeit gegeben haben, wo die ganze Umgegend frei von Sand war: aber wenn dem so war, so mussten diese Steine hoch aufeinander gethürmt sein, sonst wären sie bereits wieder begraben. Jedenfalls hatten sie lange Zeit in Wind und Wetter dagelegen, weil ihre Farbe glänzend schwarz war, ausser wo kürzlich kleine Stücke heruntergebrochen waren, wo das Gestein grau aussah.

Bei einem langen platten Stein mit gerundetem Ende absteigend, warf ich meinem Thier die Zügel über den Kopf und liess es grasen, um inzwischen den Wirrwarr genauer zu studiren. Mit wenigen Ausnahmen waren alle Steine so viereckig behauen, wie die Quadern eines regelrechten Steinbruchs. Da lief einer zu einer leicht gerundeten Spitze zu, weiterhin lagen zwanzig 2 m dicke und 6 m lange nebeneinander, etwa einen Fuss voneinander, als seien sie soeben abgeladen. Die

obere Fläche eines jeden Steins war oval ausgehöhlt bis zu
1 bis 3 Fuss Tiefe, und diese Höhlungen waren ganz oder
zum Theil voll Wasser. Ich trank davon und fand es köstlich
kühl und von gutem Geschmack. Auf dem Boden befand sich
etwas Bodensatz, aber nur in einem Stein eine Spur von
Pflanzenwuchs.

Bevor ich zurückkehrte, hatten Klaas und Dirk Zebra und
Quagga abgehäutet, das Fleisch abgetrennt, und waren auch
schon mit dem Verschmausen der Eingeweide beschäftigt. Ich

Unser Waschhaus in der Wüste.

schickte sie fort zu den Wagen und probirte etwas von dem
Zebra- und Quaggafleisch; das letztere war sehr zart und von
herrlichem Geschmack, weit besser als das des Zebra.

Wir blieben hier zwei Tage, füllten alle unsere Wasserbehälter, wuschen unser Leinenzeug und badeten uns. Die
Pferde hatten ihre Freude daran, ihre Nüstern einmal wieder
in die rasch hergestellten Sauftröge stecken zu können, aber
das Vieh weigerte sich zu saufen. Dirk und Klaas behaupteten, sie tränken kein Wasser, solange sie reichlich Sama
fänden.

Ich fragte „Ich will's machen" um seine Ansicht, woher die Steine stammten. Seine Antwort war charakteristisch: „Was geht es mich an, wie die Steine dahinkommen thaten? Was geht es überhaupt uns Menschen an? Was mich zumeist interessirt, ist dass sie Wasser halten, und wir wissen, dass dies Wasser vom Regen kommt".

Eine solche Philosophie war entschieden praktischer Natur. Hier Wasser zu finden war ein Geschenk, wofür man dankbar sein durfte. Mein Stern war noch im Steigen; aber in der Regenzeit, und mit hohlen Steinen zum Auffangen des Regens konnte es kaum einem zur richtigen Zeit hier durchpassirenden Reisenden fehlen, hier Wasser zu finden, und das war unser gutes Glück.

Die Buschmänner und das „kleine Volk" fanden eine Menge Wurzeln; eine war ansehnlich lang, wie ein Arm und viel dicker, und war von starken Fasern erfüllt, aus denen sich gutes Tauwerk machen liesse; zwischen den Fasern lag eine steife Substanz, welche ganz wie Arrowroot aussah und schmeckte. Die Buschmänner nannten sie Likah. Geröstet konnte sie recht wohl die Kartoffel ersetzen. Noch eine andere Wurzel kam vor, auch sehr gut essbar, von mehr zwiebelförmiger Gestalt, mit einer Blüte wie Crocus aber ohne Stengel, welche nahe an der Erde zwischen verschiedenen langen Blättern emporwuchs. Von diesem Orte bis Tunobis, eine Strecke von zwei Tagereisen, sahen wir nirgends Wild, wenn man nicht eine Sandschildkröte dazu rechnen will. Tunobis liegt auf einer sandigen Hochebene von 1055 m Meereshöhe, d. h. etwa 3 m höher als Galton sie im Jahre 1851 bestimmte. Das ganze Land ist nach meiner Ansicht im Steigen und nur darum wird der Ngami-See von Jahr zu Jahr seichter. Die Eingeborenen erklären den Umstand durch das Fehlen des Regens, aber sie müssen zugeben, dass er selbst nach den schweren Regen dieses Jahres nicht einen Zoll tiefer geworden ist.

In Tunobis fanden wir eine Anzahl Damaras, welche ihr Vieh an einer lebendigen Quelle tränkten. Dies Volk ist völlig

verschieden sowol von den Kaffern als von den übrigen Wüsten-
bewohnern. Es ist eine kräftig gebaute grosse Rasse, kohlschwarz, die mehr Aehnlichkeit mit dem Neger, als mit der
prächtigen äussern Erscheinung der Zulu hat.
Das Volk hat einige ganz eigenthümliche Gebräuche.
Wenn jemand sterbenskrank und nach ihrer Meinung aufzugeben ist, so muss der Sohn oder ein anderer nächster Ver-
wandter ihm behülflich sein, „seine sterbliche Hülle abzulegen"
und ihn einfach erdrosseln. Leichenbegängnisse und Hochzeiten werden gleicherweise durch viel Tanzen und Schmausen
gefeiert. Bei jeder Gelegenheit muss der älteste Sohn als
Metzger auftreten, welcher das für den Festschmaus bestimmte
Rind schlachtet, und er entledigt sich dieser Pflicht auf eine
merkwürdige Weise. Der junge Mann wirft den Ochsen zu Boden
und verhindert ihn am Gebrauch seiner Beine, indem er sein
Knie auf das dem Boden zunächstliegende Horn setzt und
nun mit beiden Händen nach der Luftröhre greift, die er
nicht eher wieder loslässt, als bis der Todeskampf des Thieres
mit seiner Erstickung zu Ende geht. Die Weiber dürfen bei
dieser Procedur nicht zugegen sein, bekommen auch keinen
Antheil vom Fleisch. Von „Weiberrechten" war bei diesem
Volk nie die Rede, auch ergeben sich die Frauen ganz de-
müthig in ihre untergeordnete Stellung. Vielweiberei ist an
der Tagesordnung, da die Männer so viele Weiber nehmen als
sie kaufen können. Ihr König Kamahamahero gibt ihnen das
gute Beispiel, indem er sich jedes Jahr eine neue junge Frau
nimmt, welche er nur aus den Familien der Häuptlinge sich
aussucht. Er hatte vor kurzem seine 22. geheirathet. Er
wird berathen und beaufsichtigt von Robert Lewis, auf dessen
Empfehlung er sich so rasch als möglich bewaffnet, um sein
Volk gegen die beständigen räuberischen Einfälle der Namaqua-Hottentotten zu beschützen. Die Damaras sind berühmte
Viehzüchter; die Heerde des Königs zählt allein 20000 Köpfe.

# SIEBZEHNTES KAPITEL.

Durch das Löwenland. — Von Otschimbunde nach Kerses. — Ein anderes
Verfahren. dicke Milch herzustellen. — Ein Engländer incognito. —
Eine Hüttenstadt. — Dirk Verlander. Häuptling der Bastards. — In
einer Verlegenheit. — Wie Verlander „Kapitän" wurde. — Zeitrechnung
und Geldwerthe bei den Bastards. — Sitten derselben. — Erfolgreiche
Viehzucht. — Zum Gottesdienst. — Hauptbettler. — Der Privatsecretär.
— Aufbruch zu einem Jagdzuge. — Träumereien im Zwielicht. —
Ein Schakal in der Falle gefangen.

Von Tunobis schlugen wir eine südliche Richtung ein
und suchten unsern Weg zwischen Bäumen und steilen Sanddünen durch. Eine Strasse gab es nicht; deshalb ritten wir
abwechselnd paarweise vor den Wagen her und liessen einen
die Route suchen und den andern zurückreiten, um den Wagen
als Führer zu dienen. Grosse Vorsicht war geboten, weil das
Land durch Löwen unsicher gemacht war, gegen welche wir
jeden Abend eine Schutzwehr aufrichten mussten. Infolge
dessen gab es viel zu thun, aber gewöhnlich sparten wir an
Zeit, indem wir vorausritten und einen geeigneten Platz aussuchten, auf welchem zahlreiche Stachelbüsche standen. Wild
gab es häufig; der Sand war bedeckt mit den Fährten von
Giraffen, Elenantilopen, Hartebeests, Springböcken und Wildebeests; wir liessen aber alle ungeschoren bis auf die letztern,
weil die Wildebeests trotz ihres Namens weniger wild waren
als die andern und stehen blieben, bis wir so nahe herankamen, dass wir sie ohne Mühe mit einem Schuss erlegen
konnten.

In zwei Tagen kamen wir in Sandfontein an, wo wir den
Ochsen ein 24stündige Ruhe gönnten und unsere Wasserbehälter füllten; als ich am folgenden Tage dem Zuge vorauf-
ritt fand ich eine Wagenspur, welche zu einer gewissen Zeit
recht häufig mochte benutzt worden sein, jetzt aber fast mit
Gras überwachsen war. Als die Wagen herankamen, machte
ich „Ich will's machen" auf sie aufmerksam, welcher antwortete: „Ja wohl, wir wissen, Sie finden immer was; Sie haben
zu viel Glück".

Der Spur folgend, kamen wir in drei Tagen zu einer
Anerougas genannten Stelle. Es gibt zwei Plätze dieses
Namens, der eine am Nosobfluss, wo wir uns jetzt befanden,
der andere 250 km südlich. Hier fanden wir Wasser, trafen
auch einige Namaqua-Hottentotten an, welche immer Streifzüge
nach dem Damara-Land unternehmen, den Einwohnern ihr
Vieh rauben und die Kinder in die Gefangenschaft abführen.

Drei Tage später erreichten wir Kerses, wo ein Engländer
mit seinem farbigen Weibe wohnte — wenigstens hatte sie
Kinder, welche ihn Vater nannten; nach weitern Beweisen verlangte ich nicht. Sie kam uns sehr freundlich entgegen,
brachte uns einen Vorrath von dicker Milch und empfing
dafür etwas Kaffee und Taback. Den letztern zerstampfte
sie ganz fein und gebrauchte ihn mit etwas Asche vermischt
als Schnupftaback.

Zur Bereitung der dicken Milch giesst man die Milch
frisch von der Kuh in einen Sack von Thierfell und schüttelt
denselben kräftig, sobald die Gärung eintritt. Hat die Milch
einen genügenden Grad von Consistenz erreicht, was man
am Klange hören kann, so wird ein dünner Stift durch eine
Ecke gestossen, damit die Molken ablaufen können. Der Sack
mit der geronnenen Milch wird dann solange getreten, bis der
letzte Tropfen Feuchtigkeit herausgedrückt und nichts als eine
dicke weisse Masse zurückgeblieben ist, welche entweder in
diesem Zustande oder mit der frischen Abendmilch vermischt
gegessen wird. Lulu schmeckte diese neue Art „Sahnkäse"
und er erklärte den Geschmack für köstlich, ganz ähnlich dem

Fromage à la crème, den wir in Paris zu essen pflegten.
Zuerst gebrauchte ich etwas Zucker, um den leicht säuer-
lichen Geschmack zu verbessern, doch bald genoss ich es
auch à la Bastard.

Milch ist in irgendeiner Form die hauptsächlichste Nahrung dieses Volks, der Engländer aber — dessen Namen ich
auf seinen persönlichen Wunsch unterdrücke — hatte seine
grosse Freude an unserer Grütze, als er eines Abends mit
uns speiste. Er war ein hochgebildeter Mann aus guter Familie,
und nach der Art seiner Unterhaltung wunderte ich mich, wie
er in dieser abgelegenen Ecke der Welt leben mochte.

Wir waren noch vier Tagereisen von dem Hauptquartier
von Dirk Verlander entfernt, welcher sich selber zum Häuptling der Bastards aufgeworfen hat, und Kert machte den
Vorschlag, voraufzureisen, um ihn auf unsere Ankunft vor-
zubereiten. Wir liessen ihn seinem Wunsch gemäss gehen
und blieben noch mehrere Tage bei unserm gastfreien englischen Freunde, welcher am Abend vor unserer Abreise ein
zweijähriges Rind schlachtete und uns die eine Hälfte auf-
nöthigte.

An einem Sonntag Morgen erreichten wir Mier — eine
Sammlung von Hütten aus krummgebogenen, mit allem was
gerade zur Hand war bedeckten Stöcken, welche in den kahlen
Steingrund eingegraben waren, dessen einzige Empfehlung die
Abwesenheit von Sand war. Im Mittelpunkt eines Steinwalls
steht ein steinernes Haus, beklebt und bedeckt mit Lehm, als
Wohnung des Häuptlings, den wir besuchten, sobald wir auf
der Lagerstelle ausgespannt hatten, welche Kert neben einem
aus festem Fels ausgehauenen Brunnen für uns ausgewählt
hatte. An der Thür trat uns ein grosser, gutgewachsener,
schwarzbrauner Mulatte entgegen, mit schönen grossen, beim
Sprechen zwinkernden Augen und einem Gesicht, auf dem ein
beständiges Lächeln ruhte, während die etwas getrennten
Lippen eine Reihe weisser egaler Zähne zeigten, ohne dass
der biedere Blick seiner Augen einen verschmitzten Ausdruck
zu verbergen vermochte. Er war in Hemdärmeln, deren

ursprüngliche Farbe aber nur noch errathen werden konnte:
seine Beine steckten in einem Paar Hosen von geripptem
Baumwollenzeug, und ein Paar Veldschuhe bedeckten seine
Füsse zum Theil. An den Fingern trug er verschiedene silberne und messingene Ringe. So sah Dirk Verlander aus,
als er uns in sein Haus führte, woselbst Stühle zu unserer
Bequemlichkeit bereit standen.

In einer Ecke des viereckigen Zimmers befand sich eine
schmale hölzerne, mit steifen Ochsenfellen bedeckte Bettstelle.

Dirk Verlander.

Die gegenüberliegende Ecke füllten blauangestrichene Kasten,
welche zu Wagensitzen verwandt werden konnten. In der
dritten Ecke standen einige Ochsenjoche, während in der Nähe
der Thür ein Wassereimer mit der Kelle daran hing. In der
Mitte des aus Kuhdung festgestampften Flurs lag ein Haufen
Springbockfelle, auf welchen Kinder und junge Ziegen miteinander spielten. Auf den Dachbalken hockten verschiedene
Hühner. Das Zimmer war fast ganz voll Menschen, während
Weiber von allen Farbenschattirungen aus- und eingingen, die
Gesichter mit einem Belag von schwarzem Gestein bedeckt,
welches sie zu Pulver stampfen und mit Fett vermischen:

268 Siebzehntes Kapitel.

einige von ihnen trugen einen alten Anzug, waren aber barfüssig, andere besassen Schürzen, Schuhe und sogar Mützen. Ihr Gang war durchweg träge, sorglos, lässig, ganz verschieden von der aufrechten Haltung der Buschmanndienerinnen, welche ab und zu hereinkamen, alle so geschmeidig und gerade wie das Rohr, mit einem Fell um die Hüften, sodass sie ihre wohlgestalteten festen und runden Brüste zeigten, im stärksten Gegensatz gegen die schlotterige Schlaffheit der andern.

Indem der alte Verlander mich als „Fürst von London" anredete — der alte Kert hatte ihn im voraus gehörig vollgepfropft — wünschte er zu wissen, weshalb ich die Kalahari erforsche und warum Mier in meine Reiseroute einbegriffen worden sei; bevor ich jedoch antworten konnte, fragte er nach dem „Brief".

„Brief?" Was konnte er damit meinen? Und so sah ich nach Kert hinüber wegen einer Erklärung. Da Verlander mich zaudern sah, fügte er hinzu:

„Wir wünschen den Brief von der Cap-Regierung zu sehen, den Sie nach Aussage des alten Kert mitgebracht haben. Ich habe alle meine Groot-men auf Kert's Verlangen zusammenberufen."

Da Kert mir nicht zu Hülfe kam, so sagte ich kühn heraus, dass ich für ihn speciell keinen Brief besässe und dass ich Kert nicht meinen Wunsch zu erkennen gegeben, dass eine solche Versammlung einberufen würde. Dies öffnete endlich Kert den Mund, sodass er erzählte, ich besässe einen Brief, welcher den Magistraten und Groot-men in Griquatown und Kheis vorgelesen worden sei, und diese hätten darauf alle unsere Bedürfnisse und Wünsche befriedigt; und er habe Verlander gebeten, diese Versammlung zusammenzuberufen, damit ich ihnen erzähle, was ich in Capstadt gehört und dass die Cap-Regierung mir gesagt hätte, dass sie im Norden vom Oranjefluss keine Gerichtsbarkeit besässe.

„Jetzt", fuhr er fort, sich an Verlander wendend, „werden Sie die Wahrheit hören. Da steht der Mann, welcher Ihnen

alles erzählen kann, Londons Fürst, mein Sieur, welcher die
Hand eines farbigen Mannes anfasst. In seinen Augen sind
wir Menschen. In den Augen der andern Weissen sind wir
Hunde. Da steht der Mann, welcher gekommen ist, um Land
zu kaufen, und Sie sind der Mann, der es ihm verkaufen
kann."

Darauf setzte er sich nieder.

Aller Augen wandten sich jetzt auf mich, während Kert
noch immer auf mich deutete und sagte: „Da steht der Mann,
und ich brachte ihn hierher".

Ich war in einer etwas mislichen Lage, aber Zögern
hätte die Sache nur verschlimmert. Ich zog also Oberst
Schermbrücker's offenen Brief hervor und las ihn laut in
meinem besten Holländisch, dass alle Groot-men sowol als
alle Commissare mir jeden Beistand leisten sollten, der in
ihrer Macht stand. Nachdem ich den Brief ausgelesen hatte,
fuhr ich fort, dass ich mich darauf verliesse, dass, falls ich
von Verlander oder einem andern Häuptling in ehrlicher recht-
licher Weise Land oder irgendein Besitzthum ankaufe, dieser
Handel von der Regierung anerkannt werden würde, sobald
sie das ganze Land annectire. Als ich beifügte, dass Korana-
Land wahrscheinlich noch vor Schluss des Parlaments annectirt
werden würde, schienen sie sehr befriedigt, und ich schloss
mit der Frage, ob sie mir einen passenden Landstrich verkaufen wollten, sobald ich einen gefunden hätte.

Verlander antwortete mir selber, dass er mir mit Vergnügen jeden Beistand leisten würde, dass er mir aber gegen-
wärtig kein einzelnes Stück Land verkaufen könne, weil er
in Unterhandlung stände über den Verkauf des ganzen
Landes.

Einige meiner Leser werden auch hier und nicht ohne
Grund fragen, welches Recht Verlander — ein Boer, nach
seinem Namen zu urtheilen — hatte, so über das Land zu
verfügen? Ueber welchen Landstrich durfte er solche souve-
räne Gewalt ausüben? Um diese Frage zu beantworten,
muss ich freilich ein wenig in die Geschichte zurückgreifen.

und mögen alle, welche sich nicht dafür interessiren, die nachfolgende Stelle überschlagen. Ursprünglich stammt aber die gegenwärtige Rasse der Bastards aus der Capcolonie, wo sie als Sklaven [1] lebten und das Eigenthum der ersten holländischen Ansiedler waren.

Als einige Sklaven ihre Flucht bewerkstelligt hatten, wurden sie von den Stämmen, bei welchen sie Zuflucht fanden, beschützt; aber anstatt die Gastfreiheit ihrer Beschützer zu würdigen, belohnten sie sie ihnen öfters mit Verrath und benutzten ihre überlegenen Kenntnisse und Schlauheit dazu, die Fürsten zu verjagen und sich an ihre Stelle zu setzen. So machte es Jan Afrikander mit den Namaqua-Hottentotten, nachdem er für sich und andere die Erlaubniss erhalten, unter ihnen zu wohnen.

Dirk Verlander war einer von den sogenannten „Grossen Leuten" von Jan, und war nach dem Osten gesandt, um Jan's Macht über die Buschmänner der Kalahari zu begründen; nachdem er aber von den Buschmännern die Erlaubniss bekommen hatte, sich bei Anerougas niederzulassen, grub er dort einen Brunnen und kehrte nicht zurück, so oft auch nach ihm geschickt wurde. Zuletzt kam Jan Afrikander selbst zu ihm und befahl ihm zu „trekken" (zu verziehen), aber damals hatten sich schon einige Bastards mit Verlander verbunden und so gehorchte er dem Befehl nicht. Als die Aufforderung zum Wegzug wiederholt wurde, antwortete er, er könne es augenblicklich wegen der Dürre nicht: bis zu der Zeit, wo die dritte Aufforderung erfolgte, hatte er sich aber genügend zur Vertheidigung vorbereitet und schickte die Antwort, er würde nur ziehen, wenn Afrikander ihn dazu zwinge, sonst aber nicht. Damit

---

[1] Diese Sklaven wurden „Jungs" oder Jungen genannt, und bis auf den heutigen Tag antwortet der Bastard auf die Frage, was er ist: „Ek es ein yung" (ich bin ein Junge), gerade wie das gleichbedeutende englische Wort von allen Coloniebewohnern gebraucht wird; jeder Schwarze, gleichviel welchen Alters, wird, wenn er von seinem Dienstherrn spricht, sagen: „Ich bin der Junge (boy) von Herrn so und so".

war der Krieg erklärt, der mit der Niederlage von Jan Afrikander und seiner Partei endigte, welche genöthigt wurden,
in des Veldschuhträgers Land zu verziehen und ihr Besitzthum
an Verlander zu überlassen. Letzterer wurde alsbald als Häuptling anerkannt unter dem Titel des „Kapitän der ausgewan-
derten Bastards". Ohne Zweifel wurde das Wort „Bastard"
ursprünglich in seiner wörtlichen Bedeutung angewandt, da
dies Volk aus der Verbindung von Buschmann-Frauen und
ihren holländischen Herren hervorgegangen ist. Aber im Laufe
der Zeit wurden regelrechte Hochzeiten vollzogen, und dann
nannten sie ihre Kinder „schoon", d. h. reine Bastards und
legten damit den Grund zu dem Typus oder der Rasse, der
jetzt allgemein „Bastard" genannt wird.

In jedem Jahr vermehrte sich Verlander's kleine Ansiedelung um einige weitere Mischlinge, welche aus der Colonie
über den Oranjefluss kamen. Sie lebten hauptsächlich von
der Jagd in der Kalahari und mussten, als sie zahlreicher
wurden, sich natürlich weiter ausbreiten. Die Verlanders
immer an der Spitze, zogen sie weiter und weiter nach Norden und fanden das nöthige Wasser durch Graben von Brunnen.
Handelsleute folgten ihnen nach, und zu jener Zeit wurden
Vermögen verdient im Handel mit Federn. Aber diese Zeiten
sind vorbei. Damals kostete das Pfund 40 bis 70 Pfd. Sterl.,
während es jetzt 5 bis 10 Pfd. Sterl. kostet. „Cape smoke"
(Branntwein aus Trestern) war der hauptsächlichste Tauschartikel.

Der Bastard ist sehr gedankenlos und kauft alles, wenn
man ihm Credit gibt; seinen Jagdgewinn verschwendet er fast
immer vorher, indem er vom Händler mehr Waaren auf Credit kauft, als Felle und Federn der ganzen Jagdperiode werth
sein können.

Sie leben unter einer Art von Gesetz, welches von Feld-
hütern, die von Verlander angestellt werden, gehandhabt wird.
Gewisse Grundstücke werden jeder Person zugewiesen, für
welche sie eine Abgabe oder Rente an den „Kapitän" zahlen.
Da das Land kein gemünztes Geld besitzt, so wird der Preis
jedes Gegenstandes bemessen nach dem Werth von so und

soviel Ziegen oder Schafen, eines jährigen Kalbes, eines zwei-
jährigen Rindes oder eines kleinen oder grossen Zugochsen.
Die Zeit wird berechnet, indem man auf den Himmel zeigt
und dabei sagt, man muss da oder dort sein, wenn die Sonne
hier oder dort steht. Die Entfernungen werden in unbe-
stimmterer Weise berechnet. „Gerade da hinüber" bedeutet
eine halbe Stunde; „nahe bei" bedeutet drei Stunden Reitens
oder siebenstündige Fahrt auf dem Ochsenwagen; „da" bedeutet jede grosse Entfernung: „eine Stunde" heisst soviel als
10 km zu Pferde.

Die Bastards sind wie ihre Erzieher, die Boers, ein fau-
les, träges Gesindel, welches gern raucht, Kaffee trinkt,
isst und schwatzt. Das Höchste, was sie in ihrem Leben
anstreben, ist, ihren ewig hungerigen Magen anzufüllen.
Statt Gras zu schneiden und Heu zu sammeln, sehen sie lieber
zu wie es verdirbt und ihr Vieh aus Mangel an Futter umkommt. Gleich den Boers sind sie gute Pionniere, aber sie
müssen ausgerottet werden, bevor das Land gedeihen kann.
Sie thun so als ob sie Christen seien, und die Thatsache,
dass jeder nur eine Frau hat, mag als ein Schritt zur
Civilisation ihnen gutgeschrieben werden. Aber dabei haben
sie ihre Freude an mancher schwarzen Stellvertreterin, und
in allen ihren Lagern kann man sie um ein Feuer mit Kindern von allen Farben hocken sehen, ohne dass sich jemand
darüber schämt, dass die Kinder der Tochter des Buschmanns
ihren Herrn Vater nennen.

Sie sind alle arm sowol an Vieh wie an Schafen, während sie unter denselben äussern Umständen reich sein könnten, falls sie nur ein wenig mehr Energie besässen. Selbst
wenn sie rührigere Völker in ihrer Nähe gedeihen sehen,
können sie es nicht über sich gewinnen, ihrem guten Beispiel
zu folgen. Da kam z. B. einst ein gewisser Händler Rautenbach zu ihnen um zu jagen, und nahm eine Menge Buschmänner in seinen Dienst. Er machte nicht allein durch Handeln und Jagen Geld, sondern gab auch Verlander Credit bis
zum Betrage von ca. 1500 Pfd. Sterl. Um die Schuld abzu-

tragen, gab ihm Verlander unter Zustimmung seiner Groot-
men einen Landstrich, der von Mier an sich etwa 100 km
südlich und von da soweit östlich bis in den Sand hinein
erstreckte, dass er Betschuana-Land erreichte. Auf diesem
Gebiete grub Rautenbach Brunnen, baute Dämme, um das
Wasser in der Regenzeit für den Bedarf in der trockenen
Zeit zu sammeln, errichtete für sich ein festes steinernes
Haus, und begann mit der Viehzucht im kleinen Maassstabe.
In wenigen Jahren wuchs seine Heerde auf 1500 Köpfe an,
und jetzt blicken alle Bastards mit Neid auf ihn und tadeln
Verlander, dass er ihm das beste Land gegeben, wo alles
Wasser sei. Einer von ihnen verstieg sich später soweit, mir
zu sagen, „Verlander hätte alles Land für sein eigenes Volk
behalten und dem spitzbübischen Juden nichts bezahlen sollen".
Er vergass, dass Rautenbach's Land, bevor die Brunnen von
ihm gegraben wurden, nicht mehr werth war als die umliegenden Ländereien, welche alle auf denselben Werth gehoben
werden könnten, wenn man dieselbe Arbeit an sie wendete.
Er ist der einzige Weisse, welcher mit seinem Schiff in diesem
Grasmeer vor Anker gegangen ist, um die Viehzucht in passender Weise zu betreiben, und er wird grossen Erfolg haben,
wie auch andere, welche es in ähnlicher Weise anfangen.

Doch kehren wir nach dieser langen Abschweifung zu
unserm Pau-wau zurück.

In dem Augenblick, als Verlander aufhörte zu sprechen,
wurde mit einer Glocke draussen geläutet. Der Häuptling
sprang sofort in die Höhe, seine „Grossen Leute" desgleichen,
und alle setzten sich auf die Stühle im Hintergrund des
Zimmers, indem sie mich einluden, dasselbe zu thun. Voller
Erwartung, was kommen würde, ahmte ich ihnen nach; aber
kaum hatten wir Platz genommen, als ein Trupp Weiber und
Kinder von allen Grössen und Farben, unreinlich aussehende
Geschöpfe mit schmutzigen Gesichtern, hereinkamen und auf
dem Boden uns gegenüber niederhockten, in ungezwungenster
natürlicher Weise sich niederlassend.

Darauf trat ein alter Mann herein, mit wunden rothen

Augen, gekleidet in Lumpen von allen Farben, sodass sein
Rock mich an den von Joseph's Brüdern in Blut getauchten
Rock erinnerte. Unter dem Arm trug er ein Buch, das
ich als eine Bibel erkannte, und nun begann es in mir zu
dämmern, dass wir einem „Meetin'" zusteuerten, wie sie in
Amerika sagen. Der Gottesdienst wurde von dem wundäugigen alten
Mulatten mit einem langen Gebet eröffnet, in welchem er
seinem Schöpfer dankte für alle guten Sachen, die er besässe,
und seinerseits versprach, sich gut aufzuführen und ihn als
seinen alleinigen Gott zu verehren. Er stellte sich damit auf
dieselbe Stufe wie alle jene Leute, welche stets jedem Dinge
die beste Seite abzugewinnen suchen. Hierauf wurde ein
Psalm gesungen, wobei der Grundton von einer starken fetten
Tochter Verlander's angegeben wurde. Als die andern anfingen
zu singen, hob sich eine sehr schöne Stimme hell über die
andern heraus. Zu meinem Erstaunen gehörte sie einer nackten Buschmannsfrau an, welche alle andern zu verhindern
verstand, aus der Melodie zu fallen und den Grundton sinken
zu lassen. Darauf hielt der alte Sünder mit dem wunden
Sehwerkzeug eine Predigt und zwar in den tiefsten Guttural-
tönen, die er seinem Holländisch zu geben verstand. Aber
seine Zuhörer schienen ihm nicht sehr viel Andacht entgegen-
zubringen, da die meisten sich an dem Spiel verschiedener
Ziegen vor der Thür erbauten. Nach der Predigt wurde noch
eine Strophe gesungen und darauf der Gottesdienst mit einem
Gebet beschlossen, in welchem der triefäugige alte Heuchler
den Herrgott noch einmal daran erinnerte, alle Segnungen ihnen
zuzuwenden, welche in diesem Augenblick gerade zur Hand lägen.

Ohne weitern Zeitverlust stand jetzt Verlander auf und
bat uns ihm zu folgen. Als wir hinaustraten, flüsterte „Ich
will's machen" mir ins Ohr: „Jetzt werden Sie gemacht; der
alte Heuchler, er macht mir keinen Humbug vor mit seinem
Herrgott. Er machte mich betrunken mit Branntwein viele
Sonntage vorher; nachdem seine Predigt vorüber ist, werden
Sie gemacht."

Und wirklich wurden wir gemacht und sehr schnell.
Direct auf unsern Wagen zuschreitend, wünschte Verlander
unsere Gewehre zu sehen, stellte sich sehr entzückt über den
Mechanismus des Repetirgewehrs, warf höchst lüsterne Blicke
auf unsere hellfarbigen Decken und bat schliesslich um etwas
Kaffee und Zucker, was er erhielt. Seine „Grossen Männer"
bettelten um alles, was ihnen in die Augen fiel. Um Taback zu
bitten hielten sie nicht erst der Mühe werth, sondern langten
einfach herüber, ergriffen den Beutel und bedienten sich selber,
als ob das selbstverständlich wäre. Sie waren wirkliche Sach-
verständige in der Kunst des Bettelns; zuerst untersuchten sie
einen Gegenstand und dann lobten sie ihn; darauf bemerkten
sie äusserst kühl: „Weil Maister soviel davon hat, so möchte
ich dies als mein Geschenk an mich nehmen, as u belieft
Mynheer!" Hätten wir nicht klipp und klar Nein! gesagt, so
wären unsere Wagen in einer Stunde leer geworden. Sie
liessen uns nicht fünf Minuten in Ruhe. Selbst als wir assen
umstanden sie uns, massen uns jeden Bissen zu und baten, ihnen
zu erlauben „die likker kost te proeven" (die leckere Speise
zu kosten). Einige behaupteten, uns gern etwas abkaufen zu
wollen und boten die lächerlichsten Preise; als wir ihnen aber
sagten, wir seien keine Händler, schlug ihre bettlerische Neigung wieder durch, und sie gaben dann ihre Bewunderung
aller von ihnen gewünschten Gegenstände in den übertriebensten
Ausdrücken zu erkennen.

Am Abend wurden wir nach dem Hause des Häuptlings
eingeladen, dicke Milch zu essen. Hier trafen wir einen
Weissen, welcher sich uns unter dem Namen Halliburton und
als Verlander's Privatsecretär vorstellte — ein langer, schmäch-
tiger, hagerer Mensch von unsicherm Gange, dessen kleine
graublauen unsteten Augen Verschmitztheit andeuteten und
dessen ganze Erscheinung mir vom ersten Anblick an wenig Vertrauen einflösste. Vielleicht war unser Misstrauen ein gegen-
seitiges, denn er nahm mich gleich anfangs in Verdacht, dass
ich Absichten auf das Land hätte, indem er die Jagd nicht
für eine genügende Erklärung meines Aufenthalts in Afrika

hielt und durchblicken liess, ich sei von einer Regierung, vielleicht der deutschen, gesandt, deren Agenten sie erwarteten, um ihnen Eröffnungen wegen Verkaufs ihres Landes zu machen. Ich leugnete diese harmlose Unterstellung derartig ab, dass eine so argwöhnische Natur überzeugt bleiben musste, dass ihr Verdacht gerechtfertigt war. Mit verständnissvollem Winken gab er zu erkennen, dass er mich verstanden, und theilte mir sodann mit, es würde im beiderseitigen Interesse liegen, wenn wir uns vorher privatim in seinem Hause — einer Rohrhütte nebenan, welche er seinen vorläufigen Wohnort nannte — darüber besprächen, bevor Verlander etwas davon mitgetheilt würde. Verlander schien unruhig über unser Zwiegespräch zu werden und fragte, worüber wir sprächen. Halliburton antwortete, um mir das Wort abzuschneiden, sogleich, er frage mich blos um meine Meinung über den Krieg in Transvaal. Nach und nach wandte sich dann das Gespräch der Jagd zu. Darin hatten die Verlanders natürlich grössere Erfahrungen gemacht als sonstjemand im Lande, und Nimrod selber hätte seine besten Geschichten vorführen müssen, bis er ihre Erzählungen von Erlebnissen mit Löwen und andern wilden Thieren hätte aus dem Felde schlagen können.

Verlander's Schilderung, wieviel Wild wir auf einer zehntägigen Ochsenwagenfahrt von hier aus antreffen würden, übertraf alles bisher Erlebte. Er sagte, noch vor drei Jahren seien Löwen $1\frac{1}{2}$ km von seinem Hause entfernt getödtet worden, und vor jener Zeit seien sie sehr zahlreich gewesen. Zwei Söhne seien draussen im Veld auf der Jagd, und da sein Veldhüter hinaus wolle, um die erbeuteten Felle und Federn zu holen, so lud er uns ein ihm zu begleiten, welches Anerbieten wir freudig annahmen. Aber wir machten die Rechnung ohne unsern Wirth. Unsere Einwilligung wurde lediglich als Entschuldigung für eine Erneuerung ihrer bettelhaften Anliegen benutzt. Zuerst ersuchte mich Verlander, ihm die Hälfte unsers Kaffees und Zuckers zu überlassen, seine Söhne würden, wie er bedächtig hinzufügte, mich dafür nach Belieben entschädigen. Da ich aber auf solche unsichere Aussichten

nichts gab, so schlug ich es ihm rund ab. Dann fielen seine
lüsternen Blicke auf unsern grossen Zinkeimer, indem er bemerkte, dass derselbe ihm beim Wasserholen vom Damm sehr
nützlich sein würde. Dies war jedoch fast unser werthvollstes
Besitzthum, besonders zur Bereitung des Samawassers, und
deshalb uns in der That so unentbehrlich, dass der Veldhüter uns selber zuredete, uns um keinen Preis davon zu
trennen; deshalb wurde auch dieses Ansinnen ohne Zaudern
abgelehnt.

Zuletzt erhob, als wir ihre Bitten leidlich gut abgeschlagen hatten, der Privatsecretär einen bescheidenen Anspruch
auf einen Durchgangszoll. „Es ist Gebrauch", sagte er, „dass
jeder für den Durchzug oder die Jagd auf Verlander's Veld
ihm ein Geschenk macht."

Auf Erhebung eines Räubersolds verstanden sich diese
Leutchen in der That sogar besser als die schwarzen Poten-
taten selber. Um indessen in Güte davonzukommen, bot ich
ihm eine hübsche Wagenuhr an und zeigte ihm, wie man sie
aufziehen und den Wecker stellen müsse.

Er nahm sie in die Hand, drehte sie bedachtsam herum,
sagte dann aber: „Was verstehen wir von solchen Sachen?
Ich wills nicht haben. Die oude Kerl moet my van die roers
geven" (der alte Knabe muss mir von seinen Gewehren, Rohren,
abgeben).

„Er kriegt nichts", sagte flüsternd «Ich will's machen».
„Fahrt sogleich weiter, oder er verlangt noch die Wagen.
Ich will's machen, er kriegt keine Flinte."

Um Zeit zu gewinnen warf ich ein: „Ihr könnt doch nicht
von einem Mann erwarten, dass er seine Flinte verschenkt,
wenn er gerade auf die Jagd gehen will!"

„Warum nicht?" erwiderte er. „Sie haben sechs. Sie
können sie meinetwegen mitnehmen zur Jagd, aber nachher
schenken Sie mir eine."

Ich antwortete nicht viel, dachte mir aber desto mehr,
und er sah die Büchse bereits halb als sein Eigenthum an.
„Nicht solange ich dabei bin", dachte ich. Aber wir hatten

ja Zeit genug, die Frage zu besprechen, wenn er seinen Anspruch durchzusetzen versuchen sollte; deshalb gab ich das
Signal zum Aufbruch. Aber so leicht liess der zudringliche
Bettler sich seine Beute nicht entgehen. Er müsse eine meiner
Decken für seine Frau haben; da wir deren mehr besassen
als wir eigentlich bedurften, so schenkte ich ihm eine und
kam so endlich frei von ihm.

Drei Tage fuhren wir darauf weiter über die ewigen Sanddünen, bis wir das trockene Bett des Nosobflusses erreichten
und darin abwärts fuhren, da die Strasse so bequem und hart
war wie die beste macadamisirte Chaussee. In zwei Stunden
kamen wir zur Vereinigungsstelle der Flüsse Oup und Nosob,
wo Rautenbach einen Brunnen von 30 m Tiefe gegraben hatte.
Der Feldhüter oder Cornet warnte uns jedoch vor diesem
Wasser, weil es salzig und giftig sei; als seine Leute zuletzt
es genossen hätten, seien sie todtkrank und die Köpfe ganz
dick geschwollen gewesen; ebenso die Ochsen, sodass sie nicht
hätten aus den Augen sehen können. Ohne Zweifel rührte
das von der Anwesenheit von Kupfer her.

Weiter vorwärts kamen wir bald in den Sama-Gürtel,
wo wir das durstige Vieh auf die Weide schicken konnten.
Eifrig von Ranke zu Ranke gehend hatten sie sich bald voll-
gefressen, und nach einer Stunde schon legten sie sich nieder,
das Futter mit stiller Befriedigung wiederzukauen, auf das
Zirpen der riesenhaften Heimchen oder auf das Trillern der
goldigen Pali zu lauschen, während die kleine Meerkatze plötzlich den Kopf aus ihrer unterirdischen Wohnung hervorsteckte
und verwundert die dicken Fremdlinge anstarrte, und der
mächtige Geier hoch oben auf der Suche nach Nahrung vorüber-
schwebte, bis er wie ein kleiner Fleck am Himmel aussah,
und selbst aus dieser schwindeligen Höhe herab sicher mit
Bedauern wahrnehmen musste, dass die glatte Haut unserer
Ochsen ihm für die nächste Zeit noch keine Mahlzeit in Aussicht stellte.

Alles athmete Frieden und Stille, als die sinkende Sonne,
einer grossen feurigen Kugel gleich, sich in ihrem westlichen

Bett zur Ruhe begab, die erröthenden Stirnen der grauen
Berge küssend und ihren mattrosa und carmoisinrothen
Schleier davorhängend, bis sie unsern Blicken entschwunden.
Dann wurde das silberne Licht des Mondes von dem melancholischen Lachen der Hyäne begrüsst, welche dort unter
dem Schatten eines Kamelbaums dahinschlich, während der
„Yaa"-ruf des Schakals und der antwortende Ruf des „Ah" [1]
den Löwen aus seinem Schlummer weckten und darauf dessen
mächtiges Gebrüll über das Meer von weichem Sand und
wogendem Gras dahinrollte.

Die Poesie des Schauspiels wurde plötzlich gestört durch
die prosaische Ankündigung, dass das „Essen fertig" sei, und
die Majestät des Menschen, welcher alle mannichfaltigen Werke
der Schöpfung überschaut, wurde wieder einmal auf das
Niveau der „Thiere die sterben" heruntergedrückt, weil alle
das gleiche Bedürfniss haben zu essen und zu trinken.

Ausser den Mitgliedern unserer Gesellschaft nahmen theil:
Jan der Veldcornet, sein Schwiegersohn (Zwaer) Piet Bok
und sein Neffe Klaas, welche zur bessern Unterscheidung Ohm
(Onkel) und Neef (Neffe) genannt wurden, ferner Andreas
Bok und ein Sortiment Diener, lauter Buschmänner.

Drei Tage später erreichten wir die Ki-ki-Berge, wo wir
den Fluss verliessen und uns ostwärts quer durch den Sand
schlugen. Vier fernere Tage brachten uns an den Rand des
K'gung-Waldes, wo wir unter einigen grossen Bäumen zwischen zwei Sandhügeln ein Lager aufschlugen, in der Nähe
einiger alten Hütten, den Resten eines alten Katti-Dorfes.
Die besten dieser Hütten wurden von den Buschmännern in
Besitz genommen, während die andern uns als Brennmaterial
willkommen waren.

Gegen Abend stellten wir einige von Mier mitgebrachte
Stahlfallen auf, indem wir als Köder Stücke von Springbock-

---

[1] Ein kleiner schwarzbrauner Schakal, ganz verschieden von dem
grossen Schakal mit den bezeichnenden weissen und schwarzen Streifen
längs des Rückens.

fleisch benutzten und als zu ihnen führende Witterung die
Eingeweide eines Springbocks in einem Kreise von nahezu
$1\frac{1}{2}$ km Durchmesser herumstreuten. Sobald es dunkel wurde,
hörten wir das Bellen der Schakale ringsumher, und kurz nach
dem Abendessen rief Kert: „Horch, da hat sich ein Schakal
gefangen; man hört es am Bellen!"

Meine ungeübten Ohren konnten keinen Unterschied wahrnehmen. aber Dirk und ein Buschmann verliessen das Feuer
und kehrten in einer halben Stunde mit einem grossen Schakal
zurück. welcher sofort abgebalgt wurde; denn obwol sie kaum
eine Stunde vorher ein kräftiges Abendessen zu sich genommen hatten, begab sich doch die ganze Gesellschaft daran.
ihn zu zerwirken und zu braten, worauf sie ihn ebenso gierig
verschlangen, als ob sie eine ganze Woche gefastet hätten.

# ACHTZEHNTES KAPITEL.

Ohne Furcht vor den Giftbeeren. — Ein Ritt hinter einer Giraffe her.
— Ein grosses Thier. — Winke für Giraffenjäger. — Mittel gegen
Geier und Löwen. — Eine Delicatesse der Wüste. — Ich verbringe
eine Nacht allein auf einem Baum. — Niederschweben der Geier mit
voller Kraft. — Ein Ungethüm von Geier. — Nächtliche Besucher.
— Schmarotzer oder Handlanger des Löwen. — Die Hyäne betritt
einen verbotenen Raum. — Im Lande der Träume. — Ein sonderbarer
Vogel. — Drei Löwen auf der Bildfläche. — Leo wird zu Hause photo-
graphirt. — Ein tollkühnes Experiment. — Camera oder Büchse. —
Tod des Königs.

Am nächsten Morgen standen wir vor Tagesanbruch auf,
fanden aber, dass die Buschmänner bereits wieder die Fallen
untersucht und vier Ahs zurückgebracht hatten. Sobald diese
abgezogen waren, stiegen wir unserer sieben zu Pferde und
ritten nordwärts über die grasbedeckten Sanddünen, unter
den breiten Kamelbäumen hin, durch dichte Gruppen schwarz-
grüner K'gung-Bäume, an schwer mit reifen Beeren beladenen
„Rosinenbüschen" vorbei, passirten alle Augenblicke einen mit
Weinreben bedeckten Baum, welcher voll von Bündeln grosser
Früchte, fast so gross wie Pflaumen sass, die in allen Farben
von Hellgrün bis zu reichem Scharlachroth erglänzten. Die
Bündel sahen sehr verlockend aus und da die reifen Früchte
offenbar von Vögeln angepickt waren, so ass ich welche, als
Kert mir plötzlich zurief, sie seien „giftig". Da ich indessen
der Ansicht war, dass was den Vögeln schmeckte und offenbar Freude machte, mir kein Leids thun würde, so missachtete
ich die Warnung und ass weiter von der verbotenen Frucht.

Ihr Geschmack hatte viel Aehnlichkeit mit dem der Liebes-
äpfel, und der Saft war so angenehm kühlend, dass ich noch
mehr abpflückte.

„Nein, Sieur!" schrie Kert, und seine Begleiter sahen
mich vorwurfsvoll an, da sie nichts anderes erwarteten, als
dass ich alsbald vom Pferde sinken würde. „Wenn Sie dieselben aufessen, so werden Sie sich wieder vergiften, und man
wird uns die Schuld zuschieben."

Aber ich lachte über ihre Befürchtungen und bewies
ihnen, dass man sich nicht immer auf ihre Kenntnisse verlassen dürfe, indem ich die Gefahr überlebte und weiter
davon ass. Wir hatten jedoch bald an aufregendere Dinge
zu denken, da wir die Fährte eines alten Giraffenmännchens
kreuzten, mächtige Eindrücke von über 30 cm Länge und
nahezu 22 cm Breite. Wir verfolgten die Fährte in leichtem
Trabe, aber ohne zu sprechen. Die Fährte wurde bald frischer
und in einer Stunde waren wir offenbar an der Stelle, wo die
Giraffe sich die Nacht vorher schlafen gelegt hatte. Gleich
dahinter stieg der Cornet ab, nahm eine Handvoll feuchten
Sandes auf und flüsterte: „Er ist warm; wir sind ganz nahe,
seht scharf aus nach vorn". Dann wieder in den Sattel
springend, ritt er einige Schritt vorauf.

„Galop! Er hat uns gesehen oder gewittert", rief er
gleich nachher, und fort stürzten wir alle durcheinander durch
das lange Gras, ohne auf die Angriffe der uns hemmenden
Dornbüsche zu achten, obwol sie jedesmal, wo sie fassten, ein
Stück aus unsern Anzügen fortrissen. Da reitet Jan, der
Neffe des Cornet, er fliegt durch die Luft, sein Pferd ist
nicht zu sehen! Keine Zeit zum Anhalten, denn das grosse
schlanke, crême-farbene Thier kommt gerade ganz in Sicht,
wie es sich um einen Dornbusch herumdreht und nun im
Zickzack den steilen sandigen Abhang hinauf sprengt. Doch
nun ist die Reihe an mir, zu Schaden zu kommen: meine
Stute tritt in das Loch eines Erdferkels, pflügt den Sand mit
den Nüstern auf, rappelt sich aber tapfer wieder empor ohne
mich abzusetzen, und läuft weiter als ob nichts passirt sei.

Auf dem Rücken des Abhangs angekommen, sahen wir die
langhalsige Schönheit vor uns: den Kopf hervorragend über
die Bäume etwa 100 Schritt vor uns, etwas rechts, quer
über einer offenen freien Strecke. „Schiesst nicht", rief der
Cornet. „Reitet um ihn herum, dass er sich herumwendet."
Die Absicht war, dass das Thier seinen Körper selbst zu
den Wagen bringe, um uns dieser Mühe zu überheben:
aber obgleich der Cornet und Jan an ihm vorbei- und sodann
ihm entgegenritten, so wollte es doch nicht seinen Curs
ändern, sondern sprengte mit ihnen weiter. Unsere Pferde
verloren den Athem, und wenn die Giraffe nicht umwendete,
so ging sie uns verloren. Der Gang des Cornet wurde er-
sichtlich langsamer, während die Giraffe kein Zeichen der
Ermüdung verrieth. „Sie wird sich nicht umwenden", schrie
Dirk, „wir müssen schiessen oder sie aufgeben", und während
er noch sprach und das Thier auf seinen Stelzen am Cornet
entlang herlief, sprang dieser zur Erde und feuerte. Gleichzeitig krachte meine Büchse, aber das erschreckte Thier ging
flüchtig weiter, indess nur noch wenige Schritte. Plötzlich stehen
bleibend drehte es sich herum, scharrte den Boden mit den
Füssen und bewegte den langen Hals hin und her. Dann
folgte Schuss auf Schuss, und nach jeder Kugel stampfte und
stiess es immer verzweifelter. Ich stieg ab, um das Thier aus
grösserer Nähe zu betrachten. Verzweiflung lag in seinem
müden Auge und sein Blick schien sagen zu wollen: „Was
habe ich denn einem von euch zu Leide gethan?" und als
wir uns alle in seinem letzten Todeskampf um ihn drängten,
war es wie eine Schande, dass keiner ihm den Fangschuss
geben wollte. Ich wendete mich an den Cornet mit der
Frage: „Warum machen Sie sich nicht daran und schiessen
ihm durch den Kopf, um seinem Elend ein Ende zu machen?"
Aber statt aller Antwort fasste er mich beim Arm und schrie
den übrigen zu: „Passt auf, oder er nimmt euch an!" Wirklich schwang das hinfällige Thier seinen Kopf herum, sein
langer Hals sah aus wie der Riese Jacomama, die süd-
amerikanische Riesenschlange, welche ich auf meiner Fahrt

auf dem Amazonenstrom beobachtet hatte, wirbelte fortwährend durch die Luft herum, ungeheuere Kreise beschreibend
und dabei tolle Sprünge machend bei seinem verzweifelten
Bemühen, die Beine unter dem Körper zu halten. Wir alle
sprangen noch rechtzeitig zurück, um von ihm frei zu kommen,
als das Thier krachend völlig zusammenbrach, indem es vornüber stürzte und dabei derartig mit Kopf und Schultern in
den Sand stiess, dass der Boden ordentlich erzitterte. Dann
streckte es sich krampfhaft zu voller Länge aus und war todt.

Tod der Giraffe.

Vom Anfang des Schweifes bis zum Vorderblatt mass
diese Giraffe 185 cm, von da bis zur Nasenspitze 309 cm,
im ganzen 494 cm. Vom Vorderhuf bis zum Blatt betrug
die Höhe 337 cm: und als sie so dalag, reichte ihre Schulter
bis zum dritten Knopf meiner Weste. Die Zunge war 38 cm
lang und damit konnte das Thier sich seine Nahrung aus
6—7 m Höhe von einem Baume herunterlangen.

„Wie schwer mag sie sein, Jan!" fragte ich.

„Kann's nicht sagen, Sieur; wir verstehen uns nicht auf solche Dinge; aber wenn sie zerlegt wird, so haben vier Mann genug an ihren Hinterläufen zu tragen, und zwei Mann haben ihre ganze Kraft nöthig, um die Hinterläufe beim Abhäuten in die Höhe zu heben. Jedenfalls macht sie uns viel zu schaffen."

Ich sicherte mir den Schweif und den Kopf, welcher besonders merkwürdig war durch eine Reihe grosser Beulen gerade unter den Hörnern, und während die andern sich eifrig ans Abhäuten machten, sah ich mich nach den Pferden um. Dirk nahm meiner Lady Anna den Sattel ab. „Sie ist gedaan" („alle"), bemerkte er. „Noch zwei Giraffen wie diese und ihre Gebeine sind Futter für die Aasvogels. Schade dass Baas so schwer ist, sie wird ihn wol nicht zum Lager tragen können."

„Ja, sie hielt sich tapfer", und auf meine Uhr blickend fügte ich hinzu, „es sind jetzt zwei Stunden zwanzig Minuten her, seit wir die Fährte der Giraffe fanden und wenigstens die halbe Zeit sind wir scharf geritten."

„Jah!" bemerkte der Feldhüter dazu, „es gibt immer harte Arbeit für die Pferde, wenn das «Kamel» [1] sie aus der Ferne sieht oder wittert. Tritt man ihnen unerwartet entgegen, so scheinen sie verdutzt zu sein, schwingen ihre langen Hälse hin und her, schlagen mit dem kurzen Schweif und laufen in rollender Gangart davon, aber nicht so schnell, dass ein Pferd nicht bequem mit ihnen Schritt halten könnte, und doch werden sie erst nach $1\frac{1}{2}$ Stunde müde und ergeben sich auf Gnade oder Ungnade. Wittern sie uns aber zuerst, so stürzen sie in demselben Augenblick fort und zwar so schnell, dass die Pferde zu der Zeit, wenn sie dieselben einholen, ausser Athem sind; kommt man inzwischen nicht zum Schuss, so entkommen sie. Reitet man hinter ihnen her

---

[1] Kamel oder Giraffe, Kamelbaum, Kamelvogel oder Giraffenbaum, Giraffenvogel werden als gleichbedeutend von den Eingeborenen gebraucht.        D. Uebers.

und drängt nicht zu sehr auf sie ein, sobald sie anfangen
langsamer zu laufen, so kann man sie meilenweit gerade auf
die Wagen zu vor sich hertreiben, und so würde auch dieses
Thier, wenn wir seinen Curs hätten ändern können und
unsere Pferde fix geblieben wären, ganz ruhig wie ein Ochse
nach unserm Lager getrabt sein. Doch das werden Sie später
selber sehen; denn während wir dieser Fährte folgten, haben
wir noch eine Menge andere gesehen."

„Werden wir grössere Thiere als dieses zu sehen bekommen?" fragte ich.

„Jah, Sieur, dieser ist zwart bont (schwarzgefleckt); sie
sind dicker und schwerer als die witte bont (weissgefleckt),
aber nicht so lang."

Inzwischen waren die Buschmänner, nachdem das Thier
ausgeweidet war, eifrig beschäftigt, eine Menge Buschwerk
abzuschneiden, um es völlig damit zu bedecken; denn wir
mussten es hier liegen lassen und mit den Wagen zu ihm
kommen, weil es nicht hatte zu den Wagen gehen wollen.
Bald war der Cadaver nicht mehr zu sehen und ein Stück
Papier oben festgebunden, um Löwen und Geier zu verscheuchen; endlich wurde ein wenig Schiesspulver rundum-
hergestreut, um gleichen Dienst gegen die Schakale zu leisten,
welche den Pulvergeruch nicht ausstehen können, wie man
hier glaubt.

„Heda!" rief der Veld-Cornet einigen Buschmännern zu,
welche sich am Feuer zu thun machten, „ist das Fleisch gar?"
„Ja?" „Nun dann bringt dem Sieur etwas, damit er das
Giraffenwildpret koste."

Sie gaben mir ein Stück Leber, nebst einem Fetzen hell-
gelben Fettes, dessen Geruch fast dem des Thieres selber
gleichkam. Da ich sehr hungerig war, so hatte ich es bald
verschlungen, und dann fragte mich Dirk, ob es mir gut
geschmeckt hatte.

„Die Leber war sehr gut, Dirk!"

„O die Leber ist das Essen nicht werth; sie ist zu
weichlich. Ich meinte das Stück vom Darm; das nennen wir

die grösste Delicatesse; das lieben wir am meisten bei allem
Wild und das wird immer vor allem andern gebraten und
gegessen."

„Nun Dirk, was war es denn?"

„Es war von die laatste darms (letzten, d. h. Mastdarm).
Wir sagten Ihnen vorher nichts davon, weil die meisten
weissen Männer nicht davon essen, sobald sie wissen, was es
ist; wir wünschten aber, dass Sie es einmal kosten."

„Wie habt ihr ihn denn aber gereinigt? Hier ist ja
kein Wasser zum Auswaschen, Dirk?"

„Wir denken nicht daran ihn zu waschen. Wir wenden
einfach die Innenseite nach aussen, und lassen fallen was
darin ist; dann werfen wir es auf die Kohlen, und gebraten
ist es ein Königsessen. Ich hoffe, Sieuer wird nicht übel,
nun er weiss, was er gegessen hat!"

„Kommt Sieur", rief Jan, „wir müssen in die Sättel.
Wir haben einen langen Weg vor uns und müssen das Lager
vor Dunkelwerden erreichen, da hierherum es zahlreiche
Löwen gibt."

Dirk führte mir Lady Anna zu, damit ich den Sattelgurt
festschnallte — eine Arbeit, welche ich niemals einen andern
für mich verrichten liess — aber das arme Thier kam so
trübselig mit gesenktem Kopf daher, dass ich leicht einsah,
es würde vollends draufgehen, wenn es mich nebst Büchse
und Sattel noch etwa 30 km weit tragen sollte. Ich sagte
deshalb zu Jan: „Nehmen Sie die Stute mit zurück zu den
Wagen, während ich hier bleibe und warte, bis ihr das
Wildpret holt. Gefahr ist nicht dabei, da ich die Nacht auf
jenem dicken Baume zubringen werde. Seine Zweige sind
wie dazu gewachsen, einen guten Sitz hoch oben abzugeben."

„Nein, nein! Sieur moet niet hier blijv!" (Sieur darf
nicht hier bleiben!); wir können Sie nicht hier zurücklassen,
das ist noch nie vorgekommen; wir reiten immer zu den
Wagen zurück. Es kann allerlei sich ereignen. Sie können
einschlafen und vom Baume herabfallen. Auch müssen wir

nach frischen Fährten für die nächste Jagd ausschauen, während wir nach Hause reiten."

„Jan, Sie haben gehört was ich sagte. Die andern haben auch gehört was Sie sagten, und damit sind Sie ausser aller Verantwortung. Der Baum wird mir eine Sitzstange für die Nacht bieten. Das Pferd kann mich nicht tragen und Vögel und Thiere möchten hier Festschmaus halten wollen, das wird mir Gelegenheit geben, sie zu beobachten und einige Exemplare einzulegen. Vor Löwen bin ich nicht bange. Livingstone und andere Reisende haben manche Nacht unter viel schlimmern Verhältnissen zugebracht. Geht also los und schickt den Wagen sobald als möglich zurück."

„Wenn der Sieur so thöricht handeln will, so muss einer von uns bei ihm bleiben."

„Nein! es braucht keiner hier zu bleiben; ich bleibe ganz allein hier. Steigt auf und reitet weg, weil es sonst zu spät wird."

„Es ist mir nicht recht, Sieur allein hier zu lassen; es kann so vieles passiren; der Wagen kann zusammenbrechen und Sie haben nichts zu essen und keine Decken. Kommt, Sieur, Sie reiten mein Pferd, ich nehme das meines Neffen und der kann zu Fuss gehen."

„Ich bin euch sehr verbunden, dass ihr so viel Interesse an mir nehmt, aber ich bleibe dennoch hier."

„Nein, Sieur, bitte kommen Sie mit uns; der kleine Sieur Lulu würde mich todtschlagen, wenn ich ohne Sie zurückkäme."

„An die Gefahr habe ich freilich bisjetzt nicht gedacht; er wäre dazu fähig, aber das müssen Sie riskiren."

Endlich ritten sie widerwillig fort und waren bald aus Sicht verschwunden.

Nachdem ich meine Büchse an einem langen Riemen befestigt und dessen anderes Ende um meinen Arm gewunden hatte, kletterte ich nach Bärenmanier an dem dicken Baum hinauf und sass bald auf einem starken Zweig, während meine Füsse auf einem untern ruhten und mein Rücken gegen einen dritten Ast lehnte. Meine Büchse emporholend knotete ich ein Ende des Riemens um einen Zweig über mir und liess das andere Ende so weit herunterhängen, dass meine Büchse in einer Schlinge und das andere Ende auf dem Zweige lag, auf welchem ich sass. Ein anderer Riemen wurde an dem Ast hinter mir befestigt, unter meinem Arm durchgezogen und nun das andere Ende festgebunden, sodass ich nicht zu befürchten brauchte, aus meinem Lager herunterzufallen.

Ich befand mich jetzt in völliger Sicherheit vor allem Gethier, ausser dem Leopard oder „Tiger", wie sie ihn in Südafrika nennen, welcher indessen im K'gung selten vorkommt. Dasitzend wie der Walfischfahrer in seinem „Krähennest" konnte ich mein Feuer im Auge behalten, in welchem etwas Sama für meinen Morgenimbiss briet, oder auch zum klaren blauen Himmel emporschauen, der seine weiche wolkenleere Wölbung mit so hellem Licht über mir ausbreitete, dass ich alle Gegenstände deutlich erkennen konnte.

Bald schweiften meine Gedanken tausende von Meilen weit weg und mit Verwunderung dachte ich daran, was wol in der lebenden rührigen Welt weit hinter jenen träumerischen Sandhügeln sich ereignet haben mochte. Freunde konnten gestorben, Regierungen verändert oder Kaiserreiche in den verflossenen sechs Monaten untergegangen sein. Man kann sich nicht vorstellen, was es heisst, ohne seine Morgenzeitung zu leben, wenn man sich nicht einmal, so wie wir, ein halbes Jahr in der Sandwüste begraben hat. Jetzt wo ich Zeit hatte an solche Sachen zu denken, wie sehnte ich mich jetzt nach meiner gewohnten Morgenzeitung! Bisjetzt hatte ich allen Luxus der Civilisation darüber vergessen, dass stets etwas Neues und Aufregendes passirte, und wenn ein Löwe sich hier zeigte, wie schnell würde auch mein Traum des heutigen Tages verfliegen! Auf einmal bemerke ich einen kleinen Flecken hoch oben in der Luft, nicht grösser als eine Fliege; rechts davon ist noch einer; da drüben ein dritter und bald ist ein Dutzend derselben sichtbar. Während sie sich langsam nähern, werden sie grösser und grösser, bis sie mir nahe genug kommen, dass ich sie als Geier erkannte. Einige stossen plötzlich herunter und setzen sich, kaum hundert Schritt von mir, mit zusammengeschlagenen Flügeln frei auf einen Baum. Sie haben bereits aus weiter Ferne die todte Giraffe erspäht. Nach einer ruhigen Beobachtung von einigen Minuten Dauer lassen sie sich alle auf dem Haufen Buschholz nieder, sodass die Luft ganz erfüllt wird von ihren grossen schweren schlotterigen Schlägen. Ohne auf das Papier zu achten, welches sie in Schrecken setzen sollte, beginnt erst der eine, dann der andere, das Gras und die kleinern Zweige wegzureissen, bis der Kopf der Giraffe beinahe blossgelegt ist. Einer, etwas waghalsiger als die andern, steckt seinen Kopf ganz unter den Zweighaufen und taucht wieder auf mit dem Schnabel voll Eingeweide, von denen er ein langes Ende hervorzieht, bis ein anderer darauf losstürzt, worauf er schleunigst halt macht und soviel als möglich davon hinunterschlingt, bevor sein Freund ihn um die Früchte seines Muthes bringt. Dann ahmen andere sein Beispiel nach, bis der Boden mit einem Schwarm dieser schwarzbraunen Schlinghälse bedeckt ist, welche an den langen lederartigen Gedärmen ziehen und zerren, von einer Stelle zur andern flattern, nach den leckersten Bissen schnappen und einen Kampf aller gegen alle beginnen. Einer schien jedoch der Gewaltherrscher über alle zu sein, denn so oft er sich in überlegener Weise auf einen nach seinem Gutdünken ausgesuchten guten Bissen stürzte, überliessen ihm die andern denselben ohne Einrede. Es war derselbe, welcher den Angriff auf den Körper der Giraffe eröffnet hatte. Solange sie ihre Verwüstungen auf die Eingeweide beschränkten, war ich damit zufrieden, sie ruhig beobachten zu können; dann aber erneuerte der Räuberhauptmann seine Bemühungen, an den Kopf zu gelangen. Mit seinem mächtigen Hakenschnabel einen Zweig fassend, zog er ihn zurück, bis der Zweig sich loslöste, während die übrigen schweigend zusahen. Dies wiederholte er fünf oder sechs mal, bis der Kopf ganz aufgedeckt war, dann sprang er auf das Gehörn und bereitete sich vor, der todten Giraffe die Augen auszuhacken. Da wurde es mir zu viel. Diese Bande Marodeurs hatte ihr Theil bekommen. Wenn der Kopf mit nach London wandern sollte, so musste ich meine Ansprüche daran geltend machen. Der Hauptmann musste verwarnt werden, dass er sich an meinem Eigenthum vergriff, bevor es zu spät wurde. Da ich glaubte, dass er die Stimme meiner Büchse besser verstehen würde als die meinige, weil sie lauter und durchdringender war, so sandte ich ihm die bleierne Botschaft zu, dass er in meinem Gehege wildere. Ueber diese Anrede wurde der Geierhauptmann so bestürzt, dass er in Ohnmacht fiel und die übrigen Mitglieder seines Stammes unter Aufgabe aller Ansprüche davonflogen. Eine so laute Sprache hatten sie nie zuvor gehört; sie erschreckte sie derartig, dass sie ihren Oberst liegen liessen, wo er umgefallen war, ohne sich zu erkundigen, was ihm fehle. Unter diesen Umständen musste ich ja wol selber ihm zu Hülfe kommen und untersuchen, warum er in Ohnmacht gefallen sei; ich liess deshalb erst meine Büchse, dann mich selber hinunter und fand ihn mausetodt. Ich fasste ihn bei dem Ende eines Flügels und hob ihn so hoch als möglich empor. Welch ein Ungethüm. Die ausgestreckten Schläge massen quer über den Rücken von einem Ende zum andern nicht weniger als 3,20 m. Welch ein grosses altes Leckermaul! Vor einer halben Stunde dachte er wahrlich nicht daran, dass seine Zurüstungen zu diesem Hauptschmaus ein so vorzeitiges Ende nehmen würden.

Am meisten zu denken gab mir die Geschwindigkeit, mit welcher diese Vögel sich um ihre Beute versammelten. Als ich sie zuerst erblickte, waren sie die winzigsten Flecken am Himmel; wie weit sie vorher entfernt waren, kann ich unmöglich sagen, und doch waren sie geradeswegs auf die todte Giraffe zugekommen — trotzdem dieselbe bedeckt war und wie jeder gewöhnliche Strauch aussah. Unmöglich konnten sie auch den Schweiss der Giraffe aus der Ferne gewittert haben. Ich konnte nur zu dem einzigen Schluss kommen, dass sie eine Art teleskopischer Adjustirung in ihrem Auge haben müssen, dass ihr Auge weit kräftiger sieht als das menschliche, und dass sie dadurch in den Stand gesetzt werden, Gegenstände aus für uns geradezu wunderbaren Entfernungen zu sehen.

Nachdem ich die Giraffe wieder zugedeckt hatte, kletterte ich nochmals auf den Baum, zog den Geier nebst meiner Büchse am Riemen nach und verwandte das mir noch bleibende Tageslicht dazu, den moschusduftenden Zweifüssler abzubalgen. Die andern segelten dahin in sicherer Ferne: so schwer es ihnen auch wol wurde, so viele gute Kost zu verlassen, so wagte doch keiner zu ihr zurückzukehren, nachdem er das traurige Schicksal des Hauptmanns mit angesehen hatte.

Als das Zwielicht dem Tage folgte und einen lieblich warmen Abend brachte, begeb sich die Fledermaus auf ihren gespenstischen Ausflug: sie sah aus wie ein grosses braunes, vom Winde bewegtes Blatt, als sie sich ihren Weg mühsam durch die Lüfte bahnte; auch die zirpenden „Heiki" krochen hervor, um sich von schlafenden Fliegen und Käfern ein leckeres Abendessen zu bereiten. Sir John Lubbock würde willig alle seine Bienenköniginnen und Ameisen dafür hergegeben haben, wenn er hätte sehen können, was ich dort auf dem Baume sah.

Bald begannen die Schakale zu bellen, weil sie lüstern auf einige gute Bissen von der Giraffe waren. Bei dieser Gelegenheit möchte ich aber der irrigen Ansicht entgegentreten, als sei der Schakal „des Löwen Versorger", und alle Freunde der Naturgeschichte darüber belehren, dass der räuberische Schakal niemals irgendwie dem Löwen vorarbeitet. Er wird immer gesehen und gehört wo Löwen sind, weil er weiss, dass der Löwe ihm von den Krumen seiner Mahlzeit auch ein Nachtessen übriglässt — er ist in Wirklichkeit aber überall anzutreffen. Man hört seinen Ruf, wo immer der Wagen anhält, und wäre es auch nur für eine Stunde,

gerade als ob er es wüsste, dass wo Menschen sind auch
Nahrung für ihn ist. Ohne Zweifel sind meine Nachbarn
hier den Spuren unserer Pferde gefolgt in der Voraussetzung,
dass an unserer Haltestelle auch ein Abendessen für sie bereit sein wird.

Sobald es dunkel wurde, fingen diese nächtlichen Strauchdiebe untereinander an, sich die leckern Bissen streitig zu
machen, welche die Geier übriggelassen hatten. Diese waren
ihnen wol willkommen, aber die Kost genügte ihnen doch
nicht ganz, denn ich konnte sie an dem die Giraffe be-
deckenden Laubwerk zerren hören, und wer weiss, was den
Geiern nicht gelungen war, mochte ihnen im Schutz der
Dunkelheit gelingen. Ich wollte gerade dazwischenfeuern, in
der Hoffnung sie zu verscheuchen, als eine andere verschiedene Art von Gebell, oder vielmehr lang ausgezogenes
Geheul durch die Nacht zu mir drang. Wie oft hatte ich
schon diesen Klang gehört! Es war der Ruf der gross-
gefleckten Hyäne mit dickem Hals und so kräftigen Kinnbacken, dass sie jeden Knochen zermalmen. Das gewöhnliche Mahl für die Hyänen in einem Menageriekäfig besteht aus den von Löwen, Tigern und Leoparden übrig-
gelassenen Knochen, welche den Hyänen vorgeworfen und
von ihnen bis auf den letzten Bissen aufgefressen werden.
Es sind solche Kannibalen, dass wenn eine von ihnen verwundet wird oder eine kranke Stelle am Leibe hat, die
andern sie lebendig auffressen, wenn sie nicht von ihnen
getrennt wird.

Als die Schakale hörten, dass die Hyäne Anspruch auf
einen Theil der Mahlzeit erhebe, knurrten sie ihr verdriess-
lich ihre Antwort zu, etwa des Inhalts: „Du bist zu früh
gekommen, wir haben die Knochen noch nicht für dich abgenagt. Setz dich und wir werden rasch fertig sein." Aber
der unliebsame Eindringling wollte von höflicher Abwehr nichts
wissen, bestand vielmehr darauf, den Vorsitz bei Tisch zu
übernehmen. Der Gedanke aber, mit einem so grossen gemeinen Thier wie die Hyäne zu Abend zu essen, verstimmte

die Schakale so, dass sie sich abwandten und abseits unter
einem Strauch niedersetzten, um in stiller Verachtung zu-
zuschauen. Der Mond schien schon hell genug, dass ich sie
dort einander beobachtend sitzen sehen konnte, während die
Hyäne mit schelem Blick sich verstohlen nähernd erst tüchtig
herumschnüffelte, bevor sie zugriff, dann aber sich selbst zu
helfen begann. Da es aber nach meiner Meinung jetzt hohe
Zeit war dazwischenzutreten, um allen weitern Unannehm-
lichkeiten zwischen alten Bekannten vorzubeugen, so erhob
ich meine Sprechtrompete und sprach ein lautes, bleiernes,
schweres, überzeugendes Wort, von dessen Zeitgemässheit
sich selbst die Hyäne überzeugen musste. Sie heulte eine
Entschuldigung und rannte weg in das hohe Gras, begleitet
von den ebenfalls verstimmten Schakalen, welche so sehr
erschreckt waren, dass sie erst gegen Tagesanbruch zurückkehrten.

Der Rest der Nacht verlief in Grabesstille, kein Klang
war zu hören, kein Blatt regte sich, die ganze Natur war in
Schlaf gelullt. Stundenlang sass ich die Nachtwachen ab und
schaute in den Mond, wie er seinen Silberbogen auf dem
schwarzen Himmelsgewölbe beschrieb; zählte die Sterne, wie
sie in majestätischer Procession an mir vorüberzogen und
lauschte nach einem Ton, welcher die Einförmigkeit des
feierlichen Schweigens unterbrechen sollte, bis zuletzt meine
eigenen Sinne demselben Zauber verfielen. Als ich bemerkte,
dass meine Augenlider schwer wurden, gab ich mir Mühe,
mich in meinem „schmalen Bett" sicher zu befestigen und
überliess mich dann dem schmeichelnden Einfluss von Momus
und Morpheus, welche meine Seele bald in das unbegrenzte
Land der Träume entführten. Während sie frei wie die
Phantasie dahinschweifte von einer Lieblingsstelle zur andern
in diesem weiten Lande, fühlte ich mich plötzlich ohne alle
Anstrengung meinerseits durch die kühle Luft dahinschweben.
Ein grosser Geier hatte mich gepackt und stieg mit weitem
Flügelschlag höher und höher mit mir bis zur Region der
Sterne. Dabei fühlte ich mich äusserst wohl, alles eitel

Frieden und Behaglichkeit. Aber plötzlich liessen die Klauen
des Vogels mich los. Mit der Geschwindigkeit des Stosses
eines Raubvogels schien ich durch den Raum herunterzu-
schiessen. Abwärts, abwärts, immer weiter stürzte ich zur
Erde, ohnmächtig und schwindelig, bis ich krachend kopfüber
in einen Baum fiel, um aufwachend zu entdecken, dass meine
Füsse von dem Zweig abgeglitten waren, auf welchem sie
ruhten, und dass ich in aller Wirklichkeit auf den Boden
gestürzt wäre, wenn ich mich nicht vorsorglich auf meinem
Sitz festgebunden hätte. So war es noch gut abgegangen,
der Geier war wirklich heruntergefallen und lag mit dem
Gesicht auf dem Boden.

Ein rother Strich am östlichen Horizont kündete als
Vorläufer den nahen Anbruch des Tages an. Der „Morgen-
vogel" flog herum, nach Würmern ausschauend, welche
thöricht genug seien, ihn zu einem Frühstück zu verlocken.
Mit scharfem durchdringenden Gekreisch tauchte einer der
doppelendigen Kamelvögel kopfüber in einen K'gung-Baum,
wobei er mit seinem langen, starken, scharfen Schnabel und
den ganz gleichgestalteten Schwanzfedern aussah als flöge er
rückwärts. Man sieht diese Vögel nur im K'gung-Wald und
dort auch nur in den Gegenden, welche die Heimat der stattlichen Giraffe sind; darum heissen sie „Kamelvögel" oder
„Giraffenvögel".

Die Jäger sagen, er heisse so, weil sein Ruf dem Wort
„Kamel" gleichklingt; ich konnte jedoch niemals eine nähere
Verwandtschaft mit jenem Laut als mit dem Wort „Giraffe"
entdecken. Sie sind sehr scheu, bäumen bei Annäherung von
Menschen senkrecht auf in die Luft, als ob sie sehen wollten,
wie nahe man ihnen gekommen ist, und dann über einen hohen
Baum wegschwebend schliessen sie plötzlich ihre Schwingen
und lassen sich, ob mit dem Kopf oder Schwanz voran ist
schwer zu sagen, herunterfallen, um das Kunststück zu wieder-
holen, sobald man ihnen wieder nahe kommt.

Um mir unter gewöhnlichen Umständen ein Exemplar
derselben zu verschaffen, hätte ich sie mit einer Kugel er-

legen müssen, was keine leichte Aufgabe war: aber hier
hatte ich eine unerwartet günstige Gelegenheit zu schiessen.
Allerdings musste eine Kugel den Balg verletzen, aber wenn
ich überhaupt einen Vogel haben wollte, so hatte ich keine
Wahl. Während ich auf einen Schuss lauerte, sprangen etwa
ein Dutzend andere auf und alle setzten sich zusammmen in
einen Baum, immer höher flatternd und höchst aufgeregt
kreischend. Ich kletterte deshalb in meinem Baume höher
hinauf und versuchte durch die Zweige die Ursache ihrer
Unruhe zu entdecken. Schlangen konnten sich so früh am
Morgen noch nicht herausgewagt haben, die konnten sie nicht
belästigen. Vielleicht hatten sie die Hyäne vom Abend vorher schlafen sehen. Plötzlich verliessen einige Vögel den
Baum, erhoben sich hoch in die Luft, schossen nacheinander auf eine besondere Stelle im Grase herunter und
wiederholten rasch dasselbe Manöver. Sie geberdeten sich
ganz rasend, da jeder den andern zu übertreffen suchte, indem
er nach jener Stelle herunterschoss, ohne je bis zu ihr zu
gelangen. Sorgfältig Acht gebend konnte ich einen grossen
voll ausgewachsenen Löwen sich neben einem Grasbüschel
hinschleichen sehen, auf der Spur unserer Pferde von gestern
und gerade auf den Ort zu wo die Giraffe lag, von deren
Witterung er augenscheinlich angezogen wurde. Nicht weit
davon deutete eine andere Schar Kamelvögel auf einen
Punkt, wo ein zweiter Löwe folgte, und zuletzt entdeckte ich
zwischen den beiden einen dritten. Nie zuvor war mir die
Bedeutung des Sprichworts: „Vom Baum herunter sieht sich
die Welt anders an" so klar geworden. Drei grosse gierige
Katzen sich geradeswegs nach dem Platze schleichen sehen,
wo ich zufällig im Hinterhalt sass, das gab eine unerwartete
Aufregung.

Sie krochen leise vorwärts, in einer Linie, der grössere
Löwe voran, ein prächtiges Exemplar jener lohfarbenen, kurz-
beinigen, dunkeln, rauhmähnigen, dickköpfigen Art. Als sie
eine offene Stelle passirten, drückten sie sich nieder auf den
Bauch, während die Vögel ihr Geschrei verdoppelten und mit

steigender Wuth auf sie niederstürzten, gerade als ob die
Sache sie selber anginge. Dann kamen sie hinter eine
Baumgruppe, welche sie meinem Blick entzog; währenddem
kletterte ich auf meinen Sitz vom Abend vorher hinunter und
überzeugte mich von dem guten Zustande meiner Büchse.
Die nächsten drei bis vier Minuten schienen mir eine Stunde
zu dauern. Ich wusste, dass die Löwen auf meinen Baum
zuschlichen, konnte sie aber nicht sehen und wartete ängstlich
auf ihr Wiedererscheinen. Da sah ich den Führer den Rücken
etwas nach mir gekehrt vorsichtig nach seiner Beute kriechen
und nahezu in Sprungweite angekommen plötzlich anhalten.
Wartete er auf seine Kameraden, dass sie zu ihm stossen
sollten? Still wie der Tod liegt er kauernd da. Warum
springt er nicht ein? Sieh! Dort rechts von jenseits kommt
einer seiner Gefährten, und dort halbwegs zwischen ihnen
der dritte! Man denke sich diesen Verstand der wilden Gesellen, die im Halbkreise angreifen. Nachdem ich dies gesehen, wird niemand mir den Glauben beibringen, dass Thiere
nicht denken können. Es musste auf einer verabredeten An-
ordnung beruhen, dass sie ihre Formation in einfacher Linie
geändert und sich um ihre Beute vertheilt hatten, nachdem
der Geruch ihnen klar gemacht, dass sie mit einem Sprunge
zu erreichen sei, und der Anführer wartete offenbar, bis die
andern auf die ihnen angewiesenen Plätze eingerückt seien,
sodass sie alle auf einmal angreifen könnten, und wenn ein
Sprung fehlging, das erschrockene Thier dem einen oder dem
andern entgegengetrieben würde. Jetzt rückten sie wieder
gleichzeitig vor und machten sich immer kleiner und kleiner,
so dicht drückten sie sich an die Erde. Ich hätte wissen
mögen, ob sie wol ihren Athem ebenso anhielten wie ich!
Dann sprang mit einem plötzlichen Satz der grösste Löwe
frei über den Haufen Laubholz hinweg und kam brüllend an
der andern Seite zur Erde. In einigen Sätzen waren die
andern bei ihm, alle drei brüllten, dass die Luft erzitterte
und die Erde zu heben schien, wie sie den Boden mit den
Vordertatzen aufwühlten. Brüllten sie vor Schrecken oder

vor Enttäuschung? Bald machte das Brüllen einem scharfen
kollernden Keuchen Platz, als wenn ihnen etwas in der Kehle
stecken geblieben war, wobei sie jeden Laut mit einem
Schauer Sand begleiteten, indem sie die Erde plötzlich mit
beiden Tatzen zugleich aufwarfen. Dann schien die Wuth
ausgetobt zu haben und sie schnüffelten still um den Haufen
herum, unter welchem die todte Giraffe lag. Der grösste
Löwe begnügte sich damit das geronnene Blut aufzulecken,
welches Schakale und Geier übriggelassen hatten, während die
andern den Rest der Eingeweide verschlangen.

Wie gern hätte ich Lulu mit seiner Camera hier gesehen! Was für ein einziges Bild hätte diese Scene geliefert!
Während ich an ihn dachte, drehte ich unwillkürlich den Kopf
herum, um zu sehen wie hoch die Sonne bereits sei, — sie
stand in der That schon eine Strecke über den Sandhügeln und
die Wagen konnten sicher nicht mehr fern sein. Nach der
Richtung ausschauend, woher sie kommen mussten, sah ich
sie auf der andern Seite einer Sanddüne heranfahren, welche
etwa 60 Schritt von mir entfernt war. Plötzlich hielten sie
an und wendeten um, während Lulu durch das Gras rannte,
die Camera auf den Schultern und „Ich will's machen" hinterher; die übrigen drängten sich um den Wagen zusammen.
Augenscheinlich hatten sie die Löwen brüllen hören und Lulu,
der keine Gefahr scheute, um seinen Traum zu verwirklichen,
ein Portrait von „Leo bei sich zu Hause" zu erhalten, war vorwärts gestürzt, um sich die Gelegenheit zu Nutze zu machen. Mit
welcher Angst überwachte ich seine Bewegungen, da ich hätte
wissen mögen, ob er die Gefahr wol sah, in welche er hinein-
rannte, und wie gern hätte ich ihm eine Warnung zugerufen!
Endlich blieb er nahe dem Kamm der Sanddüne stehen und
das Glitzern der Linse im Sonnenlicht deutete mir an, dass
er die Gruppe einstellte. Mich zu den Löwen wendend sah
ich den grössten damit beschäftigt, ein Loch in die Schulter
der Giraffe zu reissen, wobei er natürlich das Fell verdarb,
auf welches Jan so sehr wegen der Schuhsohlen gerechnet hatte.
Darauf zur Camera zurückschauend sah ich Lulu so kühl

LÖWEN EINE GIRAFFE VERSCHMAUSEND.

S. 298.

wie im Laboratorium an der Arbeit und in diesem Augenblick gerade den Deckel abheben: er hatte augenscheinlich bereits ein Bild erhalten und wollte ein anderes herstellen.

In der nächsten halben Minute hoben er und „Ich will's machen" ihre Büchsen, und wenn ich nicht gleichzeitig feuerte, so mochten sie die Löwen verscheuchen. Ich zielte also rasch hinter den Vorderlauf des grössten und wollte gerade den Drücker ziehen, als Pang! Pang! ihre beiden Büchsen knallten und meine fast gleichzeitig mit dem letzten Schuss losging.

Die Löwen sprangen in die Höhe, erhoben ein donnerartiges Gebrüll, und einer sprang einige Schritte zurück auf die Stelle zu, wo eine Kugel in den Boden geschlagen war. Als sie dastanden, mit ihren Schweifen die Flanken peitschend und leises heiseres Knurren ausstossend, fiel ein Schuss nach dem andern. Ich war sicher, nicht jedesmal vorbeigeschossen zu haben, obwol kein sichtbares Zeichen verrieth, dass sie verwundet waren. Darauf nahm der alte Löwe Lulu geradeswegs an. Solange ich es wagen durfte, schickte ich meine Kugeln ihm nach, bis ich fürchten musste, Lulu oder dessen Begleiter statt seiner zu tödten. Mit raschen Sprüngen, den Schweif zwischen den Beinen, war der Löwe bald in seiner Nähe, als auch sie aufhörten zu feuern und Lulu sich anschickte, noch eine photographische Aufnahme zu machen, während „Ich will's machen" kaltblütig wie ein gedienter deutscher Soldat neben ihm stehen blieb, um auf Ordre zu warten. Welche Tollheit! Was konnte sie veranlassen, sich solcher Gefahr auszusetzen! Ich konnte nicht länger an mich halten, sondern rief mit aller Kraft meiner Lungen:

„Ihr Narren! Schiesst doch! Schiesst oder ihr seid beide des Todes!"

Noch bevor die Worte verklungen waren, hatte Lulu das schwarze Tuch sich über den Kopf geworfen und mit seiner Camera einige Sätze vorwärts gemacht, indem er die langen dünnen Beine vor dem wüthenden Thier hin und her schwang. Welche Tollkühnheit! Sie sah ihm ähnlich; er wusste nie

was Furcht war. Jan hatte uns einige Tage vorher von
einem Mann erzählt, der einem Löwen begegnete und dadurch, dass er sich vornüber beugte und rückwärts auf ihn
zulief und gleichzeitig einen grossen schwarzen Hut hin- und
herschwang, ihn weggescheucht habe; aber mit Ueberlegung
dies Verfahren an sich selber probiren ist ein anderes Ding.
Plötzlich bleibt der Löwe stehen, peitscht die Flanken
mit seinem Schweif und dreht sich auf einmal um. Hurrah! er
kommt in vollem Laufe auf mich los. Pang! knallt die Büchse
von Lulu's Begleiter, Pang! Pang! und wieder und wieder
antwortet meine. Aber das Unthier bleibt nicht eher stehen
als neben der Giraffe, wo die beiden andern die ganze Zeit
über den Ausgang des Kampfes abgewartet haben. Er musste
neunzehn — oder auch nur die übliche Katzenzahl von neun
— Leben haben, um ein solches Büchsenfeuer auszuhalten;
meine Nummer 40 schien auf ihn nicht mehr Wirkung zu
haben, als hätte ich mit Erbsen geschossen. Da stand er,
uns Trotz bietend, aber anscheinend nicht mehr fähig einen
Entschluss darüber zu fassen, ob er noch einmal angreifen
oder den Rückzug antreten solle. Ich sandte erst dem einen,
dann dem andern seiner feigen Gefährten eine Kugel zu:
sie flohen auf der Stelle und überliessen es ihrem Führer.
den Strauss mit uns allein auszufechten. Mittlerweile hatte
sich „Ich will's machen" hinter dem flüchtigen Löwen auf-
gemacht und rief mit lauter Stimme:

„Heda, wo sind die?"

„Alle fort bis auf den einen", rief ich zurück, „und da
ist er", meine Worte mit einem andern Schuss auf den verlassenen König begleitend, wobei ich diesmal aber sorgfältig
auf das Auge gezielt hatte.

Ich hatte noch nicht Zeit gehabt, die Wirkung meines
Schusses zu erkennen, als Pang! es wieder gerade unter mir
knallte, dass ich von meinem Sitz in die Höhe fuhr. Einer
der Buschmänner war bis zu mir vorwärts geschlichen mit
seinem Vorderlader, welcher ein Kaliber hatte wie eine
kleine Kanone.

„Schnell!" rief ich. „Werft das Gewehr weg und klettert herauf oder Ihr seid ein verlorener Mann"; aber anstatt zu gehorchen, war er hinter einen Dornenbusch gerannt. Der Löwe sprang ihm nach, machte aber plötzlich halt — um nie mehr weiter zu gehen — und brach todt zusammen.

# NEUNZEHNTES KAPITEL.

Ein Löwensprung. — Qui s'excuse s'accuse. — Beobachtung der Wildebeests. — Hinter den Giraffen her. — Die Bewunderung der Eingeborenen. — Photographie einer sterbenden Giraffe. — Fang einer jungen
Giraffe. — Zerwirken der Beute. — Wir machen Dörrfleisch. — Jagd
auf Strausse. — Eine Festnacht. — Ein zweibeiniger Löwe. —
Nächtliches Abenteuer. — Wirkung vergifteter Pfeile.

Ich glaube kaum, mich jemals rascher in Bewegung gesetzt zu haben, als wie ich von jenem Baum heruntersprang
und unterwegs ausrief: „Kommt her, er ist todt!" In einem
Augenblick war Lulu bei mir und sein Begleiter keuchte
hart hinter ihm her. Den Buschmann zurückschickend, um
den Wagen zu holen und die faulen feigen Bastards zur
Eile anzutreiben, welche die ganze Zeit über zu unserm Beistand kein Glied gerührt hatten, obgleich ihnen Lulu's Gefahr bekannt sein musste, wandte ich mich zu Lulu mit den
Worten:

„Es ist doch das reinste Glück, dass Sie jetzt nicht in
dem Magen dieses Katzenexemplars aufgehoben stecken. Sie
sind wirklich zu tollkühn!"

„Nein", erwiderte er, „ich bekenne mich schuldig in Bezug auf das «kühn» aber nicht auf das «toll», sonst möchte
ich mich allerdings im Vorzimmer zu dem Magen dieser loh-
farbigen rauhbeinigen Majestät befinden. Sie müssen mir
keinen Vorwurf machen, denn ich setze jeden Tag meine Camera
gegen Ihre Büchse ein. Sie feuerten von der einen und hier
unser Begleiter von der andern Seite wie toll auf den

Löwen los und konnten ihn nicht zum Stillstand bringen,
während ich nichts weiter that, als dass ich meinen Dreifuss
gegen ihn schüttelte, sodass er stehen blieb wie festgewurzelt.
Wäre er auf die Camera losgesprungen, so wäre ich unter ihm
durchgeschlüpft. Wo waren Sie aber all die Zeit über?"

„Auf jenem Baum; ich schlief dort die ganze Nacht und
wäre heruntergefallen, wenn dieser Riemen mich nicht gehalten hätte."

„Das sieht Ihnen ähnlich; immer bei thörichter Hantierung. Sie sind eigentlich alt genug, um etwas Besseres vorzunehmen. Kommen Sie, wir wollen das Thier einmal untersuchen, ob Sie es denn überhaupt getroffen haben oder ob es
vor Angst gestorben ist."

„Einen Augenblick; kommen Sie erst und helfen Sie mir
die Strecke messen, welche es übersprungen hat. Der Löwe
sprang frei über die Giraffe weg von dieser Stelle, und landete wieder an der andern Seite. Sie sehen seine Fussspuren
ganz deutlich." Wir massen sorgfältig die Strecke, die nicht
weniger als 7,2 m betrug.

Wir halfen dann alle beim Abhäuten des Löwen, aber
bevor wir fertig waren, kamen die Wagen heran. Ich konnte
meinen Ingrimm über die Feigheit der Bastards, besonders
von Dirk und Klaas, nicht zurückhalten, welche vor allen
hätten bei Lulu bleiben sollen, und ich drohte mit ihnen
zu brechen. „Ich bin ganz in der Laune, sie sammt und
sonders zum Teufel zu jagen", sagte ich.

„Nun aber, Gebieter", unterbrach mich Lulu, „nehmt
guten Rath an und sagt ihnen gar nichts. Sie wussten gar
nichts davon was ich vorhatte, denn sowie ich das Brüllen
hörte, sprang ich mit der Camera aus dem Wagen, nahm
sie so rasch als möglich auf die Schultern und rannte
eiligst weg, ohne jemand ein Wort zu sagen. « Ich will's
machen» folgte mir, nach seiner eigenen Eingebung, sobald
er seine Büchse aus dem Riemen gelöst hatte. Also reden
Sie sich nicht in die Wuth hinein und fangen Sie keinen
Streit mit ihnen an. Wir sind noch eine Zeit lang auf die

Memmen angewiesen, und es ist am besten für uns, dass wir uns mit ihnen vertragen oder wenigstens zu vertragen scheinen, obgleich zu Zeiten eine höfliche Behandlung derselben einem schwer wird — besonders wenn sie Ihre Abwesenheit dazu benutzen, einen um alles Mögliche anzubetteln."

„Gut, es mag diesmal nach Ihrem Kopf gehen. Ich will geduldig anhören, welche Entschuldigungen dieser Mischling von Veld-Cornet für sich und seine feigen Bastards vorbringen wird."

„Morgen, Sieur, je es nog levend? (Sie sind noch lebendig). Sie sollten die vorige Nacht nicht hier geblieben sein; der kleine Sieur war sehr besorgt und hat uns vielleicht keine Stunde schlafen lassen. Als er aber auf die Löwen zulief, dachte er nicht an Gefahr. Tadeln Sie mich nicht, dass ich ihn sich in solche Gefahr begeben liess. Ich konnte es nicht ändern; er war weg, bevor ich es wusste. Auch hatte ich nach den Thieren zu sehen, weil das Gebrüll der Löwen sie so erschreckte, dass sie Hals über Kopf davonlaufen wollten und alles zerbrochen hätten, wenn wir sie nicht herumdrehten und bei ihnen blieben. Sie Amerikaner sind zu hastig. Es scheint, als ob Sie lebensmüde sind, da Sie sich so unnöthig in Gefahr begeben. Was nutzt es, ein Bild von einem Löwen zu bekommen — es ist nicht einmal gut eins zu besitzen — und ausserdem bezahlt er doch nicht dafür. Es ist nicht soviel werth als sein Fell, und das kostet auch nicht viel."

Er glaubte offenbar mir zu schmeicheln, als er seine Rede mit Lächeln zu Ende führte. Aber seine kleinen Scherze und matten Entschuldigungen prallten alle an mir ab. Er war ein Feigling und ich wollte ihn demgemäss behandeln. Mit allem mir zu Gebote stehenden Ernst sagte ich ihm kurz: „Sattelt die Pferde und bringt sie hierher; drei oder vier von uns folgen den andern beiden Löwen, während die übrigen die Giraffe abhäuten und zerwirken; sind sie fertig damit, so lasst sie aufladen und nach jener Baumgruppe in der Niederung dort links fahren. Ich verwundete hier gestern Abend eine Hyäne, welche sicher nicht mehr weit gegangen ist, ihr könnt

einen Buschmann auf die Fährte schicken, dann wollen wir
die auch einsacken."

Jan sah mich an als wollte er sagen, „ist das wirklich
Ihre Meinung?" und da er nichts in meinen Mienen entdeckte,
was ihm Hoffnung gab, dass ich es nicht ernst meinte,
erstarb das Lächeln auf seinem krankhaft gelben Gesicht und
er stand da und wiegte sich bald auf dem einen, bald auf
dem andern Bein, strich durch das Gras mit seiner bock-
ledernen Reithose, als ob er nicht wisse, wie er es anfangen
solle, und sich bemühte, meine Gedanken richtig aufzufassen;
endlich gelang es ihm, und mit selbstzufriedener Miene begann
er also zu sprechen:

„Sieur muss mich erst anhören, dann mag er thun was
ihm beliebt. Die Ochsen haben heute keine Sama gehabt
und hier ist keine; die Pferde müssen auch nach verschiedenen Richtungen auf die Weide geschickt werden. Gegen
die Zeit, dass die Giraffe aufgeladen und die Ochsen angeschirrt sind, wird es dunkel, und unsere Schutzwehr kann noch
nicht fertig sein, welche hier, wo die Löwen so zahlreich sind,
zu viel Arbeit erfordert; verlieren wir aber über diesen werthlosen Thieren Ochsen und Pferde, so macht Verlander mich
dafür verantwortlich. Die Buschmänner können der Fährte
nachgehen, und wenn einer von ihnen dabei umkommt, so
macht das nichts aus — ihr Leben ist nichts werth."

„Nein, Jan! Ich kam hierher um zu jagen; einige Leute
können sich nach Sama umsehen und die andern die Schutzwehr aufrichten, während Sie und ich, mit Dirk, Klaas, Kert
und «Ich will's machen» die Fährten verfolgen. Ein Buschmann mag vorangehen und sie festhalten, weil wir sie in dem
dichten Gras nicht so gut sehen können."

„Nein, Sieur, lassen Sie mich heute meinen Willen haben
und glauben Sie nicht, dass es darum ist, weil ich Furcht
hätte. Das ist der Grund nicht. Morgen müssen unsere
Pferde frisch sein zur Giraffenjagd. Heute Morgen sahen
wir fünf frische Fährten nach Norden hin, und weil dies hier
ihr Weidegrund ist, so werden sie nicht fern sein. Die Löwen

können eine tüchtige Strecke gegangen sein, bis sie sich
niedergelegt haben, und wenn sie schwer verwundet sind, so
werden sie entweder jetzt todt oder gegen morgen früh so
steif sein, dass die Buschmänner sie leicht tödten können,
während wir uns an die Giraffen machen, welche die Jagd
lohnen, weil ihr Fell werthvoll für mich ist und wir alle
Fleisch brauchen. Das ist ja der einzige Grund, warum ich
hierher gekommen bin. Mein Wagen muss voll getrocknetem
Fleisch zurückkommen, weil ich den Mund von sehr vielen
Leuten zu versorgen habe in meinem Dorf."

Alles dies wurde in einem so jämmerlich bittenden Tone
vorgetragen und passte so gut zueinander, dass ich es bewunderte, wie er seine Feigheit zu bemänteln verstand, deshalb
sagte ich:

„Jan, ich will dir nachgeben unter einer Bedingung,
nämlich dass, wenn die Jagd vorüber und wir auf dem Weg
nach Hause sind und etwa eine Löwenfährte finden, Sie und
Ihre Gellschaft mit mir vereint sie aufnehmen und Jagd auf
das Thier machen müssen. Verlieren Sie dabei ein Pferd, so
sollen Sie das meinige dafür erhalten."

„Ja, Sieur, das ist besser; ich nehme es an."

Der Vertrag war abgeschlossen, und während die Leute
aufstiegen und wegritten um Sama zu suchen, besah ich mir
mit Lulu das Löwenfell, welches jetzt mit der Pelzseite
nach unten ausgepflöckt war. „Ich will's machen", der daneben
stand, rief jetzt: „Sehen Sie wohl, dass wir nicht immer vor-
beigeknallt haben, sein Fell ist voller Löcher, 17 habe ich
gezählt; sein ganzer Leib ist durch und durchgeschossen."

Abgesehen von dem gelegentlichen Bellen eines Schakals verlief diese Nacht so ruhig wie in einem ländlichen
Dorf in Europa. Man hätte glauben mögen, es gäbe hier
auf 1000 Meilen im Umkreise keine Raubthiere. Dennoch
konnten wir die Ereignisse des vergangenen Morgens nicht
vergessen. Ohne Zweifel würden manche Leute in ähnlicher
Lage verborgene Schrecken in dem feierlichen Schweigen gewittert haben. Aber die Gewohnheit stumpft ab gegen alles,

und während ein Grossstädter, welcher bei allem Gerassel
und Lärm des geschäftigen Strassenverkehrs schlafen konnte,
hier wach geblieben wäre, um auf das fürchterliche Brüllen
des Löwen zu horchen, konnte der in der Wildniss unter
Löwengebrüll und Hyänengeheul gross gewordene Buschmann,
welcher in jedem Augenblick der Gefahr und dem Tode in
die Augen zu sehen gewohnt ist, sich hier nackt und unbe-
waffnet vor seinem Feuer ausstrecken und die Möglichkeit der
Gefahr vergessen — gerade wie der Bergmann Tag für Tag
in die Tiefen der Erde hinabsteigt, so leichten Sinns, als ob
es gar keine schlagenden Wetter gebe.

Am andern Morgen tummelten wir uns früh. Die Bäume
sahen aus wie Trauerweiden, so bogen sich ihre Zweige unter
dem Gewicht der zum Trocknen aufgehängten langen Fleisch-
stücke von der Giraffe — einige davon bekamen wir schon
zum Frühstück, brieten sie in der Asche und spülten sie mit
Kalahariwein, d. h. dem Saft der gebratenen Sama, hinunter.
Bevor der grosse Spender des Lichts und der Hitze sich von
seinem Lager erhoben hatte, waren wir auf dem Marsch über
eine weite Grasebene und fuhren auf ein Koppje zu, bis wohin wir jedoch zwei volle Stunden gebrauchten, obgleich es
nur „gerade da hinüber" lag. Am Fusse des Hügels trafen
wir zwischen einem Dickicht von Rosinengebüsch eine Heerde
Gnus an, deren Neugierde sich gar gross erwies. Sie trabten
langsam hinter uns her, machten in 50 Schritt Entfernung
halt, warfen sich herum, schnaubten und schlugen mit den
Hufen auf den Boden. Ich hob meine Büchse und nahm
einen prächtigen alten blauen Bullen aufs Korn und wollte
gerade feuern, als Jan rief: „Gemach, Sieur, schiessen Sie
nicht; wir können sie jederzeit haben. Ein Kamel (Giraffe)
kann in der Nähe sein, und der Knall würde es verjagen.
Wir müssen heute mitten unter sie gerathen, bevor sie uns
sehen, dann werden Sie sich überzeugen, dass sie nicht halb
so schnell laufen, und wir werden sie zu unsern Wagen treiben können." Wir liessen also die uns herausfordernden
Thiere uns ferner nachblicken und ritten langsam die steile

Sanddüne hinan. Als wir gerade hinübersehen konnten, hielten
wir an, um uns ja nicht dem Blick eines jenseits befindlichen
Thiers auszusetzen; während die andern recognoscirten, beobachtete ich die Gnus, welche einige Schritte vorwärts gingen
und dann nachdenklich stehen blieben und sich wunderten, wer
wir seien; endlich schienen sie ihre Neugierde befriedigt und
erkannt zu haben, dass wir andere Wesen seien als sie, worauf sie sich herumwarfen und hintereinander in einer Reihe
fortgalopirten, bis sie in der Ferne verschwunden waren.

Ich war so erpicht auf die Beobachtung meiner fliehenden Wildebeests, dass ich darüber meine Gefährten vergass,
bis ich meinen Namen laut rufen hörte und, mich umwendend
sie alle am Fuss der Düne auf mich warten sah. Ich fuhr zu
ihnen herunter, wie wenn ich vom Dach eines Hauses herab-
gerutscht wäre, da das Pferd fast den ganzen Weg mit ge-
spreizten Vorderläufen und hinten aufsitzend hinunterglitt.

„Wohin geht ihr, Jan?" fragte ich, als sie sich mit dem
eigenthümlichen Zuckeltrab in Bewegung setzten, an den die
Pferde hier gewöhnt sind.

„Geradeswegs nach dem vaal Koppje (grauen Hügel),
dort steigen wir ab, um den Pferden eine Ruhepause zu
gönnen."

„Schade, Jan, dass wir nicht ein halbes Dutzend dieser
Gnus geschossen haben. Sie hätten ebenso viel Fleisch geliefert
als eine Giraffe, von denen wir vielleicht kein Stück zu sehen
bekommen."

„Ja, Sieur, das kann wol sein, aber bekommen wir eine
zu sehen, so sehen wir auch mehrere. Wir rechnen ziemlich
sicher darauf, auf die Fährte der fünf zu gelangen, welche wir
gestern sahen; und wenn wir Giraffen jagen, dürfen wir uns
um nichts anderes bekümmern. Es ist gerade, wie wenn Sie
Strausse jagen; man muss sie allein jagen, oder man bekommt
keinen einzigen."

Sehr schön war der übrige Theil des Ritts bis zu der
Sanddüne, durch den lichten, von der hellen Sonne durchleuch-
teten parkartigen Wald, unter den dunkelgrünen Blättern der

K'gungbäume und zwischen den Spitzen des riesenlangen Grases
und dessen von der leichten Brise gekräuselten lichtüber-
gossenen Wellen. Hier und da mussten wir Umwege machen,
um die Dornen der dicken Bäume und ihre herabhängenden
Zweige zu vermeiden, deren kurze, scharfe, hakenförmige
Spitzen alles festhielten, was mit ihnen in Berührung kam,
und die häufig wie Taschendiebe einem die Taschentücher weg-
stibizten. Auf einmal passirten wir die Fährten von Springböcken,
von welchen der Boden geradezu bedeckt war.

„Was für eine grosse Heerde muss das gewesen sein!"
flüsterte ich dem neben mir reitenden Jan zu.

„Ja, Sieur, davon gibt es viele hier, und doch, wenn man
gerade nach ihnen sucht, kann man tagelang reiten, ohne
welche zu finden; ein anderes mal wieder findet man mehr als
man schiessen kann."

Auf dem Hügel angekommen, fesselten wir sofort die
Pferde an den Knien und liessen sie grasen. Vorsorglich
hatte ich etwas gebratenes Giraffenfleisch in meine Sattel-
tasche gesteckt; die übrigen hatten, wie die thörichten Jungfrauen, nicht daran gedacht sich vorzusehen, obgleich sie
besser fuhren als die thörichten Jungfrauen im Gleichniss,
weil sie mit gutem Erfolg von mir „borgten"; nach einem
Halt von zehn Minuten zur Erfrischung ging ich mit Jan und
seinem Zwaer auf die Spitze des Hügels, um nach den Lang-
hälsen auszuschauen.

Mein Feldstecher war der Gegenstand der Bewunderung
für die Buschmänner. „Was muss Amerika für ein wunder-
bares Land sein", sagte Jan zu seinem Zwaer, als ich ihm das
Fernglas darreichte, um ihn einmal durchsehen zu lassen. „Sie
haben Gläser, welche ihnen die Dinge ganz nahe bringen, und
Büchsen voll Kugeln, und dann solche Messer! Hast du
Sieur's Jagdmesser gesehen, Zwaer? Er muss es dir zeigen";
da hielt er aber plötzlich an sich und sagte zu mir gewandt:
„Ich sehe den Kopf einer Giraffe hinter jenem abgestorbenen
Baum, sehen Sie nur hin, Sieur". Und mein Glas ergreifend,
sah ich eine Heerde von vier Thieren ruhig äsen.

„Das müssen die fünf sein, deren Fährten wir gestern
sahen", rief Jan; „solange sie uns nicht wittern, bleiben sie
an Ort und Stelle. Der Wind ist uns günstig: wir können
gerade auf sie zureiten, und sie werden stehen bleiben
und uns anstarren, bis wir ganz unter ihnen sind, dann
werden sie in einem Satz davonstieben und wir müssen
sie niederreiten; sie werden nicht weit gehen bis ihre Eile
nachlässt, und in einer Stunde sind wir mit ihnen fertig."
Noch einen letzten Blick auf sie werfend, um die Richtung
genau festzustellen, stiegen wir den Hügel hinab, sassen auf
und ritten unter dem Schutz einer langen Sanddüne nach
der Stelle, wo die arglosen Giraffen in allem Frieden die
Samenhülsen von den Spitzen der K'gungbäume abpflückten.
Als wir bis auf 100 Schritt herangekommen waren, sahen wir
eine junge Giraffe unter einem grossen Kamelbaume gerade
vor uns hervorkommen. „Das ist das Junge", rief Jan, „die
andern sind in der Nähe." Das niedliche junge Thier war
ganz graziös im Vergleich zu den unbeholfenen Formen der
ältern. Es verschwand rasch hinter einem grössern Busch
und gesellte sich zu zwei andern, von denen das eine die
Mutter sein mochte, wie Jan behauptete. Sie rührten sich
nicht von der Stelle, sondern starrten uns mit dummen Blicken
an, bis wir ihnen auf 30 Schritt nahe kamen. Dann wirbelten
sie herum und gingen los, so schnell ihre langen plumpen
Läufe es ihnen erlaubten. Um eine Gruppe dicker Bäume
mich herumwendend, stiess ich plötzlich auf den alten Hengst.
Wenn mein Pferd nicht scheu zur Seite gesprungen wäre,
als es ihn zu Gesicht bekam, so wäre ich unter seine Vorder-
hufe gerathen. Jetzt sah ich ihn blos mit seinen grossen
Augen auf mich herunterblicken, dann sprang er zu den
übrigen davon. Meine Stute war so erschreckt, dass sie nur
widerwillig folgte, doch hielt sie sich gut in einer Linie mit
den übrigen. Schon war Jan den Giraffen zuvorgekommen,
und nach kurzer Zeit wandten die erschreckten Thiere, welche
gegen den Wind uns nicht gewachsen waren, sich herum und
liefen schnurstracks nach unsern Wagen zu. Wie gross sahen

sie aus, als sie in einem Klumpen stetig dahinsausten, „ein Tischtuch würde sie bedeckt haben", wie man von Rennpferden sagt. Ein Hengst und das Kalb hielten besonders gut zusammen, nicht wild flüchtig, sondern im leichten Galop, wobei sie sich alle Augenblicke umsahen, wie nahe wir ihnen wol waren.

Ich hatte gerade die Wagen in der Entfernung erblickt und dachte, ob Lulu und die andern wol nach uns ausspähten, als ich, mit dem Mund voll Sand, mich plötzlich am Boden befand. Meine Stute war wieder, einmal in ein Erdferkelloch getreten. Dirk, gerade hinter mir, prallte beiseite und stieg ab, aber in kürzerer Zeit, als ich zur Erzählung des Vorgangs bedarf, sass ich schon wieder auf seinem Pferde und liess ihn nach meiner Stute sehen. Bis ich die andern einholte, waren wir nahe bei den Wagen. Der alte Hengst wandte sich leicht nach links weg, sprang auf einen Baum zu, machte aber plötzlich vor meinen beiden Hunden halt. Dicht hinter ihnen stand Lulu mit der Camera.

„Schnell!" rief ich, „die Hunde werden ihn hinhalten", und aus dem Sattel springend, lief ich vor die Giraffe und hetzte die Hunde.

„Jetzt schiessen Sie!" rief Lulu, „Ich bin fertig", und meinen kleinen Flobert hebend, hielt ich hinter den Vorderlauf, ungefähr 45 cm vom Rückenwirbel. Zu meiner Verwunderung rollte er über Kopf und brach zusammen wie ein Haus.

„Das ist prächtig!" schrie Lulu, „Ich habe den Blitz der Flinte bekommen, das gibt ein prächtiges Bild, die Composition ist vollendet schön, besser konnte es nicht arrangirt werden. Lassen Sie Korap Ihr Pferd halten und setzen Sie sich auf die Giraffe, dann will ich ein anderes Bild nehmen. Etwas mehr nach rechts sehen! Diese Seite des Huts etwas höher, lassen Sie das Licht gerade aufs Gesicht fallen. So, jetzt ist's gut!"

Währenddem hörten wir verschiedene Schüsse in unserer Nähe fallen und eine andere Giraffe kam langsam daher, mit Jan

und seinem Neef dahinter, um längs der Bäume Deckung zu
suchen. Sie war vollständig fertig und erinnerte mich, wie
sie daherwankte, an einen betrunkenen Feuerthurm. Pang!
knallte es, und bevor Lulu Zeit hatte eine zweite Platte ein-
zusetzen, sank sie um, wie ein über Bord gehender Mast. Sie
lag kaum an der Erde, als Korap auf sie zusprang und sich
daran machte, ihr die Milch aus den Zitzen zu saugen.

Erlegung einer Giraffe.

„Wo sind die andern, Jan?“ fragte ich.

„Das Junge ist auf der andern Seite des Busches. Es
wollte nicht weglaufen; es wartete auf seine Mutter. Wenn
die Pferde ein wenig ausgeruht haben, wollen wir es lebendig fangen und Sieur kann es mitnehmen nach Amerika. Die
andere Kuh liegt drüben an der andern Seite des Busches,
eine gute halbe Meile von hier. Wir müssen die Ochsen vor-
spannen, um sie zum Wagen zu schleppen. Nun, Sieur“, fuhr

er fort, „ist das nicht einen Schluck Eau-de-Cologne werth?
Heute muss Sieur uns einen zum besten geben." Jan trank
Eau-de-Cologne sehr gern; „Ich will's machen" hatte ihn
5 Schillinge für die Flasche zahlen lassen, obwol sie ihm nur
3 Pence kostete.

„Ja, Jan, heute lasse ich etwas draufgehen! Kommt zu
den Wagen und ich spendire zwei Flaschen, denn heute war
grosse Jagd. Vier Thiere auf der Strecke, und eins wartet
noch darauf, lebendig gefangen zu werden!"

„Der Fang wird Ihnen Spass machen. Vor Jahren hatten
wir einmal sechs eingefangen und an die Bäume gebunden;
aber wir liessen sie wieder laufen, weil noch kein Fleisch
darauf war und wir aus ihren jungen Fellen uns keine Schuhsohlen machen konnten. Aber was ist da? Sieur's Hosen
sind zerrissen und Ihr Bein blutet."

„Nicht von Belang, Jan! mein Pferd fiel in ein Erdferkelloch und ich stürzte kopfüber zur Erde. Der Flug durch
die Luft war ja ganz angenehm, desto weniger aber das
Landen in einem baumartigen Dornbusch. Er zerriss mir
den Rock bis auf den Rücken, deshalb zog ich ihn aus und
liess ihn liegen. Das erinnert mich daran, dass Dirk noch
immer nicht zurück ist mit der Mähre. Sie wird sich wol
verletzt haben. Hier, «Ich will's machen», gib Jan zwei Flaschen
von seinem Lieblingsgetränk, während ich nach der Lady
Anna mich umsehen will."

Ich war noch nicht weit gegangen, als Dirk mir entgegenkam, langsam die Mähre führend.

„Sie hat sich irgendwo verletzt, Sieur", sagte er. „aber
ich weiss nicht wo, sie geht nur mit Mühe, doch sind die
Beine unversehrt. Ich fürchte, Giraffen jagt sie nicht mehr."

Das arme Thier rieb seine Nase gegen meine Schulter,
als ich ihm auf den Hals klopfte.

„Ihr Rücken scheint der angegriffene Theil zu sein, Dirk,
Ruhe wird sie curiren. Geh langsam zum Wagen und lass
ihr von den Buschmännern etwas Sama bringen."

Als ich zurückkam stand Jan fertig, um mit mir das

Junge zu fangen. Nachdem wir angeordnet, dass ein Gespann Ochsen die todten Giraffen zum Wagen schaffe, fanden wir bald die Waise hinter einer Art Gruppe von K'gungbäumen. Das Thier war grösser als ich erwartet, nun ich es allein sah, und musste wenigstens einige Jahre alt sein.

„Da' kommt sie!" rief Jan, welcher voraufgeritten war, „sie will wieder nach der Mutter sehen. Vertheilt euch und formirt einen Kreis um das Thier, die Reiter müssen den äussern Ring nehmen, damit es nicht ins freie Feld entspringt."

Als wir es eingeschlossen hatten blieb es stehen, als ob es sich besinnen wollte, wie es den Cordon ringsum am leichtesten durchbrechen könne; dann galopirte Neef Klaas an das Kleine heran, den Zügel in der Hand, rollte aber im nächsten Augenblick in den Sand und das Pferd über ihn weg. Die Giraffe hatte sich aufgerichtet und mit ihrem rechten Vorderfuss dem Pferd einen Schlag gegen die Schulter gegeben und nachher einen „Linkser" in die Flanke, dass Pferd und Reiter wie die Kegel im Spiel umwirbelten und wir alle herzlich lachen mussten. Langsam sich aufrichtend, als sei er nicht sicher, ob er noch ganz sei, sah sich Neef Klaas im lachenden Kreise um, der ihn neckte.

„Sie schüttelt einem die Hand etwas kräftig", meinte einer.

„Du musst zimperlicher mit ihr umgehen, du erschrecktest sie", fiel ein anderer ein.

„Komm her, wir wollen dir aufhelfen!"

„Ihrer Füsse waren zu viele, Klaas", sagte „Ich will's machen".

Aber Klaas steckte alles ruhig ein, ging still zu seinem Pferde, stieg auf und ritt zu uns herüber.

Keine Ueberredung mit der Bockspeitsche konnte das Pferd veranlassen, noch einmal sich der Giraffe zu nähern. Das Junge war Herr der Situation und sah auf Pferd und Reiter nur mit einem bittenden Ausdruck in seinen grossen müden Augen hinüber, als ob es sagen wollte, „Gib mir blos meine Mutter zurück und ich bin wieder glücklich". Mitleid mit dem armen, unschuldigen, harmlosen Geschöpf fühlend, sagte ich zu Jan: „Lasst es gehen, es ist gross genug, um für sich selber sorgen zu können". Damit wandten wir uns alle zu den Wagen zurück. Das arme Thier machte keinen Versuch zu fliehen, sondern blieb ruhig uns beobachtend stehen. Jan ritt an mich heran und meinte, ich hätte es wol gern lebendig eingefangen!

„Ach, Jan, hier ist es besser aufgehoben und kann euch noch einmal später zu einem hübschen Rennen verhelfen. Es würde mir zu viel Mühe machen, es den langen Weg nach Capstadt zu führen, ganz abgesehen von dem Gelde, das der Transport von da nach London kosten würde."

Als wir zurückkamen, lagen alle vier Giraffen zum Abhäuten und Zerwirken bereit. Lulu hatte den Ochsenzug mit dem alten Hengst photographirt, wobei ihm ein altes Kattidorf von etwa 20 Hütten als Hintergrund gedient hatte, und wartete jetzt darauf, uns beim Abhäuten der Thiere zu photographiren. Alle Hände begaben sich an die Arbeit, einige bereiteten das Mittagessen, andere arbeiteten desto eifriger mit den Messern. Die Haut, welche auf dem Rücken und Nacken nahezu $2\frac{1}{2}$ cm dick war und zu deren Ausspannung zwei Mann nöthig waren, während die andern sie vom Körper ablösten, wurde von einer Seite auf einmal abgelöst, indem man einen Rundschnitt ausführte vom Hinterkopf längs des Nackens, und durch die kurze Mähne den Rücken herunter bis zur Schwanzwurzel, und von da mitten am Bauche hin und hinauf bis zur Kehle. War dann die Haut von der obern Seite entfernt, so schnitten sie den Cadaver an, nahmen erst die Eingeweide heraus und schnitten darauf das Fleisch lagenweise von den Knochen der Vorder- und Hinterläufe; dann folgte das Fleisch längs des Rückgrats, und zuletzt wurden die Rippen abgetrennt. Dadurch wurde das Gewicht so vermindert, dass wir mit sechs Mann den Körper umwenden konnten.

Das Mittagessen bot Gelegenheit, eine grosse Menge Fleisch verschwinden zu lassen, was hierzulande zu den noth-

wendigen Fertigkeiten gehört; aber nach all den Anstrengungen
des Tages entbehrten wir sehr der geeigneten Flüssigkeit zum
Hinunterspülen. Die Sama schien bitterer als je zu schmecken
und Lulu litt am meisten, theils aus Durst, theils durch die
vom Trinken des Safts verursachte Uebelkeit. Der üble Geschmack liess sich blos durch grosse Mengen Zucker und
Kaffee vertreiben, aber auch dieser schmeckte wie mit Galle
versetzter Schleim; deshalb wurde einstimmig beschlossen, bis
in die Nacht hinein mit den Giraffen fertig werden zu wollen
und dann weiter zu „trekken", um Wasser oder zum wenigsten
süsse Sama zu suchen. Indem wir die verlassenen Hütten des
Kattidorfes anzündeten, gelang es uns, bis Mitternacht bei
ihrem Flackerfeuer durchzuarbeiten; dann brachen wir um
2 Uhr früh auf.

Als wir bei Tagesanbruch ausspannten, sahen wir die
junge Giraffe uns folgen, ohne Zweifel geleitet von dem
starken Wildpretgeruch der Thiere. Aber erst gegen den
folgenden Abend, nach einer schrecklichen Tagesarbeit für das
Vieh unter der sengenden Sonne, kamen wir zu einem Strich
süsser Sama, wo wir das Lager aufschlugen, das Fleisch in
Streifen zerschnitten und es an jeder erreichbaren Stelle auf-
hängten, auf Büschen und Bäumen, auf Tauen und Wagen-
ketten, bis man nach keiner Richtung ausschauen konnte, ohne
auf Guirlanden von Fleischstreifen zu stossen, welche wie
riesige Würste in einem Schweinemetzgerladen aussahen.

Lulu nahm eine Photographie der Scene, als das letzte
Bild der Serie der Bilder der „Kameljagd"; und während das
Fleisch hier trocknete und das Vieh ausruhte, zogen die Jäger
aus, um Strausse zu pürschen — die Jäger zu Fuss nach der
einen Seite und die Jäger zu Pferde nach der andern, mit der
Verabredung, sich bei einer hohen Koppje da hinten wieder
zu treffen. Da meine Stute immer noch sehr schwach war,
so schloss ich mich der Gesellschaft zu Fuss an, indem ich
mir den alten Kert zugesellte, welcher ein gelernter Straussen-
jäger war, da er vor vielen Jahren die Jagd zu seinem Lebens-
beruf erwählt hatte. Wie Plänkler uns paarweise ausbreitend,

sahen wir verstohlen über die Rücken jedes Sandhügels, aber
in den ersten drei bis vier Stunden ohne Erfolg, bis wir die
Fährte einer Schar von sechs Thieren fanden, von denen, wie
Kert nach den Fussabdrücken schliessen zu dürfen glaubte,
vier Manckies, d. h. Männchen, sein sollten. Nachdem
wir unsern Befund der übrigen Gesellschaft signalisirt hatten,
krochen wir mit verdoppelter Vorsicht weiter — denn kein

Beim Fleischtrocknen.

Wild, sei es im Pelz oder befiedert, hat schärfere Augen als
der Strauss — während die Buschmänner von der Spitze
jeder Düne so vorsichtig recognoscirten, dass selbst ich, der
ich doch wusste wohin ich zu sehen hatte, sie nicht bemerkte,
so geschickt verstanden sie jeden Grasbüschel zur Deckung
zu benutzen. Zuletzt kamen wir in einer Straat oder einem
Hohlweg an die Strausse, an dessen Ende ein Whithaat-Baum
stand. Dort sollte ich, so wollten es die Buschmänner, mich
verstecken, während sie nach dem andern Ende der Niederung

gehen und ihnen dort den Weg verlegen wollten. Ich war in
kurzer Zeit bei dem Baum und kroch von da zwischen den
Grasbüscheln auf der Erde hin, bis ich unbemerkt hinter den
Thieren war. Da standen die Riesenvögel ungefähr 500 Schritt
von mir, pickten Gras und Büsche ab, schoben ruckweise ihre
ungeschlachten Körper weiter, standen ab und zu still und
sahen sich um, als ob sie einen Eindringling witterten.

Ich gab mir alle Mühe, Kert oder die Buschmänner
zu Gesicht zu bekommen, aber sie blieben unsichtbar, und
ich wollte schon beinahe glauben, dass sie die Niederung verfehlt oder andere Vögel aufs Korn genommen hätten. Näher
und näher rückten die Thiere, bis sie dicht vor mir, nicht
weiter als 100 Schritt entfernt, dastanden. Es kam mir schwer
an, sie so nahe vor mir zu sehen und nicht schiessen zu
können, sodass es meinen Finger am Drücker juckte, wie ich
die Büchse einmal auf das führende Männchen anlegte, um
für alle Fälle bereit zu sein. Plötzlich stürzte es zu Boden,
und in demselben Augenblick kam, Pang! der Knall von der
Büchse, welche es umgeworfen hatte. Bevor ich noch auf
den Kopf eines andern Vogels zielen konnte, Pang! knallte
eine zweite Büchse, welcher die meinige gleich nachfolgte.
Inzwischen flohen die andern Vögel durcheinander über die
Bodenwelle, liessen einen im Sande zurück und bekamen
noch vier bis fünf Schüsse nachgeschickt, mit welchem Erfolge
konnte ich nicht sehen.

Nach der Stelle laufend, wo der todte Vogel lag, riss
ich ihm die Schlag- und Schwanzfedern aus und schickte mich
an, ihn abzubalgen, um mir einen Pürschanzug daraus zu
machen, hatte aber kaum mit der Arbeit begonnen, als ich
vier bis fünf Schüsse in rascher Folge aus der Richtung fallen
hörte, wohin die Vögel abgegangen waren; bevor ich fertig
war, ritten Jan und Neef Klaas heran, jeder mit einem grossen
Busch langwallender Federn am Hut.

„Wieviel haben Sie getödtet, Jan?" fragte ich.

„Nur einen, Sieur; Kert verwundete ihn und wir gaben
ihm den Rest, daher gab er uns diese Federn. Er balgt ihn

jetzt ab. weil Sie einen Balg haben wollten; aber, Sieur, wir
haben beschlossen, keinen wirklichen Balg mehr beim Pürschen
zu tragen. Der von uns gebrauchte Anzug von Gras und
Federn ist gut genug für die Strausse, die wirklichen Bälge
geben uns zu sehr das Ansehen eines wirklichen Vogels, sodass
mehrere Buschmänner aus Versehen erschossen worden sind.
Wenn ein Jäger den gewöhnlichen Anzug benutzt, so können
wir den Unterschied erkennen, die Strausse freilich nicht; aber
wenn wir den Balg tragen, so kann man den Jäger nicht vom
Vogel unterscheiden."

„Nun den Balg nehmen wir dann zu andern Zwecken mit.
Hier, Jan, legt ihm über euer Pferd nebst den Schenkeln,
welche wir zu Abend verspeisen wollen."

Während wir zurückritten, klagte Jan, dass die Straussenjagd jetzt nicht mehr so einträglich sei, als wie man die
Vögel noch nicht züchtete, obgleich die wilden Federn doch
bei weitem die besten seien.

„Denn, Sieur, damals machten ich und ein anderer mit
unsern Buschmännern in einer Jagdcampagne von sechs Monaten über 4000 Pfd. Sterl. Die Federn kosteten gewöhnlich
40 Pfd. Sterl. das Pfund, und jeder Vogel brachte etwa
25 Pfd. Sterl., zuweilen noch mehr. Dagegen ist jetzt der
ganze Vogel nicht mehr als 7 oder 8 Pfd. Sterl. werth, wenn
seine Federn voll ausgewachsen sind.

„Aber es ist alles unsere eigene Schuld. Wir Jäger haben
uns selber ins eigene Fleisch geschnitten, als wir die jungen
Vögel fingen und nach der Colonie verkauften. In einem Jahr
fingen und verkauften wir zehn Bruten: das machte zusammen
120 Vögel und sie brachten uns jeder 10 Pfd. Sterl. ein, hartes
Geld, Gold, welches wir jetzt gar nicht mehr zu sehen bekommen. Tom Jones und seine Gesellschaft verkauften über
200 junge Vögel in demselben Jahre, und so ist es gekommen,
dass jetzt die Landwirthe in der Colonie den Markt versorgen können, wir aber bekommen nicht mehr als 2 Schillinge
für die Feder, wenn auch die Federn der wilden Thiere weit-
aus die besten sind und besser bezahlt werden, als die der

zahmen. Sie sind glänzender, strahlender, und haben mehr Leben; man sieht den Unterschied sofort, wenn man eine Blutfeder erblickt."

„Was ist eine Blutfeder, Jan?"

„Eine die mit Blut im Federkiel ausgezogen ist. Die zahmen werden abgeschnitten. Würden sie ausgezogen, so würden sie nie wieder wachsen. Ich kenne mehrere Jäger, welche in einer Campagne reich wurden; sie besitzen jetzt grosse Güter und Tausende von Schafen und Rindern, und ich hätte es ebenso gut haben können, aber ich zog den Smous (das Schachern) vor und hatte dann nach zwei Jahren alles wieder verloren."

Mit solchen Gesprächen unterhielten wir uns bis zum Lager und freuten uns der bald zubereiteten Straussensteaks. Leckereres Wild, Fleisch oder Geflügel oder was man sonst anführen will, als Straussenfleisch, ass ich nie. Der Geschmack ist eine Art Mischung von Geflügel und Fleisch, aber besser als jedes. Ich trocknete mir einige Stücke, um eine Probe davon mit nach Hause zu nehmen; wenn das Fleisch seinen eigenthümlichen Geschmack beibehält, so sollen meine Londoner Freunde es probiren — sie müssen aber die passende Sauce, d. h. einen hungerigen Magen, selber mitbringen.

Jedermann war in glücklicher Stimmung nach den Anstrengungen des Tages, und Gesang und Tanz dauerte bis in die Nacht, da die Herren Bastards und Buschmanndiener gleicherweise sich dem aufheiternden Einfluss einer wohlgefüllten Speisekammer hingaben. Als zuletzt Frieden und Stille Einkehr hielten und das Lager so ruhig wie ein Kirchhof dalag, während der Mond gleich einer Scheibe von klarem Eis vom weiten blauen Himmelsgewölbe herniederschien, wurde ich durch einen lauten knurrenden Ton aufgeweckt, der mit dem Brüllen eines Stiers Aehnlichkeit hatte, nur dass die Töne kürzer und rascher folgten, aber auch stark an das scharfe keuchende Knurren des Löwen erinnerten. Rasch die Schläfer aufweckend rief ich: „Da ist ein Löwe ganz in unserer Nähe!" Gleich nachher ertönte der Klang wieder, wurde aber mit

gellendem Gelächter erwidert, während Jan zur Erläuterung
beifügte: „Dieser Löwe beisst nicht, er trägt Federn.“

„Was willst du damit sagen, Jan? Nichts was Federn
trägt kann ein Geräusch machen wie dieses.“

Pirschgang auf Strausse.

„Doch, Sieur, und es kann noch mehr, es kann Eier legen:
es ist ein Strauss.“

Es wurde mir wirklich schwer zu glauben, dass ein Strauss
ein solches Geräusch gemacht haben könnte; ja, wenn mich

jemand gefragt hätte, ob ein Strauss überhaupt einen Ton von
sich gebe, so würde ich geantwortet haben: „Nein!" Nach
meinem Dafürhalten gleicht der Ton dem „Gebrüll" des wilden Thiers, welches man bei Vorführung von Pantomimen in
Schaubuden wol zuweilen zu hören bekommt. Der Ton wird
dadurch hervorgebracht, dass man eine Haut stramm über
das eine Ende eines Fässchens ausspannt, inwendig in der
Mitte der Haut eine Schnur befestigt und mit einer gut mit
Colophonium eingeriebenen behandschuhten Hand an der
Schnur auf- und niederfährt.

„Wieweit ist der Vogel von hier, Jan? Es klingt als
wäre er ganz in der Nähe. Können wir hingehen und ihn
schiessen? Der Mond scheint sehr hell."

„Er ist nicht weit weg. Sieur, aber im Mondlicht können
Sie ihn nicht treffen. Auch würde es gefährlich sein, da ein
Löwe im Grase lauern und auf Sie einspringen könnte. Nein,
nein, wir bleiben wo wir sind und nehmen morgen die Fährte
auf."

In diesem Augenblick kam Suku, einer der Buschmänner,
zu mir und erbot sich, sofort den Strauss mit Pfeil und Bogen
zu beschleichen.

„Gut, lass ihn gehen, und wenn er ihn fängt, so bekommt
er von mir ein seidenes Tuch, was er um den Kopf binden
mag."

Im Handumdrehen war er im Grase verschwunden. Seine
Bewegungen waren so verstohlen wie die des Tigers im Schilf-
dickicht, und die leichte über das wogende Gras ziehende
Brise half dazu, seine Annäherung zu verbergen. Ich konnte
nicht, wie die übrigen, mich wieder zum Schlafen niederlegen,
sondern blieb wach aus Unruhe über Suku's Erfolg.

Der Vogel stiess dann und wann seinen eigenthümlichen
Ruf wieder aus, als guten Wegweiser für seinen Verfolger,
aber gleich darauf hörte ich einen ähnlichen Ruf, nicht so
laut wie den ersten, — ohne Zweifel den des Weibchens,
welches den Ruf des Männchens beantwortete. Dies dauerte
etwa 20 Minuten und dann wurde alles still. Auf- und nieder-

gehend und überlegend, ob Suku getödtet sei oder den Strauss
blos weggeschreckt habe, wurde ich durch sein plötzliches
Erscheinen neben mir ohne jede vorgängige Warnung überrascht; es schien als sei er aus der Erde emporgestiegen.
Ein Lächeln spielte um die Ecken seines wohlgestalteten
Mundes, welches keine Enttäuschung verrieth. Ich konnte
seine „clicks" und Grimassen nicht verstehen, aber er gab
mir durch Geberden kund, dass er sich nahe an den Strauss
herangeschlichen und dann seinen Ruf durch Nachahmung
des Rufes des Weibchens beantwortet hätte, worauf der dumme
Vogel im vollen Trabe auf ihn zugekommen sei und einen
Pfeil aus nächster Nähe, und einen zweiten aus geringer
Entfernung beim Davonlaufen erhalten hätte. Der Buschmann beschloss seine Erzählung mit der Ankündigung, dass
er sich jetzt zum Schlafen niederlegen wolle, aber sobald die
Sonne aufginge, sollten wir dem Vogel nachgehen; es wurde
also verabredet, dass er mich früh weckte, und darauf legten
wir uns wieder nieder.

Als am Morgen die rosenfingerige Morgenröthe über die
Bäume langte, folgten wir zwei der Fährte des Strausses
über die rothen Sanddünen und durch die zwischenliegenden
langen Hohlwege mehrere Kilometer weit. Dann und wann
verloren wir die Fährte für eine Weile, aber Suku fand sie
immer bald wieder, bis wir zu einigen Büschen kamen. Hier
zeigte er mir, wo der Vogel stehen geblieben und die Pfeile
abzustreifen versucht habe, von denen er wirklich einige
Schritte seitwärts Stücke auffand. Das kurze vergiftete Stück
von hakenförmigem harten Holz blieb jedoch in seinem Körper stecken, und wir konnten am Gras und Gebüsch sehen,
dass er einige Fuss weiter gegangen und dann einige Schritt
weiter gerannt war, als sei er toll geworden. Dann zeigten
die Spuren, dass er angefangen hatte zu wanken, was
Suku nachahmte, indem er wie ein Betrunkener ging, und
einen Kilometer weiter fanden wir ihn selber steif und kalt.
Das Gift hatte das Leben überwältigt, doch nicht ohne einen
letzten Kampf, weil das Gras ringsum im letzten Todeszucken

zertreten war. Keiner der beiden Pfeile hatte eine an sich
tödliche Wunde ihm beigebracht, aber das Gift war vom Blut
resorbirt; deshalb konnten wir das Fleisch ruhig essen,
schulterten also, nachdem wir die Federn ausgerupft hatten,
jeder einen Schenkel auf und begaben uns zum Lager
zurück.

# ZWANZIGSTES KAPITEL.

Schmetterlingsfang. — Ein Chamäleon. — Giftmischerei. — Das Beschmieren der Pfeile. — Anfertigung der Pfeile. — Honigbier. — Nester der wilden Bienen. — Sammeln des Honigs. — Bereitung von Honigbier. — Ein Trinkgelage. — Falscher Lärm. — Ein tragisches Ende des Festes. — Freunde, nicht Feinde.

Während die andern draussen der Gemsbockjagd oblagen, waren wir, Lulu und ich, die nächsten zehn Tage hindurch mit dem Einsammeln von Schmetterlingen und Insekten beschäftigt. Von erstern gab es nur 4—5 Arten; man konnte aber keinen Quadratmeter des Bodens untersuchen, ohne jedesmal auf ein halbes Dutzend neue Arten von letztern zu stossen.

Bei der Schmetterlingsjagd fiel mir „des Tages Last und Hitze" ganz allein zu. Lulu wollte damit nichts zu thun haben. Während ich in voller Jagd hinter einem grossen schwefelgelben Schmetterling herlief, flog eine grosse Schönheit, einem fliegenden Regenbogen ähnlich, quer über meinen Weg: aber meine Bitten konnten Lulu nicht vermögen, Jagd darauf zu machen.

„Ich denke", pflegte er zu sagen, „ich kann auch ohne das warm genug bleiben. Sie sind es nicht werth, darum einen Tropfen Schweiss zu vergiessen, und ich sehe keinen Spass darin, die Wildniss mit meinem ehrlichen Schweiss zu bewässern zu suchen, von dem jeder Tropfen zweimal Durst macht, zumal das Löschen desselben mit Samawasser soviel

heisst, als Feuer mit Oel löschen. Daneben sollten Sie als
Baas dieser Ansiedelung etwas mehr Rücksicht auf Ihre
eigene Würde nehmen. Es ist durchaus lächerlich, in der
That ungehörig sogar, Sie hinter einer kleinen Motte herrennen zu sehen, den Hut in der Hand wie ein grosser
Schuljunge, die Backen aufblasend und schnaubend ohne
allen Zweck; denn wozu dienen die Dinger, wenn Sie eins
gefangen haben? Ich habe nichts dagegen, die Wurzeln
einiger dieser schönen Blumen auszugraben, aber Sie sollten
mich nicht einladen, hinter Schmetterlingen herzulaufen, oder
die hässlichen kriechenden Wanzen aufzugreifen. Das Studium
der Entomologie aus Büchern ist schön genug. Die darin
geschilderten thierartigen Dinger können nicht auf Ihnen
herumkriechen, aber die Theorie in die Praxis verwandeln
heisst Kraft verschwenden.“

So war es mir allein überlassen, Schmetterlinge und
Käfer einzusammeln, während er dasass und mit Musse einige
Zwiebeln ausgrub. Aber sein Herz war nicht bei der Arbeit;
Photographiren oder Zeichnen war das einzige, was ihn ver-
anlassen konnte, sich Mühe zu geben, und wenn nach dieser
Seite etwas zu thun war, so wurde ihm keine Arbeit zu gross.

Ich war gerade einen Abhang kopfüber im Sande
heruntergestürzt, während ich hinter einem grossen gelben
Schmetterling her war, als ich Lulu mich rufen hörte, aber
ich achtete nicht darauf, bis ich das Exemplar unter meinem
breitrandigen Schattenspender eingefangen hatte; dann sah
ich nach ihm herüber, wie er einen Stock emporhielt und
mich rief hinzukommen und zu schauen.

„Da sehen Sie einmal“, sagte er, „das übertrifft alles
was Sie gefunden haben; es kroch aus jenem Busch, dicht
bei meiner Hand, und hätte mich vielleicht gebissen, wenn
ich ihm nicht das Lebenslicht ausgeblasen hätte. Sehen Sie,
welch seltsame Farbe es hat!“

„Ja“, sagte ich, „und in einer Minute hat es eine andere.
Es ist ein Chamäleon und hätte Ihnen nichts zu Leide gethan, wenn Sie es lebend mit der Hand gefangen hätten.

Sieh da, es ändert sich schon wieder; jetzt ist es fast gold-
farben!"

„Wahrhaftig! Ich hätte wissen sollen, dass es ein Chamäleon ist, aber ich dachte nicht daran. Was ist das da,
was ich herausgetreten habe?"

„Ei! Lulu, das sind seine Eier. Nun lassen Sie mich
es einmal messen, geben Sie mir Ihren Maassstab. Was für
ein grosses Exemplar es ist; es ist gerade 40 cm lang. Wie
schade, dass Sie es zum Einlegen verdorben haben. Sie sind
ebenso schlimm wie die Eingeborenen. Alles was kriecht oder
krabbelt halten Sie für giftig. Aber wir sollten längst zurück
sein und zusehen, wie die Buschmänner ihr Gift zubereiten
und ihre Pfeile damit einschmieren. Kommen Sie, wir dürfen
das nicht versäumen um alle Chamäleons, obschon ich gern
nachsähe, ob nicht noch eins in diesem Busch ist, doch
wir dürfen nicht zaudern, sondern müssen nach der Apotheke
gehen und zwar so rasch als möglich."

Als wir die Wagen erreichten, sagte uns Kert, die Buschmänner seien weggegangen, um Vorbereitungen zu treffen, und
wir möchten ihnen nur rasch nachlaufen, denn sie seien sehr
bemüht, alles vor der Rückkehr der Jäger abzumachen, welche
sie über ihre Verfahrungsweise nicht gern aufklären wollten.
Wir liessen uns also von ihm führen und folgten ihm
schweigend über verschiedene Sanddünen bis zu einem hohen
Koppje, an dessen Fuss ein Haufen dicker dunkelgrüner K'gung-
Bäume und grüner Stachelbüsche stand. Nach ihrem ge-
spenstigen, vom Wetter mitgenommenen Aeussern zu schliessen,
mussten diese bewaffneten Wächter seit Jahrhunderten im
Dienst gewesen sein, um über die feierliche schwarze Umgebung zu wachen. Um uns hindurchzustehlen, mussten wir
auf Händen und Knien kriechen, wobei die stacheligen Zweige
uns bald am Arm, bald am Beine packten, als ob sie unser
Recht zum Eintritt in Frage stellen wollten, bis wir plötzlich
an eine offene Stelle kamen, wo wir alle unsere Buschmänner um ein Feuer sitzen sahen, als ob sie auf jemand
warteten. Der alte Kert schnitt einige Grimassen, worauf

sie zu unserm Empfange sich alle erhoben, ohne jedoch ein
Wort zu sprechen: darauf luden sie uns durch Geberden zum
Niedersetzen ein, legten aber den Finger quer über die Lippen
zum Zeichen, dass wir uns still verhalten möchten.

Vor ihnen lagen 30—40 grosse Zwiebeln, welche ich als
die Giftzwiebel mit den fächerartigen Blättern erkannte, die
eine so schöne Blume trägt. Die Wurzelenden waren abgeschnitten und auf die seidenartig aussehenden trockenen
Blätter gelegt, welche sie von der äussern Hülle der Zwiebel
entfernt hatten und auf welche eine milchartige Flüssigkeit
langsam sich ergoss.

Als der Saft aufhörte zu tröpfeln, wurden einige neue
Schnitte von etwa einem Zoll Dicke abgeschnitten, worauf
der Saft von neuem zu fliessen begann, und so ging es fort,
bis die Zwiebel ausgelaufen war. Bei jedem neuen Schnitt
tanzten die Buschmänner in der Runde, wobei sie eine Art
Grunzen ausstiessen und durch das Stampfen mit ihren
Fersen Takt hielten. Ungefähr 2 Quart der milchartigen
Ausschwitzung wurden so in einem unserer runden eisernen
Töpfe gesammelt, welche wir bisjetzt zur Aufbewahrung
unserer Wagenschmiere benutzt hatten, und darauf ans Feuer
gesetzt. Der kleine Korap besorgte den Topf, hob ihn dann
und wann in die Höhe, damit er nicht überkochte, während
die andern eine Stelle von etwa einem Quadratmeter säuberten
und ein Hyänenfell mit den Haaren nach unten darauflegten.
Darauf nahm jeder von einem alten Horn oder einem andern
Aufhängehaken eine Anzahl getrockneter Schlangengiftbeutel,
welche wie kleine Fetzen schmutziger Lumpen oder Felle aussahen, und warf sie hin auf das Fell nebst zwei Stücken Schilf
von etwa 15 cm Länge. Nachdem dies geschehen war, verschwanden zwei Leute in dem dichten Busch, kamen aber
gleich zurück mit 4 Schlangen, 2 langen gelben, einer Puffotter und einer schwarzen Cobra, welche alle erst kurz
vorher getödtet zu sein schienen. Unter Händeklatschen
warfen sie dieselben nieder und begaben sich dann eifrig
daran, den Schlangen die Köpfe abzuschneiden und die Gift-

beutel so geschickt auszulösen, wie ein Student der Medicin
einen Muskel blosslegen würde. Die Giftbeutel wurden auf
das Fell gelegt, um welches alle sich wieder niedergesetzt
hatten. indem sie eine Art einstimmigen Geistergesang aufführten, wobei sie Takt hielten durch Klatschen mit den Händen
und jeder seinen Ton so lange aushielt, als es der Athem
gestattete, worauf er mit einem Ruck und einem Grunzen
aufhörte, um von neuem Athem zu holen. Diese Ceremonie
wurde wol eine Stunde lang fortgesetzt und dadurch recht
langweilig für uns, als plötzlich der kleine Korap in die
Hände klatschte. Augenblicklich hörte der Gesang auf, und
aufgreifend was auf dem Felle lag, liefen sie zum Gifttopf,
den Korap beständig umrührte und in welchen jeder, unter
Stampfen und Grunzen einer hinter den andern tretend, seinen
Beitrag zum Stoff des Zauberdoctors warf. Der eine war
mit den Schilfstücken allein zurückgeblieben; er spaltete sie
und steckte die Enden dann ineinander, bis er überzeugt
war, dass der ganze Inhalt in den Topf ausgeleert sei, und
endlich kam zu allerletzt der Mann mit den Giftbeuteln.
Sobald auch diese in den Kessel geworfen waren, warf Korap
rasch ein Fell über ihn, hob ihn ab und stellte ihn auf das
Fell, wohin die andern nachfolgten. Während er den Topf
schüttelte, tanzten die andern um ihn herum, bald wahnsinnig
schreiend und gesticulirend, bald alle möglichen Stellungen
annehmend, um die Zuckungen an Gift sterbender Thiere
darzustellen. Diese Pantomimen wurden so gut durchgeführt,
dass wir die verschiedenen von ihnen nachgeahmten Thiere
erkennen konnten.

Dies wurde etwa 30 Minuten fortgesetzt und dann gab
ein anderer Schlag Korap's, dieses mal auf den Topf, das
Zeichen zum Aufhören, das sie augenblicklich befolgten und
worauf sie sich auf dem Fell rund um den Topf auf ihre Knie
niederliessen. Der Ueberwurf wurde nun entfernt und Kert lud
uns ein näherzutreten. Jeder tauchte einen kleinen Zweig hinein,
drehte denselben um und zog ihn dann mit einem Tropfen der
anhängenden zähen Substanz wieder heraus, um ihn ans Licht

zu halten und auf seine Güte zu prüfen, gerade wie die Weinküfer es mit dem Wein machen, nur dass sie nicht davon kosteten. Nachdem ihn alle für gut erklärt hatten, holten sie aus einem Beutel von Thierfell eine roth aussehende Substanz so fein wie Mehl hervor, schütteten sie hinein und rührten, bis die Mischung soweit wie nöthig eingedickt war. Bis zu diesem Moment war noch kein Wort gesprochen worden, jetzt aber fingen sie an zu plaudern und gaben mir Gelegenheit Fragen zu stellen, denn ich brannte vor Neugierde, zu wissen was das Schilf enthalten hätte und was das für ein Pulver sei.

„Was war in den Schilfstücken?" fragte ich Kert.

„Das ist, Sieur, gerade das, was die Buschmänner vom Langen Berg gebrauchen. Es ist eine Spinne, welche in den Felsen ihrer Berge lebt. Die Buschmänner der Colonie, unter welchen ich gross geworden bin, gebrauchen sie nie, benutzen dagegen die Milch vom Giftboom, welcher auf den Bergen längs des Oranjeflusses wächst. Wir kochen sie ein, bis sie so dick wird wie die Milch von diesem Giftball (Giftzwiebel). Dazu fügen wir Schlangengift, wie Sie gesehen haben. Es ist nicht gerade nöthig, das Spinnen- oder Schlangengift hineinzuthun, weil der gehörig eingedickte Saft von dem Giftball oder dem Giftboom allein schon alles tödtet; aber es wirkt nicht so schnell, wenn das Schlangengift nicht hinzugegeben wird."

„Nun, Kert, woraus besteht das auch zugegebene rothe Pulver?"

„Das ist ein rothes Gestein, welches sie fein mahlen, um es damit dicker zu machen. Im abgekühlten Zustande verhärtet sich die Masse, und wenn sie sie auf die Pfeile schmieren wollen, so erwärmen sie sie vorher, um sie so weich zu machen, dass sie sich schmieren lässt. Haben Sie eine Minute Geduld, dann können Sie alle ihre Pfeile einschmieren sehen, bevor die Masse kalt und steif wird. Das Uebrigbleibende rollen sie zu Kugeln zusammen, von denen jeder einige zu sich steckt. Sieur muss jetzt aufpassen, sie fangen an zu schmieren."

Das Gift war gerade so dick geworden, dass es sich gleichmässig auf den Pfeilspitzen vertheilen liess, wenn es mit einem Stück Fell darauf eingerieben wurde. Die Pfeilspitzen werden von schwerem harten Holz in der Länge von 15 cm angefertigt, mit einem flachen eingelegten Stückchen Zinnblech an der Spitze besetzt, welches noch mit Gummi befestigt wird. Diese Spitzen werden abgesondert vom Schaft gemacht; letzterer besteht aus einem langen leichten hohlen Schilfrohr, trägt Federn blos an einer Seite und die Spitzen werden erst aufgesetzt, wenn der Pfeil gebraucht werden soll.

Nachdem alle Pfeilspitzen eingeschmiert waren, wurden sie zum Trocknen in die Sonne gelegt, wobei Kert mir nachher zur Erläuterung mittheilte, dass, obwol jetzt die Pfeilspitzen zum Trocknen in die Sonne gelegt wurden, das Gift doch nicht gut würde, wenn die Sonne vor der Fertigstellung desselben darauf schiene, und dass dies einer der Gründe sei, warum sie einen abgelegenen schattigen Platz für die Ceremonien aussuchten. Darauf wurde der Rest des Giftes vertheilt, sodass jedes Mitglied der Gesellschaft, ich selber eingeschlossen, gleichen Antheil erhielt. Auf unserm Rückwege hatte der alte Kert reichliche Gelegenheit, sich zuerst über die guten Eigenschaften des Giftes und dann seiner eigenen Wenigkeit ausführlich auszusprechen.

„Sehen Sie, Sieur, Kert hat Wort gehalten und Ihnen alles gezeigt, wie er es Ihnen vor der Abreise von England versprochen hat. Die Buschmänner hätten Sie nie zur Bereitung des Giftes zugelassen, wenn sie es nicht meinetwegen gestatteten. Dann erklärte er des weitern, wie diese Zubereitung sehr geheimgehalten wird und nur die Familienhäupter zur Mitwissenschaft zugelassen werden, und dass diese nur einmal im Jahre zusammenkommen, um die Bestandtheile zu mischen, welche sie in der Zwischenzeit gesammelt haben. Selbst die eigenen Frauen dürfen bei diesen Gelegenheiten nicht zugegen sein, sondern bleiben zu Hause, um das Honigbier für die von der Arbeit zurückkehrenden Männer zuzubereiten.

Ein böser Verdacht ergriff mich, dass nämlich der alte
Kert des Honigbieres als Fühler erwähnte — vielleicht mit
einem Auge darauf Rücksicht nehmend, dass Cango-Brannt-
wein ein guter Ersatz sei — denn weiter betonte er noch,
dass es ihm grosse Mühe gemacht habe, die Buschmänner zu
verleiten, mich in ihr Geheimniss blicken zu lassen, aber dass
seine Bürgschaft für meinen guten Charakter durchgeschlagen
habe. „Sie hätten das niemals einem Engländer erlaubt,
weil sie die Engländer fürchten, welche sie für Nichts ansehen, und noch weniger einem Boer, welcher sie wie seine
Hunde behandelt. Aber Sie, Sieur, haben uns als Menschen
behandelt, und Sie brauchen nie Bedenken zu haben, sich
den Buschmännern anzuvertrauen."

Ohne Zweifel kamen Kert's Behauptungen der Wahrheit
so nahe, als ein Bastard ihr überhaupt nahekommen konnte;
hatte ich doch schon an manchen andern Orten gehört, dass
die Zubereitung des Giftes als tiefes Geheimniss behandelt
würde, und selbst der im Lande geborene und auferzogene
Jan, welcher Buschmänner als Diener gehabt hatte, gab zu,
es nicht zu wissen und dass die andern es ebenso wenig
verständen. Aber gegen alle Schmeicheleien Kert's hatte
ich nur taube Ohren und ignorirte jede Bezugnahme auf
„Honigbier" und alle andern berauschenden Getränke. Merkwürdigerweise gingen jedoch alle seine Wünsche unerwartet
in Erfüllung, denn als die Jäger eben vor Sonnenuntergang
zurückkehrten, erfreute Klaas die Herzen der Buschmänner
mit der Nachricht, dass er etwa eine Stunde vom Lager entfernt ein Nest wilder Bienen in einem Busch gefunden habe.
Alle andern Neuigkeiten schienen vor dieser Nachricht zu
verblassen. Die Fussjäger waren überhaupt sehr kleinlaut,
denn sie brachten nichts mit als Nachrichten von gesehenen
Straussen und Löwen; aber selbst die 5 Gemsböcke und
6 Hartebeests, welche die Jäger zu Pferde erlegt hatten,
schienen bei den Buschmännern nicht so viel Interesse zu
erregen als die Aussicht auf Honig.

„Bist du sicher, Klaas", fragte ich, „dass es ein Bienen- und kein Wespennest war?"

„Ja, Sieur, es ist ein Bienennest und viel Honig darin. Ich will es Sieur zeigen, und dann mag er sich selbst über- zeugen. Wir finden sie in den Höhlen der Erdferkel, in hohlen Bäumen oder Felsrissen, und zuweilen hängen sie von einem Busch oder Baumzweig, sogar von einer vor- springenden Felsspitze in den Bergen herunter, die Waben ganz frei und die Bienen in Klumpen draussen herum."

Dies war mir etwas so vollständig Neues, dass ich mich von Klaas am andern Morgen zur Stelle hinführen liess, während die Buschmänner eine regelrechte Bienenjagd organi- sirten. Etwas Wasser in einer zerbrochenen Strausseneischale wurde neben einem Blumenbüschel aufgestellt und nun ge- wartet, bis die Bienen kamen um zu trinken. Die durstigen Insekten schauen stets nach Wasser aus, und sobald eine etwas findet, so löscht sie ihren Durst und geht dann, um die Freunde und Nachbarn zur Stelle zu rufen. Es dauerte nicht lange bis erst eine einzelne, dann zwei und drei und bald Dutzende von Bienen herkamen und sich auf den Rand der Eischale setzten, welche ein Buschmann nun aufnahm und hoch emporhielt, während er langsam der von den Thieren in ihrem Fluge eingehaltenen Richtung folgte. Zuweilen war die Eischale ganz bedeckt mit einer Masse von Bienen, wäh- rend andere sich daran hingen, sich kämpfend bemühten einen Zug zu thun und dann heimwärts eilten. Auf diese Weise entdeckten wir rasch, dass vier verschiedene Flug- richtungen zu erkennen waren; der am meisten besetzten folgte unser Wasserträger, während andere den seitlichen Spuren folgten. Dies war keine schwierige Aufgabe, denn das Gedränge der Bienen wurde bald so gross, dass man ihre Flugrichtung am Summen hören konnte. Zuletzt kamen wir zu einem Stachelbusch, um welchen Myriaden Bienen versammelt waren, als ob sie gerade schwärmten; die Buschmänner aber behaupteten, darinnen sei ein Stock. Die Bienen nahmen gar keine Notiz von uns, deshalb nahm ich

nach kurzer Beobachtung ein Grasbündel, steckte es in Brand
und liess einen dichten Rauch von unten aufsteigen. Das
hatte die gewünschte Wirkung. Die aussen befindlichen Bienen
wurden betäubt und fielen zur Erde, während die andern, nachdem sie sich voll Honig gesogen hatten, keinen Widerstand
leisteten als ich vorsichtig in den Busch langte, theils um sie
nicht zu stören, theils um von den schrecklichen Dornen mir
nicht die Hände zerreissen zu lassen. Die Waben, sieben an
der Zahl, hingen kreuzweise von den Zweigen, in der Mitte
die längsten, und je weiter nach draussen desto kürzer werdend.
Die Waben und der Honig waren weiss wie Schnee.

Es muss ein junger Schwarm gewesen sein, weil die
Bienen und auch die Waben nicht alt, letztere auch noch nie
von einer Brut beschmutzt waren. Ich sammelte einige Bienen
und steckte sie in ein hohles Rohr, konnte aber unglücklicherweise die Königin nicht einfangen. Einige stachen mich,
doch schienen sie nicht so kampflustig wie die amerikanischen
Bienen, wenn auch ihre Stacheln ebenso lang waren und die
Stiche ebenso sehr schmerzten. Die Buschmänner beachteten
die Stiche gar nicht, während sie mit ihren Armen in die
Büsche langten und die Waben abbrachen, sodass in kurzer
Zeit alle vier Stöcke ihres Vorraths beraubt waren. Der
Honig wurde in einen ledernen Sack gelegt, aber die Scheibe
mit den jungen Bienen wurde aufgegessen, Scheibe sammt
allem, sodass der Saft von den Puppen, während sie dieselben mit den Zähnen zermalmten, wie eine dicke gelbe
Sauce aus ihren Mundwinkeln herunterfloss. Korap brachte
mir ein Stück, welches ich wiederum Lulu überreichte;
aber der Gedanke war schon genug für ihn, und er wandte
sich ab mit den Worten: „Maden halte ich mir gern
vom Leibe, obgleich so gute süsse kein übles Futter sein
mögen."

„Richtig, mein Sohn; aber wie denkst du über die Insassen
von Käse? Was macht es für einen Unterschied was man
isst, vorausgesetzt dass es gut schmeckt und nicht giftig ist?
Ich probire den Honig und wenn ich den Geschmack nicht

mag, so zwingt mich doch kein Gesetz, ihn auch wirklich
hinunterzuschlucken. Was sagen Sie, Fritz?"

„Ja! Dazu ist kein Gesetz da; alle Menschen können
essen was sie wollen. Wie schmeckt er Ihnen? Gut? Nun,
dann will ich ihn auch essen." Und wir beide assen davon
und fanden ihn nicht schlecht; eher im Gegentheil, er
schmeckte sehr voll, etwa wie mit Honig gesüsste Sahne.
Lulu drehte sich um und murmelte so etwas von Warten,
dann wolle er seine Maden, die civilisirten und zahmen, im
Käse auch essen, wenn er wieder zu Hause sei.

Sobald die Buschmänner wieder im Lager waren, setzten
sie Sama ans Feuer, um Wasser für ihr Honigbier zu erhalten, während ich Jan zu Rathe zog, ob es nicht zeit-
gemäss sei, ihnen die Waffen wegzunehmen, bevor sie tränken
und streitsüchtig oder, was ebenso schlimm sei, sorglos
würden; er hielt es aber nicht für nöthig, weil nach seiner
Ansicht sie in der Trunkenheit den überschüssigen Dampfdruck
durch Singen und Tanzen loswürden; statt beim Gelage streitsüchtig zu werden, sei das vielmehr die einzige Zeit, wo sie
sich glücklich und gemüthlich fühlten. Ich war jedoch anderer Meinung und beauftragte Kert, ihnen Bogen und Pfeile
sowie alle übrigbehaltenen Patronen und Pulver wegzunehmen;
die Büchsen thaten kein Leid, wenn wir die Munition im
Wagen hatten.

Mit dem Einsammeln und Kochen der Sama ging der
grösste Theil der Nacht hin, dann aber mischten sie in
meinen grossen Zinkeimern und ihren Kalabassen den Honig
mit dem Samawasser durcheinander und stellten alles am
andern Morgen in die Sonne, um es gären zu lassen. Gegen
Abend entdeckten sie Zeichen der begonnenen Gärung und
alsbald fing das Trinken an. Die Bastards setzten sich zu
ihnen und es erschien fraglich, wer zuerst platzen würde,
während sie die übersüsse Flüssigkeit hinunterschlürften, bis
ihre Bäuche so rund und hart wie Trommeln wurden. Sie
zechten tüchtig die ganze Nacht hindurch, ohne Anzeichen von
Trunkenheit, fingen mit Sonnenaufgang wieder an und setzten

das Gelage fort bis 9 Uhr abends, und dann erst, als sie
ein zweites Feuer ausserhalb ihres Lagers angezündet hatten,
verriethen sie, dass sie betrunken wurden. Bald waren sie
auf den Beinen, lachten, tanzten, sangen und bereiteten uns
mit ihrem besoffenen Geheul eine schreckliche Nacht, fortwährend um das Feuer springend, in welches sie ab und zu
beinahe hineinstürzten. Hätten einige Hyänen und Schakale
aus der Nähe zugeschaut, wie stolz hätten sie sich fühlen
und wie hätten sie lachen müssen über die Idee, dass der
Mensch ihnen überlegen sei. Die Halbcivilisirten waren ebenso
schlimm als die Wilden — alle waren Sklaven des Gottes
Bacchus, unter dessen absolute Herrschaft sie sich freiwillig
begeben hatten und zu dessen Füssen sie fanatische Anbeter
des thierischsten und grausamsten der Götter der Mythologie
geworden waren.

Das Sonderbarste bei allen ihren Sprüngen war, dass
ihre Beine nicht trunken wurden. Dieses berauschende Getränk
hatte keine Aehnlichkeit mit dem amerikanischen „Tangle-
leg" oder Whisky, denn wenn auch ihre Köpfe das Gleich-
gewicht verloren, so hielten die Beine den Körper doch
aufrecht, und sie tanzten und stampften und schrien und
gesticulirten stundenlang ohne ein Zeichen der Erschöpfung
oder Schwerfälligkeit, höchstens dass sie weniger Gewalt über
ihren Hals zu bekommen schienen, dessen Muskeln desto
starrer wurden, je mehr ihre Aufregung zunahm. Die Mischlinge trugen die Palme davon wegen der grössern Stärke ihrer
Lungen und der Springkraft ihrer Beine. Der Wilde konnte
es darin ihnen nicht gleichmachen. Er übertraf den erstern
aber in der gemessenern „Festigkeit des Vorsatzes" und würde
es ohne Zweifel länger aushalten; aber kurz nach Mitternacht
glaubte ich, es sei jetzt genug. Wenn sie das ganze Gebräu
austrinken sollten, so würden sie nie wieder nüchtern werden,
deshalb machte ich mir einen Plan, wie man einen Vorhang
über das trunkene Gelage ziehen könne. Ich rief Fritz zu
mir heran und beauftragte denselben, herumzugehen und
jeden erreichbaren Rest des Honigbiers in den Sand umzu-

stossen, während Lulu und ich die Runde machten, um nach
von Kert vielleicht übersehenen Waffen auszuschauen. Wir
waren dabei sehr vorsichtig, um ihren Verdacht nicht zu erregen. „Ich will's machen" führte seinen Auftrag ganz vortrefflich aus, indem er sich stellte als ob er mit ihnen zechte
und dann die Kalabassen beim Herumtanzen umstiess, auch
Lulu anrief, ihn in ihre Mitte zog und am Taumel theilnehmen liess. Kert, Klaas, Dirk und Jan bewillkommneten
ihn feurigst und bestanden darauf, dass er mit ihnen singen
und tanzen solle — eine Gelegenheit, die er sich bestens zu
nutze machte, indem er jede erreichbare Kalabasse umstiess.

Der alte Schuft von Kert hatte weder einen Bogen noch
Pfeil angerührt. Sie lagen überall herum, wo die Leute sie
hatten liegen lassen, auf dem Boden und neben dem Feuer.
Ich sammelte die Pfeile eiligst zusammen und steckte sie
unter meinen Rock, liess aber die Bogen liegen wo sie lagen,
um keinen Verdacht rege zu machen, im Fall sie aus irgend-
einem Grunde zu ihrem Lager gehen sollten.

Nachdem ich die Pfeile im Wagen versteckt hatte, machte
ich noch eine Runde und fand ihre Büchsen nebst einer Menge
Munition! Da das mir zuviel wurde, um alles zu verbergen, so
grub ich ein Loch in den Sand und versteckte dort Patronen-
gürtel, Pulverhörner u. s. w. Der Tanz dauerte noch fort,
doch wurden die Stimmen schwächer, das Stampfen weniger
kräftig. Jan und Kert hatten den Kreis verlassen, durch-
suchten die leeren Kalabassen und schalten, weil sie kein
Bier mehr vorfanden, die Buschmänner aus, dass sie nicht
„ehrlich getrunken" hätten; dann aber sanken sie in den
Sand, und ihrem Beispiel folgten die übrigen, einer nach dem
andern, bis gegen Tagesanbruch alles still war. Dort lagen
sie zum äussersten erschöpft in einer Art von schlafsüchtigem
Zustand, nicht todt, nicht lebend, stundenlang umher. Jan
und Kert erholten sich zuerst wieder und bettelten mich an
um eine Flasche Eau-de-Cologne für jeden, um wieder
nüchtern zu werden. Die Buschmänner schliefen fast den
ganzen Tag durch und waren bitter enttäuscht, als sie beim

Erwachen die Kalabassen leer fanden. Ohne Zweifel hätte
die Orgie noch einige Tage fortgedauert, wenn meine sum-
marischen Maassregeln ihr nicht ein Ende gemacht hätten,
und ich beglückwünschte mich schon zu dem friedfertigen
Schluss der Festlichkeiten, als ein plötzlicher Zwischenfall
unsere Komödie in eine Tragödie verwandelte. Alle Leute
schienen die Wirkungen der Erschöpfung und Aufregung gut
verschlafen zu haben, als wir in einiger Entfernung nördlich
von gewissen Sanddünen etwas Rauch über dem wogenden
Grasmeer aufwirbeln sahen; ich schickte deshalb den Zwaer,
Dirk, Klaas und Neef Klaas weg, um zu sehen was es sei
und gleichzeitig um Sama zu holen. Sie waren schon über
drei Stunden ausgeblieben und Lulu, Fritz, Jan und ich sassen
in meinem Wagen beim Mittagessen, als mir eine Tasse Kaffee,
welche ich gerade austrinken wollte, aus der Hand gestossen
wurde und auf Fritz fiel, welcher aufspringend das Bret
umstiess, welches uns als Tisch diente, und so alles darauf
Stehende zu Boden warf. Rasch traten wir alle auf eine
Seite, um das siedend heisse Wasser zu vermeiden, und in
demselben Augenblick flog ein Pfeil durch die Wagendecke
unmittelbar an der Stelle, wo ich gerade kurz vorher gesessen hatte. Im Nu waren wir aus dem Wagen, mit der
Büchse in der Hand. Jan, welcher draussen gesessen hatte
mit einem Fuss auf dem Tritt vor dem Vorderrad, schrie:
„Schnell, Sieur!" und zeigte nach einem Busch, hinter
welchem ich einen Buschmann mit dem Bogen in der Hand
und einen Pfeil sah, den er an den Kopf drückte. Sogleich
dachte ich an den in der Entfernung gesehenen Rauch. Die
Büchse hochhebend feuerte ich gerade, als Jan rief: „Schiesst
nicht, Sieur!" Aber es war zu spät, der Buschmann rollte
in den Sand.

„Er schiesst nicht auf Sie, Sieur, sondern auf den alten
Kerl, der dort unter meinem Wagen sitzt; das soll gleich
aufhören", sagte Jan und rannte auf sie zu. Aber bevor er
dahin kam, Pang! knallte eine andere Büchse — aus dem
Hintertheil von Jan's Wagen — und heraus sprang Ohm Piet,

um auf den Buschmann zuzulaufen. Wir alle folgten ihm, und da lag der Mann, auf den ich geschossen, todt wie eine Maus.

„Wo sind die andern?" fragte ich, indem ich mich umsah und mich wunderte, dass wir von einem einzelnen Buschmann angegriffen seien, und da erst erklärte mir Piet. dass der Getödtete kein Feind, sondern unser Freund gewesen sei. Die Buschmänner hatten Kert angeklagt, ihre Pfeile weggenommen und ihr Bier ausgetrunken zu haben, und der Wortwechsel wurde bald so hitzig, dass sie zu Schlägen übergingen, worauf Kert einen niederschlug, welcher gleich darauf ihn mit einigen im Gebüsch verborgenen Pfeilen zu beschiessen begann. Kert duckte sich hinter unsern Wagen, und durch denselben flog nun ein Pfeil, der ihn verfehlt hatte. Nachdem ich ihn in dem Glauben, dass wir angegriffen seien, umgeschossen hatte, richtete der Buschmann. während wir auf Kert zuliefen, sich wieder auf und schoss nochmals auf Kert, welcher jetzt sich unter den andern Wagen geflüchtet hatte. Jetzt hielt Piet sich für den angegriffenen Theil, schickte dem Buschmann eine Kugel zwischen die Augen zu und machte damit seinen Rachegelüsten so vollständig als plötzlich ein Ende.

Die andern Buschmänner nahmen ihren Landsmann ruhig auf, steckten seine Leiche in ein Erdferkelloch in der Nähe und hielten dann zur Erinnerung an ihn eine Abendmahlzeit. als ob nichts Absonderliches sich ereignet habe. Mir lag das traurige Ende ihres sogenannten Festes desto schwerer auf dem Herzen. Jan war nachher nicht wieder freundlich gegen Kert und warnte mich später häufig vor ihm, da er ein „schlechter, verrätherischer Mensch" sei.

Der Mann war kaum begraben, als Dirk mit den übrigen zurückkehrte und berichtete, dass der von uns gesehene Rauch von einem grossen Lager der Vaalpen oder Katti herrührte, von denen einer sie zurückbegleitet habe. um einen Hund in Empfang zu nehmen, welchen sie für Gemsbockfelle an ihn verkauft hätten. Ich beschloss deshalb das Lager

22*

abzubrechen und am andern Tage zu jenem Volke zu „trekken",
welches wir kurz vorher so feindlicher Absicht verdächtigt
hatten! Wir fanden dort etwa 100 Menschen in einer Gruppe
von 30 halbkreisförmigen Hütten, welche aus einfach in die
Erde gesteckten und mit Gras bedeckten Stäben bestanden,
und deren östliche Front offen geblieben war. Sie hatten
einen grossen Vorrath gebackener Sama in Schildkrötenschalen
in fast jeder Hütte aufgestapelt und daneben Dutzende von
Strausseneiern, welche sie zu Wassergefässen benutzten. Hier
und da sah man ein Fell als Bett an der Erde liegen, in
den meisten Fällen schliefen die Insassen jedoch auf blanker
Erde. Als wir durch das Nomadenlager fuhren, verbargen
sich die fast ganz nackten jungen Mädchen und Kinder entweder hinter den Hütten und deckten sich etwas über, was
sie gerade finden konnten, die Frauen aber mit ihrem schmalen,
vorn von einem Gürtel über den Hüften herunterhängenden
Stück Fell, dem sich bei einigen ein gleiches Stück hinten
zugesellte, starrten uns mit nichtssagenden Blicken an. Einige
der ältern waren geradezu hässlich, alle aber unflätig
schmutzig. Der schwarze Schmutz war ebenmässig über sie
ausgebreitet, obgleich hier und da, wo ein Stück abgebröckelt
war, die natürliche Hautfarbe, ein reiches Milchkaffeebraun,
zum Vorschein kam. Trotz allen Unflats waren sie doch
nicht gefeit gegen die allgemeine weibliche Schwäche für
Putz, denn jung und alt trug ohne Unterschied Ringe an
Armen und Knöcheln, einige auch Muscheln, welche aus
kurzen wolligen Locken über die Stirn herunterhingen.

# EINUNDZWANZIGSTES KAPITEL.

Die Vaalpen oder der Katti-Stamm. — Ein „christlicher" Kaffer. — Die Schwarzen werden weiss gewaschen. — Ein Nektartrunk. — Eine Katti-Jagd. — Unsere Vorräthe werden knapp. — Auf dem Sklavenmarkt. — Upington, unser Leitstern. — Von einer Schlange gebissen. — Ein neuer Berg. — Wunderbare Mauer. — Eine archäologische Entdeckung. — Sammeln von Wasserinsekten. — Eine Vogelnester-Schlange. — Unsere Wäsche. — In Verlegenheit aus Mangel an Lebensmitteln und Wasser. — Eine Mondscheinscene. — Ein frisches Gespann. — Ein glücklicher Fund. — Tod der „Lady Anna". — Schlangenbiss. — *Similia similibus curantur.*

Nach einer Gruppe von K'gungbäumen hinaufreitend, schlugen wir unser Lager in ihrem willkommenen Schatten auf und trafen dort mit drei Schwarzen zusammen, von welchen zwei wie Europäer gekleidet waren. Einer von ihnen sprach Afrikander, der andere Betschuana.

Sie waren gewissermassen die Eigenthümer dieses nomadischen Stammes, den sie Vaalpen nannten, während die Eingeborenen, sowie auch Jan und Kert, sie unter dem Namen Katti kannten. Der dritte, angethan mit der ganzen Majestät seiner schwarzen Haut, war ihr Diener, ein Balala, und zugleich ein prächtiger Vertreter derselben. Der Häuptling des Stammes war mit allen seinen Leuten auf der Jagd im Veldt, und diese Kaffern warteten auf seine Rückkehr, um ihm die Felle aller und jeder erlegten Thiere abzukaufen. Dies beruhte auf einer bleibenden Verabredung zwischen ihnen, indem, wie die Kaffern sagten, der Stamm vollständig zufriedengestellt war, wenn er ihnen alle seine Felle für den nöthigen

Bedarf an Gewehren und Munition überlassen, dagegen alles
Fleisch, als den für sie allein in Betracht kommenden Theil
des Wildprets, für sich zurückbehalten konnte.

Der Häuptling des Stammes habe drei Weiber und sechzehn Kinder, aber die andern dürften nur eine Frau besitzen,
fügten sie noch hinzu.

Während unsers Gesprächs waren einige Weiber zu uns
herangetreten, sodass Lulu, in der Hoffnung eine Photographie
von ihnen zu bekommen, seine Camera aufstellte; sobald er
aber das schwarze Tuch über sich warf und die Linse auf
sie richtete, liefen sie alle davon. Um das Vertrauen wieder
herzustellen, ging ich zu ihnen und beschenkte jede Frau, die
ich nur entdecken konnte, mit einer Pfeife und etwas Taback,
was sie aber sehr mistrauisch annahmen. Eine Unterhaltung mit ihnen anfangend fragte ich sie, ob sie mir wol ein
Dutzend von den Straußeneiern verkaufen wollten, welche ich
in ihren Zelten gesehen hätte. Einer der Kafferstutzer ging
darauf ein und fragte, ob ich Zündhütchen habe. Auf meine
bejahende Antwort erbot er sich, mir 12 Eier für eine Schachtel mit Zündhütchen zu geben. Die Weiber schienen nicht
sehr geneigt, sie ihm abzulassen, aber er kümmerte sich wenig
um ihre Einrede und der Handel war bald abgemacht. Bei
dieser Gelegenheit gelang es uns, einige Weiber zu einer
Gruppe zusammenzubringen, welche dann Lulu zu einem Bilde
dienen mussten.

Nachdem er mir alle mögliche Auskunft gegeben hatte,
nahm dieser schwarze Eigenthümer des Stammes ein kleines
Buch aus einem Beutel, öffnete es und begann geistliche Lieder zu singen, auf welche Fertigkeit er sehr stolz zu sein
schien. Ein Blick in das Buch überzeugte mich, dass es eins
der Moffat'schen Gesangbücher sei. Der Eigenthümer war
einer der schwarzen Christen Moffat's und schien das ganze
Selbstbewusstsein eines Weissen zu besitzen. Zum Beweise
seiner christlichen Liebe fragte er uns, ob wir nicht einiger
junger Mädchen bedürften, und bot mir factisch vier Mädchen
und zwei Packochsen für ein Repetirgewehr an.

Unter dem Ausdruck der Dankbarkeit für sein gütiges Anerbieten sagten wir ihm jedoch, dass wir heute keine Mädchen kauften, boten ihm guten Abend und liessen uns das Abendessen zubereiten.

Am andern Tage kam dieser christliche und hochmoralische Kaffer zu mir mit der Beschwerde, dass meine Leute zu vertraulich mit den Vaalpenfrauen umgegangen seien, und

Katti-Weiber.

fügte hinzu, es würde allerlei Verdruss geben, wenn die abwesenden Ehemänner davon erführen. Auf Befragen hörte ich, dass die Buschmänner und Bastards den Umstand, dass die Mannspersonen des Dorfes nicht zurückkehrten, vorsorglich dazu benutzt hatten, sich an ihre Stelle zu setzen und die Nacht im Vaalpen-Lager zuzubringen. Dies sei, wie der tugendhafte Kaffer mit aller rechtschaffenen Indignation, welche ein schwarzer Anzug und ein Gesangbuch nur verleihen können, bemerkte, sehr unpassend gewesen und möchte zu unangenehmen Folgen führen, wenn es zur Kunde der abwesenden beleidigten Ehemänner gelangte. Natürlich konnte ich das Unpassende ihres Benehmens nicht bestreiten, doch zweifelte ich an der Aufrichtigkeit der Warnung, dass Unglück daraus entstehen könne, hielt vielmehr dafür, dass in der Brust der beiden Kaffern sich mehr Eifersucht regen möchte darüber, ob wir ihnen den ihnen gleichsam zugehörigen Stamm abspenstig machen würden, als die sämmtlichen männlichen Mitglieder des Stammes zusammen empfinden dürften. Ich ging deshalb zum Lager der Vaalpen hinüber und fand einige meiner Leute noch dort, und zwar in den intimsten Formen der Vertraulichkeit mit den Weibsleuten, da ihre Aufmerksamkeit augenscheinlich in höchst liebenswürdiger Weise erwidert wurde. Da hatte aber offenbar kein Zwang, keine Drohung stattgefunden; im Gegentheil war nach dem, was ich auf dem Durchgang durch ein Hüttenlager sah, ihr Entgegenkommen eher ermuthigt als abgewiesen, und so wurde ich wegen der Gefahr eines Zusammenstosses sehr bald beruhigt, falls mir nicht die Kaffern selber sie herbeiführten, indem sie die Gemüther der zurückkehrenden Jäger aufstachelten — oder die Männer meine Leute dabei ertappten, dass sie mit ihren wankelmüthigen dunkeln Sklavinnen unlautern Scherz trieben. Vor dieser Eventualität sich zu hüten lag aber in jedermanns eigenem Interesse; und die Kaffern vor solchem Verrath zu bewahren, hatte ich nur ihre Habgier rege zu machen. Ich rief sie deshalb beiseite und gab ihnen zu verstehen, dass wir durchaus nicht beabsichtigten, ihnen den Stamm zu entfremden, vielmehr nur noch einige Tage bleiben und ihnen dann ein Geschenk geben würden, dessen Bedeutung ganz von ihrem Betragen gegen uns abhängen würde. Das genügte vollständig. Die Aussicht auf Gewinn veränderte ihre Ansicht über das Unrecht meiner Leute derartig, dass sie gegen das Unpassende ihres Benehmens gern ein Auge zudrückten.

Nachdem ich so die schwarzen Schönen hinreichend weissgewaschen hatte, traf ich auf dem Rückwege zu den

Wagen zwei Mädchen an, jedes mit der Schale eines Strausseneies und einem dünnen, aus dem Halm eines Stechgrases gemachten Rohr in der Hand, welche sich über das Gras bückten, als ob sie etwas suchten. Meine Bemühungen, sie nach ihrer Hantierung zu fragen, beantworteten sie blos mit dem Anerbieten, einen Trunk aus ihren Eierschalen zu nehmen, welche etwa halb voll Wasser waren, und nachdem ich aus Höflichkeit ein- oder zweimal davon genippt hatte, erneuerte ich meine pantomimische Frage. Zuerst lächelten sie nur: ob aus reinem Vergnügen über meinen Eifer oder aus Verwunderung über meine nicht zu befriedigende Neugierde oder aus Mitleid über meine offenbare Unwissenheit. das war mir ein Räthsel, welches ich nicht lösen konnte, deshalb „gab ich es auf", wie der Schlusssänger bei den Negersängern zu sagen pflegt. Nachdem wir jedoch eine kleine Strecke miteinander gegangen waren, während jedes Mädchen mir abwechselnd einen scheuen flüchtigen Blick zuwarf, welcher mich wol hätte anlocken können, wenn sie nur etwas blässer von Farbe und weniger stark geduftet hätten. blieben sie plötzlich stehen und begannen ihre Arbeit von neuem. Beide warfen sich auf die Knie und beugten ihre kleinen wohlgestalteten Körper vornüber, als wollten sie sie von ihrer vortheilhaftesten Seite zeigen. Ach! dachte ich. die Weiber sind Weiber und auf der ganzen Welt sich gleich. Ob wild oder civilisirt, ihre spröden, sanften, listigen, verführerischen Manieren zeigen sie alle. Die schlauen Miezchen verstehen alle zu schnurren und ihre Klauen in Sammt gehüllt zu verstecken, bis sie ihre Maus gefangen haben. wenn es auch statt der Maus häufig eine dicke Ratte ist, welche zu bewältigen ihre ganze Zeit in Anspruch nimmt. Und was glauben Sie wol, was meine beiden schwarzen Venus wirklich trieben? Ein anderes Spiel, und noch dazu eins. welches kein anderer Mensch errathen kann. deshalb will ich es hier verrathen. Sie saugten die grossen Thautropfen zusammen, welche auf den grünen fächerartigen Blättern der Zwiebel- und andern Gewächse lagen: und wenn das Rohr gefült war, steckten sie sein unteres Ende in die Eierschale und bliesen den Inhalt des Rohrs in die Schale. Ich konnte mich deshalb fragen, ob die beiden von mir vorher genommenen Schlucke erst in ihrem Munde oder blos im Rohr gewesen waren.

Kert hatte mir erzählt, dass die Vaalpen mit Wasser gefüllte Strausseneier vergraben, und zwar zu hunderten an verschiedenen Stellen, um sich gegen Mangel an Wasser oder Sama vorzusehen. Sollte es möglich sein, dass sie ihren ganzen Wasservorrath sich auf diese Weise verschaffen, statt ihn aus Pfuhlen oder Pfannen in der Regenzeit zu ergänzen? Bei fernerm Nachfragen entdeckte ich, dass sie niemals von ihrem Vorrath gebrauchen, solange noch Sama vorhanden ist, und dass die jungen Leute jeden Morgen ausziehen und Thau ebenso eifrig sammeln, wie ein Bienenschwarm den Honig. Die von mir gekauften 12 Eier waren ohne Zweifel in derselben Weise gefüllt worden; ich behielt dies jedoch für mich, weil ich wusste, dass es Lulu's Ekel erregen würde, Wasser aus zweiter Hand zu geniessen.

Am nächsten Tage kehrten die Katti-Jäger zurück, mit fast leeren Händen, aber mit der Nachricht, dass eine grosse Heerde Gemsböcke nahe beim Lager sei. Wir vereinigten deshalb unsere Streitkräfte am andern Morgen und begleiteten sie zu einem grossen Jagdzuge. Der Angriff geschah nach einem gut berechneten, vorher verabredeten Plan, der vielleicht sehr wenig jagdgerecht aber desto fruchtbarer in Hinsicht auf den Erfolg war, und das war hier die Hauptsache. Ein Kessel wurde formirt und nun die Bewegungen der Jäger durch Zeichen des Anführers der Katti so regulirt, dass der Gürtel der Jäger sich immer enger um die erschreckten Thiere schloss, bevor sie wussten, wohin sie sich wenden sollten, worauf die Hälfte von ihnen erlegt wurde, bevor sie durch den Kreis hindurchbrachen. Die Katti rührten niemals ein Thier an, bevor nicht unsere Leute bekommen hatten was sie wünschten, dann aber begaben sie sich mit Eifer an die Arbeit, die einen zum Abhäuten, die andern zum Feueranmachen, während noch andere die Frauen und Kinder herbeiholten, welche zusammen heranstürmten und binnen drei Stunden eine neue Hüttenstadt auf dieser Stelle aufbauten.

Und nun folgte ein Festmahl, ein leckerer Schmaus und eine Gefrässigkeit dazu, welche nicht ihresgleichen kennt. Ich habe nicht das geringste Bedenken zu behaupten, dass einige von ihnen während dieser Nacht an 50 Pfund Fleisch frassen. Ihr Grundsatz war, zu essen und dann ein wenig zu schlafen, und nach dieser Vorschrift verfuhren sie den ganzen folgenden Tag hindurch. Und doch hatte diese Ueberladung anscheinend keinerlei üble Folgen. Unsere Gesellschaft war die ganze Zeit über beschäftigt, einen Vorrath Dörrfleisch einzulegen, und Jan freute sich von Herzen, dass er seinen Wagen so voll als nur möglich auffüllen konnte. Meine Vorräthe nahmen dagegen sehr schnell ab, weil die faulen Bastards immer um uns herumbettelten. Wir konnten nichts essen oder Gegenstände aus unsern Kisten nehmen, nicht einmal Kleidungsstücke, ohne dass sie uns anbettelten. Unser Reis war fast aufgezehrt, aber „Ich will's machen" rechnete heraus, dass Kaffee, Zucker und Grütze (wenn nur wir drei Weissen davon gebrauchten) reichen würden, bis wir nach Upington kämen.

Das Wort Upington wirkte wie Balsam von Gilead auf Lulu's Ohren. Es war jetzt sein Leitstern. „Ja", sagte er, „wenn ich Befehl gäbe anzuspannen und unsern Weg nach diesem Ort zu richten, dann zeigt der Kompass unsers Wagens nach dem richtigen Ziel, und ich wünsche keine Aenderung, bis wir hier heraus sind."

Gerade als wir uns zum Abschied rüsteten, kam der Häuptling mit einer seiner Frauen und vier Kindern, darunter eine völlig erwachsene Tochter, zu mir und bot sie mir zum Tausch an gegen eine meiner Büchsen. Um ihm keine abschlägige Antwort zu geben, liess ich ihm durch Kert erklären, dass ich augenblicklich keine entbehren könne, aber wenn die Jagd binnen kurzer Zeit beendet sein würde, so solle er eine bekommen. Er drückte seine Freude darüber dadurch aus, dass er sagte, er würde für mich in den Tod gehen, und mich

bat, zu ihm zu ziehen und bei ihm zu leben und sein Volk
zu meinem Volk zu machen: sie würden für mich jagen und
alle seine Töchter sollten meine Frauen werden. Wenn nur
der scheinheilige Kaffer das gehört hätte! Dann entfernte er
sich, erzählte aber Kert, sein Volk würde grosse Freude
darüber haben, wenn wir zu ihnen zurückkehrten. Aber die
Weiber und Kinder blieben zurück und thaten als ob sie zu
Hause seien. Gerade als ob sie zu unserer Gesellschaft gehörten, setzten sich einige an unser Feuer, andere halfen beim
Einspannen der Ochsen und fanden sich ganz vergnügt in
diese Stellung. Aber hier wie anderswo „müssen die besten
Freunde scheiden"; vorher vertheilten wir jedoch noch einige
Taschentücher, womit sie ihre Thränen trocknen konnten, und
etwas Taback, womit sie sich über unsern Verlust trösten
sollten, vergassen dabei natürlich nicht das dem Psalmen
singenden Kaffer versprochene Geschenk, und sagten ihnen
endlich Lebewohl.

Beim Herunterlaufen von einer Sanddüne trat ich beinahe
auf eine Schlange, welche mich blitzschnell in den Fuss biss.
Bevor sie von neuem zugreifen konnte, stand ich mit der
Ferse auf ihr und zerdrückte sie im Sande. Ohne abzuwarten,
ob sie genug abbekommen hatte, zog ich rasch meinen Schuh
aus um zu sehen, ob ihre Zähne mir bis ins Fleisch gedrungen seien. Glücklicherweise war das Leder stark und es
zeigte blos zwei tiefe Schrammen, welche die scharfen Zähne
geritzt hatten. Ihr Wille war gut gewesen, doch war der Versuch nicht gelungen. Die Giftzähne, welche 1,2 cm lang
waren, und die Giftbeutel wurden meiner Sammlung einverleibt. Die Schlange gehörte zu der von den Buschmännern
Veldt-Schlange genannten Art und hatte etwa 92 cm Länge
und 2,5 cm Dicke. Die Farbe war grünlich-braun, der Unter-
leib weiss.

Je weiter wir nach Süden vorrückten, desto dürftiger
wurden die Bäume. Am zweiten Tag bekamen wir einen
hohen Berg zu Gesicht, welchen Jan für den Ki-ki-Berg am
Nosobfluss hielt. Aber dazu waren wir noch nicht südlich

genug, und als wir seinen Fuss erreichten, erwies er sich als
ein Berg, von dem niemand vorher etwas gesehen oder gehört
zu haben schien. Wir schlugen unser Lager nahe am Fusse
desselben neben einer langen Reihe von Steinen auf, welche
wie die Chinesische Mauer nach einem Erdbeben aussah,
die sich aber bei näherer Untersuchung als die Trümmer
eines sehr ausgedehnten Baues herausstellten, welcher stellenweise unter dem Sande begraben war, an andern Stellen aber
dem Blick ganz frei lag. Wir verfolgten die Spuren wol
1½ km weit, meistens war es nur ein Haufen ungeheuerer
Steine, aber alle mit ebenen Seitenflächen, zwischen deren
Lagen man hier und da noch den Cement wohlerhalten und
deutlich erkennbar sehen konnte. Die oberste Reihe der
Steine war vom Wetter und dem Flugsand stark mitgenommen und dieselben seltsam an der Unterseite ausgeschliffen,
sodass sie wie ein Tisch auf einem Beine aussahen.

Die allgemeine Richtung der Mauer hatte die Gestalt
eines Bogens, innerhalb dessen in Zwischenräumen von etwa
12 m voneinander getrennt eine Reihe gemauerter ovaler oder
stumpfer Ellipsen lag, welche ungefähr ½ m tief waren, einen
flachen Boden hatten, aber an den Seiten etwa 30 cm vom
Rande ausgehöhlt waren. Einige Ovale waren aus solidem
Fels gehauen, andere aus mehrern geschickt und genau miteinander verbundenen Steinen gebildet. Weil alle mehr oder
weniger im Sande vergraben lagen, so liessen wir durch unsere
Leute das grösste derselben freilegen — eine Arbeit, welche
sie nicht sehr zu lieben schienen — und fanden die Fugen
überall da in gutem Stande, wo der Sand sie beschützt hatte.
Dies hielt uns fast einen ganzen Tag auf, zum grössten Aerger-
niss von Jan: er konnte es nicht begreifen, wie man Zeit
daran wenden konnte, alte Steine auszugraben; das war für
ihn weggeworfene Arbeit. Ich sagte ihm, hier müsse entweder eine Stadt oder ein Tempel gestanden oder der Be-
gräbnissplatz einer grossen Nation gelegen haben, die vielleicht
vor vielen tausend Jahren hier gelebt habe.

„Ja, Sieur, das mag ja sein, aber für uns ist es nicht

gut; wir können die Steine nicht mit uns nehmen und können sie nicht verkaufen, wenn wir auch wollten. Obendrein wollen wir nach Hause zu unsern Weibern." Diese Bastard-Tugendritter! Ihre Weiber flössten ihnen grösseres Interesse ein als diese Alterthümer; jetzt, da sie einmal unterwegs waren, waren sie so versessen darauf nach Hause zu kommen, besonders weil sie mit ihrem Segen an Fleisch und Fellen mit offenen Armen aufgenommen werden würden. Als wir Jan sagten, dass wir zur weitern Erforschung des Thatbestandes noch einige Tage hier bleiben würden, meinte er, seine Leute wür-

Ruinen in der Kalahari-Wüste.

den nicht ferner graben und zweifelte, ob sie gar hier blieben. Als er jedoch fand, dass es uns gleichgültig sei, ob seine Leute weggingen oder nicht, und dass wir in Betreff der Erdarbeit völlig unabhängig seien — wir verstanden viel besser und rascher zu graben als sie — bemerkte er, wenn wir thöricht genug seien nach einem Haufen alter Steine zu graben, so könne er uns nicht daran hindern, er aber wolle auf die Jagd ziehen, während wir unsere Kräfte hier vergeudeten.

So waren wir am andern Tag auf uns selber angewiesen, aber unsere Entdeckungen vergüteten uns reichlich die aufgewendete Arbeit. Als wir nahezu in der Mitte des Bogens

tiefer gruben, stiessen wir auf ein etwa 6 m breites Pflaster
von grossen Steinen. Die äussern Steine waren gross und
lagen rechtwinkelig gegen die innern. Dieses Pflaster wurde
von einem ähnlichen unter rechten Winkeln durchschnitten,
sodass beide ein Malteser-Kreuz bildeten, in deren Kreuzungs-
stelle vor Zeiten ein Altar oder Säule oder sonst ein Monu-
ment gestanden haben wird, dessen Grundfläche deutlich erkennbar aus losen Stücken geriefelten Mauerwerks bestand.
Nachdem wir vergeblich nach Hieroglyphen oder Inschriften
gesucht hatten, nahm Lulu mehrere Photographien und Skizzen
auf, aus denen die Gelehrten ermitteln mögen, wenn und von
wem diese Stätte in früherer Zeit bewohnt gewesen ist. Ich
für meine Person habe versucht, meine Vermuthungen über
diesen Gegenstand in einige Reime zusammenzufassen:

Vergraben in Sand, ein Haufen von Steinen
Am einsam verlassenen Ort;
Grab oder Tempel mit Menschengebeinen
Verfallen, vermodert, verdorrt.

Roh gemeisselte Blöcke im röthlichen Sande
Seltsam gestaltlos Gestein,
Sie bergen des grossen Mannes im Lande
Asche viel tausend Jahr.

Ein Rest mags sein von glorreicher Welt-
Stadt, einst erhaben und weit;
Von Vulkanen begraben, vom Winde entstellt,
Verweht von der Hand der Zeit.

Erst drei Tage später, nachdem wir diese Ruinen verlassen hatten und die ganze Zeit hindurch über einen sanften
Abhang gefahren waren, kamen wir zu den Ki-ki-Bergen.
Hier fanden wir ein Thal mit einer beträchtlichen Menge
schlammigen Wassers, offenbar infolge neuerlicher Regengüsse,
aber, so seltsam es auch erscheinen mag, mit darin lebenden
Wasserinsekten — eine braune, sehr rasch bewegliche hin-
und herspringende Wanze, welche eingefangen so schlüpfrig
war, dass ich sie selbst todt zwischen den Fingern kaum
festhalten konnte. Auch fing ich ein Exemplar eines fisch-

artigen Thiers, welches vorschriftsmässig mit dem Käfer zugleich in Alkohol gesteckt wurde. Rings um den Pfuhl entdeckten wir Fussspuren von Pavianen, oft so gross wie die
von zehnjährigen Kindern, für welche ich sie anfangs fälsch-
lich hielt. Dicht daneben stand ein Baum mit einem grossen
Nest des Gesellschaftsvogels oder Kirschfinken. Dort lenkte
Kert meine Aufmerksamkeit auf eine grosse gelbe Schlange,
welche an ihrem, um einen Ast geschlungenen Schwanz über
dem Dach des Nestes hing, mit ihrem Kopf in den kleinen
Kammern herumstöberte und die Eier und jungen Vögel stahl.
Hunderte von der kleinen Gemeinde flogen umher, pickten
die Schlange und schnatterten wie wahnwitzige alte Weiber.
Das Treiben eine Zeit lang beobachtend, sah ich die Schlange
nach einem Vogel, der sich zuweit vorgewagt hatte, beissen,
worauf der Vogel zur Erde flatterte und todt zu sein schien,
bevor er den Boden erreichte. Da erhob ich meine Flinte,
schoss und herunter taumelte das unverschämte Reptil und
fiel unter dem Baum auf einen Haufen Guano. Ihre Länge
betrug 2,24 m; der Kopf war platt, der Körper verjüngte sich
von der Mitte nach beiden Enden, war aber nirgends dicker
als meine Handwirbel. Im Magen fand ich 34 kleine schneeweisse Eier, unversehrt, als lägen sie noch im Nest. Die Giftzähne waren 14 mm lang, und drei fernere Zähne schienen
bereit zu sein, ihre Stelle einzunehmen. Der Giftbeutel, den
ich aufhob, war 32 mm lang. Hatte sie aus Instinct gewusst,
wie man die Vögel berauben könne, oder hatte sie sich, das
Nest vom Boden aus betrachtend und die Vögel aus- und ein-
fliegen sehend, ruhig die beste Art zum Nest zu gelangen
ausgedacht und war dann kühn den Baum hinangeklettert und
zur Praxis übergegangen?

Um den ungewohnten Luxus einer Wasserpfütze möglichst
zu benutzen, machten wir uns das Vergnügen einmal wirklich
zu schwimmen, was wir solange entbehrt hatten; ausserdem bedeckten wir in wenig Stunden nach unserer Ankunft
alle Büsche mit unserer „Wäsche". Unsere Ochsen waren
schon solange an das Samafutter gewöhnt, dass sie gar kein

Wasser saufen mochten, und auch die Pferde thaten dies nur
ganz bescheiden; nachdem sie aber zwei Tage lang weder Sama
noch Wasser erhalten hatten, änderten sie ihre Ansicht und
soffen sich recht voll, bevor wir weiter zogen. Darauf folgten wir
dem trockenen sandigen Flussbett einige Tage hindurch und

Das erste Bad nach vielen Monaten.

fanden dann die ebene bequeme Strasse mit frischen Wagen-
spuren, welche Jan nach den besondern Fussabdrücken eines
Ochsen als die der Karavane Verlander's auf ihrem Rückzuge
nach Mier erkannte. Das war eine schlechte Aussicht für
uns. Wir hatten nur ein Oxhoft Wasser aus der Pfütze am
Ki-ki bei uns, und dieses Fass hatte ich selber gefüllt, weil

die faulen Bastards die Arbeit verweigerten, da wir sicher genug
Sama und andere Pfannen unterwegs finden würden; und hier
befanden wir uns fünf bis sechs Tagemärsche von Mier und
hatten zahlloses Vieh vor uns, welches alles trink- und essbare Futter uns vor der Nase wegschnappte. Ich sandte
Jan und die Bastards zu Pferde als Kundschafter aus, um
nach Sama auszuschauen, aber zwei Abende kamen sie mit
der Nachricht zurück, keine finden zu können.

Die Ochsen waren nahezu sterbensmüde; wenn sie es
aber nicht aushielten, so blieb uns nichts übrig als alles in
Stich zu lassen oder unterzugehen; wir konnten auch erst
alles in Stich lassen und dann sterben. Die Bastards wurden
fast meuterisch, als ich sie wieder auf verminderte Wasser-
rationen setzte, und Lulu, Fritz und ich mussten abwechselnd mit der Büchse in der Hand das Wasserfass bewachen. Wir fuhren die ganze Nacht durch und spannten
alle zwei Stunden aus, um den armen Thieren eine Pause
zum Niederlegen zu geben; aber zuweilen hatten sie nicht
mehr so viel Kraft, sich wieder zu erheben, und wir mussten
mehrere in ihrem Lager erschiessen. Meine Stute Lady Anna
war nur noch ein Skelet, welches von Stunde zu Stunde
schwächer wurde, dennoch konnte ich es nicht übers Herz
bringen sie auch zu erschiessen, weil ich noch immer Wasser
und Futter zu finden hoffte. Ich gab ihr mit Wasser ver-
mischtes Hafermehl, welches sie mit Verzweiflung in den
thränenden Augen trank, den müden Kopf dabei auf meine
Schulter legend. Glücklicherweise waren die Nächte kühl,
sodass die Feuchtigkeit aus der Luft niederschlug und das
lange Gras mit Thautropfen belud, die wie Diamanten in
der Morgensonne funkelten — flüssiges Edelgestein, für uns
von grösserm Werth als alle Diamanten Südafrikas, weil
ohne dieses weder Pferd noch Rind hätte ferner marschiren
können.

Am vierten Abend quälten wir uns wieder langsam vorwärts, die lange Peitsche klatschte erbarmungslos und unauf-
hörlich durch den leichten Nachtwind, durch den der Mond

sein Lichtmeer ergoss, Fritz schnarchte an meinem Ellenbogen, während ich das Wasserfass bewachte, als mein Kopf,
der sich auch immer tiefer und tiefer niedergebeugt hatte,
in scharfe Berührung mit dem Fass gerieth. Aufspringend
hörte ich fremde Stimmen, rief nach dem das Gespann führenden Andreas und fragte was es gebe. Beim Klang meiner
Stimme trat Cann, mein alter Bekannter von Knis, näher.

„Gibt es Wasser oder Sama?" fragte ich hastig.

„So wenig, dass ich morgen in aller Frühe aufbrechen
muss", erwiderte er. „Ich bin gerade von einem Brunnen
am Oup-Fluss gekommen, wo ein jüdischer Handelsmann
Namens Boll aus Betschuana-Land mit 1000 Ochsen campirt
hat, sie haben nahezu alle Sama weggefressen, deshalb gerade
komme ich dieses Wegs."

Es wurde immer bedenklicher! Wollte mein altes Glück
mich zuletzt doch verlassen? War mein Stern im Nieder-
gange? Nicht allein Verlander's Gespann, sondern auch noch
eine zahlreiche Heerde Vieh vor mir, alles wegfressend und
nicht einen Bissen oder einen Trunk für meine müden halb-
verhungerten Thiere übriglassend! Und wie um mich in
meiner Verzweiflung zu verhöhnen, erzählte mir Cann, dass in
der Nähe des von uns verfolgten Wegs Verlander Sama in
Fülle gefunden und ihm auch den Standort derselben mitgetheilt habe. Dieses faule Gesindel, Jan und die übrigen alle,
sie waren wirklich zu träge gewesen, sich nach Sama umzuschauen, oder wenn sie etwas fanden zu einfältig, um es
nach der Rückkehr zu melden. In dem Augenblick kam Jan
daher, so kühl wie eine Gurke und bat mich um Wasser zu
etwas Kaffee für seine Leute. Anstatt ihm Wasser zu geben
musste ich mit aller Gewalt an mich halten, dass ich ihm nicht
ohrfeigte; meine Hände juckten mir förmlich, dafür aber machte
ich meiner Empörung durch so starke Worte Luft, dass er
sich wie ein Hund mit dem Schwanz zwischen den Beinen
wegschlich.

„Ich sehe", sagte Cann, „dass Sie mit dieser Sorte umzugehen wissen; er verdiente eine Tracht Prügel und hätte sie

auch bekommen, wenn ich an Ihrer Stelle gewesen wäre. Sie
müssen Verlander über ihn berichten, das ist der einzige
Bastard meines Wissens, der etwas Schneid hat."

Cann befand sich auf einem Jagdzuge mit zehn Busch-
mann-Jägern und einigen Bastards. „Das sind Jäger", fügte
er mit Betonung hinzu, „und nicht so feiges Gesindel wie Ihr
Gelichter." Dann schieden wir nach einem Austausch von
allerlei Auskunft und guten Wünschen voneinander. er auf
dem Marsch nach Norden und ich südwärts meine Reise nach
Mier fortsetzend. Bei Tagesanbruch kamen wir an der Mündung des Oup-Flusses an und fanden Boll mit einer Vieh-
heerde, welche er unternommen hatte geradeswegs quer durch
die Wüste nach Kuruman zu treiben. mit der Absicht, auf
Kimberley zu marschiren. Was sich von den Thieren an Sama
gütlich gethan hatte sah gut aus, die andern aber bestanden
aus Haut und Knochen. Einige hatte er am Morgen bereits
niedergeschossen. um ihren Qualen ein Ende zu machen; aber
ein Theil war ausgerissen, sei es aus Furcht vor den Löwen,
oder aus plötzlichem Verlangen, nach Hause zurückzukehren,
wie man das bei diesem Damara-Vieh nicht selten antrifft.
Der Verlust der halben Heerde that seiner guten Laune jedoch keinen Abbruch. er war stets sehr freundlich und gesprächig. Er erzählte uns. dass auf dem Sandstrich zwei
Tagereisen weiter östlich seine Leute Sama im Ueberfluss gefunden hätten und dass er unterwegs sei, den Rest seiner
Heerde dort weiden zu lassen. während er nach Mier ging, um
Reiter zu miethen. welche die fortgelaufenen Thiere aufsuchen
sollten, um wieder herbeizuschaffen was nicht eingegangen
oder von den Löwen aufgefressen sei. Wir spannten aus, um
uns von seinen Leuten einen Rest Sama zeigen zu lassen,
welcher genügte unser Leben zu fristen, und damit Mann und
Vieh sich an der Ruhe und der Nahrung laben könnten. bevor
wir die Reihe steiler Sanddünen in Angriff nähmen, welche
uns noch von Mier trennten. War es doch fraglich genug,
ob wir überhaupt sie bewältigen würden, und nichts war mir
deshalb gerade jetzt lieber, als dass Boll sich in meine

Büchsen vergaffte und mir zwei gegen 20 Ochsen abkaufte.
In derselben Nacht brachen wir nach dem obengenannten
Sandstrich auf, aber schon auf halbem Wege an einer Sanddüne hinauf weigerten sich die Ochsen weiter zu gehen. Sie
wurden grausam gepeitscht, aber endlich musste Fritz doch
seine Peitsche auf meinen Befehl weglegen und ihnen eine
Ruhepause gewähren. Bei einem erneuten Versuch liessen sie
auch jetzt noch den Wagen stecken, deshalb mussten wir die
eben gekauften Thiere anschirren. Sie waren aber, wenn
überhaupt, seit mehrern Monaten nicht gebraucht und geberdeten sich so wild, dass sie im Mondschein nicht angespannt werden konnten und wir bis Tagesanbruch warten
mussten. Dann gelang es uns mit Hülfe von Zurufen und
Peitschen sie ins Geschirr zu nöthigen und ihre rohe unge-
bändigte Kraft in wissenschaftlicher Weise zu verwerthen und
unter häufigem Anhalten die Wagen über eine Sanddüne nach
der andern zu schleppen. Der Sand war so tief, dass es fast
gleiche Mühe kostete, bergab als bergan zu fahren, und zuweilen mussten alle 40 Ochsen vor einen Wagen gespannt
werden. Diese harte Arbeit wurde besonders den halbver-
hungerten Thieren unsers ursprünglichen Gespanns schwer,
und so mussten wir mehrere von ihnen niederschiessen, weil
sie nicht mehr von der Stelle wollten. Eins wurde wild und
stürzte sich kopfüber gegen den Wagen, sodass wir uns gehörig tummeln mussten, bis wir ihm den Garaus machen
konnten.

Um Mitternacht waren die Ochsen wieder ausgepumpt
und Ohm Piet kam nach dem Ausspannen zu mir und meinte,
wir liessen die Wagen lieber hier und gingen mit den Ochsen
weiter oder liessen sie überhaupt frei, damit wir so rasch
als möglich zu Fuss nach Mier marschiren könnten. Auf
diesen Vorschlag hatte ich nur ein einfaches: „Nein! wir
wollen weiter fahren, und kostet es uns auch den letzten
Ochsen. Niemals verzweifeln, Piet, wir wollen schon fertig
werden!"

Gerade vor Tagesanbruch sass ich beim Lagerfeuer,

über die Möglichkeiten des bevorstehenden Tages nachsinnend,
als ein Buschmann mir leise auf die Schulter klopfte und etwas
halbausgewachsene Sama in die Hand drückte, von welcher er
ein grosses Bündel trug, wobei er zugleich nach der Richtung
der Fundstelle zeigte. Das war ein Treffer. Ohne die andern
aufzuwecken, half ich ihm die Ochsen dahin treiben — so
viele als wir nur konnten, denn viele brachten wir nicht einmal
durch das grausame Mittel, indem wir ihnen in den Schwanz
bissen, in die Höhe — und während sie nach Herzenslust zu-
langten, sammelten wir soviel als wir tragen konnten und
kehrten dann, beladen mit jungen Melonen, zu den Wagen
zurück. Das war ein Vergnügen am andern Morgen, das Erstaunen zu sehen, mit welchem jeder den Haufen Sama bewunderte! Das war eine Verwandlung der Scene! Das Lächeln
der Hoffnung, allmählich die dumpfe Verzweiflung überwältigend! Jetzt war alles Freude; selbst die Ochsen verloren
ihren müden Blick; nur die arme Lady Anna sah diese Oase
von Sama nicht. Der Buschmann hatte ihr erlaubt sich nieder-
zulegen, und keine Ueberredungskünste waren im Stande sie
wieder zum Aufstehen zu veranlassen, darum erschoss er sie.
Ich hatte es vorhergesehen, und als ich ihn allein den Hügel
herabkommen sah, wandte ich mich unwillkürlich ab, um nicht
zu hören, was das arme Thier gelitten hatte. Meine Vernunft
sagte mir schon einige Tage vorher, dass es weniger grausam
sei sie zu tödten, als sie länger dahinschwinden zu lassen,
aber mein Herz liess mich den Unglückstag immer verschieben,
und jetzt, da er gekommen war, machte ich mir Vorwürfe.
Ich hatte nicht allein ihre Qualen verlängert, sondern auch
die hungerigen Geier um einen Schmaus betrogen, da sie
jetzt nichts als Haut und Knochen bekamen.

Tod und Hunger bedrohten uns jedoch nicht allein. Drei
Ochsen wurden von Schlangen gebissen. Ein Buschmann
übernahm die Cur und machte zu dem Ende mit dem Messer
einige Einschnitte um die Bissstelle, die an der Geschwulst
leicht zu erkennen war, und rieb die Schnittwunde mit dem
trockenen Giftpulver einer andern Schlange ein. Nach wenig

Stunden gab die Geschwulst völlig nach und das Thier war
bald so wohlauf, wie sein halbverhungerter Zustand es ihm
im übrigen erlaubte. Ich gestattete mir einige Zweifel, ob
diese „Cur" auch bei giftigen Schlangen ausreichen würde,
aber der Buschmann bestätigte das auch und sagte, er fürchte
sich nicht, von irgendeiner Schlange im Lande gebissen zu
werden, solange sein Giftbeutel noch mit dem Gift anderer
Schlangen als Gegengift gefüllt sei. Am nächsten Tage schon
konnte ich ihn beim Wort nehmen.

Während wir vor den Wagen plauderten, sah ich eine
vollständig ausgewachsene Capella oder „Spung-Slang" unter
einer Bank liegen und rief dem Buschmann zu:

„Fange diese Schlange lebendig: du fürchtest dich nicht,
nicht wahr?"

„Nein, Baas", erwiderte er, „ich fürchte mich nicht, ich
fange sie für eine Rolle Taback."

Um nicht etwa an seinem Tode betheiligt zu sein, weigerte ich mich ihn zu bestechen, und holte lieber die Fuhr-
mannspeitsche her, um sie damit zu erschlagen. Kaum war
ich zurück, so stiess er sie mit seinem nackten Fuss, worauf
das fürchterliche Reptil ihn biss. In aller Kaltblütigkeit zog
er seinen Giftbeutel hervor, zerrieb etwas vom Inhalt zu
Pulver, stach in der Nähe des Bisses mehrfach in seinen
Fuss und rieb dann das Giftpulver gerade wie bei den Ochsen
ein. Während ich aber der Schlange vermittelst meines
Peitschenstiels die Gelegenheit benahm, jemals wieder zu
beissen, nahm der Buschmann, nachdem er der Schlange die
Giftzähne ausgebrochen hatte, einen Tropfen von dem Gift
aus ihrem Giftsack zu sich, worauf er in einen mehrstündigen
Schlaf verfiel. Anfangs nahm die Geschwulst an der Wunde
sehr stark zu, nach einiger Zeit liess sie aber nach und am
andern Morgen impfte er sich nochmals ein. Am Abend verschwand die Geschwulst völlig, und nach vier Tagen war er
wieder so wohlauf wie je.

# ZWEIUNDZWANZIGSTES KAPITEL.

Wieder in Mier. — Der Privatsecretär wird vertraulich. — Ein Vernichtungskrieg. — Schreckliche Bekenntnisse. — Ein vertrauenswerther Vertrauter. — Ein Garten in Mier. — Fruchtbarer Boden. — Die Krankheit der Müdegeborenen. — Gegengift gegen Schlangengift. — Ein unternehmender Boer. — Eine Bastard-Familie. — Nutzbarmachung der Kälber. — Tauschhandel. — Eine Razzia unter Wasservögeln. — K'abiam-Pfuhl.

Zwei Tage später bekamen wir die Gebäude von Mier in Sicht; beleuchtet von den goldenen Strahlen der aufgehenden Sonne waren uns diese Zerrbilder menschlicher Wohnungen doch ein willkommenerer Anblick als eine Stadt von Palästen. Die tyrannische Königin, die Sama, war entthront; ihr Schreckensregiment war vorüber. König Wasser regierte an ihrer Statt und trat seine Herrschaft unter höchst glücklichen Umständen an, sodass jeder in seinen Gaben schwelgte. Wir hätten hier mehrere Tage höchst angenehm verleben können ohne das beständige Betteln von Dirk Verlander's Trabanten, welche ein fürchterliches Raubsoldsystem in der Form von „Geschenken" organisirt hatten. Da ich mich nicht dazu verpflichtet fühlte, so weigerte ich mich, ihren Zumuthungen nachzugeben, bis sie es als ihr Recht hinzustellen suchten, als eine Art von „Abgabe" dafür, dass ich auf Verlander's sogenanntem Territorium gejagt und von seinem Wasser getrunken hätte.

Den letzten Anspruch erkannte ich an und erbot mich dafür zu zahlen, wies aber die andern Bitten zurück, worauf

DIRK VERLANDER UND SEINE GROOT-MANNEN.

S. 360.

er angesichts meines Ernstes alle Forderungen zurückzog, bis
auf die für das Wasser, welche ich honorirte. Ich gab dafür
Frau Verlander ein Paar sehr hellfarbiger Decken und wir
wurden nun bald die besten Freunde.

Halliburton nährte noch immer die Vorstellung, dass ich
in irgendeiner geheimen officiellen Mission von der Deutschen
Regierung ins Land geschickt sei, und von dieser Annahme
ausgehend, berichtete er mir über viele Dinge, von denen ich
sonst nichts aus ihm herausgebracht hätte. Er wurde ganz
vertraulich, nahm mich eines Tages mit in seine Hütte, wo ich
seiner Frau, einer geborenen Hottentottin, und seiner Familie
von verschiedenfarbigen Kindern vorgestellt wurde, und zeigte
mir eine Menge Schriftstücke, besonders die, in welchen er
von der Colonialregierung eine officielle Anerkennung von
Verlander's Recht auf das von ihm beanspruchte Land zu
erlangen sich bemüht hatte. Dieser Anspruch gründet sich
theils auf den Grundsatz des *beati possidentes* und theils auf
ein an Verlander, wie behauptet wird, von einem Kapitän Green
gegebenes Versprechen, welcher nach Verlander's Aussage im
Namen der Königin ihm das ganze Gebiet zugesprochen habe,
über welches er die Oberhoheit beanspruchte bis hinunter zum
Oranjefluss, unter der einzigen Bedingung, dass er den Engländern in ihrem Kriege gegen die Rasse der Koranna bei-
stehe. Nach Beendigung dieses Krieges wurde ein Strich der
Kalahari zwischen dem Oranjefluss, von Griqualand bis Bondel
Swartz, und nach Norden sich ungefähr 130 km weit in die
Sandwüste hinaufstreckend, den Bastards als Bundesgenossen
der Britischen Regierung geschenkt. Doch seien diese Grenzen niemals abgesteckt worden, noch seien Verlander's Ansprüche auf ein anderes Gebiet jemals anerkannt, trotzdem
er seinen Antheil an dem Vertrage mit Kapitän Green so
getreu ausgeführt habe, dass kaum ein Koranna übriggе-
blieben sei.

In Wirklichkeit hatte er seine Verpflichtungen nur zu
gut erfüllt, denn nach den von Bastards und Engländern
gleicherweise mir mit Bedacht erzählten Schilderungen zu

urtheilen, war der Krieg ein wirklicher Vernichtungskrieg gewesen. Wo immer diese unglücklichen Koranna von den
Bastards zu Gefangenen gemacht waren, wurden sie heerdenweise wie Schafe zur Schlachtbank geschleppt. Die Unmen-
schen, welche die Gewalt über sie hatten, schossen alles, Männer,
Frauen, Kinder, kaltblütig nieder und erzählten nachher, sie
seien ihnen entwischt. Diesen Hyänen in Menschengestalt
machte die Ermordung eines Schwarzen nicht mehr Gewissens-
bisse als das Zertreten eines Wurms.

Einige erzählten, sie hätten Gefangene zu transportiren
gehabt und mit ihnen gegen ihren Willen über den Fluss
setzen müssen; dabei hätten sie die Gelegenheit benutzt sie
zu ertränken, indem sie ihnen einen Strick um die Hände
banden und sie dann an den Schweifen ihrer Pferde hinüber-
gezogen hätten. Fanden sie dann am jenseitigen Ufer bei ihnen
noch Lebenszeichen vor, so traten sie sie mit Füssen und zogen sie von neuem durchs Wasser. Ein Mann, jetzt Kron-
beamter, erzählte mir, er habe zwei Buschmänner und zwei
Buschfrauen als Gefangene nach irgendeiner Ortschaft der
Colonie bringen sollen. Die Jahreszeit war feucht und düster,
die Reise lang und unangenehm, deshalb habe er sie, die doch
soviel Mühe gar nicht werth gewesen, erschossen und im Veldt
liegen lassen, und am andern Tage zurückkehrend berichtet,
sie seien entflohen und hätten, nachdem er sie eingeholt, nicht
stehen bleiben wollen und so habe er sie nothgedrungen erschiessen müssen. Untersuchung darüber wurde von seinen
Vorgesetzten nicht angeordnet, welche augenscheinlich die
Schwarzen der Untersuchung einer Todtenjury nicht werth
erachteten. Solche Erzählungen hörte ich zu Dutzenden und
zwar aus dem Munde derer selber, welche solche Schandthaten
verübt hatten.

Unter anderm zeigte mir dieser Vertraute Verlander's
einen Vertrag, welcher zwischen Verlander und dem Vertreter
eines grossen Handlungshauses in der Colonie, Namens Renz,
abgeschlossen sein sollte, wodurch Renz das Recht erhielt,
alles im Besitz Verlander's befindliche Land anzukaufen für

eine Sendung Waaren, Gewehre, Pulver, Zündhütchen und
Blei nebst 3000 Schafen, welche am Oranjefluss abzuliefern
seien, doch unter der Zusatzbedingung, dass die Hinüber-
schaffung über den Fluss auf Verlander's Gefahr bewerkstelligt
würde.

„Ich schloss den Handel ab", sagte mein Gewährsmann
stolz, „bin aber nicht so dumm wie ich aussehe. Renz will
das Land als Eigenthümer in Besitz nehmen, aber ich sorge
dafür, dass es nicht geschieht. Will er ein Stück davon haben
wie Rautenbach, so mag das hingehen, aber eine andere Sache
ist es, sich vom Ganzen zu trennen. Sehen Sie her", rief er
mit zunehmender Vertraulichkeit, „und urtheilen Sie selbst,
ob Sie so schlau sind wie ich. Wenn Sie England oder
Deutschland veranlassen können, das ganze Land zu übernehmen, so verkaufe ich es Ihnen im Nu und wir theilen uns
in den Raub. Sie müssen mich nur nicht für einen Esel
halten. Ich bin hier nicht für nichts und wieder nichts. Es
ist ein Geschäft. Verstehen wir uns?"

„Vollständig", erwiderte ich, „aber Sie sollten lieber nicht
soviel von der Sache reden, denn Wände aus Zweigen und Lehm
haben Ohren so gut wie steinerne Mauern, und wenn Verlander von Ihren wohlwollenden Absichten erfährt, so möchten
Sie bald das Klima ein wenig zu drückend finden für einen
Mann mit so zarten Nerven."

Eines Tages nahm Halliburton mich mit hinaus zu seinem
Garten, einer vernachlässigt aussehenden, von einem Stachel-
buschzaun umgebenen Anlage, in welcher hier und da eine
kränkliche Tabackspflanze, welche die Gelbsucht zu haben
schien, einige krüppelige, langsam verkümmernde Kohlpflanzen
und einige Erbsen standen, welche augenscheinlich weder zu
leben noch zu sterben wussten.

„Ihr Gärtner hat vergessen, ihnen gelegentlich einen Schluck
Wasser zu geben", bemerkte ich, „er behandelt sie nicht gut;
sie schwinden dahin noch vor der «Blüte ihrer Jugend»."

„Ja", erwiderte er, „wir schneiden sie immer vor
der Blüte ab, aber es ist nur ein Versuch, den wir mit

ihnen machen. bis wir einen grossen Raum damit bestellen
können."

„Nachdem es hiermit so gut gegangen ist. wird Ihnen
nächstes Jahr mehr zuwachsen als Sie nöthig haben."

Er war von der eigenthümlichen Krankheit des Landes
befallen und zu faul. entweder selber für die Pflanzen zu sorgen oder die Schwarzen dafür sorgen zu lassen. Diese Krankheit taufte ich das „afrikanische Fieber" — die Amerikaner
sagen in dem Fall „müdegeboren". Von mit dieser Krankheit behafteten Leuten stammen die Nachrichten über die
Ertragsfähigkeit dieses Landes und sie werden dann als Evan-
gelium betrachtet. Dieser Privatsecretär verstand nicht mit
einer Giesskanne umzugehen, wol aber mit einem Tintenfass.
Er schrieb gut und sprach wie ein Buch. Er zeigte mir einige
seiner Herzensergüsse. in den Colonialzeitungen erschienene
Briefe über die Methode, das Land zu regieren und dessen
Hülfsquellen. Von seinem Standpunkt waren sie überzeugend
geschrieben und entsprachen zweifelsohne dem Zweck, für
welchen sie geschrieben waren. nämlich die Wahrheit zu ver-
hüllen. um das Land für sich selber zu behalten.

Da ich einige Leute auf einem Grundstück in der Nähe einer
grossen Sanddüne arbeiten sah, erkundigte ich mich nach
ihrem Gebahren. „Das sind nur einige Bastards, welche den
Boden für eine Aussaat von Weizen vorbereiten." Das in-
teressirte mich, deshalb schlug ich vor. uns diese Arbeit näher
anzusehen. Er versuchte es mir auszureden, weil es zu heiss
und zu weit zu gehen sei, da ich aber darauf bestand. so
begleitete er mich. Die Mischung von Sand und Lehm ward
mit einem sehr primitiven Pflug umgearbeitet und sollte jetzt
besäet werden. was sehr langsam vor sich ging, weil die Säe-
männer den Samen so weit als nur möglich warfen, um nicht
mehr als einen Viertelscheffel auf einen Acker zu verwenden,
und Acht gaben. dass nicht zwei Körner zu nahe beieinander
zu liegen kamen. Auf meine Frage, ob die Halme später
auch den Boden genügend bedecken würden, dass die Sonne
ihn nicht zu sehr austrockne, erwiderten sie, dass dieser

Weizen sehr viel Wurzelschösslinge triebe und oft mehr als
600 Körner liefere aus einer Wurzel. Das setzte mich in Erstaunen, denn der Boden sah keineswegs fruchtbar aus, auch
schien es nicht sehr glaubwürdig wegen der langen Dauer der
regenlosen Zeit. Aber sie hielten fest an ihrer Behauptung
und zeigten mir zum Beweise eine einzelne Wurzel von den
Stoppeln des vorigen Jahres, welche 12 Halme getrieben hatte.
Hat jeder Halm auch nur eine Aehre und jede Aehre 50 Körner — und sie sollte oft 70 tragen — so gibt dies schon
600 Körner, ein wunderbarer Ertrag.

Der jetzt von ihnen verwandte Säeweizen war voriges
Jahr auf demselben Grundstück gewachsen und die schönste
Probe, die ich im Lande sah — dick, weiss und platt, mit sehr
dünner Haut. Es gelang mir, einige Quart als Probe mitzunehmen.

Jeder Bastard durfte hier ackern, und dennoch waren
nicht mehr als ein Dutzend Parcellen in Angriff genommen,
sodass die ganze unter den Pflug genommene Fläche nicht
mehr als fünf Acker betrug. Dennoch beklagten sie sich, dass
das bischen Brotstoff ihnen soviel Arbeit zumuthe. Ich be-
dauerte die armen überarbeiteten Burschen. Es war fürchterlich — zwölf Mann mussten wenigstens fünf Acker jährlich
bearbeiten! Aber ich konnte ihnen keine Erleichterung in
Aussicht stellen, sondern hatte keinen weitern Trost, als sie
müssten ferner arbeiten, wenn sie ferner Brot essen wollten.
Es war wieder ein Beweis für das Wort „müdegeboren".

Auf dem Rückwege erzählte mir der Secretär, dass der
Centner Weizen oder Mehl 3 bis 4 Pfd. Sterl. koste, und dass
sie ausser dem hier wachsenden Brotstoff von einem Jahr zum
andern nichts dergleichen zu sehen bekämen. Ausser von ein
wenig Kaffee dann und wann lebten er und seine Familie von
der Milch von sechs Kühen, von denen jede auch noch ein
Kalb säugte. Die Vorsehung hatte wirklich schlecht für ihn
gesorgt; kein besonderes Benefiz war ihm zutheil geworden;
„Cape smoke" (dort gemachter Branntwein) war zu theuer, als
dass er seinen Kummer darin öfters ertränken konnte, und selbst

Mutter Erde weigerte sich, ihm einige wenige Scheffel gewöhnlichen Weizen zu schenken, wenn er nicht vorher einige Arbeit an diese Gabe wendete. Um dieses Thema bewegten sich seine. Klagen und er hielt sich in der That selbst für einen Mann, dem das Schicksal übel mitgespielt habe. Aber rasch vergass er seine Klagen, wenn er nur von den Merkwürdigkeiten des Landes sprechen konnte. Unter anderm fragte er mich, ob ich schon mit der kleinen N'aubu genannten Eidechse in Berührung gekommen sei oder von ihr gehört hätte.

„Nein", erwiderte ich, „was ist das?"

„Es ist ein specifisches Heilmittel gegen Schlangenbiss oder gegen Blutvergiftung durch Wunden von vergifteten Pfeilen. Sonderbar, dass Sie noch nicht davon gehört haben. da doch jeder Bastard oder Eingeborene besonders auf den Jagdgründen es bei sich führt. Das Thier gleicht einer jener kleinen Eidechsen (wobei er auf eine hellgelbe von ungefähr 18 cm Länge zeigte), nur dass seine Beine nicht so sehr entwickelt sind. obschon sie sich so rasch bewegen, dass sie sehr schwer zu fangen sind. Man hält es für das lebensgefährlichste aller giftigen Reptilien, mit Ausnahme des kleinen Wurms Kameru. Ich habe einige da drüben in den alten Hütten bei dem brackischen Brunnen gefangen. Die Eingeborenen zahlen hohe Preise für sie, geben sogar oft einen Ochsen für ein Stück. Es gibt wol keine Bastardfamilie in dieser Gegend. welche nicht etwas N'aubu hat für den Fall. dass ein Mensch oder Thier von einer Schlange gebissen wird. Es hat, soviel ich weiss, nie versagt."

„Wie wird es angewendet?"

„Es wird in pulverisirtem Zustande auf einige nahe bei der Bisswunde gemachte Einschnitte gestreut. Selbst in den schlimmsten Fällen hört nach zweimaligem Aufstreuen die Geschwulst nach und nach auf und die Heilung ist vollendet. Es soll noch nie versagt haben."

„Was verstehen Sie unter der Anwendung im pulverisirten Zustande? Welcher Theil des Thiers wird pulverisirt?"

„Die ganze N'aubu wird getrocknet und fein pulverisirt,

dann wirkt sie, auf die Wunde gelegt, als ein Gegenreizmittel. Wenn die Bastards keine N'aubu haben, so benutzen sie das Gift einer beliebigen Schlange und bringen es in einen Einschnitt rund um die Bisswunde, und lassen so ein Gift gegen das andere wirken."

„Dann wäre es ja wol am besten, irgendein giftiges Kriechthier lebend mit sich zu führen, um, nachdem man zufällig von einer giftigen Schlange gebissen ist, gleich darauf die eigene nahe an derselben Stelle zum Biss zu veranlassen, damit die beiden Gifte sich gegenseitig vernichten. Alles nach dem Grundsatz *similia similibus curantur* oder wie das Sprichwort sagt: «Hitze durch Hitze vertreiben»."

„Ich weiss nicht, wie sich das machen würde: ich möchte es lieber nicht versuchen. Aber das kann ich versichern, dass die N'aubu jeden Schlangenbiss heilt, weil ich es vielfach mit eigenen Augen gesehen habe, und ich bezweifle nicht, dass Sie noch persönliche Bekanntschaft damit machen werden, bevor Sie das Land verlassen."

„Das würde mir ganz recht sein. Ich würde an einem Ochsen den Versuch wagen, und gebe 1 Pfd. Sterl. für eins dieser kleinen Thiere. Wissen Sie nicht wer einige hat?"

„Ich weiss das nicht in diesem Augenblick, aber ich will einmal nachfragen und mittlerweile einige Knaben auf Jagd ausschicken, um eins zu fangen."

„Lebendig?"

„O nein, dazu fürchten sich die Knaben zu sehr vor ihnen, obgleich meines Wissens noch keiner von ihnen gebissen ist. Aber es gibt noch ein anderes Thier, den Nacht-Huki, welches sehr giftig ist, obwol man davon nicht weiss, ob es als Gegengift zu gebrauchen ist."

„Sie sagten, es gebe noch ein anderes kleines noch giftigeres Thier; wie sieht dies aus und wo könnte ich mir ein Exemplar verschaffen?"

„Das ist der Kameru, ein kleines wurmartiges Ding, welches sich selber eine Wohnung dicht am Boden im Grase baut, indem es kleine Steinchen mit Hülfe einer klebrigen

Substanz aneinander kittet. Wenn ein Ochse zufällig eins dieser kleinen Thiere auffrisst, so ist es sein sicherer Tod. Wenn das Gras kurz ist, kommen Hunderte von Ochsen auf diese Weise jedes Jahr um. Wir leiden hier nicht von ihnen; aber im untern Theil der Kalahari sind sie zahlreicher als den Leuten lieb ist. Die Buschmänner nennen sie K'ugaa."

Wir warteten noch einen Tag, in der Hoffnung, ein Exemplar der N'aubu zu erhalten, und vertrieben uns die Zeit, indem wir Dirk Verlander und seine Groote-mannen photographirten; weil aber Jan, der Veldtcornet, welcher sich erboten hatte uns zu seiner Warf (Hausstelle) das Geleite zu geben, zum Heimweg drängte, so durften wir die Abreise nicht länger aufschieben.

Im Moment der Abfahrt brachte mir ein alter Mann ein Stück einer N'aubu, sorgfältig in einige alte Lumpen gewickelt und in einer metallenen Patronenhülse aufbewahrt; es war freilich nicht viel mehr als der Kopf übriggeblieben, da der übrige Theil zur Heilung seiner Angehörigen und seines Viehs von Schlangenbissen verwandt war. Er erbat sich dafür etwas Kaffee, welcher ihm bereitwillig verabreicht wurde.

Nachdem wir die steilsten bisjetzt angetroffenen Sanddünen erklettert hatten, kamen wir nach Rautenbach's Pfanne, wo wir die handgreiflichen Beweise von den energischen Anstrengungen des Eigenthümers vor uns sahen, aus seinem Lande möglichsten Gewinn zu ziehen. Die Pan war nichts als eine absolute Ebene, als wir durch sie hindurchfuhren; aber in der Regenzeit gleicht sie einem seichten See von 56 km Länge, 11 km Breite und 16—60 cm Tiefe. Am untern Ende stellt Rautenbach einen Damm her, um das Wasser zu sammeln, und macht Kanäle für Bewässerungszwecke, weil er die Absicht hat die Ebene zu bebauen, die er für anbauwürdig hält, obgleich sie jetzt nicht einen Grashalm hervorbringt. Wir brauchten zum Durchfahren der trockenen Pfanne gerade 1 Stunde 40 Minuten und trafen am jenseitigen Rande einen von seinen Wagen, welcher mit Salz beladen von einigen der drei Tagereisen weiter östlich belegenen Salzpfannen

TRÄNKEN DER RINDER, EINE MONDSCHEINSCENE.

zurückkehrte. Eine dieser Pfannen ist etwa 2 km lang und 1½ km breit und das Salz liegt durchschnittlich beinahe 2 m tief darin. In der trockenen Jahreszeit kann man es leicht einsammeln, aber in der Regenzeit ist es gesättigt mit Wasser.

Der nächste von uns erreichte Platz war eine andere geheuere Niederungun, die einem Sohn des Kapitän Verlander

Eine Bastard-Familie.

gehörte. Die weite Fläche ist mit Bäumen und einem Schoon Veldt Dam genannten Süsswasserbecken versehen und würde ebenfalls nach Rautenbach's Ideen in Cultur genommen werden können. Hier tränkten wir die Thiere beim Mondschein und die Nacht war so hell, dass Lulu die Scene photographiren konnte.

Die Strasse führte darauf über einige sehr steile Sand-dünen und quer durch eine Niederung, auf welcher in der

Nähe eines natürlichen Wasserbeckens zwischen Sandhügeln eine Schar Bastards auf ihrem Wege in die Kalahari lagerte, begleitet von ihren Familien und Kindern und von Buschmännern und Hottentotten mit ihren Familien und ihrem ganzen weltlichen Besitz, einschliesslich Pferden und Schafen, Kühen und Kälbern.

Es gelang Lulu, ein vortreffliches Bild von ihnen zu bekommen; darauf aber sammelten sie sich um unsern Wagen und stellten eifrigst allerlei Fragen über die verschiedenen Arten des von uns geschossenen Wildes, und über das wie? wann? und wo? Als wir ihnen die Giraffe beschrieben, welche auf ihrem Jagdveldt nicht vorkommt, und wir ihnen verriethen, dass wir die Köpfe bei uns hätten, wurde ihre Wissbegierde so angeregt, dass wir auf ihre dringenden Bitten ausspannen und sie ihnen zeigen mussten. Ueber die Köpfe waren sie enttäuscht, über die Füsse weniger, aber die Vorstellung, mit einer Kugel 2000 Pfund Fleisch zu gewinnen und Schuhsohlen obendrein für lange Jahre, ergriff derartig ihre Phantasie, dass sie erst durch eine vollständige Beschreibung des Thiers zufriedengestellt werden konnten.

Nach freundlichem Abschiedsgruss fuhren wir auf eine andere Reihe von Sanddünen los und kamen am Abend nach Anerougas-Dam, nachdem wir eine Bastard-Familie überholt hatten, die uns einen Kniff lehrte, wie man über steile Sanddünen fahren müsse. Sie hatten 12 Milchkühe vor ihre Wagen gespannt, und wenn diese im Sande stecken blieben, trieben sie die Kälber hoch oben auf die Düne; dann verdoppelten die Mütter ihre Anstrengungen, um wieder zu ihren blökenden Jungen zu gelangen.

In dieser Sandwüste fanden wir eine Kriechpflanze mit glockenförmigen Blumen von starkem Moschusgeruch und mit Wurzeln ähnlich denen der süssen Kartoffeln, die ohne Zweifel essbar, jedoch nie von den Eingeborenen genossen wurden, soweit ich bemerken konnte. Ausserdem gab es eine Menge Schwertlilien nach Art der Fleur-de-lys, welche nach Aussage der Eingeborenen giftig für das Vieh war, glücklicherweise

aber dort nicht vorzukommen schien, wo Gras und Sama
gediehen.

Am nächsten Morgen in der Frühe erreichten wir die Niederung, in welcher Jan's Warf lag; ich benutzte also die Gelegenheit, ihn daran zu erinnern, dass er die von mir gekaufte
Büchse noch nicht bezahlt hätte und dass das im Tausch
dafür versprochene Vieh mir jetzt gerade gut zu statten kommen würde, unter dem Beifügen, dass ich noch denselben
Abend aufbrechen wolle und froh sein würde, wenn wir unser
Geschäft gleich ordneten.

Er bezeigte ebenfalls grosse Geneigtheit dazu, bemerkte
aber, dass unglücklicherweise sein Vieh draussen im Sand
wäre und heute nicht zur Tränke käme. Er wollte es jedoch
durch seinen Zwaer holen lassen. Die Büchse stand am
Kopfende seines Bettes; ich nahm sie wie zufällig in die Hand,
indem ich die Sicherheit seines Schiessens rühmend hervor-
hob und ihm dabei bemerkte, Fritz habe vorher mit mir
einen Streit angefangen, welche Büchse, diese oder mein
Repetirgewehr, die grösste durchschlagende Kraft besitze, deshalb wolle ich sie mit zum Wagen nehmen und Versuche mit
beiden anstellen. Dabei fand Jan nichts zu erinnern. Er war
sehr gutgelaunt und brachte seine dickfleischige maccaroni-
farbene Vrouw herbei, um sie photographiren zu lassen.
Während der Zeit war der Zwaer mit dem Vieh zurückge-
kommen und Jan und ich gingen hin, um es zu besichtigen. Mit
trauriger Miene erzählte er, dass die Dürre ihm so viele Thiere
gekostet habe, sonst würde er mir die bedungenen acht Ochsen
haben liefern können, während er jetzt nur zwei und noch
dazu recht kleine besitze; sie seien aber gut und nur etwas
durchgebogen als Packochsen; den Rest aber wolle er an
jede von mir zum Empfang zu bezeichnende Person bezahlen,
sobald er im Herbst aus den Jagdgründen zurückkomme.
„Sicherlich, Sieur, werden Sie damit zufrieden sein, weil Sie
wissen, dass wenn ich etwas verspreche, es so gut wie
gethan ist."

„Ja, Jan, Ihr Versprechen, zu bezahlen, ist aller Aner-

kennung werth, ich ziehe jedoch die Ochsen vor. Können
Sie mir nicht einen andern Vorschlag machen? Sie können
ja einige Stück Vieh von Ihren Verwandten hier borgen, dann
schulden Sie ihnen anstatt mir. Wenn diese Ihnen keinen
Credit geben wollten, wie können Sie das dann von mir erwarten?"

Das verblüffte ihn eine halbe Minute; aber er war der
Schwierigkeit gewachsen und erwiderte, dass das Vieh sein
und der Verwandtschaften gemeinsames Eigenthum sei. Wenn
ich es ihnen nähme, so könnten sie in diesem Jahr nicht pflügen.

„Daran wäre nun nicht viel gelegen, Jan; denn das kleine
Stück Land, das Sie hier unter dem Pfluge haben, können Sie
mit ihren Leuten leicht in zwei Tagen umgraben." Ich brach
die Unterhandlung deshalb kurz ab, indem ich ihm bemerkte,
wenn er nicht zahle, bekäme er die Büchse nicht, und wir
würden binnen einer Stunde aufbrechen; dann überliess ich
ihn seinem Zwaer zu einer vertraulichen Besprechung. Ich
wusste, dass er jede verzweifelte Anstrengung machen würde,
denn eine Büchse steht bei diesen Leuten in höherm Ansehen als die Frau; und wirklich kam er während des An-
spannens, um mir ausser den zwei Ochsen ein einjähriges
Rind und eine Anweisung über 15 Pfd. Sterl. anzubieten. Er
sei mit Kert dahin übereingekommen, dass dieser mit einem
solchen Betrag von seinem Lohn bürgen wolle.

Als Kert sich damit einverstanden erklärte, fuhren wir
sofort ab und spannten am Abend bei einer grossen Wasserpfanne aus. Das Geschrei der Wasservögel hielt uns die
halbe Nacht wach, aber am nächsten Morgen zahlten wir es
ihnen heim, indem wir 15 Knäkenten, 2 Flamingos und
8 Schnepfen schossen, welche um so willkommener waren,
als unsere Speisekarte längere Zeit kein Geflügel aufzuweisen
gehabt hatte.

Am Abend kamen wir an den Kabiam-Pfuhl, einen grossen,
stellenweise $5\frac{1}{2}$ m tiefen See, in welchem sich auch mehrere
grosse Inseln befinden. Niemand darf hier länger als eine Woche
bleiben und auch nur ein Haushalt auf einmal, deshalb sieht das

Land ringsherum ungemein frisch aus und ist gras- und ganz besonders wildreich. Wir erfreuten uns vier Tage hindurch des schönen klaren Wassers, während das Vieh in Gras, Sama und den ungeheuer zahlreichen wilden Gurken schwelgte. Da wir hier voraussichtlich die letzte Sama zu gewärtigen hatten, so sammelten wir soviel, dass wir zwei Flaschen Samawasser einlegen konnten, welche wir als Probe mit nach Hause nehmen wollten, falls es uns nicht unterwegs sauer würde.

K'abiam - Pfuhl.

Kurz nachdem wir den K'abiam - Pfuhl verlassen hatten, durchwanderten wir eine weite Niederung, welche nach Kert's bestimmter Aussage die letzte von uns zu passirende Sandstrecke sein würde. Er war augenscheinlich eifrigst bemüht, uns zur Eile anzutreiben, weil wir factisch niemand antrafen, der nicht in dieser oder jener Weise Kert's Gläubiger gewesen wäre, sodass ich mit Bitten bestürmt wurde, seine Schulden zu bezahlen und den Betrag von dem Lohn des alten Buschmanns abzuziehen! Dies würde kaum einem von uns, weder

Kert noch mir, gepasst haben, und so willigte ich gern in seinen
Vorschlag, zu Fuss quer abzubiegen nach Zout Pits, einem
brackischen Wasserloch im Bett des Flusses Hygop oder Hyob,
an dessen Ufern entlang die sogenannte Strasse sich hinzöge.
Aus der Sandebene kamen wir zu einer Pfanne mit lehmigem
Wasser und nach weitern zwei Tagemärschen war das ganze
Land nichts als Lehm, von welchem ein grosser Strich von
einem Landwirth aus Bloemfontein. Namens Steyne, bewirth-
schaftet wird, welcher zugleich eine Art Laden hält, in dem
wir Zucker und Kaffee einkauften, Luxusartikel, die wir
schon seit mehrern Tagen entbehrt hatten. Sprecht mit einem
europäischen Kenner oder Feinschmecker von dem Genuss
eines Lieblingsgerichts! Das will nichts sagen gegen uns, als
wir uns einer Tasse Kaffee mit Milch bedienen durften!

An einem Steinhaufen auf einer felsigen Koppje vorbei-
fahrend, welcher das Wahrzeichen von Korauna-Land zu sein
schien, fanden wir Kert schon auf uns wartend, der zu
Fuss viel schneller gereist war, als wir mit unserm Gepäck
längs des Flusses hatten fahren können. Hier schieden wir
für einige Zeit voneinander; Kert ging weiter nach Upington
mit dem „kleinen Volk" und dem Haupttheil des Gepäcks,
während Lulu, Fritz und ich nebst Korap und zwei Bastards
einen Abstecher machen wollten, um uns die grossen Wasserfälle des Oranjeflusses anzusehen. Auch Dirk und Klaas verliessen uns hier.

# DREIUNDZWANZIGSTES KAPITEL.

An den Ufern des Oranjeflusses abwärts. — Ein Ansiedler aus Canada. — Der Wagen umgeworfen. — Heilung mit Hindernissen. — Höherer Strassenbau. — Erforschung der Flussufer. — Uebergang über die Stromschnellen. — Erster Blick auf die Fälle. — Ein Wassersturz aus solidem Fels. — Ein Stromwirbel. — Schöne Aussicht. — Eine Blumenlaube. — Hochmuth kommt vor dem Fall. — Photographie der Fälle. — Launen der Natur. — Recognoscirung der Hercules-Fälle.

Den Ufern des Flusses folgend, von welchen aus die Sandwellen im Norden noch deutlich sichtbar waren, und durch Zwart Modder fahrend, einen Ort mit zwei steinernen Häusern und verschiedenen erhöhten Hausstellen, kamen wir zu einem aus Backstein gebauten Landgut, der Wohnung eines französischen Canadiers Namens de Jay, welcher vor vielen Jahren in dieses Land gekommen und sein Glück gemacht hat durch Jagden in der Kalahari. In einer Jagdperiode hatte er über 6000 Pfd. Sterling verdient, zu anderer Zeit beinahe sein Leben verloren und alle seine Ochsen und Wagen im Sande eingebüsst, jetzt war er aber Besitzer von 40000 Morgen Landes, auf welchem er zwei grosse steinerne Wasserreservoirs angelegt und zwei fliessende Quellen eröffnet hatte, die ihm 1540 Stück Vieh und 10000 Schafe zu halten gestatteten. Die Erzählung unserer Erlebnisse erweckten wieder den alten Nimrod in ihm, sodass er erklärte, er würde wieder der Jagd obliegen, sobald er nur die Kleinigkeit von 600 eben verkauften fetten Ochsen abgeliefert habe, und wenn Dr. X— mitgehen wolle. Dr. X— war ein Händler, welcher durch die Verrätherei der Hottentotten in Namaqua-Land sein ganzes Hab und Gut verloren hatte und nun eine Schule hielt, in welcher er die Kinder von drei bis vier Meilen in der Runde wohnenden Familien unterrichtete. Als wir ihnen sagten, wir wollten den Wasserfällen einen Besuch abstatten um sie zu photographiren, meinten sie, wir könnten zufrieden sein, wenn wir sie überhaupt nur zu sehen bekämen. Es war nicht blos de Jay nicht geglückt, an dieselben herankommen zu können, sondern er wusste ein Dutzend andere, die nicht mehr Erfolg gehabt hatten. Höchstens bekäme man in der Regenzeit den Nebel zu sehen, und bei niedrigem Wasserstande in der trockenen Jahreszeit müsste man vier bis fünf Stromarme durchschwimmen, bevor man nahe genug heran-käme, um etwas mehr zu sehen als eine Reihe gähnender Spalten, zerklüfteter Felsen, rauschender Stromschnellen und steiler Klippen. Das alles schärfte aber nur unsere Neu-gierde und machte uns nur desto erpichter auf die Aus-führung unsers Plans. Je grösser die Schwierigkeit desto grösser der Ruhm; darum verliessen wir eines Morgens das würdige Paar unter Mitnahme von etwas Hammelfleisch nebst Butter und Brot, wobei sie uns ihre besten Glückwünsche und volle und umständliche Anweisung in Betreff der be-quemsten Strasse mit auf den Weg gaben. Je weiter wir hinabfuhren, desto schroffer wurden die Flussufer und desto grossartiger die Landschaft; ein ansehnlicher Strom zwischen hohen, durch häufige Schluchten unterbrochenen Ufern, welche von dem Flusse unten nach der Sandebene oben hinauf-führten. Auf einmal stiessen wir auf eine Gesellschaft von Hottentotten, welche in einem schönen, von einer Steilwand brauner Felsen umsäumten Thal wohnten, wo es Wasser und Gras in Menge gab, sodass ihr Vieh so glatt wie Maulwürfe aussah.

Sie boten uns einen Knaben und ein recht hübsches Mädchen zum Kauf an, welches mich durch ihre Nudel-farbe, starken Backenknochen und mandelförmigen Augen stark an die Chinesinnen erinnerte — in der That haben

alle Hottentotten einen mehr oder weniger „himmlischen“ Zug
in ihren Gesichtern. Wir lehnten ihr Anerbieten ab, kauften
aber statt ihrer etwas Fleisch und Milch im Austausch gegen
Taback und Kaffee.

Wir lagerten diese Nacht an einer lieblichen Stelle unter
einem hohen Felsen und neben einigen Kamelbäumen, deren
weitgestreckte Zweige von verschiedenfarbigen Singvögeln
wimmelten. In mittlerer Entfernung von uns erhob sich ein
grüner Hügel, dessen Hintergrund ein hoher, oben rund-
geschweifter Berg weiter rückwärts bildete. An diesem Abend
erfreuten wir uns nach dem Abendbrot der friedlichen Heiterkeit des Lagerlebens und vergnügten uns sogar an einem
ruhigen Kartenspiel, als die bisher lautlos dem Wiederkäuen
obliegenden Ochsen brüllend in panischen Schrecken geriethen.
Bevor wir aus dem Wagen springen konnten, standen schon
die Leitthiere beim Vorderrad, wohin sie ihre Joche und Ketten
mit sich rissen; dann, knacks! zersprangen einige Riemen
und fort liefen drei oder vier Ochsen frei weg, während die
andern über dem Bemühen ihnen zu folgen sich diese Möglichkeit abschnitten, indem sie den Wagen umstürzten. Es
dauerte eine Weile, dieser Unordnung Herr zu werden. Am
meisten Schwierigkeit verursachte die Wiederaufrichtung des
Wagens; es gelang uns endlich dadurch, dass wir ein paar
Taue an die zu unterst liegenden Räder banden, dieselben
über den Wagen zogen und nun ein Gespann Ochsen davor-
spannten, worauf diese den Wagen wieder in die Höhe roll-
ten. Damit sie ihn bei der Gelegenheit nicht zu weit nach
der andern Seite überrissen, stand Lulu mit einem Beil
bereit, die Taue durchzuhauen, sobald der Wagen wieder aufrecht stand. Die Ausreisser in der Dunkelheit zu verfolgen
hatte keinen Zweck; wir konnten sie die ganze Nacht hindurch vor Trauer und Angst brüllen hören: „Wir sind verloren; wo seid ihr?“ und: „Wir sind frei; kommt zu uns!“
worauf die Gefangenen eintönig entgegenbrüllten: „Nichts
mehr; wir sind krank!“

Während des Wirrwarrs trat unser armer Fritz auf

einen Zweig der Euphorbia candelabra und trieb sich
deren spitze, scharfe, schwarze, fast 2 cm lange Dornen in
die Fusssohle, geradeswegs durch die dicke zähe Haut ins
lebendige Fleisch hinein. Er gerieth in schreckliche Todes-
angst, vor Schmerz sowol als vor Furcht, weil diese Stacheln
oft giftig sind und ernstliche Wunden verursachen. Mit der
Pincette zog ich bald alle Dornen heraus bis auf einen,
welchen die Pincette in der Höhlung des Fusses nicht fassen
konnte. Lulu musste ihn festhalten, während ich die Wunde
mit dem Messer derartig erweiterte, dass ich den Dorn wie
einen Nagel aus dem Holz herausziehen konnte. Um alle
etwaigen giftigen Einflüsse zu zerstören, wusch ich die Wunde
mit verdünnter Schwefelsäure aus, wobei der arme Kamerad
vor Schmerz heulte. Glücklicherweise befand sich kein Gift
an den Dornen, sodass er in einigen Tagen genesen war.

Am andern Morgen suchten wir das verlaufene Vieh
wieder zusammen und krochen bald darauf in einem trockenen
Seitenkanal des Flusses weiter, zwischen hohen Klippen durch,
welche in der Ferne sich immer mehr näherten und uns den
Durchgang zu verschliessen drohten. Am Nachmittag gelangten wir zu einer „Porta", einer engen stellenweise nur
3 m breiten Spalte, deren Steilwände bis über 300 m senkrecht in die Höhe ragten.

„Wenn jetzt ein grosses Felsstück sich löste", sagte Lulu,
„während wir durch den Pass fahren, so gäbe ich keinen Deut
für unser Leben. Es würde uns unter die Erde drücken."

„Ja wohl", antwortete ich, „und zum Grabe bekämen wir
gleich einen Grabstein, um die Stelle zu bezeichnen. Aber
der alte Geier da oben auf den Klippen würde sich bemühen,
uns wieder ins Leben zurückzurufen."

Plötzlich machten die Ochsen halt und der leitende Buschmann rief: „Die Strasse hört auf!" Nach vorn gehend fand
ich die Strasse durch einen grossen heruntergefallenen Felsblock versperrt. Wir sassen in der Falle: wollten wir umdrehen, so mussten wir erst den Wagen in Stücke zerlegen,
und vorwärts konnten wir nicht, weil an keiner Seite ein

Ochse vorbeikonnte. Bei näherer Prüfung fanden wir indessen den Block in drei Theile zerspalten, und nachdem wir die Tiefe des Sandes unter ihm untersucht hatten, beschlossen wir den Fels zu versenken; und da alle nach der Reihe mit den Schaufeln tüchtig arbeiteten, senkten wir ihn bald so tief, dass die Ochsen über ihn hinwegklettern konnten.

Nachdem wir diese Porta passirt hatten, gelangten wir in die wildeste bisjetzt von uns hier gesehene Landschaft, welche mich an die Schweiz hinter Vevey erinnerte. Unsern Weg zwischen zahllosen, von den fast senkrechten Klippen heruntergefallenen ungeheuern Felsblöcken suchend, kamen wir jetzt in eine anscheinende Sackgasse und um die Ecke biegend plötzlich in Sicht eines eine grosse Schafheerde führenden Hottentotten, welcher uns benachrichtigte, dass wir 3 km weiterhin eine Warf und einige Leute beim Brunnengraben finden würden. Einer der Gräber erwies sich wirklich als ein Engländer, Namens Harper; der andere, sein Schwager, war ein Afrikander. Sie waren in bester Stimmung, da sie soeben eine Wasserader angetroffen hatten, welche reichlicher Wasser gab als sie bewältigen konnten, und luden uns dringend zum Frühstück ein. Ihre frischen Eier waren ein Hochgenuss, desgleichen die Ziegenmilch. Wir revanchirten uns mit Brot, was wiederum für sie ein Leckerbissen war.

In Beantwortung unserer Fragen über die Wasserfälle theilten sie uns mit, dass wir jetzt, wo das Wasser niedrig sei, mit Waten und Schwimmen bis an den Rand der Fälle gelangen könnten, da wo das Wasser sich in den Abgrund stürze; aber dass es uns nie gelingen würde, bis an den Fuss der Fälle vorzudringen. Ihres Wissens sei das bisjetzt nur einem Hottentotten gelungen, und der sei nie zurückgekehrt. ·

Nachdem wir den malerischen Platz photographirt und die genaue Richtung von unsern Wirthen bekommen hatten, quälten wir uns wieder weiter und kamen gegen Mittag zu einem

Stangen- und Lehm-Hause, welches einem gewissen Coe Smith gehörte und neben einem Seitenarm des Flusses stand. Hier war ein Ochsen-Kraal für die Zeit der Nacht, eine Kochlaube und eine Fülle von Gras rundherum, also alles Gewünschte nahe zur Hand; darum machten wir diesen Ort zu unserm Hauptquartier, um von hier aus die Gegend zu erforschen.

Wir fanden hinreichend viel trockene Weidenstöcke vor, um ein Floss zur Aufnahme der Camera und des übrigen Reisebedarfs davon herzustellen. Die Ochsenriemen und alle unsere Reservetaue verbanden wir zu einer Länge, mit welcher wir den Grund an jeder nicht über 120 m tiefen Stelle erreichen konnten. Während Lulu seine Camera u. s. w. in Ordnung brachte, brach ich mit Fritz, beide bewaffnet mit einem Springstock und einem kurzen Ende Manillatau, auf, um die Fälle zu suchen. Nachdem wir über einen Flussarm bald watend bald springend gesetzt waren, befanden wir uns auf einer mit Bäumen und blühenden Gebüschen bedeckten Insel, von denen die meisten mit Stacheln bewaffnet waren und so dicht standen, dass wir durchaus nicht hindurchdringen konnten, sondern häufig umdrehen und unser Glück an einer andern Stelle versuchen mussten.

Vom Getöse des Wasserfalls geleitet, bald auf Händen und Knien kriechend, um die stacheligen Gebüsche zu vermeiden, bald über Stellen feuchten Schlammes schlüpfend, oder durch Wasserpfützen watend oder hinüberspringend, dann einmal wieder über rauhe Felsen oder glitscherige Blöcke kletternd, kamen wir endlich nach der andern Seite der Insel, längs welcher ein rauschender Stromarm, weiss vor Aerger, schäumend vor Wuth, floss, weil er seinen Lauf durch so viele kalte graue Klippen aufgehalten sah, deren starre Unbeweglichkeit im strengen Gegensatz zu dem Ungestüm seiner Leidenschaft stand, mit welcher er sich vorwärts stürzte. Wir suchten nach einer gangbar erscheinenden Stelle, um diese Stromschnelle zu passiren, und zerschrammten unsere Schienbeine und zerrissen unsere Kleider, während wir von einem vorspringenden Fels zum andern sprangen, blos um

uns auf halbem Wege einer vor uns liegenden Spalte gegenüber zu befinden, welche zu breit zum Ueberspringen, zu tief
zum Durchwaten war, und durch welche das Wasser zu rasch
strömte, als dass wir hindurchschwimmen konnten. Eine andere
Richtung einschlagend, kamen wir zu einem breiten Strich mit
Schilf bedeckten Schlammes, der zu weich und schlüpfrig
war, als dass man hätte festen Fuss fassen können. So bei
jeder Wendung gehindert, kreuzten wir die verschiedenen
Wasserkanäle bald in dieser bald in jener Richtung und fanden
uns schliesslich an immer schlechtern Stellen wieder. Zuletzt
jedoch entdeckten wir eine Stelle, welche nach den kleinen
Kräuselwellen — denn das Wasser war so dick, dass man
nicht 10 cm unter die Oberfläche hindurchsehen konnte —
vermuthen liess, dass sie flach genug sei, um gangbar zu
sein, worauf wir klopfenden Herzens unsern Weg hindurch-
tasteten. Der Boden war ebener Fels, bedeckt mit einer
dünnen Lage fetten Schlammes, der uns zwang, sehr vorsichtig zu gehen, damit wir nicht ausglitten; wir waren
auch schon beinahe ganz hindurchgewatet, als ich plötzlich
hinter mir etwas plumpsen hörte; mich umdrehend entdeckte ich, dass Fritz seinen festen Stand verloren hatte und
in einem tiefen Loch verschwunden war. Im nächsten Augenblick kam er jedoch wieder an die Oberfläche, blasend wie
ein Braunfisch, aber ausser Gefahr.

„Was geht da vor?“ rief ich lachend. „Sie nahmen ein
Bad?“

„Kann passiren“, erwiderte er, „mein Fuss ist auf dem
Fels ausgerutscht, und das Wasser öffnet sich und ich sitze
darin!“

„Schadet nichts; da Sie nun aber einmal nass sind, so
können Sie jetzt die Tiefe dieses schlüpfrigen Pfuhls vor mir
sondiren. Vorsichtig, oder Sie fallen wieder; dieser schleimige
Lehmniederschlag ist so schlüpfrig wie Waschseife.“

„Ja! Ich brauche keine Kiesel, ich fühle meinen Weg auch
ohne sie; der Lehm ist so schlüpfrig, wie nie vorher. Sie müssen
Ihre Kleider ausziehen und eine Schwimmtour machen!“

Es ging wirklich nicht anders. Fritz konnte just den
Boden mit den Füssen erreichen, deshalb zog ich mich aus,
nahm die Kleider in einem Bündel über den Kopf, um sie
trocken zu halten, und so passirten wir eine Anzahl Wasserbecken und Stromschnellen hintereinander. Wir kamen jetzt
um so rascher vorwärts, als wir eine ziemlich gerade Richtung
einhielten; die Stromschnellen waren an einzelnen Stellen steil
und stark, an andern zu tief zum Durchwaten, jedoch das
einzige Leid, das uns widerfuhr, bestand darin, dass unsere
Schienbeine von den verborgenen spitzen Felsen sehr arg
mitgenommen wurden. Zuletzt erreichten wir die Kante des
Wassers, und hinter einen mächtigen Felsblock mich stellend,
dessen steil abschüssige Seiten von dem anstürmenden Wasser
erzitterten, zog ich mich wieder an, um einen wirren Haufen
eckiger Granitblöcke zu überklettern, zwischen denen bald
ein tiefer Spalt, bald eine Sackgasse unserm weitern Vor-
dringen Halt zurufen zu wollen schien. Bei diesem Vor-
dringen wurde aber das Getöse der mächtigen rauschenden
Gewässer immer lauter und lauter, bis wir zuletzt uns nur
noch durch Schreien verständlich machen konnten; wir
näherten uns entschieden den Fällen und erblickten plötzlich
eine Nebelbank, gleich einem weissen Schleier oder besser
einer Wand von gepulvertem Schnee. Zwischen uns und der
Spalte, in welche der Wasserfall hinunterstürzte, befand sich
ein tiefes Becken, dessen Steilwände — so weich wie polirter
Marmor — einen grossen Wasserpfuhl umschlossen. Der
einzige Weg zu den Fällen schien durch dies Wasserbecken
zu führen, welches bei Hochwasser ohne Zweifel gefüllt bis
zum Ueberfliessen war, sodass sein Inhalt den allgemeinen
Lärm vergrössern half; jetzt aber lag es ruhig da und warf
die Strahlen der brennenden Sonne gelassen zurück. Eine Gesellschaft Paviane riss bei unserer Annäherung aus, eiligst
die Felsen hinunter, und ihrem Beispiel folgend beschloss
ich, die graue Granitwand hinunterzuklettern und mich darauf
zu verlassen, dass Risse und vorspringende Felsstücke meinen
Händen und Füssen den nöthigen Halt geben würden. Die

letzte Strecke hatte freilich eine Neigung von 45° und keinen
Riss, keine Spalte oder nur die unbedeutendste Unebenheit.
Einem Adler mit ausgebreiteten Flügeln gleich mich auf dem
Rücken ausstreckend, die Füsse vorauf und den Kopf so hoch
gehoben, dass ich vorwärts sehen konnte, langte ich in drei
bis vier Secunden unten an, ganz wohlerhalten, abgesehen
von einem Theil meiner Unaussprechlichen.

Um den Pfuhl herumlaufend sah ich eine lange tiefe Schlucht
vor mir, welche ich „Rock Drift" („Felsenfurt") taufte und an

Bergsee.

deren 1 km entfernten anderm Ende ich einen kurzen Aus-
blick auf den Wasserfall bekam, wie er von dem Hof eines
schönen doppelten Regenbogens halb umgürtet erschien. Blos
ein Theil des Wasserfalls war sichtbar, der Rest durch vor-
tretende Klippen verdeckt oder hinter dem Nebelschleier
verborgen.

Als ich Fritz zuwinken wollte, um zu mir herunter-
zukommen, sah ich ihn auf einer Felskante etwa 30 m über
mir stehen und heftig nach mir herübergesticuliren; deshalb

kletterte ich so hastig als möglich zu ihm wieder in die Höhe.

„Wunderschön!" rief mein teutonischer Reisegefährte, als ich endlich auf einem tafelförmigen Felsen neben ihm stand, welcher den in einer Tiefe von 120 m sich dahinwindenden düstern Strom überhing.

In der Entfernung sah man von dem grossen Fall nur einen in Sprühwasser getauchten Schimmer; zwischen uns und ihm zog sich eine lange tiefe Schlucht hin, in deren Grunde der von unzähligen von allen Seiten in ihn hinuntertaumelnden Wasserstürzen genährte Fluss dahinzog. Unmittelbar unter uns stieg eine Nebelwolke empor, obgleich kein Wasserfall in der Nähe war; als ich mich aber platt auf den Fels legte und meinen Körper soweit als möglich über den Rand des Abhangs vornüberbog, während mein Begleiter meine Füsse festhielt, sah ich etwa 10 m unter mir einen ungeheuern Wasserstrahl, etwa von der Dicke des Querschnitts eines Hauptrohrs einer städtischen Wasserleitung und ganz so rund wie diesen aus der Vorderfläche des festen Felsens, auf dem wir standen, hervorschiessen, 100 m frei durch die Luft hinunterstürzen und sich dann in Myriaden schneeweisser Tröpfchen zerstäuben, bevor er sich in den dunkelwogenden Gewässern unten verlor. Dies war augenscheinlich ein unterirdischer Abfluss der Gewässer einer der von uns durchwateten Stromschnellen; leider konnten wir wegen der bedenklich sinkenden Sonne ihren Verlauf nicht weiter rückwärts untersuchen. Wenn wir nicht sofort zurückkehrten, so wurden wir von der Nacht überfallen und gezwungen, die Stunden der Finsterniss am Rande dieses siedenden Abgrundes zu verbringen.

Da wir genug daran hatten, mehrere dieser Flussläufe mehr als einmal gekreuzt zu haben, so verlangte uns nach keiner Wiederholung und wir folgten lieber dem Rande des Abhangs den Fluss aufwärts soweit wir konnten — eine schwierige Aufgabe, weil wir beständig in Gefahr schwebten, vor dem Rande einer seitlichen Schlucht gezwungen halt

machen zu müssen, die zu breit zum Ueberspringen und zu
steil zum Ueberklettern wäre. Indem wir diese Schluchten
bis zu ihrem Anfangspunkte verfolgten, sahen wir sie durchweg am Rande des fliessenden Wassers beginnen, welches in
der Regenzeit jedenfalls in sie überströmte, sodass jede von
ihnen einen Wasserfall für sich bildete, bis sie alle in die
Hauptschlucht unter dem grossen Fall hinabstürzten.

Nachdem wir beinahe zwei Stunden lang geklettert, gerutscht, geglitten, gesprungen und gewatet, gelangten wir in
einen Haufen grosser viereckiger winkeliger Felsstücke, welche
aussahen, als ob mehrere Pyramiden hier auseinander gesprengt wären, um jedes weitere Vorwärtskommen unsererseits unmöglich zu machen. Wir hielten uns deshalb wieder
in der Nähe des Wassers und kamen bald zu einem Strudel,
in welchem der Strom thatsächlich verschwand. Hier war ohne
Zweifel der Anfang jenes seltsamen unterirdischen Wasser-
strahls, und wir mussten uns ganz gehörig in Acht nehmen,
nicht in diesen Mahlstrom hineingezogen zu werden. Unser
Weg führte uns darauf über einen Teppich von dunkelgrünem Gras durch offene Lichtungen, welche hier und da mit
reichen fleischfarbenen lilienartigen Blumen geschmückt waren,
die ihre schönen Häupter anmuthig in dem leichten Winde
neigten, als ob sie aus ihrem friedlichen Versteck uns einen
Willkommen zurufen wollten; die niederhängenden Zweige der
Trauerweiden gaben der Scene einen melancholischen Anstrich und dienten zugleich als Folie für die ernsten Formen
der stattlichen Kamelbäume, um deren mächtige Stämme sich
wie ein Pflegekind in dichter Umarmung die gewundenen Arme
einer Kletterpflanze schlangen, welche, obwol reich bedeckt
mit schöner scharlachrother Frucht, wie mit Rubinen im
Sonnenschein, sich durch ihre Umklammerung dem handfesten
Monarchen des Thals doch wol tödlich erweisen würden. Von
hier marschirten wir durch einen tiefen Graben mit steilen
Lehmwänden, geschützt von dem tiefen Schatten überhängen-
der Bäume und Sträucher, deren Blüten die Luft mit Wohlgeruch erfüllten, und traten dann heraus am Rande eines

weiten Wasserpfuhls, der seinen reichen Pflanzensaum wiederspiegelte und durch deren Schatten eine geheimnissvolle Tiefe
zu empfangen schien. Den Pfuhl an seinem Rande umgehend
gelangten wir zu einer freien Stelle, wo der röthliche Sand-
steinfelsen frei zu Tage trat und nur zuweilen von etwas Erd-
reich mit den schönsten blühenden Stauden, welche ich je
das Glück hatte zu sehen, erfüllt, ja mit Tausenden dunkel-
rother Blumen, die wie die zusammenlegbaren japanesischen
Laternen geformt, aber oben umgebogen waren, sowie mit
Hunderten von blumenartigen licht- bis scharlachrothen Frucht-
kolben bedeckt war. Nach allen Seiten streckten sich die
spindelartigen hellblauen laublosen Stengel und Schüsse der
Milchblume mit ihrem eigenthümlichen balsamischen Geruch
aus, welche zerbrochen dicke Tropfen einer klebrigen milchigen
Substanz ausschwitzen.

Jenseit des Pfuhls lag eine kleine Wiese, umsäumt von
zahllosen blühenden Sträuchern, deren dunkelgrüne Blätter
einen hübschen Gegensatz zu der Masse süssduftender weisser
Blumen bildeten, welche ähnlich der Stephanotis rochen. Bis
dahin war es uns glücklich gelungen vorwärts zu kommen,
ohne einen Seitenstrom kreuzen zu müssen, aber nachdem
wir eine kahle Stelle mit zahlreichen sich hindurchschlängeln-
den Gräben und feuchten, schlüpfrigen und deshalb sehr
schlecht gangbaren Ufern passirt waren, gelangten wir zu einem
Seitenfluss, hinter welchem unser Wagen sich befand. Wir
konnten Jan mit der Peitsche zum Signal knallen und die
Hunde deutlich bellen hören. Während wir nach einer gangbaren Furt suchten, schwand das kurze Zwielicht immer
mehr dahin, und wir mussten einen eiligen Entschluss be-
treffs des Uebergangs fassen. Die Felsen auf jeder Seite
waren flach und gaben uns Hoffnung, ohne grosse Schwierigkeit hindurchwaten zu können; aus Furcht vor einem Unfall
zogen wir uns jedoch aus, hielten unsere Kleiderbündel hoch
empor und standen so bald in der Mitte des Wassers. Fritz
ging tapfer voran; das Wasser war nur knietief und der
Grund ganz weich, sodass mein Begleiter sich schon zu unserm

steten Glück gratulirte, indem er ausrief: „Ja, wenn ich
einmal über Stellen setzen soll, die gut sind, dann werde
ich Sie mitnehmen", als das Sprichwort: „Hochmuth kommt
vor dem Fall" illustrirt wurde durch sein plötzliches Verschwinden in einem tiefen Loch, zum zweiten mal an
demselben Tage. Als er sich durch Schwimmen zu retten
suchte, trieb sein Kleiderbündel lustig den Strom hinunter und ich musste es zu fassen suchen, wobei ich
glücklicherweise meine Kleider trocken behielt, aber desto
mehr durch Anstossen an einen unter Wasser befindlichen
Fels litt, an dem ich meine Schienbeine vollends ab-
scheuerte.

Sobald wir das Ufer erreichten, zogen wir unsere Kleider
so rasch als möglich wieder an, während welcher Operation
ich Fritz Complimente über seine Geschicklichkeit als Führer
machte.

„Ja, Sie hatten wirklich grosses Glück, dass Sie diese
schöne Furt entdeckten, etwas feucht allerdings, aber so
sind ja die meisten Furten, jedenfalls war sie nicht un-
ergründlich. Nach dieser Leistung sollen Sie immer vorangehen, da Sie so viel Glück haben und es so geschickt zu
treffen verstehen.

„Da haben Sie recht", erwiderte der unerschütterliche
Teutone. „Nichts thut mehr lehren als das Lernen."

Durch die das Ufer einsäumenden Bäume kriechend gelangten wir bald in eine fast baumlose Stein- und Sandebene und erreichten, geleitet vom Geräusch der Wagen, doch
müde, nass und hungerig, das Lager in einer halben Stunde.
Lulu verdarb uns das Abendessen durch die Mittheilung, dass
beim Umkippen des Wagens das Chronometer sowie einige
seiner Platten zerschmettert seien, doch hoffe er, dass seine
Ausstellungsbilder verschont geblieben, obgleich wir uns mit
dieser Hoffnung bis zur Ankunft in England begnügen mussten,
weil man sie nicht untersuchen konnte bis sie „entwickelt"
waren. Wie würden wir aber jene tolle Laune der Ochsen
verwünschen, wenn alle Resultate von Lulu's Fleiss und Ge-

schicklichkeit vernichtet wurden und damit sein einziger Trost in allen ausgestandenen Strapazen! Doch wozu nützt jetzt aller Aerger? Wir konnten blos der Vorschung vertrauen und für die Zukunft unsere Platten sicherer aufbewahren. Deshalb machten wir uns gleich daran, die Vorsorge zu treffen, dass wir alle Cassetten- und Plattenständer, besonders die morgen von uns mitzunehmenden, in Tücher und Decken einschlugen, um sie im Fall eines Unglücks vor jeder Reibung zu behüten. Der nächste Morgen brach strahlend an; während der Morgenimbiss bereitet wurde, erforschte ich den Fluss höher hinauf und fand eine Stelle, wo wir trockenen Fusses leicht übersetzen konnten, indem wir von einem Stein zum andern sprangen. Eine Stunde nach dem Frühstück waren wir glücklich an der andern Seite, indem Fritz die Taue, Lulu seinen photographischen Apparat trug, während die mit Platten angefüllten Kisten meiner Obhut anvertraut waren.

Unter Benutzung der Erfahrungen des vorigen Tages gelangten wir ohne besonders grosse Schwierigkeit zu dem „Strahlen-Wasserfall" und verfolgten darauf die Kante der Schlucht, bis wir zur Höhe der Spalte kamen, in welche der grosse Fall sich hinunterstürzt. Auf dem von uns eingeschlagenen Wege entdeckten wir noch zwei Wasserläufe und eine Unzahl tiefer Spalten, von denen einige so schmal waren, dass wir hinüberspringen konnten, andere aber so breit, dass wir hinunter- und an der andern Seite wieder hinaufklettern mussten; dies erforderte unsere ganze Geschicklichkeit und Kraft, weil die von Mutter Natur angelegten Stufen so unregelmässig und unbestimmt waren, dass man sie manchmal kaum erkennen konnte. Endlich erreichten wir nach dreistündiger Kletterarbeit einen Standpunkt, der 40 m über der Stelle lag, wo der grösste Fall sich in das tiefe dunkle Loch unten stürzte. Den wirklichen Sturz des Wassers konnten wir nicht sehen, wol aber die Wellen auf ihrem Wege bis zu jenem Absturz, wie sie sich bemühten, die ihnen von den ungeheuern, in diesem Kanal

GORILLA-FELS.

verstreuten scharfkantigen Klippen in den Weg geworfenen
Hindernisse zu überfluten oder zu umgehen, während die
Blöcke in ihrer nervösen Aufregung, wer von ihnen zuerst

Lulu-Fall und -Schlucht.

den verhängnissvollen Sprung machen würde, sich gegenseitig
stiessen und drängten. Von dieser Stelle sah man den dicken
„Strahl" in voller Thätigkeit, und Lulu, dem zu Ehren wir

diese Laune der Natur den „Lulu-Fall" nannten, nahm eine
Photographie desselben und der zu beiden Seiten sich hin-
streckenden Flussufer, während die Aussicht geschlossen
wurde durch eine Anzahl von Felsen, die einer Gruppe alter
Thürme ähnlich sahen. Verschiedene andere Ansichten der
Schnellen wurden noch aufgenommen, um die einzelnen Stromläufe und Schluchten, die in der Regenzeit alle zu reissenden
Strömen werden mussten, und die sonderbare Lagerung der
Gesteinsoberfläche um die Fälle herum zu zeigen. Einige
Felsen hatten eine höchst groteske Gestalt. Eine grosse Fels-
masse hatte eine verzweifelte Aehnlichkeit mit einem Gorilla,
sodass wir sie den „Gorilla-Fels" nannten; eine andere benannten wir wegen ihrer Aehnlichkeit mit einem Buch den
„Buch-Fels". Gesehen auf dem matten Glas der Camera
sahen die Bilder reizend und charakteristisch genug aus, und
dies musste uns eine herrliche Sammlung von Photographien
liefern. Um so mehr aber waren wir darauf versessen, nun
auch eine volle Frontansicht des grossen Falls zu erhalten,
den wir „Hercules-Fall" tauften, theils wegen seiner Grösse,
theils um damit dem Gouverneur der Capcolonie ein Compliment zu machen. Es nahm aber unsere ganze verfügbare
Zeit in Anspruch, bis wir an den steilen Seiten des Abhangs
herunter einen gangbaren Weg dahin fanden. An einigen
Stellen mussten wir uns „an unsern Augenbrauen aufhängen",
und dennoch, obwol wir die Erde unter uns von der Gewalt
der stürzenden Wasser zittern fühlten und wir ganz nass vom
Sprühwasser wurden, entdeckten wir keine Gelegenheit, zu
einer vollen Ansicht des Falls zu gelangen; vielmehr mussten
wir, weil die Schatten der Nacht bald sich über uns lagern
würden, den Versuch aufgeben, noch heute ein Bild zu erhalten, und uns darauf beschränken, einen angemessenen
Platz für eine am Morgen zu nehmende Photographie aus-
zuwählen.

Lulu meinte, der einzige gute Platz liege auf einer
Felsspitze, etwa 90 m unter uns an einem fast senkrechten
Absturz hinunter, deren Oberfläche so eben wie Glas war,

BUCH-FELS UND WASSERFALL.

S. 390.

ohne eine Spalte oder einen Bruch oder Riss, auf welchem Fuss oder Finger sich halten konnten. Das einzige Mittel hinunterzugelangen war mittels des Taues, aber die einzelnen Enden waren nicht lang genug; deshalb brachten wir den Abend damit zu, alle Ochsenstränge aus den Kudu-Fellen aneinander zu binden und deren Stärke zu probiren.

# VIERUNDZWANZIGSTES KAPITEL.

Eine akrobatische Leistung. — Photographie der Hercules-Fälle. — Plötzliches Steigen des Flusses. — Bau eines Flosses. — Fasanen, Perlhühner. Felsentauben. — Vorsicht ist der bessere Theil der Tapferkeit. — Abstieg vom Abhang. — Farini-Thürme und -Fälle. — Prächtige Aussicht. — Knappe Flucht. — Schlammfinken. — Ein wohlverdientes Abendessen. — Unterirdischer Strom. — Der Diamantenfall. — Von der Hochflut überrascht. — Die „Hundert Fälle."

Als am andern Morgen die rosenfingerige Aurora sich von ihrem strahlenden Lager am östlichen Horizont erhob, waren wir bereits wieder auf dem Wege zu dem für unser Laboratorium in freier Luft auserwählten Platze. Nachdem das eine Ende des Taues um einen Fels festgelegt und unsere Röcke dort untergestopft waren, wo es sich um die scharfe Kante wand, stieg ich zuerst hinab, ergriff das Tau mit den Händen, schlug die Beine um dasselbe und glitt langsam hinunter, bis ich zu den Riemen kam, denen ich nicht so vollständig traute wie dem Tau. Sie vertrugen indessen die Spannung und geleiteten mich bis zu 3 m über dem Boden. Von oben hatte es geschienen, als seien sie nur einige Zoll zu kurz, jetzt aber entdeckte ich eine Lücke von wenigstens 3 m zwischen mir und den Felsen. Ich war noch unschlüssig, ob ich mich fallen lassen oder zurückklettern sollte, als mir zum Glück einfiel, einen Zettel zu beschreiben und ihn am Ende des Riemens zu befestigen, bevor ich mich fallen liess; ich konnte darin Lulu den Stand der Dinge schildern, damit er die Camera an das Ende eines Taues befestige und hinab-

gebe, statt nach Verabredung sie hinuntergleiten zu lassen.
In einer halben Stunde kam die Camera, welche ich auf den
Fussspitzen stehend gerade erfassen konnte, dann die Kasten in
ihren schützenden Decken u. s. w. und zuletzt Lulu selber.
Er freute sich über den Standort, welcher der Höhe und der
Tiefe, dem Vordergrund und der mittlern Entfernung gleichmässig gerecht zu werden gestattete, während die Sonne gerade
in ihrem richtigen Ort für Schatten und volle Beleuchtung
stand. Der einzige Uebelstand war freilich dabei, dass wir
von dem eigentlichen Object, den schönen Fällen selber, ziemlich weit entfernt waren; aber das liess sich nicht ändern, es
gab keinen andern Platz zur Aufstellung der Camera und wir
konnten uns glücklich schätzen, gerade diesen noch gefunden
zu haben.

„Es gibt nicht viele Photographen, die zugleich solche
gute Turner sind", sagte Lulu, „und man muss schon beides
sein, wenn man eine Photographie des Falls von diesem Punkt
erhalten will."

Der Focus wurde rasch eingestellt und zwei Bilder genommen, dann holte Fritz den Apparat wieder hinauf und
wir folgten nach; indem wir unsere Füsse gegen die Felswand
und uns rechtwinkelig zur Wand hinstellten, eilten wir Hand
über Hand rascher hinauf als wir heruntergekommen waren,
weil wir jetzt der Stärke des Taues vollständig vertrauten.
Als wir oben standen sah ich, dass die ganze braune Farbe
von Fritzens Gesicht plötzlich verschwunden war.

„Was machst du, Fritz, bist du unwohl?"

„Ich weiss nicht was mir fehlte, aber ich war völlig
krank; ich schwitzte wie die Wasser, und dann lief es mir
ganz kalt über den Rücken. Wenn ich auch nicht mitmachte,
so that ich doch nie so mit dem Tod spielen."

„Das ist gerade der Witz dabei. Aber Sie brauchen
unsertwegen nicht besorgt zu sein. Wir wollen uns schon
selber helfen. Sie sind wie die übrigen Leute, was Sie nicht
selbst thun können und nicht verstehen, halten Sie für ein
Wunder. Kommen Sie mit uns; wir müssen die Spalte er-

forschen, soweit wir dringen können; ich muss wissen, warum jene thurmartigen Felsen dort am Ende der Schlucht so kühn aufragen."

Unser Weg führte über, unter und um mächtige Felsblöcke und tiefe Schluchten. Dann und wann gähnte eine schmale Spalte zu unsern Füssen und versperrte uns vollständig den Weg oder zwang uns, unsere volle Sprungweite zu zeigen. Nach einer derartigen Arbeit von zwei Stunden befanden wir uns oben auf einem Riff steil abschüssigen Gesteins, welches nicht breiter als 5 m war. Rechts, 120 m unter uns, strömte der Fluss; links in etwa der halben Tiefe sahen wir auf Massen zertrümmerter Felsen mit zwischenliegenden Wassertümpeln herab, ein so wüster und wilder Anblick, wie uns je einer geworden war. Die Sonne hatte bereits dreiviertel ihres Halbkreises zurückgelegt und warf tiefe Schatten auf die Felswände der Schlucht, weshalb wir alle fernern Entdeckungsreisen auf den folgenden Tag verschoben. Wir versteckten die Camera und die Taue hinter einem alten braunen Felsen, welcher seit Jahrhunderten den Stürmen und der brennenden Sonne getrotzt hatte, und schlugen einen neuen Rückweg zu dem Wagen ein, auf welchem wir bei jeder Windung des Weges neue Schönheiten in den Felspartien und ihrem Blumenschmuck entdeckten. Als wir aber den letzten seitlichen Stromlauf erreichten, welchen wir am Morgen durchwatet hatten, war zu unserer Ueberraschung der Fluss beträchtlich gestiegen; nicht ein Stein ragte mehr aus dem Wasser hervor, und wir gelangten nur unter grossen Schwierigkeiten hinüber, wobei wir Ellenbogen, Knie und Zehen arg gegen die scharfkantigen Felsen stiessen.

Fritz meinte, gegen morgen früh würden die Wasser sich verlaufen haben, weil auf die Fluten in dieser Jahreszeit nicht viel zu geben sei; aber am andern Morgen war das Wasser noch so hoch, dass wir ein Floss aus trockenen Weidenstämmen und Klötzen bauen mussten, die wir zu sechs in einer Länge und vier in der Breite nebeneinander legten und mit rohen Ochsenhäuten untereinander verbanden.

Das Floss war jedoch zu schmal, um uns alle drei sicher tragen zu können, wenn es auch Schwimmkraft genug für unsere Kleider u. s. w. besass. Doch versuchte ich zuerst, ob es mich wol allein tragen würde, während ich es fortschob schlug es jedoch bei der leichtesten Bewegung nach einer Seite um und warf mich bis an die Hüfte in das schlammige Wasser. Deshalb gaben wir den Plan, selber damit überzusetzen, vollständig auf und gebrauchten es nur zum trockenen Transport unserer Kleider, während wir hinüberschwammen. Das Wasser schien mir noch fortwährend zu steigen: Treibholz kam heruntergeschwommen, überschwemmte Felsen vermehrten die Gefahren der raschen Strömung, sodass ich, weil Lulu und Fritz im Schwimmen nicht sehr geübt waren, zuerst mit einem dünnen, ans Floss geknoteten Tau hinüberschwamm und es dann hinter mir herüberholte, während die beiden andern sich am Floss festhielten und so ohne viel Gefahr und Anstrengung auf die andere Seite geschafft wurden. Dies war bald geschehen und ebenso rasch zogen wir uns schleunigst wieder an, unter Zähneklappern und schaudernd vor Kälte, denn das Wasser war sehr kühl, und die frühe, vom leichten Winde bewegte Morgenluft noch kälter.

Ein scharfer Fussmarsch erwärmte uns bald wieder. Da es viele Fasanen hier gab und dieselben am frühen Morgen ihr Futter zu suchen pflegen, so hatten wir vorsorglich die Schrotflinte mitgenommen; wir waren auch noch nicht weit gekommen, als ein Paar derselben quer über unsern Weg rannte um Deckung zu suchen, die es aber nicht mehr erreichte. Diese südafrikanischen Fasanen haben etwa die Farbe und Grösse der Weibchen unsers Silberfasans, sind aber viel schwerer; ihr Ruf hat viel Aehnlichkeit mit dem des Perlhuhns, welches auch sehr zahlreich sich hier aufhält, aber so scheu und schlau ist, dass man es selten zu Gesicht bekommt, so oft man auch ihr Geschrei „Komm her! Komm her!" von allen Seiten hört. Ein Hühner- oder Vorstehhund würde einem die Jagdtasche bald füllen helfen. Die Bastards schiessen sie, indem sie ihnen bis zu dem Baume folgen, auf welchem

sie sich abends niedersetzen, weil sie stets zu ihm zurückkehren, und tödten sie also beim Schlafengehen.

Auf allen Felsen und Klippen, oder auch auf dem Fluge
zum Veldt, wohin sie ihrem Futter nachgehen, sahen wir
Scharen von Felsentauben, welche fast gleiche Grösse und
Farbe mit unsern europäischen Holztauben haben, nur ihre
Flügel sind hübsch mit weissen Tüpfeln gescheckt. Als wir
an den Anfang der Schlucht kamen, wo wir hinuntersteigen
wollten, sassen sie zu Hunderten auf den hohen Felsen, um zu
warten bis ihre Kameraden herankamen, mit denen sie gemeinschaftlich frühstücken wollten. Einige dienten jedoch
statt dessen uns zum Frühstück, während andere in für uns
unerreichbare Felsspalten stürzten und dort die Beute hübscher kleiner Ottern wurden, welche seit Jahrhunderten in
ungestörter Ruhe diesen wilden Fleck bewohnten, bis wir
kamen und sie mit dem Knall unserer Flinten aufschreckten.
Bei jedem Schuss, dessen Knall wol tausendmal von Klippe
zu Klippe widerhallte, flogen Hunderte der gefiederten Bewohner der Schluchten auf und erfüllten den engen Raum
zwischen den fast senkrechten Wänden dieses tiefen wilden
Schlundes.

Unser deutscher Begleiter verhehlte keineswegs seine
Freude über jede Vermehrung unserer Jagdbeute und sammelte freiwillig Holz, um Feuer anzumachen zum Mittagessen.
„Ich will's machen, dass sie gut gekocht werden sollen". sagte
er, wie er auch früher geprahlt hatte „Ich will's machen, dass
ich überall mitgehe, wo Sie hingehen thun"; aber man konnte
leicht wahrnehmen, dass er ganz gern irgendeine Entschuldigung suchte, sich ausser Gefahr zu halten, so oft er auch
vorher gesagt hatte, er könne überall hinklettern wo wir voran-
gingen; als er deshalb bemerkte, wie schwer der Abstieg zum
Grunde der Schlucht sein würde, entschied er sich dahin, es
sei sicherer und leichter für ihn, den Koch als den Turner
zu spielen.

Schon gleich zu Anfang mussten wir das Tau zu Hülfe
nehmen, um in ein tiefes Loch hinabzugelangen, welches von

dem sommerlichen Hochwasser her noch voll Schlamm steckte.
Ein halbzölliges Tau ist etwas zu dünn, um leicht daran zu
klettern; hinab geht es freilich leidlich, aber wir mussten auch
an den Aufstieg denken und banden daher, um diesen zu erleich-
tern, Knoten hinein. Nachdem wir glücklich hinuntergekommen
waren, schulterten wir Camera u. s. w., wateten knietief durch
eine wahrhaft verzweifelte Kothlache vom dicksten, schlüpfrig-
sten, widerwärtigsten Lehm, welchen wir nachher nicht einmal
wieder abkratzen konnten; um die Schuhe wieder anzuziehen,
fuhren wir deshalb mit blossen Füssen hinein und benutzten
den Schlamm als Socken. Dann folgte ein unendliches Gewirr grosser zackiger Felsblöcke, von denen einige so gross
wie ein zweistöckiges Haus waren, welche sich von den Klippen oben abgelöst hatten und heruntergestürzt waren; indem
wir über einige wegkletterten, auf Händen und Knien unter
andern durchkrochen, oder uns zwischen andern durchquetsch-
ten, wo kaum Raum für uns übrig war, störten wir bald hier
bald dort in den tiefen Schlupfwinkeln grosse schwerfällige
Eulen auf, welche dann auf eine Felsspitze ins Tageslicht
hinaus mussten und uns verwunderungsvoll mit ihren grossen
Augen anstarrten; offenbar waren wir für sie ein Gegenstand
grösserer Verwunderung als sie für uns. Dann kamen wir
zu einer Anzahl fast senkrechter Wände, die so glatt wie
Glas und offenbar von dem Wasser so abgeschliffen waren,
welches diese Schlucht in der Regenzeit grossentheils erfüllte.
Viermal mussten wir uns an Stricken hinunterlassen; das
schwierigste dabei war, die Stellen ausfindig zu machen, an
welchen wir sie sicher befestigen konnten. Einige male bewerkstelligten wir es, indem wir ein Stück trockenes Treibholz in Spalten festkeilten, welche wie für unsere Zwecke
gemacht zu sein schienen. Lulu pflegte dann zu sagen: „Gehen
Sie voran, ich folge; Sie finden sicher was Sie wünschen,
entweder eine Stelle wo man leicht hinabklettern, oder eine
Gelegenheit, wie man das Tau festmachen kann."
　　Nach vierstündiger harter Arbeit erreichten wir endlich
den Ausgang der Schlucht und konnten den Hauptstrom in

einer Tiefe von 35 m zu unsern Füssen dahinfliessen sehen.
Dort stand eine Anzahl grosser Granitthürme, welche zum
Himmel zu reichen schienen, riesigen Schildwachen gleich
über diese Wildniss von Felsen Wache hielten und den viel-
fältigen, von allen Seiten in die tiefe düstere Spalte stürzenden Stromläufen den Weg zeigten.

Um eine scharfe Ecke biegend standen wir plötzlich vor
einem hübschen Wasserfall, welcher unter einem rechtwinkeligen Bogen hervorbrach, der durch zwei gegeneinander
gestürzte riesige Felsblöcke gebildet wurde, aus deren Spalten
dunkelgrüne Bäume und Sträucher emporwuchsen, im herrlichen Gegensatz gegen die grauen und braunen Klippen und
das von Absatz zu Absatz hinuntertanzende schaumweisse
Wasser.

Lulu war entzückt über die Grossartigkeit und Neuheit
der Scenerie und eilte von einem Punkt zum andern, um den
besten Platz zur Aufstellung der Camera zu ermitteln. Er
stand eine Weile überlegend still, denn obwol hier *embarras
de richesse* zu sein schien, so hatte er doch den künst-
lerischen Instinct, nicht ein Bild aufzunehmen, das nicht innerlich abgerundet und künstlerisch componirt war.

Endlich mit sich einig, zeigte er auf einen dicht beim
Wasserfall hervortretenden Felsen und rief: „Wenn Sie dahin
ohne viel Gefahr gelangen könnten, so wäre das Bild so gut
wie fertig und würde von dort die richtige Höhe geben.“ Die
Aufgabe war schwierig, weil die Felsen von dem Sprühregen
so schlüpfrig gemacht wurden; das Bild, welches Lulu Farini-
Fälle und -Thürme taufte, wird indessen beweisen, dass ich
sie zu lösen verstand.

Als ich zurückkehrte, ereignete sich etwas ganz Ausser-
ordentliches. Ein neuer Wasserfall entstand plötzlich zwischen
mir und der Stelle, wo Lulu geblieben war. Anfangs war es
nur eine kleine Cascade mit hinreichendem Wasser, um die
Felsen zu benetzen; während der Zeit, dass ich sie passirt
hatte, war sie zu einem kleinen Rinnsal von einigen Centi-
metern Tiefe geworden, welche aber von einer beträchtlichen

FARINI-WASSERFÄLLE UND FELSENTHÜRME.

S. 30.

Strömung genährt wurde, und nach einer halben Stunde stürzte
sich ein kräftiger Wasserfall in ein 60 cm tiefes und mehrere
Schritt breites Becken. Das Steigen des Flusses oben machte
sich fühlbar und verschiedene Pfützen, die vorher eingetrocknet erschienen, waren voll und übergelaufen. Für uns erwuchs
daraus die Frage, ob wir hier ohne Gefahr länger verweilen
durften. Lulu war geneigt, ein Bild der Thurmfelsen aufzunehmen und fürchtete nicht die steigenden Gewässer.

„Hier", rief er, „versuchen Sie auf jenen grossen Block
in dem Pfuhl zu gelangen und reichen Sie mir die Camera
hinauf. Dieser Punkt hat allein die ausreichende Höhe, um
alles zu umfassen." Und da stand er, viele Fuss über mir
an der andern Seite einer tiefen Spalte, über welche ich
springen musste, um ihm aus gehöriger Nähe den Apparat
reichen zu können.

Von meinem Standpunkte aus schienen die in Nebel ge-
hüllten Spitzen der Thürme sich in den Himmel zu verlieren;
das helle Sonnenlicht warf durch das silberne Sprühwasser
des wilden Stroms seine langen düstern Schatten weit hinauf
an der Wand des jenseitigen Abgrundes; die tiefen dunkeln
Wasserpfühle zur Linken bildeten das Reservoir, woraus der
eben von mir photographirte hübsche Pfuhl gespeist wurde,
während es selber sich wieder füllen liess durch einen hübschen Giessbach, welcher unter einem ungeheuern Granitblock
hervorsprang und lustig wie ein Regenschauer funkelnder
Diamanten dahinhüpfte. In der Entfernung weit hinten in
der engen Schlucht schauten die von der hellen Sonne be-
schienenen kalten hohen Klippenspitzen wie polarische Eis-
berge hinunter und vermehrten den Gegensatz zu der tiefen
Dunkelheit der beschatteten Stellen da unten.

Wie feierlich grossartig war dies alles jetzt! Wie fürchterlich prächtig würde es aber sein, wenn alle diese Schluchten
und Spalten und Kanäle bis zum Rande voll rauschenden
mächtigen Wassers waren, wie es in der Regenzeit hindurch-
donnern musste! Aber wir hatten keine Zeit darüber weiter
zu grübeln, denn Lulu's Ruf: „Kommen Sie herauf und sehen

Sie sich das grossartige Bild von diesem Felsen an!" brachte mich bald zur Besinnung.

„Es wird heute nichts mehr angesehen oder photographirt!" rief ich zurück. „Wenn Sie sich nicht rasch aufmachen und heruntereilen, so können wir die Nacht auf diesen grossen alten Felsen zubringen."

„Nun, warum haben Sie plötzlich solche Eile?"

„Sehen Sie nicht, wie der Fluss steigt? Jener Fels, über welchen sich jetzt das Wasser kräuselt, war trocken als wir hierher kamen, und wir haben die Aussicht, auf unserm Rückwege nichts als Stromschnellen und Wasserpfützen, Ströme und Wasserfälle anzutreffen, wenn wir uns hier länger aufhalten."

„Mag sein, aber vorher müssen Sie sich noch auf jenen Felsen niedersetzen, damit ich Ihre schöne Gestalt dem Bild der Schönheiten dieser Natur einverleiben kann. Sie haben nur wenige Spalten zu überspringen und einige Pfuhle zu durchwaten, und ich stelle den Focus ein, bis Sie dahin kommen. Ich verspreche Ihnen, nicht länger hier zu bleiben, denn meine Augen sind freilich ganz gesättigt von dem Schauspiel hier, aber für den Magen ist das alles eine gar leichte Kost."

Während ich, den Befehlen des Künstlers gehorchend, nach dem bezeichneten Platz hinaufkletterte, machte der Gedanke an das Festmahl der Natur und das Traumgebilde von dem herrlichen Mahl, welches Fritz ohne Zweifel längst für uns bereitet hatte, mir beinahe übel; aber hier war nicht der Ort, an schlechte Verdauung zu denken, sondern wir hatten alle unsere Gedanken auf den kürzesten Rückweg zu concentriren. Alles ging leidlich, bis wir an die mächtigen, kantigen, eine Art Thorweg bildenden Blöcke kamen, unter welchem wir hindurchgezogen waren, durch den aber jetzt ein flinker Wasserstrom hindurchglitt. Wir versuchten hinüberzuklettern, aber dazu waren sie zu steil und schlüpfrig; indessen entdeckten wir, dass wenn nur einer von uns an die andere Seite gelangte, es leicht sein würde, die Spitze zu erreichen und ein Tau hinabzulassen, woran man die Camera heraufholen könnte. Ich legte deshalb meine Kleider ab, liess sie bei Lulu, ergriff ein Tau und tastete mich halb schwimmend unter dem Thorweg durch, aus dessen schlammiger Flut ich endlich an der andern Seite wieder auftauchte. Das Wasser war sehr kalt, und schauernd am ganzen Körper kletterte ich den steilen Hang hinauf, von welchem ich Lulu ängstlich auf mein Wiedererscheinen warten sehen konnte. Das Ende des Taues hinuntergebend rief ich ihm zu, erst meine Kleider hinaufzusenden,

Der Anna-Fall.

und bis der Apparat heraufgeholt war und Lulu wieder neben mir stand, hatte die warme Sonne und die Anstrengung den Frostschauer vertrieben.

Bei jeder Wendung sahen wir neue Wasserfälle aus den kahlen Felsen hervorspringen. Einen derselben nannte ich den „Anna-Fall", zu Ehren derselben Dame, deren Namen ich schon zu anderm Zweck gebraucht hatte, und Lulu war nur zu bereit, meinem Wunsch nach einer Photographie zu willfahren, wie die vorstehende Abbildung zeigt.

Eine Strecke weit lagen die zackigen Felsen und ungeheuern Blöcke — jetzt mehr oder weniger vom Wasser bedeckt, während sie am Morgen noch trocken gewesen waren —
in der wildesten Unordnung durcheinander, sowol unser Fort-
schreiten hemmend als die Güte und Zahl unserer Kleidungsstücke um ebenso viel verringernd, als sie unsere Aengstlichkeit
vergrösserten. Unsere Bürde wurde auch immer schwerer, da
das Gewicht unserer Schulterlasten allmählich zunahm, je mehr
Taue wir aufsammelten, welche wir am Morgen auf dem Hin-
wege hatten hängen lassen. Endlich bekamen wir jedoch das
letzte, dünnste und längste von allen zu sehen, die Spalte
aber, in welcher es herunterhing, sah hässlicher aus zu er-
steigen, als es uns beim Abstieg geschienen hatte. Zunächst
lag noch ein Wasserpfuhl vor uns und es fragte sich, ob wir
ihn durchwaten konnten. Hastig aber vorsichtig hineintretend,
ohne mir zum Ausziehen der Schuhe Zeit zu nehmen, fand ich
zu meiner Freude, dass das Wasser mir nur bis zur Hüfte
ging, und rief Lulu die frohe Nachricht zu. In dem Augenblick versank mein Fuss tief in den schlammigen Lehm, das
Wasser benetzte die Umhüllung der Platten, welche ich am
Riemen über der Schulter trug, und es gelang mir nur mit
genauer Noth, die Frucht unserer Arbeiten vor dem Verderben
zu bewahren: doch das Glück fuhr fort uns hold zu bleiben
und in zehn Minuten standen wir beide wieder auf festem
Boden.

Aber wie sahen wir aus! Der zähe Schlamm klebte wie
Gummi an uns fest; wir waren den Schleusenräumern
gleich, nur dass uns die hohen Stiefeln fehlten. Das dünne
Tau mit einer solchen Beiladung von Schleim hinaufzuklettern,
war eine schwierigere Aufgabe, als jemals eine eingeseifte
Kletterstange dargeboten hatte, und es blieb uns nichts übrig,
als uns gegenseitig vorher abzuschaben.

Lulu arbeitete sich zuerst hinauf, während ich das Tau
stramm hielt, damit er leichter klettern konnte. Aber über
den Rand zu gelangen war nicht so leicht. Das Tau lag auf
einer leicht geneigten Oberfläche flach auf, sein Gewicht und

das meinige drängten es so dicht an den Fels, dass er seine
Finger nicht unter ihm durchstecken konnte, aber seine alte
turnerische Gewandtheit half ihm aus der Verlegenheit. Indem
er seine Beine um das Tau schlang, konnte er sich damit
halten, zog dann den Körper hinauf bis zum Rande und warf
sich über denselben, machte seine Beine frei und vollendete so,
was dem gewöhnlichen Sterblichen unmöglich erscheinen musste.
Nachdem ich unser ganzes Gepäck nachgesandt hatte, folgte
ich selber; weil aber das untere Ende des Taues jetzt frei
herunterhing, so wurde es mir nicht so leicht, den Rand oben
zu passiren, deshalb steckte Lulu seine Schuhe unter dem
Tau ganz nahe am Rande durch, damit meine Finger Raum
zum Greifen bekämen. Da das Tau sehr dünn, meine Hände
aber dick waren, so kostete es mir einen schweren Kampf
hinaufzugelangen. Als ich über den Rand hinübergriff, fasste
mich Lulu beim Kragen, zog aber zu derselben Zeit seinen
Schuh unter dem Tau weg, sodass meine Knöchel gegen den
Stein gedrückt wurden, die Haut wegscheuerte und mir einige
harte Worte entfuhren, welche ich hier nicht wiederholen mag
aus Furcht, dass meine Leser sie nicht verstehen würden.

„Warum zogen Sie den Schuh weg, Lulu?" fragte ich, als
ich endlich oben stand.

„Weil ich sonst meinen Fuss nicht unter dem Tau wegziehen konnte", antwortete er.

Er hatte vergessen den Schuh auszuziehen, bevor er ihn
unter das Tau schob, und hatte die Schmerzen ausgestanden,
welche das Einschneiden des dünnen Taues, an dem ich mit
dem ganzen Körpergewicht hing, verursachte, bis ich glücklich
die Ecke passirt hatte.

Zu unserer aufrichtigen Freude hatte unser deutscher
Reisegefährte einige Felsentauben fertig gebraten. Niemals
schmeckte uns das Essen besser; es war jetzt fast Sonnenuntergang und unsere letzte Mahlzeit hatten wir bei Tagesanbruch zu uns genommen; die lange Fastenzeit, verbunden
mit der beständigen und oft anstrengenden Arbeit hatte einen
Heisshunger erzeugt, dass die Geschwindigkeit, mit welcher

wir ein halbes Dutzend süsse Bissen von ansehnlicher Grösse
verschwinden liessen, uns die wohlwollende Theilnahme von
Hermann oder jedes andern Professors der Schnellfingerkunst
gesichert hätte.

Diese Nacht verschliefen wir auf unsern Pritschen auch
ohne Wiegen, und wir wachten nicht eher auf, als bis das Frühstück von Fritz mit den Worten ausgerufen wurde:
„Meine Herren, der Kaffee wird kalt, wenn Sie nicht so
rasch als möglich aufstehn thun. Die Sonne ist schon aufgestanden. Wo Sie heute herumklettern, da bin ich mit dabei.
Ich mag nicht länger stillsitzen, ich will's machen.‟

Die alte Sonne mit ihren warmen, Leben verleihenden
Strahlen kam stetig und langsam herauf, während wir unsere
Toilette vervollständigten. Dies kostete uns eine halbe Minute
mehr als gewöhnlich, weil wir unsere Schuhe anzuziehen
hatten! Gewöhnlich bestand unsere Arbeit beim Aufstehen
blos darin, die Decken abzuwerfen und den Hut aufzusetzen.
In die Decken sich zu schlagen und in den Kleidern zu
schlafen, erspart einem viel Arbeit, besonders wenn ein früher
Aufbruch noth thut und der Kaffee kalt wird, was uns mit
dem heutigen passirte, da wir von der gestrigen Strapaze arg
mitgenommen und recht müde waren. Ein halbstündiger Gang
längs des Flussufers zerstreute indessen alles Weh, und mit
der Flinte in der Hand wurde gut Acht gegeben auf Hühner,
Felsentauben und Fasanen. Ein grosser Hase sprang Lulu
unter den Füssen weg und lief unserm teutonischen Freunde
zwischen die Beine, welcher seinem Lieblingsruf „Ich will's
machen‟ getreu ihn blitzschnell mit seinem Stock erschlug.
Wir beabsichtigten heute nicht über einen der Flussarme
zu setzen, sondern dem rechten Ufer des äussersten Strom-
laufs zu folgen und ihm bis zu dem Punkt nachzugehen, wo
die übrigen Verzweigungen des Flusses sich bei der allgemeinen Vereinigung der Gewässer unten versammeln. Wir
hingen deshalb den Hasen, um ihn vor den Geiern zu behüten,
in einem dichten Strauch auf, bestimmten das gefiederte Wildpret für unser Mittagessen und marschirten stetig weiter.

SCOTT-SCHLUCHT UND WASSERFALL.

S. 405.

Verglichen mit dem Wege auf der andern Seite des Wassers war
dies ein bequemer Spaziergang; dann und wann durchkreuzte
eine schmale Schlucht mit vertrockneter Wasserrinne, welche
in der Regenzeit den Niederschlag der entfernten Berge aufnahm, unter rechtem Winkel unsern Weg, bildete aber auch
hier und da schöne Lichtungen und Thäler, die theilweise
noch in dunkelgrünes Laub sich hüllten.

Plötzlich hörten wir das Rauschen einer Stromschnelle,
in welcher das Wasser gegen die grauen Felsen gepeitscht
wurde, und stürmten vorwärts, weil wir uns der Stelle des
Hauptsturzes nahe glaubten, konnten aber noch immer kein
Zeichen entdecken, dass wir die Vereinigungsstelle mit dem
Hauptstrom erreicht hatten. Ein wenig weiter schrie auf
einmal der hart am Rande gehende Lulu auf:

„Kein Fluss mehr zu sehen: er ist verschwunden."

Vor uns breitete sich ein grosses Wasserbecken aus,
welches von einem kahlen Felsenriff eingedämmt wurde, aber
der Fluss hörte mit einem male auf. Keine Krümmung, keine
Bucht, keine Fortsetzung zu sehen. Auch ergab eine sorg-
fältige Betrachtung der Wände kein Merkzeichen, in welcher
Höhe der Pfuhl überfloss, wenn die Regenzeit ihn bis zum
Rande füllte; aber als wir das Riff eine Strecke nach unten
verfolgten, entdeckten wir, dass das Wasser aus dem Pfuhl
einen unterirdischen Abfluss durch eine von oben unsichtbare
Felsspalte nahm. Ganz unten, wo das Wasser durch eine
wüste Reihe von Felsblöcken aufgehalten wurde, kam es aber
doch zu einem richtigen Wasserfall, welcher aus einer nur
30 cm breiten, aber über 3 m hohen Klamm hervorbrach; von
da zertheilte es sich nach einem meterlangen Sturz in weisses
Sprühwasser, stürzte eine steile Felsentreppe hinunter, verlief
sich in mehrere schöne Wasserfälle und zuletzt in eine
Anzahl kleiner Becken, die von senkrechten Granitwänden ein-
gefasst wurden.

In diesen kleinen Seen, welche in einer zum Stromlauf
rechtwinkeligen Reihe nebeneinander lagen, schien das Wasser
seinen Kampf aufgegeben zu haben und die Reise in Frieden

fortsetzen zu wollen; aber in einem unbewachten Augenblick
stürzte es sich kopfüber in einen düstern Abgrund, wobei es
in Myriaden Tropfen auf dem harten polirten Felsen 15 m
tiefer unten zerstäubte; dann sich rasch sammelnd glitt es
unter und um mächtige Steinblöcke herum, als wollte es Verstecken spielen. Diese Schlucht benannte ich nach Herrn John
Scott, dem Regierungsstatthalter von Koranna-Land.

Um ihrem Verlauf weiter zu folgen, mussten wir nach
der andern Seite übergehen, wozu uns ein flüchtiger Luft-
sprung über eine tiefe enge Stelle verhalf. Dort stiegen wir
in die grimme graue Granitklamm hinab, in welche die helle
Sonne nie hineinschien, und wo die dunkeln Schatten durch
den beständigen Nebel noch schwärzer wurden. Die Wasser
aber stürzten sich noch über eine andere Reihe vortretender
Felsen, fielen wie ein Mammuth-Regenbad senkrecht hinab in
eine grosse überkochende Bowle, sammelten hier wieder neue
Kraft und Wuth, sprangen wie zum Schlusseffect über ihre
Gefängnissmauern, entwichen so und tollten endlich mit einem
einzigen Sprunge von 30 m Tiefe den Absturz in den Fluss
hinab.

Um eine volle Frontansicht dieses letzten Wasserfalls zu
bekommen, musste man in der Kluft des Hauptstroms hinuntersteigen, eine schwierige und sehr gefährliche Aufgabe, welche
ich indessen glücklich in einer Stunde bewältigte, indem ich
gerade in der Ecke der beiden fast unter rechten Winkeln
zusammenstossenden Schluchten herunterkletterte, in steter
Gefahr, bei einem Fehltritt an den Felsen in der 120 m be-
tragenden Tiefe zu zerschellen.

Hier fand ich im Sande zwischen den Felsen ein halbes
Dutzend kleine Diamanten und nannte deshalb die Stelle den
Diamanten-Fall. Das hier folgende Bild wie auch das des
Schermbrücker-Falls stammt von Photographien, welche Lulu
am andern Tage aufnahm, nachdem wir die Camera gerade
wie vorher bei der Aufnahme der Hercules-Fälle mit Stricken
heruntergelassen hatten. Es sind wirklich alle Bilder aus
Photographien entstanden mit Ausnahme eines einzigen, welches

DER DIAMANTEN-WASSERFALL.

S. 106.

unter den allerungewöhnlichsten Umständen nach einer Zeichnung entworfen ist.

Wir hatten nun bereits mehrere Tage mit der Erforschung
der Fälle zugebracht, fanden auch jeden Tag neue mit dem
Hauptstrom zusammenhängende Schluchten und waren so zu
der Ueberzeugung gelangt, dass in der Regenzeit jede derselben sich füllen und ihren Beitrag zu der grossen Wasser-
flut stellen würde, als wir in unerwarteter aber praktischer
Weise von der Richtigkeit dieser Ansicht und von der
Schnelligkeit zugleich überzeugt wurden, mit welcher diese
selbst bei niedrigem Wasserstande schon grossartigen Fälle
Dimensionen annehmen, welche selbst die Grösse der Niagara-
Fälle übertreffen.

Wir standen gerade im Grunde einer engen Schlucht in
der Nähe der Hercules-Fälle, als plötzlich ein schreckliches
Rauschen und Brüllen uns in die Ohren drang.

„Was ist das?" rief ich Fritz zu, welcher die Stromschnelle hinaufsah und ausrief:

„Wir werden dies niemals jemandem erzählen können,
wenn wir nicht einige rasche Sprünge machen — das ganze
Revier kommt herunter, daher das Gepolter. Retten Sie sich!"

Nach unserer gestrigen Erfahrung begriffen wir die Lage
der Dinge in einem Augenblick und flüchteten uns für unser
Leben auf einen über die andern hervorragenden Felsen, um
von hier aus die herankommende Flut zu beobachten, welche
mit betäubendem Brüllen alles vor sich herpeitschte. In
kurzer Zeit waren die Felsen, auf denen wir standen, von einem
wüthenden Strom umrauscht: der Wasserschwall stürzte, ohne
sich Zeit zu geben den einzelnen Strombetten zu folgen, von
allen Seiten über die Felsen und kopfüber wieder in alle
Löcher, Pfühle, Spalten und Klamms, um sie in einem Augenblick zu überschwemmen. Der Hauptstrom war bald gänzlich
gefüllt, und jede kleine sich windende Strömung von der
allgemeinen Flut verschlungen.

Welch eine plötzliche Verwandlung! Auf jeder Seite von
uns sahen wir in kochendes Wasser mit ausgerissenen Baum-

stämmen, Klötzen, Stangen und andern Trümmern auf dem schwellenden Rücken. Das Treibholz thürmte sich in die Höhe, wenn es gegen die Felsen kämpfte, und das Gebrüll der rauschenden und fallenden Wasser war geradezu betäubend. Wuchs die Flut so weiter, so war unser Schicksal besiegelt, denn obwol der Felsen unter uns ein ziemlich grosser war und die Scheidungslinie zweier Flussläufe zu sein schien, so wies er doch untrügliche Zeichen vormaliger Siege des Wassers auf und war sicher einstens bei Hochwasser schon gänzlich untergetaucht. Unser deutscher Freund tröstete uns damit, dass die Flut in dieser Jahreszeit nie länger als 12 Stunden steige und der erste Anprall immer der heftigste sei. Dies schien sich jetzt zu bewähren, denn obwol die Wasserhöhe noch langsam zunahm, so stieg sie doch nach der ersten Stunde nicht mehr bedeutend.

„Aber", sagte Fritz, „das Wasser braucht drei, vier Tage, bevor es sich verlaufen thut."

Das waren schöne Aussichten! Drei oder vier Tage und Nächte auf einem kahlen Felsen, umgeben von einer rasenden Flut.

„Wie grossartig sehen jetzt die Hercules-Fälle aus", sagte Lulu. „Hätte ich nur meine Camera hier!"

Grossartig waren sie in der That; ein dicker Wasserschwall ergoss sich von allen Seiten über den Abhang. Nicht einer der grossen Felsblöcke war jetzt zu sehen: grosse Granitfelsen, welche in der Mitte und an den Seiten des Falls gestanden hatten, waren in den Fluten ertränkt. Wie die Fälle bei voller Hochflut aussehen würden, liess sich nicht beschreiben noch ausdenken. An den Wassermarken auf den Felsen, sowie an den in den Baumgipfeln noch hängenden Strohwischen und sonstigem Auswurf konnten wir erkennen, dass die Flut eine verhältnissmässig kleine, nur eine Ueberschwemmung war, und Fritz erzählte uns, er habe zu Upington in der Regenzeit den Fluss 15 m in 12 Stunden steigen sehen, sodass er die höchsten auf den Inseln wachsenden Bäume überflutete. Wie mussten diese Fälle dann aussehen, wenn

ein Steigen von 1 m und darüber ihre Grossartigkeit schon
so erhöhte! Aus Kummer über die Abwesenheit seiner Camera
machte Lulu einige Skizzen. nach denen die hier folgende
Abbildung entworfen ist.

Die „Hundert Fälle".

Ueberall sprangen wie durch Zauberei neue Wasserfälle
aus den Felsen hervor. Wirklich liegt bei Hoch- wie bei
Niedrigwasser einer der besondern Reize dieser Gegend in der
ausserordentlichen Menge der hier sich zeigenden vereinzelten

Wasserfälle. Der Niagara-Fall besteht aus zwei riesenhaften Fällen, welche sich nebeneinander in einem Sprunge kopfüber in eine 11 km lange Schlucht stürzen. Hier dagegen hat man eine Reihe von Stürzen und Fällen vor sich, vielleicht hundert an Zahl, welche sich über die ganze Länge einer wol 26 km langen Schlucht erstrecken, in welche sie nacheinander bald in einem einzigen Satze, bald in einer Folge von Sprüngen hinabstürzen. Während der trockenen Jahreszeit haben einige dieser Fälle noch bedeutendes Volumen, zur Regenzeit aber, wenn sie hundertfältig vergrössert werden, muss ihre Masse eine ungeheuere sein. Beim Niagara ist die Schlucht nirgends tiefer als 60 m. Hier ist der Abgrund noch einmal so tief. Am Niagara begegnen wir Kalkstein und man hat schon berechnet, dass das Wasser einige Millionen Jahre gebraucht hat, um den Kanal auszuhöhlen. Hier besteht der Boden aus hartem Granit, und es ist eine hübsche Aufgabe für die Geologen, nach Analogie das Alter dieses Theils des afrikanischen Continents zu bestimmen.

Während unserer Forschungstouren zählten, zeichneten und benannten wir wol hundert verschiedene Wasserfälle, und daraus keimte in mir der Gedanke, die Fälle des Oranjeflusses „Die Hundert Fälle" zu taufen. Wenn der Leser mir die Zumuthung zugute halten will, so darf ich mir statt jeder weitern Schilderung derselben in Prosa wol erlauben, einige Verse hier folgen zu lassen, zu denen dieses Weltwunder mich begeisterte:

### Die Hundert Fälle.

Wir flieh'n die heisse Wüstenei von Gras,
Wo tausend Tode droh'n im trocknen Sand;
Von ungeheuern Felsen, glatt wie Glas,
Erschaute unser Aug' ein Feenland!
Wir hörten rauschen krause Rillen,
Vereint mit Stimmen süss und lang
Geflügelter Sänger harmonisch erfüllen
Die Luft mit Sang.

SCHERMBRUCKER WASSERFALL.

S. 40

Ein strahlend Bild den Augen frei enthüllt
  Der Wiesen Wogen und der Thäler Grün;
Ein Paradies, so scheint's uns, hier verhüllt
  Vor Menschenblick Natur in heiterm Müh'n.
Geführt vom lauten Donner der Gewässer
  Erklettern wir gezackte Klippen, Wälle
Und sehen abwärts stürzen mit Geschmetter
        Die Hundert Fälle.

Betäubt wir steh'n, entzückt vom hellen Schein,
  Wie die massiven Wänd' von Silber glüh'n,
Und über sie die Wässer schäumend rein,
  In Regenbogenfarben kreisend sprüh'n.
Der Strom der durch granitnen Schlauch dort fällt,
  Gehemmt vom starren Fels an jedem Rand,
Seht wie im Sprung die Höh' herab er schnellt
        Ein brüllend Band.

Schneeweisser Katarakten rascher Krach
  Vom luft'gen Grat mit eisig kaltem Duft,
Durchtobt die tiefe schwarze Klamm und ach!
  Es schauert blitzend hier die bange Luft.
Im Nebel glänzend wird ihr Silberdunst
  Vom Sturm geblasen zu des Abgrunds Fee,
Ein Perlenband durchglänzt mit Zauberkunst
        Die Wolk' von Schnee.

Was ist des Pulvers Knall und Wucht, der Schall
  Der lauten Schlacht, des Donners aus der Höh',
Der Kriegsmaschinen auf dem Wogenschwall
  Getös, wenn Menschen morden auf der See,
Wenn selbst der Erde Feste wankt und schwebt:
  Bedeutet all der Aufruhr wol dasselbe,
Als hier im Kampf um Freiheit Lärm erheb'n
        Ein Hundert Fälle!

# FÜNFUNDZWANZIGSTES KAPITEL.

Von der Flut gefangen gehalten. — Eine Nacht mitten im Strom. — Ein Pavian zum Frühstück. — Flucht aus dem Gefängniss. — Wir werden mit Lächeln empfangen. — Besuch von einem poetischen Bastard. — Buschmann-Abgrund. — Ungewöhnliches Schiessen auf Flusspferde. — Ein civilisirtes Mittagsmahl. — Ein unternehmungslustiger Ansiedler. — Eine Tabacksfabrik. — Ein Inselstaat. — Hottentotten-Aerzte.

„Gibt es denn gar keine Möglichkeit die Camera hierher zu schaffen?" rief Lulu. „Es befinden sich noch zwei nicht gebrauchte Platten in der Cassette und ich möchte die Hercules-Fälle gerade jetzt abnehmen."

Fritz bemerkte, es sei besser die Camera und die Photographien sich selber zu überlassen; es sei vor allen Dingen daran zu denken, baldmöglichst von hier fortzukommen, sonst würden wir hier Hungers sterben.

„Sie mögen Ihren Plan ausführen, wenn es Ihnen gefällt", erwiderte ich, „aber ich fürchte, Sie vermögen gar nicht ernstlich genug dem Gedanken nachzuhängen, wie wir sobald als möglich aus dieser Felsenwildniss fortkommen."

„Für die Nacht kann uns nichts stören, höchstens möchte ein halbertrunkener Pavian auf diesem Felsen Zuflucht suchen", sagte Lulu.

„Ich wünschte einige von ihnen kämen zu uns, statt in jenem Baum drüben zu heulen und zu bellen: ein gebratener Pavian ist kein schlechtes Essen, wenn es nichts anderes zu beissen gibt; obendrein würde er Ihr und Fritz' Leben retten,

denn ich fresse Sie beide auf, wenn wir hier sehr lange
bleiben müssen."

„Ich will's machen", rief Fritz melancholisch aus, „wir
haben noch Zeit, darüber zu reden; ich will nicht so schnell
gefressen sein. Ich will's machen, dass Sie mich nicht
fressen!"

„Da ich kein Verlangen in mir spüre, Sie roh zu ver-
speisen, so lassen Sie uns etwas Treibholz auffischen und
Feuer anmachen. Vor Tagesanbruch wird es hier auf den
Felsen ohne Decken unangenehm kühl werden."

Binnen einer Stunde hatten wir nach meinem Vorschlage
einen Haufen Holz aufgethürmt. welcher für die Nacht ausreichen musste, und einen passenden Klotz gefunden, um
zuerst Feuer anzumachen; aber obwol das Holz noch gar
nicht lange im Wasser gelegen hatte, so konnten wir es nur
mit grosser Mühe zum Brennen bewegen.

Einige Stunden nach Sonnenuntergang stieg der Mond so
strahlend wie polirtes Silber am Himmel empor. Ich glaubte
ich hätte helles Mondlicht in Amerika und Russland im Winter
gesehen, wenn der Schnee es zurückstrahlte; aber dieses hier
sah mehr wie elektrisches Licht aus, so schwere Schatten
warf es, während die feuchten Felsen und das Wasser wie
Spiegel im Sonnenlicht strahlten.

Den ersten Theil der Nacht brachten wir damit zu, uns
Geschichten zu erzählen und das Feuer in Brand zu erhalten;
als wir schläfrig wurden, musste einer wachen und das Feuer
unterhalten, während die andern schliefen. Ich übernahm die
erste Wache und hielt mich warm und wach, indem ich um
die Felseninsel herumging und alles erreichbare Holz aus der
Strömung auffischte. Lulu und unser deutscher Begleiter
schliefen so gesund, dass ich es für einen Jammer hielt sie
aufzuwecken, und sie lieber weiterschlummern liess, bis die
Morgendämmerung die Nähe des andern Tages verkündete.
Dann rief ich: „Stehen Sie auf, meine Herren, Ihr Kaffee
wird kalt!"

Der Teutone stand auf mit dem Seufzer: „Der Stein ist

sehr hart und kalt", während Lulu so böses Rheuma in der
Schulter bekommen hatte, dass er sich ohne Hülfe nicht erheben konnte. Während ich mich über ihn bückte, um ihm beizustehen,
traf mich etwas von hinten und stiess mich auf ihn. Ich
glaubte schon, Fritz erlaube sich einen kleinen Scherz mit mir,
als ich ihn rufen hörte: „Kommt schnell!" Im Augenblick
sprang ich auf und sah ihn dicht hinter mir mit dem Ast
eines Baumes kämpfen. Vorwärts eilend sprang ich über
den Zweig und half ihm soweit heben, dass er frei über Lulu
wegging; dann liessen wir ihn los und die Strömung riss ihn
weiter. Wenn Fritz ihn nicht hier gefasst hätte, oder wenn
es Nacht und wir alle im Schlaf gewesen wären, so konnten
wir ganz gut vom Felsen weggefegt und im Strome verschwunden sein.

„Haben Sie sich verbrannt, Lulu? Der Baum muss das
ganze Feuer über Sie gefegt haben!"

„Nein", erwiderte er, „der Klotz rollte über das Feuer,
sonst wäre ich verloren gewesen; aber er hat mir allen
Rheumatismus ausgetrieben."

Während wir das Feuer wieder zusammenschürten, knallte
eine Flinte und wir sahen Fritz im Besitz eines eben erlegten
Pavians; er warf ihn neben dem Feuer nieder, indem er auf
Deutsch beifügte — seine Muttersprache schien er für die
ernsthaftesten Momente seines Lebens aufzusparen, da er
sonst etwas radebrechend englisch mit uns sprach —

„Wir müssen Gott danken, dass er uns den gesandt hat.
Wir haben genug an ihm für drei Tage!"

„Ja", sagte Lulu, „meinetwegen hält er noch länger vor.
Ich esse meine Vettern nicht, das geht über meine Gelüste.
Wenn Dr. Tanner vierzig Tage von purem Wasser leben
konnte, so werde ich sicherlich fett von dieser schlammigen
Flüssigkeit, wovon soviel vorhanden ist. Ich gratulire übrigens
zu dem Affen."

Der Pavian roch allerdings sehr kräftig, als er in den
Kohlen briet, und schmeckte ganz entsprechend; aber er

lieferte uns dennoch ein gutes Frühstück. Lulu liess sich aber nicht zum Kosten verleiten. Er habe an dem Geruch genug; er kenne ihn schon von früher her, aus Menagerien und zoologischen Gärten.

Nach dem Frühstück untersuchten wir den Fels und fanden das Wasser um 15 cm gefallen. Fritz bemerkte dazu wieder in deutscher Sprache:

„Es wird rasch fallen, weil in dieser Jahreszeit es nicht in einem fort regnet. Wir sind Gott viel Dank schuldig; er setzte uns auf diesen Fels, schickte uns Nahrung und das Wasser ist nicht grösser als gestern."

„Ja", sagte ich, „Sie haben ganz recht; aber ich hätte lieber dem Herrgott dafür gedankt, dass er die Flut gar nicht gesandt hätte, dann hätte er auch keine Manna zu schicken und Felsen an einen passenden Platz zu stellen brauchen. Aber euere soldatische Erziehung gewöhnt euch zu sehr daran, alles Heil von den Offizieren zu erwarten, und euch zu wenig auf euch selbst zu verlassen."

„Dies ist hier nicht halb so schlimm, als von französischen Gewehren und Kanonen erschossen zu werden, nicht wahr", sagte Lulu. „Uebrigens können Sie diesen Felsen jederzeit verlassen, ohne den Befehl dazu abzuwarten."

„Ja, wir sind nicht so schlimm daran als in der Wüste ohne Wasser. Dort schliefen wir im Sande, und während wir hier auch Platz zum Schlafen haben, können wir doch ausserdem soviel Wasser trinken als wir wollen; die Musik des lachenden Stromes lullt Sie in Schlaf. Affen bieten sich selber zur Speise an, die grossmüthigen Bäume reissen sich selber von den Stätten ihrer Geburt los, um Sie mit ihren Zweigen zu fächeln. Mein Liebchen, was willst du noch mehr?"

„Was ich noch mehr will? Viel! Ein kleines Glas Lagerbier wäre besser als alles was Sie sagen. Den Baum und den Affen, das Wasser und alles andere können Sie für sich behalten. Was denkt Mister Lulu davon?"

„O, Sie haben ganz recht, sage ich. Ein ganz gemeiner Schoppen Lagerbier ist mir gut genug, und zum Schlafen ist

jeder Platz geeigneter als dieser Felsen. Obendrein können
wir schlafen auch ohne dass das Wasser uns lachend oder
schreiend in Schlaf singt."

Die Sonne brannte schon kräftig und meine Augenlider
wurden schwer; deshalb legte ich mich in der warmen Sonne
zum Schlafen nieder, was jedenfalls angenehmer war als im
kalten Mondschein.

Um 4 Uhr nachmittags wachte ich auf und hörte Lulu
und Fritz sich darüber unterhalten, dass das Wasser nahezu
1 m gefallen sei. Solch freudige Nachricht brachte mich
bald auf meine Füsse, und wirklich schaute ein Felsenriff ein
wenig links von uns schon aus dem Wasser hervor. Konnten
wir dieses erreichen, so war die Möglichkeit vorhanden,
über dasselbe nach der Stelle zu gelangen, wo wir die
Camera und unser Frühstück am vorigen Tage versteckt
hatten.

Letzteres zu bekommen, war von höchster Wichtigkeit,
weil Lulu seit mehr als 30 Stunden nichts genossen hatte,
und das Trinken von so viel schmutzigem Wasser ihn leicht
krank machen konnte. Er gab nichts auf meine Vorschläge,
noch denselben Abend einen Versuch zu unternehmen, weil
Fritz meinte, morgen früh werde das Riff trocken genug ge-
laufen sein, um es ohne Gefahr zu passiren, denn die eigentliche Schwierigkeit bestand darin, die Stromschnelle zwischen
dem Riff und uns zu überschreiten.

In dieser Nacht schlief keiner von uns; wir plauderten
bis es Tag wurde und brachen auf, um die rasche Strömung
zu passiren, nachdem Fritz und ich uns an dem Rest vom
Pavian nochmals gütlich gethan hatten. Das Wasser war
nicht soviel als gestern gefallen, und der Strom noch stark
und tief, sodass ich als der kräftigste Schwimmer der Gesellschaft voranging.

Mit den in ein kleines Bündel zusammengelegten und mit
den Hosenträgern oben auf dem Kopf festgebundenen Kleidern
suchte ich mir meinen Weg langsam über den Felsboden, der
so schleimig und schlüpfrig war, dass ich verschiedene mal

die Füsse unter mir verlor. Die Strömung wurde dann so
schnell tiefer, dass ich den Boden nicht länger berühren
konnte; deshalb warf ich mich kräftig in die Brust und
schwamm aus Leibeskräften auf einen zehn Schritt weiter
abwärts gegenüberliegenden Felsen los. Jede Muskel im
Kampf gegen die raschen Wasser einsetzend, damit sie mich

Die Hercules-Fälle bei hoher Flut.

nicht vorbeiführten, stiess ich in demselben Augenblick, als
ich sie zu erreichen hoffte, mit der Brust gegen eine blinde
Klippe, sodass ich beinahe den Athem verlor. Glücklicherweise konnte ich mich an ihr festhalten und mich sogar
hinaufschwingen, sodass ich nachsehen konnte, wovon mir die
Brust so schmerzte. Indessen die Schramme war nicht be-

deutend, die Gefahr überstanden und der übrige Theil des
Weges führte mich nur durch Pfützen und Löcher ohne viel
Strömung, sodass ich den andern zuwinkte mir zu folgen, nachdem ich die Camera, Stricke, Frühstück u. s. w. aus dem
Versteck hervorgeholt hatte. Lulu kam zuerst, sprang mit
einem Satz in den Strom und schwamm mit Todesverachtung,
während das Wasser ihn wie ein Korkstück trug. Als er
die Klippe mit der einen Hand fasste und die andere in die
Höhe streckte, ergriff ich ihn beim Arm, liess ihn durch den
Strom um die untere Hälfte der Klippe herumschwingen und
holte ihn dann heraus. Wir waren beide blau vor Kälte und
zitterten nicht wenig, deshalb liess ich Lulu sich sofort an-
kleiden, während ich Fritz zu Hülfe eilte, welcher zögerte,
sich der Gnade des wilden Stroms anzuvertrauen, der ihn
leicht für immer entführen konnte.

Ich winkte ihm zu, höher hinaufzugehen und sich erst
dort ins Wasser zu stürzen, weil er dann leichter hinüber
käme, bevor der Strom ihn fortrisse; aber er kam nicht weit,
da trat er in ein Loch und verschwand, tauchte aber bald,
pustend wie ein Braunfisch, wieder auf und kletterte auf einen
Fels, auf dem er sich festhalten konnte. Mit einem Tau in
der Hand watete ich nun so nahe als möglich an ihn heran,
schoss das Tau hübsch auf, nachdem ich es vorher untergetaucht hatte, um es schwerer zu machen, schwang es dann
um den Kopf und schleuderte es wie einen Lasso nach ihm
hin. Schneller als ich es je an ihm wahrgenommen griff er
nach dem einige Fuss bei ihm vorbeitreibenden Strick, bevor der Strom ihn entführte, schlang ihn um die rechte Hand
und stürzte sich von neuem in die wirbelnden Wasser und
machte einige kräftige Schläge, bevor ich die Lose[1] einholen
konnte; dann aber hielt ich das Tau mit beiden Händen fest
und verhütete so, dass er nicht schwimmend weiter vom Strom
fortgerissen wurde. Als die Leine gespannt wurde, riss ihn

---

[1] Die „Lose" ist ein seemännischer Ausdruck für den nicht gespannten Theil eines im übrigen gespannten oder zu spannenden Taues.

der Strom herum und schleuderte ihn mit grosser Gewalt gegen die Felsen, sodass Knie und Ellenbogen sich arg zerscheuerten, ohne dass jedoch ein Knochenbruch eintrat. Mit meiner Hülfe watete und zappelte er dann zum Riff hinüber, wo ich Lulu hatte stehen lassen, beim Frühstück allerdings, ohne dass er jedoch, obgleich er so lange nichts genossen hatte, es eher anrührte, als bis wir theilnehmen konnten. Wir dankten aber dafür, weil wir unser Frühstück schon vor dem Bade zu uns genommen hatten. Während er ass, humpelte Fritz in seinen nassen Kleidern umher, weil sie dann leichter trocknen würden, und auch ich schlüpfte in die meinigen, sodass wir uns bald so glücklich fühlten, als wir es den Umständen nach sein konnten. Lulu bestand darauf, die Hercules-Fälle zu photographiren, bevor das Wasser noch weiter fiele, wenn wir auch wieder bis zu der Stelle unterhalb derselben gehen mussten, von wo er sie schon früher aufgenommen hatte. Mit Hülfe der Taue gelang es uns, aber es werden wol viele Jahre darüber hingehen, bis die Fälle von neuem mit so grossen hinabstürzenden Wassermassen photographirt werden.

Was vom Frühstück übriggelassen war, assen wir am Abend. Für drei starke Esser war es gerade nicht viel, aber wir waren froh, dass es nicht weniger war, und schliefen die Nacht hindurch unter zwei Felsen so gesund, als ruhten wir im „Kaiserhof", obgleich es uns beim Erwachen am andern Morgen vorkam, als hätten wir in der Nähe des Südpols geschlafen, so zitterten wir vor Kälte.

Einige Stunden lang waren wir deshalb wie abgestorben für jede Lebensfreude. Hunger und Kälte vertragen sich schlecht mit Heiterkeit der Seele und angenehmer Thätigkeit des Geistes. Es lag jedoch ein ernstes Stück Arbeit vor uns, und beim Einsammeln unserer Taue und der Auffindung des Rückwegs kehrte die natürliche Wärme gemach zurück. Das Wasser war während der Nacht beträchtlich gefallen, sodass wir ohne Beschwerde zum „Rettungsfelsen" zurückgelangen konnten, auf dem unsere Büchsen noch lagen. Nach

den Gewehren kam das Frühstück. Dann wateten wir durch
verschiedene Flussarme und Schluchten, welche vor der Flut
von uns trocken, jetzt aber vom Wasser und ansehnlichen
Wasserfällen erfüllt gefunden wurden, bis wir zu einer Insel
kamen, welche mit Pflanzenwuchs bedeckt war und von ge-
fiedertem Wild wimmelte. In kürzester Zeit hatten wir unsern
Frühstücks- oder Mittagstisch mit Fasanen und Tauben versehen, und selbst ohne Salz schmeckte die Mahlzeit besser
als ich sie je von einem silbernen Teller genossen hatte. Wer
uns essen sah, musste glauben, wir seien ein leerer Raum
vom Schädel bis zur Fusssohle.

Nach dieser Erfrischung waren wir besser auf die
Schwierigkeiten vorbereitet, welche uns auf der Wegstrecke
bis zu unserm Wagen erwarteten. Nach dreistündigem
Kriechen, Krabbeln, Klettern, Fallen, Schwimmen, Ausgleiten,
Steckenbleiben, Rutschen, Stolpern, Humpeln, Waten und
Gehen bekamen wir endlich unser „Haus" in Sicht. Die
Hunde kamen uns vor Freude bellend und springend ent-
gegen und Jan folgte ihnen mit Thränen in den Augen, ob
aus Kummer oder aus Freude konnten wir nicht unter-
scheiden und glaubten deshalb das Beste.

„Wenn Maister nicht heute zurückkommen that, so ging
ich morgen zu Coe Smith, um Hülfe für Maister zu suchen
und ihm etwas zu essen zu bringen. Ich war sicher, dass
Maister zu schlau sei, um sich von den Fällen wegwaschen
zu lassen; aber zu andern Zeiten fürchtete ich, dass er
Hungers sterbe. Ich dachte an die Zeit, als ich mich in der
Wüste verirrt hatte, und ich fürchtete, Maister möchte ebenso
schlecht zu Muthe sein, wie mir damals."

Während wir assen kam Korap mit dem Vieh zurück und
lächelte zum ersten mal bei unserm Anblick, welcher Beweis
von Zärtlichkeit uns reichlich für alle Gefahren und Mühseligkeiten entschädigte.

Am andern Morgen besuchte uns Coe Smith und brachte
einige Liter Milch und ein Schöpsviertel; er hätte eben davon
gehört, dass wir auf seinem Landgut wären und käme, um

uns in seinem Warf und Kraal willkommen zu heissen. Als
wir ihm auseinandersetzten, wir seien mit der Absicht her-
gekommen, die „groote Waterfalls" zu sehen, wie er sie
nannte, rief er aus: „Gesegnet sei der Herr, welcher den
Wind sandte, welcher die Wolken herblies, welche den
Regen herunterschickten, welcher den Fluss anschwellen machte,
welcher über die Felsen stürzte und die Fälle hervorrief,
welche Sie hierherführten, denn sonst würde ich nicht das
Vergnügen gehabt haben, Sie kennen zu lernen."

Für einen analphabetischen halben Mischling war das
schon eine recht poetische Ansprache, deshalb sagte ich ihm,
er sei ein geborener Diplomat, welches Compliment er aber
etwas mistrauisch aufnahm, bis Fritz ihm den wahren Sinn
desselben erläuterte.

Er fragte mich, ob ich den „Buschmann-Abgrund" gesehen hätte, und fügte ohne meine Antwort abzuwarten hinzu,
sie liege an der andern Seite des Flusses, gerade unterhalb
des grossen Wasserfalls. In der Nähe lebe ein Boer, welcher
häufig Schafe und Ziegen verloren und den Verlust den
Hyänen oder den sogenannten Wölfen aufs Conto gesetzt
habe. Er stellte deshalb Wachen aus, fand aber statt der
Vierfüssler mehrere zweibeinige Strauchdiebe in der Gestalt
von Buschmännern, auf welche also Jagd gemacht wurde.
Die Buschmänner flohen auf die Fälle zu und kamen, da der
Fluss gerade niedrig war, glücklich über die ersten Spalten,
während die gelegentlich auf sie feuernden Verfolger ihnen
dicht nachfolgten. In der Hast, der Gefahr hinter ihnen zu
entgehen, beachteten die armen Buschmänner aber nicht eher
als bis es zu spät war, dass ein fürchterlicher Absturz vor
ihnen lag, rannten kopflings hinzu und stürzten 100 m tief
in den Abgrund. Dass sie nachher nicht mehr Schafe gestohlen haben versteht sich von selbst.

„Wenn es Ihnen Vergnügen macht", sagte Coe, „nach
der andern Seite jener Berge zu kommen, so finden Sie auf
einer grossen Niederung mein Vieh und zugleich eine Heerde
Kudus. Da der Boden völlig eben ist, so ist es schwer, an sie

heranzukommen, weil sie meilenweit alles sehen können; wenn
Sie aber etwas anderes vorziehen und am Flusse noch nicht
genug haben, so will ich Ihnen auch eine Stelle zeigen, gut
30 km weiter abwärts, wo Sie Flusspferde schiessen können.
Seit der Koranna-Krieg vorbei ist, vermehrt sich ihre Zahl
wieder."

Wir zogen vor, auf Behemoth zu jagen, und wurden nach
zweitägigem fruchtlosen Suchen zuletzt damit belohnt, dass
wir die frischen Spuren zweier Alten und eines Jungen fanden,
welche offenbar an diesem Morgen dort aus dem Flusse gestiegen waren. Dort mitten im Strom sahen wir auch runde
Gegenstände hervorragen, augenscheinlich die Rücken oder
Köpfe tauchender Flusspferde. Nachdem wir uns unter der
Deckung eines Busches und eines Baumes mit dicken Aesten
herangeschlichen und ruhig gezielt hatten, feuerten wir mehrmals auf sie, ohne dass unsere Kugeln irgendwelchen Eindruck auf ihre solide Rüstung machen konnten. Unsere auf
das höchste gespannte Einbildung, unterstützt von der optischen
Täuschung, welche festen Gegenständen im Wasser Leben einzuflössen schien, hatte die vom Wasser zerfressenen Felsen
in Flusspferde verwandelt! Kein Wunder, dass wir dem festen
Gestein kein Blut abpressen konnten! Nachdem sich dieser
Irrthum öfters wiederholt hatte, lullte unser Ungestüm langsam
wieder ein und ich begann zu wünschen, dass ich gar nicht
hinausgegangen, sondern bei Lulu geblieben wäre, welcher
den Tag lieber damit hinbrachte, eine Karte des Flusses in
der Nähe der Fälle zu entwerfen und weitere Photographien
aufzunehmen — eine Arbeit, welche ihm mehr zusagte
als die Jagd.

Nach der Rückkehr erzählten wir jedoch nichts davon,
dass wir irrthümlich Flusspferde und Felsen verwechselt
hatten, indessen „der Mord muss ans Tageslicht", und deshalb hat jeder, der darüber lachen will, hier die ganze Geschichte schwarz auf weiss vor sich.

Wir blieben noch einige Tage, um eine vollständige
Uebersicht der Fälle zu Papier zu bringen, und sagten dann

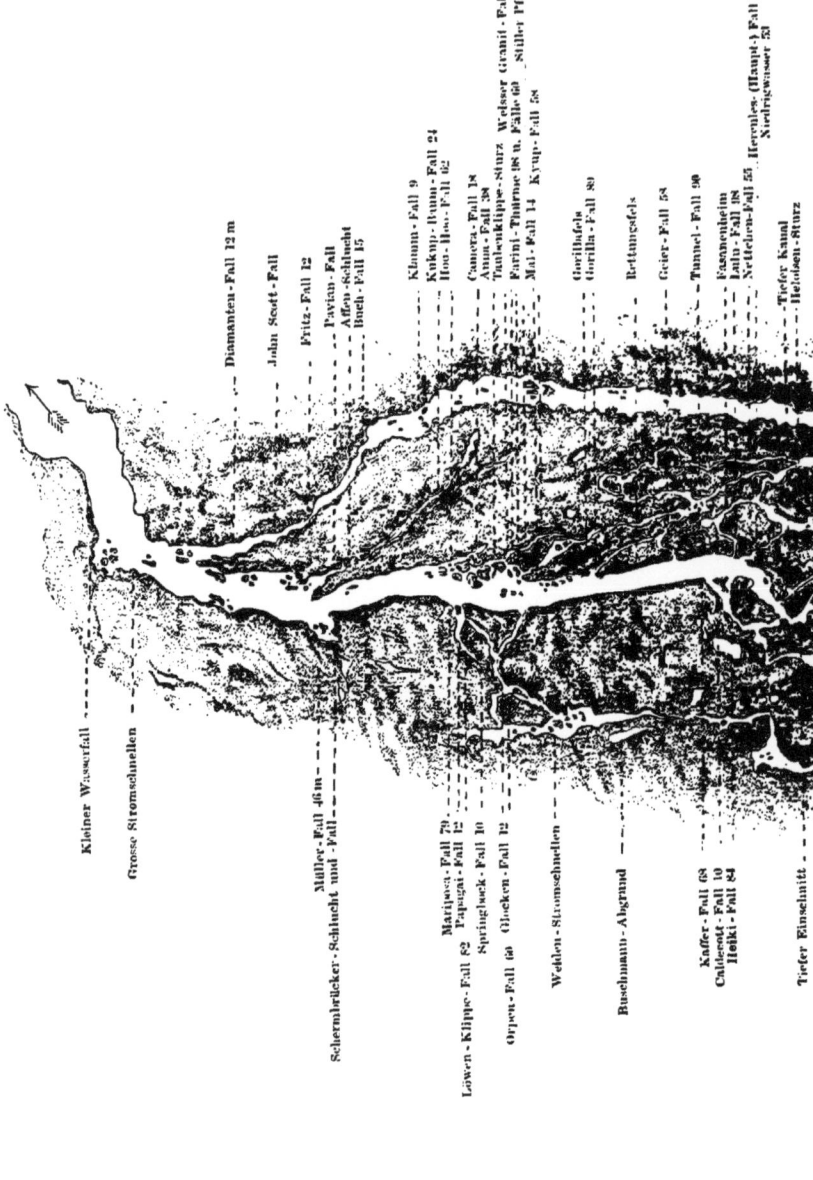

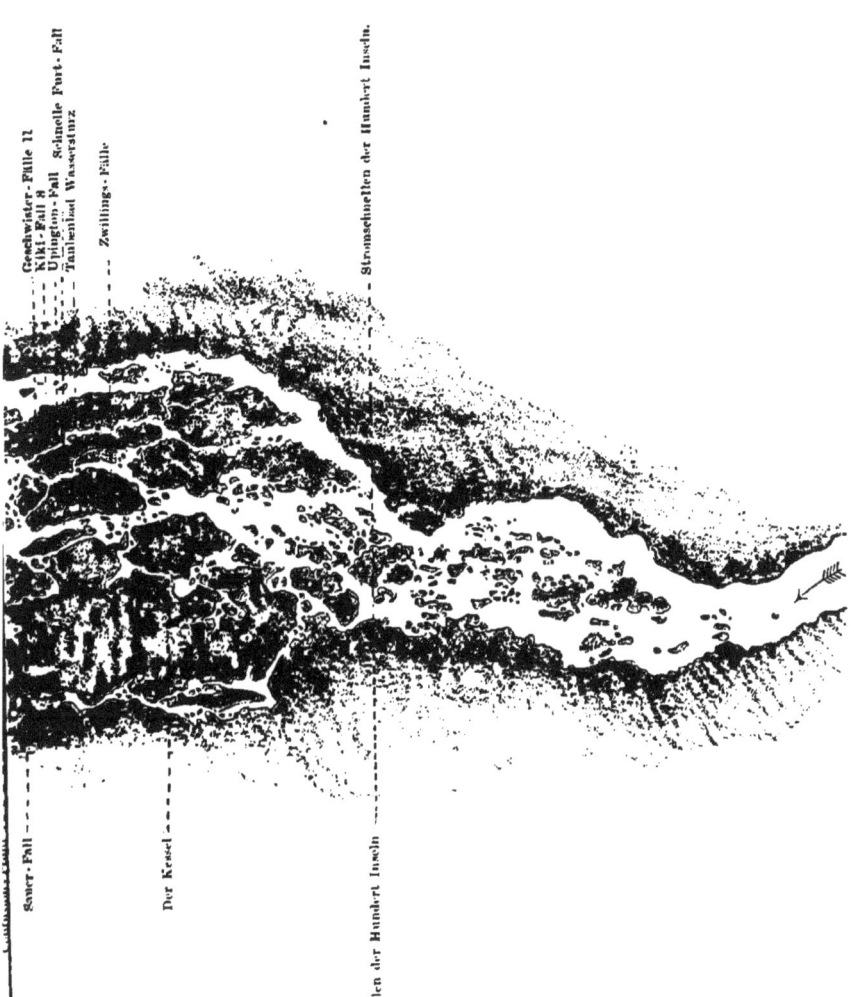

Geschwister-Fälle 11
Niki-Fall 8
Upington-Fall   Schnelle Port-Fall
Taubenloof Wassersturz

Zwillings-Fälle

Stromschnellen der Hundert Inseln.

Sauer-Fall

Der Kessel

Stromschnellen der Hundert Inseln

ÜBERSICHT DER HUNDERT FÄLLE DES ORANJEFLUSSES.

Coe Smith Lebewohl. Er brachte uns zum Abschied noch
etwas Milch, wofür wir ihm Kaffee und für die Frau ein
seidenes Tuch schenkten, worüber er sehr erfreut schien.
Seinem Rath gemäss hielten wir am Abend bei dem Warf
„Oranje-Berg" an. Am nächsten Tage regnete es fortwährend
stark, sodass wir nur langsam vorwärts kamen, und erst
am folgenden Tage gegen Mittag gelangten wir wieder zum
Flusse, bei „Nooit Gedacht", wo mehrere mit tiefem reichen
angeschwemmten Grunde bedeckte Inseln liegen. Hier wurden
wir von dem Besitzer der Inseln, einem alten Canadier
Namens Fryer, willkommen geheissen, welcher darauf bestand,
einige Tage bei ihm zu verweilen. Wir wurden seiner Frau
vorgestellt, welche in kürzester Frist mit Hülfe ihrer jungen
Buschmädchen und Korannadienerinnen uns ein Mittagessen
vorsetzte, welches sich mit jedem Mittagessen bei einem
englischen Landwirth messen konnte. Als Gemüse bekamen
wir Kartoffeln, Kohl, Tomaten und Schoten. Die erstern
hatten wir monatelang nicht gegessen; man kann sich also
denken, was das für ein Leckerbissen für uns war. Dann
gab es Maisbrot, so leicht wie Weizenbrot aber viel süsser,
welches sie dort aus einer schneeweissen Maissorte, Brot-
mehl genannt, bereiten, und von dem ein bis an die Decke
reichender Haufen in einer Ecke des Hauses lag; das Mehl
wurde in einer Kaffeemühle mit der Hand gemahlen.
      Nach dem Essen lootste Herr Fryer uns über sein Land-
gut. Ueberall zeigten sich Beweise seiner Geschicklichkeit
als Baukünstler und als Bauherr und Landwirth. Das von
ihm selbst errichtete Haus war aus eigenhändig geformten
und eigenthümlich gebrannten Ziegelsteinen erbaut; als Mörtel
hatte mit Sand vermischter Lehm gedient.
      Wenige Schritte vom Hause befand sich eine kleine
„Sluis" oder Wasserleitung, in welcher ein Dutzend quakende
Enten plauderten und sich die Kleider wuschen, ohne sie
auszuziehen. Am Rande des Wasserlaufs, welcher sich wie
eine verlängerte Riesenschlange dahin und dorthin wand,
standen Bananen-, Feigen-, Pfirsich-, Kirschen-, Apfel- und

Birnbäume, unter letzern die grosse Igelbirne. Darauf wurden wir in ein langes Gebäude geführt, von dessen Dachsparren Tabacksblätter von ansehnlicher Grösse zum Trocknen herunterhingen. Hier flocht ein alter Deutscher mit Hülfe eines braunen Mannes dieselben zu langen Rollen und zerschnitt sie in 30 cm lange, 10 cm dicke Enden, welche zu 20 Mark das Stück verkauft wurden. Nachher wandten wir uns zu einem anscheinenden Urwald, an dessen Rand entlang wir weiter gingen, bis wir zu einer andern Wasserleitung kamen, welche im niedrigern Lande ein kürzlich bestelltes Stück Weizenland bewässerte. Das Feld stiess an dem andern Ende an einen der vielen Seitenläufe des Hauptstroms, welcher sich hier eine tiefe Schlucht ausgewühlt hatte, durch die er weiterrauschte. Ueber diese Schlucht vermittelst einer rohen Pfahlbrücke gehend, welche nur halbwegs zum steilen Rand des jenseitigen Ufers hinanreichte, kletterten wir mit einiger Mühe über den übrigen Theil hinweg und befanden uns mitten in einem abgeernteten Maisfelde. Jedes Feld bildete eine Insel für sich, auf deren felsiger Unterlage die Fluten eine dicke Schicht reichen fruchtbaren Bodens, in welchem alles wachsen konnte, abgesetzt hatten: was aber die Natur begonnen, hatte Herr Fryer dadurch vervollständigt, dass er durch künstliche Kanäle das Wasser an alle Stellen leitete, wo es fehlte. Einige Felder waren sehr gross, andere klein; alle waren umgrenzt von riesigen abgebrochenen Felsblöcken.

Alle Ernten waren bereits eingeheimst mit Ausnahme des Riesenkohls und der grossen Kaffer-Wassermelone, denen der leichte Frost nicht schadete. Herr Fryer wandte besondern Fleiss auf die Cultur des Weinstocks. Die Stöcke sahen sehr kräftig aus und rankten sich an Pfählen über tiefe, reissende Stromläufe. Noch weiter gehend kamen wir zu einer der wildesten Partien, die man sich nur denken konnte, der Heimstätte Tausender von Felsentauben, welche in diesen fast unzugänglichen Felsen ihre Nester angelegt und seit undenklichen Zeiten ihre Jungen grossgezogen hatten. Herr Fryer sagte. er habe keine Flinte und keine Zeit, um sie zu schiessen,

deshalb verabredeten wir, Fritz und ich, mit seiner Erlaubniss eine Jagd für den Abend, wenn sie zur Rüste gehen
würden, und hatten damit auch einen solchen Erfolg, dass
wir Dutzende dieser schwerfälligen, hübsch gezeichneten Noah-
Tauben mit nach Hause brachten, freilich dafür allerlei Stücke
Haut von Ellenbogen und Knien zurückliessen. Am Abend erkundigte sich während des Essens unser Wirth angelegentlich
nach den Wundern der Hundert Fälle. Obgleich sie vor seiner
Thür lagen, so hatte er sie doch noch nicht gesehen, weil
man ihm immer den Glauben beigebracht hatte, dass sie
unzugänglich seien.

Während unsers Geplauders pflegte gelegentlich ein Ko-
ranna-Hottentotte seinen Kopf in die Thür zu stecken und
ganz vertraulich zu rufen: „Baas, ich bitte um etwas Taback",
oder was er sonst haben wollte. Herr und Leute schienen
auf freundlichem Fusse miteinander zu stehen. Herr Fryer
antwortete stets in väterlichem Tone, und seine Wohnung
widerhallte laut von dem fröhlichen Gelächter der Jungen
und Mädchen, welche bei einer Pfeife vergnügt miteinander
schwatzten, indem sie nach einigen Zügen dieselbe in der
Runde herumgehen liessen, sodass sie von Mund zu Mund
wanderte, bis sie wieder gefüllt werden musste. Wenn unsere
Matrosen gemeinschaftlich aus einer Kanne Bier trinken, so
wischen sie dieselbe mit ihren schmierigen Aermeln ab, bevor
sie nach ihren Kameraden trinken; aber von diesen Hottentotten hielt es keiner für nothwendig solche Vorsicht zu üben,
bevor er einen Zug aus seines Nachbars Pfeife that.

Herr Fryer glaubte in fast abergläubischer Stärke an
die Wirksamkeit einiger Arzneien der Hottentotten-Aerzte,
und erzählte mir zum Beweise von wunderbaren Heilungen
speciell des Fiebers. Der Sohn eines seiner Nachbarn war
an einer Art Malaria verbunden mit Wechselfieber erkrankt.
Als letzter Versuch wurde ein Hottentotten-Doctor herbei-
geholt, welcher ihm ein paar Stücke Harz eingab, das
aus einem dortzulande Wanu genannten Strauch ausschwitzt.
Die Gabe wurde abends und morgens zwei Tage hindurch

wiederholt; schon drei Stunden nach der ersten Gabe fühlte
der Kranke sich besser, und die letzte Dosis am zweiten
Tage blieb schon unbenutzt, weil der Kranke sich bereits
völlig erholt hatte; auch hat er seitdem keinen Anfall wieder
bekommen.

Unter anderm erzählte Herr Fryer, dass zu gewissen
Jahreszeiten die Blätter der Weidenbäume sich mit einer
süssen Substanz bedecken, welche die Eingeborenen abwaschen
und zu Bier vergären lassen, und es überraschte ihn, von
mir zu erfahren, dass möglichenfalls eine Absonderung der
Blattlaus die Blätter so überziehe, wie ja die Ahornbäume
in Nordamerika einen ähnlichen von den Bienen gern ge-
suchten Saft hervorbringen.

Als wir uns verabschiedeten, bestand Herr Fryer in
freundschaftlicher Weise darauf, unsern Wagen mit Küchen-
gewächsen halb anzufüllen, deren Annahme, so willkommen
die Gemüse uns auch waren, uns doch etwas in Verlegenheit
setzte, weil wir die Artigkeit zu erwidern uns nicht in der
Lage befanden.

Als wir fortritten, konnten wir den Gedanken nicht los-
werden, in welchem Gegensatz dieser Ort zu den erfolg-
reichsten Anstrengungen der Boers in jedem andern Theil
dieses Landes stand; und man konnte sich unschwer ein Bild
dieser aus Lehm gebildeten und von Felsen umgürteten Inseln
unter der Verwaltung eines schmutzigen, faulen, aber „gottes-
fürchtigen" Boer entwerfen. Dieses auserwählte Volk hat
jedoch nicht nöthig zu arbeiten. „Gott wird uns helfen" ist
ihre beständige Antwort auf jeden Vorschlag dieser Art. Die
Philosophie, welche sich in den Sprichwörtern zusammen-
drängt: „Gott hilft denen, welche sich selbst helfen", und
„Sauberkeit kommt zunächst nach Göttlichkeit", findet keinen
Eingang in ihre reinen unschuldigen Herzen.

# SECHSUNDZWANZIGSTES KAPITEL.

In Upington. — Die Annehmlichkeiten der Civilisation. — Ein schöner
Gärtner und eine Gartenfee. — Eine sehenswerthe Bewässerungsanlage.
— Ein guter Bissen für einen Buschmann. — Glückliche Familie.
— Gefährliche Furt. — Geduld und Ausdauer. — Ein entschlossener
Händler. — Grosse Theegesellschaft. — Eine Boer-Hochzeit. — Im
Verhör über die Königin. — Prieska. — Schlimme Bestimmungen für
die Buschmänner. — Noch einmal Froude's „ehrlicher Boer". — Wieder
in Hopetown. — Oeffentlicher Verkauf. — „Ehrliche Boers." — Besuch
von Zeitungsschreibern. — Allgemeine Schlüsse.

Am Nachmittag des zweiten Tages, nachdem wir dem
wohlwollenden gastfreien Herrn Fryer Lebewohl gesagt hatten,
kamen wir in Sicht der weissen Kirche der Stadt Upington,
welche diesen Namen zu Ehren des ersten Ministers der Capcolonie erhalten hat. Als ich ein neues Ziegelsteinhaus mit
Zinkdach und Veranda erblickte, welches im Vergleich mit
den Lehmhäusern der Boers und den mit Leinwand und
Gras bedeckten Hütten der Eingeborenen sehr civilisirt aussah, fragte ich nach dem Besitzer. Ein kleiner Neger mit
gelbem verwilderten Haar antwortete in Afrikander: „Das ist
das Haus von Mr. Scott, dem grossen Baas". Heranfahrend
fand ich den „grossen Baas", oder um mich respectvoller
auszudrücken, den Regierungscommissar [1] zu Hause, welcher,

---

[1] Als Regierungscommissar für England ist H. John Scott der
rechte Mann am rechten Platz, welcher Güte mit Gerechtigkeit zu paaren
versteht und die Eingeborenen und Mischlinge, von denen er sehr hoch

nachdem ich mich vorgestellt und den Brief von Oberst Schermbrücker übergeben hatte, mir freundlichst ein Zimmer anbot
und darauf bestand, es für die Dauer unsers Aufenthalts
als das unserige zu betrachten. Nachdem ein Platz zum Ausspannen und von Kapitän Dyerson, dem Befehlshaber der
nördlichen Polizeimacht, deren Baracken von den Ufern des
Oranjeflusses herüberleuchteten, die Erlaubniss erlangt war,
unsere Ochsen auf deren Veldt zu treiben, kehrten wir zum
Thee zurück und wurden Frau Scott vorgestellt, welche es
uns so heimisch machte, dass wir uns sofort wie zu Hause
fühlten. Die Freundlichkeit unsers vielerfahrenen Gastgebers
und seiner hochgebildeten Frau werden uns unvergesslich
bleiben. Was war es für ein Vergnügen, seine Beine unter
einen Tisch zu strecken, an welcher die Frau vom Hause
den Vorsitz führte — Gott segne sie alle! — und an den
Freuden einer civilisirten Mahlzeit theilzunehmen, welche mit
der Unterhaltung einer englischen Familie gewürzt war.

Gleich den meisten Pionnieren in einem neuen Lande
weiss Herr Scott in allen Sätteln zu reiten. Neben seinen
amtlichen Obliegenheiten versteht er den Doctor, den Huf-
schmied, den Zimmermann, den Zinngiesser, den 'Wagen-
bauer u. s. w. zu spielen. Sein neuerrichtetes Ziegelsteinhaus mit Stallung, Nebengebäuden und Garten kann sich sehr
wohl in jeder afrikanischen Stadt sehen lassen. Es steht auf
dem hohen Ufer der Nordseite des Oranjeflusses und be-
herrscht eine prächtige Aussicht über den malerischen Strom,
dessen mit grünem Laub bedeckte Inseln einen angenehmen
Gegensatz gegen die kahlen Hügel an jeder Seite bilden.
In wenig Jahren werden die Obstbäume und Reben, welche
sie gepflanzt haben, mit köstlicher Frucht sich bedecken, um
sie für die mühevolle Anlage eines eben vollendeten ausgedehnten Bewässerungssystems zu belohnen.

---

gehalten wird, durch und durch kennt. Sowie sie hörten, Koranna-
Land sei einverleibt, schickten sie eine Bittschrift an die Capregierung,
damit Herrn Scott erlaubt würde, unter ihnen zu bleiben.

Frau Scott ist die Gärtnerin und zeigte mir eine hübsche
Sammlung einheimischer Blumen, welche sie selbst gesammelt
hat und ferner mit grösstem Erfolg zusammensucht. Ein
lilienartiges Doldengewächs zog ganz besonders meine Aufmerksamkeit auf sich; es wächst zahlreich auf den Inseln,
trägt weisse und fleischfarbige Blüten und hat einen köstlichen Geruch. Im Gegensatz zu dieser zeigte mir Frau Scott
eine andere sonderbare Pflanze ohne Blätter, einem Cactus ähnlich, deren fleischige Stengel in einem Bündel mit einem Saum
von zehnzölligen Blumen emporwuchsen, welche aus purpur-
braunem Sammt ausgeschnitten zu sein schienen und überall
mit glänzenden goldigen Hieroglyphen gezeichnet waren. Frau
Scott nannte diese Pflanze die Aaspflanze, und sie verdiente
den Namen vollauf, denn wenn sie geschüttelt wurde, so gab
sie einen geradezu unausstehlichen Geruch von sich. Ich war
der Pflanze bereits mehrere mal in der Wüste begegnet, zum
ersten mal früh an einem Morgen, wo meine Aufmerksamkeit durch die glänzenden goldigen Abzeichen auf dem tiefen,
reich gefärbten Blumenkopf auf sie gelenkt wurde. Ich grub
ein Exemplar aus, damit Lulu es nach dem Ausspannen
photographire, aber sobald es angerührt wurde, sandte es
einen so krankmachenden Geruch aus, dass ich vor Ekel den
Scherz beinahe aufgab. Indessen blieb ich bei meinem Vor-
satz und stellte die Blume in den Wagen, aber dort protestirte
sie alsbald gegen das Schütteln desselben und gab einen so
durchdringenden Gestank von sich, dass selbst der Treiber
Jan lieber ausstieg und nebenherging. Als wir anhielten,
wurde sie hinter einen Busch gestellt, aber selbst von dort
machte sie Lulu seekrank und mich so eingenommen im Kopf,
dass ich sie grossentheils unter dem Sand vergraben musste.
Während dieser Arbeit übte sie eine so mächtige narkotische
Wirkung auf mich aus, dass ich beinahe in Schlaf verfiel. Als
ich zum zweiten mal der Pflanze ansichtig wurde, wollte ich
erst im weiten Bogen um sie herumgehen, suchte mir aber
nachher doch einige kleine Exemplare aus, welche ich mit nach
Hause nahm, wo sie sich bei der grossen, dem botanischen

Garten von Kew geschenkten Sammlung befinden (vergl. Anhang: „Zur Flora der Kalahari-Wüste", Nr. 81). Die bereits oben erwähnte Bewässerungsanlage verdient eine mehr als vorübergehende Beachtung. Die Sluis oder Wasserleitung, welche den grauen sandigen Niederschlag, auf dem vorher nur einige Tabackstauden und Dornbüsche wuchsen, so fruchtbar macht, hat 21 km Länge und dabei kaum baare 1000 Pfund Sterling gekostet — in Betracht der Länge eine lächerlich geringe Summe, besonders wenn man bedenkt, dass der Kanal an verschiedenen Stellen aus dem Felsen gesprengt und an andern Stellen über Bogen weitergeführt werden musste. Die Werkzeuge und das Dynamit wurden mit Hülfe einer von der Regierung gewährleisteten und von Herrn Scott bewerkstelligten sechsprocentigen Anleihe bezahlt, und die Arbeit meistentheils wenn nicht überall mit Landanweisungen an jeden Eingeborenen, der seine bestimmte Arbeit fertig stellte, honorirt. Der Eröffnungstag bleibt ein Gedenktag für die Eingeborenen, welche Hunderte von Meilen in ihren Karren und Ochsenwagen dahergereist kamen, um Zeugen des grossen Actes zu sein, als die Wasser des Oranjestromes durch die Sluis geleitet wurden. Der Erfolg dieses Werkes sollte die lethargischen Boers an dem andern Flussufer zu ähnlichen Anstrengungen veranlassen, deren meilenlange Flussfronten und weite Niederungen reichen angeschwemmten Bodens blos auf fleissige Hände warten, die ihnen Wasser zuführen und dadurch die verdorrte Oberfläche in ein wahres Eden verwandeln würden.

Nachdem wir gefischt, Gänse, Enten und Fasanen geschossen und Jagd auf die zahlreichen längs des Flusses hausenden Affen gemacht und unsere freundliche Aufnahme nach Kräften ausgenutzt hatten, verhandelten wir alle noch übrigen Büchsen mit Munition u. s. w. gegen Ochsen, sagten unsern übergütigen Freunden, Herrn und Frau Scott, Lebewohl, und machten uns mit unserer Karavane auf den Weg nach dem 400 km entfernten Hopetown. Zu vorgerückter Abendstunde, eben vor Eintritt der Finsterniss, wurden wir alle

durch eine glänzende Lichterscheinung überrascht, welche
gleich den Strahlen einer elektrischen Bogenlampe plötzlich
die Landschaft erhellte. Der Himmel war dunkel und stern-
leer, aber aufblickend sah ich eine schöne weisse Feuerkugel
von der scheinbaren Grösse meines breitrandigen Hutes in
gerader Linie quer durch die Luft schiessen. Sie schien von
einem Punkte zu kommen, der auf ein Viertel der Höhe vom
Horizont bis zum Zenith lag, und sich in gerader Linie halbwegs über diesen ganzen Himmelsbogen zu bewegen, wozu
sie wenigstens 20 Secunden Zeit gebrauchte, worauf sie ohne
Geräusch verschwand. Die Eingeborenen waren furchtbar
erschrocken und wollten durchaus nach Upington zurückkehren; aber wir gingen weiter und brachten die Nacht auf
dem Warf eines alten Boer zu, wo bereits zwei Familien von
Berg-Buschmännern ihr Lager aufgeschlagen hatten — wenn
die Entfernung einiger Steine, mit denen der Boden hier vollständig bedeckt war, um sich eine weiche Schlafstätte zu verschaffen, ein Lager genannt werden darf. Zwei Männer und
eine Frau waren schlank und hübsch gebaut, auch anmuthig
in ihren Bewegungen. Die Kinder, deren ein Dutzend und
mehr da waren, sahen wirklich hübsch aus. Eins kniete im
Sande und leckte das Mark auf, welches von einigen Knochen
herrührte, die ein älterer Buschmann auf einem Stein zer-
schlug. Der Gestank des Mark war so arg, dass wir weg-
treten mussten; der alte Boer erzählte, dass die Knochen von
einem seiner an einer Krankheit gestorbenen Pferde her-
rührten, dass aber die Buschmänner jedes faule kranke Fleisch
verzehrten, ohne sich anscheinend damit zu schaden.

Am andern Morgen wurden wir vor Tagesanbruch durch
die Stimmen der Familie und eingeborener Diener der Boers
aufgeweckt, welche geistliche Lieder sangen, jedenfalls ein
Beweis häuslichen Glücks, wenn nicht von Glaubenseifer,
denn der psalmsingende alte Heuchler und seine Söhne waren
alle miteinander die Väter der Kinder einer und derselben
eingeborenen Mutter; und doch lebten sie alle glücklich
durcheinander in demselben Zelt.

Als wir bei Wilkerhout's Furt anlangten, erzählte uns
ein daneben wohnender Kaffer, es habe wol seit einem Jahr
niemand dieselbe passirt; aber Fritz wollte schon mehrere
mal hinübergekommen sein und sagte, er sei hinreichend
damit bekannt, dass bei diesem Wasserstande das Wasser
nicht bis zur halben Höhe des Wagenkastens reichen würde.
Da der Wagen nach der langen Reise nicht mehr ganz
dicht war, so legten wir alle Sachen, die vom Wasser leiden
konnten, auf die Sitzbänke; dann ging es unter vielem Schreien
und Peitschengeknall das Flussufer hinunter, wobei der Wagen
derartig über grosse Felsblöcke sprang und krachte, dass ein
völliger Zusammensturz zu erfolgen drohte. Binnen einigen
Minuten standen die Leitochsen bis an den Hals im Wasser,
und dann stürzte der Wagen in ein tiefes Loch, in welchem
er sich beinahe überschlug. „Alle unsere Sachen werden vom
Wasser verdorben", schrie ich, „wendet euch rasch stromauf-
wärts!" Nachdem wir die Schrecken der Sandwüste überstanden hatten und durch die Gefahren der Felswildnisse und
des hochgeschwollenen Flusses glücklich hindurchgekommen
waren, war es doch mehr als ein schlechter Scherz, dass wir
die Früchte unserer ganzen Arbeit fast am Ende der Reise
in einer gemeinen Furt verlieren sollten! Zum Glück kommen
die Leitthiere an eine seichte Stelle, die Vorderräder beginnen
zu steigen, die Gefahr ist vorüber. Das Wasser wird schnell
seichter und in einer halben Minute befinden wir uns hoch
und trocken auf einer Insel. Von da bis zum jenseitigen
Ufer war der Strom träge und seicht, und die willfährigen
Ochsen zogen langsam unsere Arche aus dem Wasser und
erkletterten dann rasch das steile Ufer. Aber wir waren nur
mit genauer Noth davongekommen!

Die Strasse führte uns dann unter Bäumen hin, wo wir
grosse Mühe hatten, mit unserm langen Gespann bei den
vielen Windungen frei von den Bäumen zu bleiben. Aber
Geduld und Ausdauer überwinden alle Schwierigkeiten, sodass
wir mit Hülfe der Ochsenpeitsche auch diesmal alle glücklich bewältigten.

Eine Stunde später befanden wir uns am Groot Drink, wo ein junger Deutscher, den wir schon in Scott's Haus gesehen hatten, einen „Winkel" hielt. Da auf dieser Seite des mehrere Meilen entfernten Berges Asel Foutein kein Gras vorhanden war, so mussten die armen Ochsen sich mit dem Abknuspern eines Strauches, Brak Bosch genannt, zufrieden geben, dessen fleischige Blätter stark salzig schmecken. Hier verlief sich einer unserer Ochsen und da wir ihn nicht wiederfinden konnten, so machten wir dem alten Billy Welles, dem Besitzer eines Winkels, ein Geschenk damit, zumal er einen kleinen „Schmus" liebte. Obendrein leitet er die Fähre, welche seiner Angabe nach seit zwei Jahren nur einmal benutzt wurde, wobei der betreffende Reisende ihm auf halbem Wege erklärt hatte, dass er kein Geld besitze. „Ihr Hut genügt mir vollkommen", sagte der alte Billy, liess dem Wort sogleich die That folgen und nahm Besitz von ihm.

Darauf krochen wir eine rauhe, steinige Strasse entlang, was den Füssen unserer Ochsen Schmerzen verursachte, und spannten endlich, an einer kleinen Grasfläche angelangt, unsere hungerigen Thiere aus. Alle Mann mussten helfen, sie während des Grasens vor dem Davonlaufen zu behüten; wir mussten sogar grosse Feuer anzünden, um sie beim Fressen sehen zu können, bis der Mond aufging. Aber Frau Luna schien gerade heute völlig unsichtbar bleiben zu wollen. Unser Abendessen stand schon lange fertig, aber erst nach 10 Uhr durften wir unsere Posten verlassen, wenn wir unser Vieh nicht verlieren wollten. Unsere Ochsen konnten von schweren und langen Tagemärschen ohne Gras erzählen; die vier besten kamen erst seit kurzem aus der Grasweide und frassen das Laub der Gebüsche gar nicht gern.

Nach einigen Tagen kamen wir nach Carboom, wo ein Polizeisergeant mit einigen eingeborenen Untergebenen stationirt war. Er freute sich sehr, einmal jemand aus England zu sehen, wohin er sich so sehr zurücksehnte, und lud uns zum Mittagessen ein, worauf wir ihn dagegen zum Thee einluden.

Der Gasterei zu Ehren spielte ich mich als Koch auf. Von der eingeborenen Polizei hatte ich mir einige Eier verschafft und vom Besitzer des Landguts etwas Ziegenmilch, worauf ich beschloss, daraus eine Sahntorte zu backen. Eier und Milch wurden in unsere zinnernen Trinkschalen zerschlagen, alles zusammen in den Kessel gegossen, und derselbe auf · die glühenden Kohlen gestellt und zugleich der Deckel mit ihnen bedeckt; bis Jan dann Fleisch und Kaffee gekocht hatte, war auch die Torte fertig, welche bei jeder gastronomischen Ausstellung prämiirt worden wäre.

Nicht weit von Prieska machten wir bei dem Hause eines Boer halt, dessen eine Tochter Hochzeit halten wollte. Die Landwirthe der ganzen Umgegend nebst Familie waren herbeigekommen. Da sie sahen, dass ich kein Handelsmann war, so musste ich in ihren Augen ein Engländer sein, weshalb sie mir kurzweg den Zutritt verweigerten. Erst nach einiger Mühe überzeugte ich sie endlich, dass ich kein Engländer sei, worauf sie nach ihrer Weise vertraulich wurden. Als sie hörten, dass ich auf meiner Reise hierher über England gekommen sei, fragten sie mich, ob ich die Königin gesehen hätte. Wie sieht sie aus? Wieviel Soldaten hat sie? Wieviel Zimmer befinden sich in ihrem Hause? Nachdem ich alle Fragen ihrem Auffassungsvermögen gemäss beantwortet hatte, erzählte ich ihnen, die Königin besitze mehrere Paläste und in jedem wol hundert Zimmer.

„Wieviel Zimmer sagten Sie?" rief der Wirth, indem er seinen feierlichen Nachbarn verständnissvoll zuwinkte.

„Einhundert!" sagte ich.

„Wieviel Stück Vieh hat denn die Königin?"

Das war eine Kreuzfrage, die ich kaum gleich zu beantworten verstand, deshalb sagte ich kurz: „Etwa funfzig, vielleicht", worauf ein leichter Zug des Verständnisses über das Gesicht des alten Seelenhirten und Patriarchen flog und er nahe zu mir hintretend mit erhobener Hand mir zurief:

„Sie lügen uns Boers was vor! Wie kann die Königin
so viel Zimmer und so wenig Vieh besitzen? Die Thiere
liefern ja nicht Dünger genug, um die Fussböden in Stand zu
halten, geschweige denn sie ursprünglich herzustellen."
Meine Wahrheitsliebe wurde in Zweifel gezogen, selbst
nachdem Fritz erklärend hinzugefügt hatte, dass die Fussböden von Dielen gemacht würden und nicht aus Kuhdünger,
was aber den Leuten, die ihr Leben an Orten zugebracht
hatten, wo das Holz so selten war, und deren Kunde von der
Welt sich nicht über ihre Warfen hinaus erstreckte, sehr un-
wahrscheinlich vorkam.

Prieska war unser nächster Halteplatz; es ist eine kleine
Stadt am Oranjefluss und besitzt eine Fähre. Die fruchtbaren Niederungen werden von einer lebenden Quelle bewässert, welche über den Marktplatz geleitet ist; in der Ecke
desselben steht eine Kirche aus Ziegelsteinen und daneben,
wie ortsüblich, die Polizeistation und das Gefängniss. Einige
Läden im Besitz der eingefleischtesten aller Handelsmänner,
der Juden, und ein Wirthshaus vervollständigen die Reihe
der Gebäude. Im Bäckerladen bestellten wir Brot, welches
bis Hopetown reichen sollte; in einem andern kauften wir
einige Büchsen mit italienischer Butter, die so süss und
frisch war wie am Tage, wo sie eingeschlagen wurde. Es
that mir nur leid, dass ich dies nicht einige Monate früher
erfahren hatte. Ich empfehle sie jedem, der ins Innere
reisen will. Den Abend verplauderten wir mit dem Polizei-
inspector, dem Gerichtsschreiber und dem Bürgermeister,
welche mir den Bogen schenkten, mit dem erst ein Boer und
nach ihm der Polizeidiener erschossen wurde, welcher den
Mörder, einen Buschmann, der jetzt im Gefängniss seiner
Verurtheilung entgegensah, hatte festnehmen wollen.

Mit der Polizei ist nach Aussage der armen Buschmänner
aber gar nicht auszukommen. Das grosse Wild ist durch
die Boers und ihre Heerden aus dem Lande vertrieben;
das kleine Wild kann er nicht jagen, weil seine Bogen und
vergifteten Pfeile ihm beständig confiscirt werden; so ist er,

um leben zu können, genöthigt, von den Heerden zu stehlen,
wofür er bestraft wird, indem man ihm die so theuere Freiheit
entzieht. Ist es zu verwundern, dass er der Gefangennahme
so verzweiflungsvollen Widerstand entgegensetzt? Aber die
Civilisation hat keine Ohren für die armen Unglücklichen,
welche sich ihrem Marsche in den Weg stellen und dabei
von ihr zermalmt werden.

Am Brakflusse begegneten wir dem ersten freundlichen
Boer, den wir im Lande angetroffen hatten. Er war wirklich
umgänglich und liess sich soweit herab, zu uns in den Wagen
zu kommen und unser Abendbrot verzehren zu helfen, und
stellte uns dabei wirklich mehr Fragen über die Kalahari als
über den verdoemde Englander. Hier haben wir endlich,
wie ich glaubte, Fronde's biedern, nicht bigotten, verständigen
Boer angetroffen. Er war Schaf- und Straussenzüchter im
grossen Stil, beschäftigte eine tüchtige Menge Hottentotten-
Knechte und so wandte sich die Unterhaltung alsbald zu der
gesellschaftlichen Stellung der schwarzen Rassen, über welche
dieser jeder Anglophobie so wundervoll bare Boer gewiss
etwas Neues und Interessantes zu sagen verstand, wie ich
hoffte.

„Es ist eine nutzlose Bande fauler lügnerischer Diebe",
sagte er. Und dann erhellte sich der grimme Ausdruck seines
Gesichts, da er eine so generelle Verurtheilung derselben zu
bereuen schien. „Ich will Ihnen eine drollige Geschichte erzählen", fügte er hinzu, „worüber Sie werden lachen müssen."
Und sein Antlitz strahlte von Behagen, als er die folgende
nach seiner Ansicht reizende Anekdote erzählte:

„Neulich habe ich einem dieser Spitzbuben heimgeleuchtet.
Er kam hierher und bat um einen «Schluck», weil er drei
Tage hindurch nach den Pferden seines Herrn, meines Nach-
bars gesucht habe, ohne sie finden zu können. Der faule
Schlingel hatte aber nie nach ihnen ausgeschaut, sondern im
Veldt geschlafen, weil ich die Thiere an demselben Tage
nicht eine Stunde von hier gesehen hatte. «Du schlaf-
mütziger Lügner, dachte ich bei mir, ich will's dir ein-

tränken»; damit gab ich ihm ein halbes Glas Cape Smoke (mit Wasser verdünnter Treberbranntwein) und sagte ihm er möge trinken.

„«Nein, Baas!» sagte er, «ich nicht trinken vor old Baas.»

„Vorwärts, erwiderte ich, stürze es hinunter, was der Schuft auch that.

„Was, schrie ich, du schwarzer Teufel, du wagst vor einem Boer zu trinken, und damit ergriff ich ihn bei der Gurgel, nahm diese Ochsenpeitsche und prügelte ihn damit bei jedem Hiebe blutig. Sie hätten lachen müssen, wie er heulte und flehte. Ich will dich lehren vor einem Boer zu trinken, sagte ich, und warf ihn damit zur Thür hinaus."

Nachdem wir am andern Morgen unserm gutmüthigen gesprächigen Boer eine halbe Krone für die Vergünstigung bezahlt hatten, bei ihm auszuspannen und unser Vieh zu tränken, brachen wir auf und fanden noch vor Mittag etwas getrocknetes Gras, welches die Thiere gierig aufleckten. Mit jedem Halt wurde das Land grüner und das Gras besser. Offenbar war hier kürzlich Regen gefallen, da die Dams und Pfuhle voll Wasser waren.

Bei der Ankunft in Hopetown spannten wir neben der Kirche aus, schickten unsere Ochsen auf das städtische Veldt und trafen die üblichen Vorbereitungen, Ochsen, Wagen u. s. w. am folgenden Sonnabend öffentlich zu verkaufen, weil dann alle Boers der Nachbarschaft am Sonntag zum Nachtmaal oder zum heiligen Abendmahl kommen würden.

Der erste Ladeninhaber erzählte mir, dass man auf die aus der Kirche kommenden Kirchgänger ein genaues Auge haben müsse, um nicht bestohlen zu werden. Wenn ein Schuldiger abgefasst wird, so „belasten" alle Ladeninhaber ihn — nicht vor der Polizei, sondern für ihre Rechnung — mit dem Betrage des gestohlenen Gutes, was er sich gewöhnlich ohne zu mucksen gefallen lässt. Wie wenig gleichen sie ihren ehrlichen, fleissigen, Zwiebeln bauenden, Deiche anlegenden Vorfahren in den Niederlanden!

Der Sonnabend kam langsam heran in dieser stillen Stadt.
Lulu fürchtete schon, ich möchte die Geduld verlieren und
die ganze Strecke bis Capstadt „trekken", und freute sich
deshalb nicht wenig, als wir eines Tags zur Eisenbahnstation
fuhren, um unsere Sammlungen der Fürsorge des Stations-
vorstehers zu übergeben. Unterwegs passirten wir eine
Straussenzucht von einigen tausend Ackern, welche von einem
Drahtzaun umgeben war.

Endlich fand die Auction statt; der Ertrag belief sich
auf etwa ein Viertel dessen, was wir am folgenden Tage im
Einkauf wieder dafür hätten geben müssen. Am Sonntag
Mittag verliessen wir Hopetown und langten am Dienstag
Morgen in Capstadt an.

Der Dampfer «Drummond Castle» fuhr am nächsten Tage
ab, sodass ich unmöglich bei allen Freunden vorsprechen
konnte, deren Gastfreundschaft ich bei meinem ersten Aufenthalt genossen hatte. Dafür empfing ich den Besuch von
Zeitungsschreibern, welche eine schmeichelhafte Schilderung
davon entwarfen, wie wohlthätig meine Reise „durch die
Kalahari-Wüste" und die neue Beleuchtung dieses Theils
von Südafrika sich für sie erweisen würde.

Auf der Heimreise hatte ich das Glück, an Bord des
Dampfers das Parlamentsmitglied Mr. George Baden Powell
anzutreffen, welcher mit mir ebenso in der hohen Meinung
von den natürlichen Vorzügen des Landes, wie in der sehr
entgegengesetzten Ansicht von dem Charakter der Boers
übereinstimmte. Mr. Powell hatte die Kalahari-Wüste nicht
bereist, aber er hat nicht allein eine Beschreibung des
anstossenden Betschuana-Landes in den bewundernswürdigen
Briefen in der Times geliefert, als deren Verfasser er allgemein gilt, sondern er hat auch einen Vortrag darüber vor der
Londoner Handelskammer gehalten, als dieselbe Sir Charles
Warren unter ihre Mitglieder aufnahm. Was den Boer betrifft, so kann ich noch ein wenig weiter gehen als Mr.
Powell und nach den Exemplaren, mit welchen ich in Berührung gekommen bin, behaupten, dass er ein nicht fort-

schreitender, selbstsüchtiger, ungebildeter, England hassender Heuchler ist. Was endlich die Zukunft der Kalahari — sogenannten — Wüste betrifft, so darf ich behaupten, dass sie in englischen Händen eine fast wenn nicht ganz ebenso glänzende Zukunft vor sich hat, wie Mr. Baden Powell sie Betschuana-Land vorhersagt.

# ANHANG.

## ZUR FLORA DER KALAHARI-WÜSTE.

Farini hat die von ihm gesammelten Knollen und Sämereien
alle an die Verwaltung der Königlichen Gärten zu Kew geschenkt,
mit Ausnahme einiger speciellen Gräser, die von ihm dem Botanischen Garten zu Berlin übergeben worden sind. Die nach-
stehende Liste enthält die Nummern der einzelnen nach Kew ge-
schickten Proben, die Art der Probe und den von dem Director
John Smith bestimmten wissenschaftlichen Namen; in der letzten
Spalte finden sich erläuternde Bemerkungen von Farini, welcher
die Hoffnung hegt, dass die Pflanzen sich nicht allein als hübsche
Zierpflanzen ausweisen, sondern auch einen gewissen Nutzen als
Nährpflanzen und für industrielle Zwecke haben werden.

Anm. d. Uebers.

| | | | |
|---|---|---|---|
| 1. | 2 grosse Knollen | Crinum oder Buphane | Blume ballonartig. |
| 2. | 1 grosse Knolle. | Buphane . . . . . . | Pfeilgift. |
| 3. | 1 „ „ | Crinum sp. . . . . . | Rothe Blume, im Sande wachsend. |
| 4. | 3 Knollen . . . | ?Galtonia . . . . . . | Faserige Blättchen. |
| 5. | 6 „ . . . | Crinum sp. . . . . . | Von der Gestalt des klei- nen Fingers. |
| 6. | 16 „ . . . | . . . . . . . . . . | Hals bis 30 cm lang. schmal. |
| 7. | 50 „ . . . | Scilla sp. . . . . . . | Essbar, so lang als Hühner- eier. |
| 8. | 1 Pflanze . . . | Euphorbia caput me- dusae . . . . . . | Guter Stamm. |
| 9. | 1 „ . . . . | Watsonia sp. . . . . | Essbar. |
| 10. | 1 „ . . . . | Blume wie von einer Composita . . . . | Wächst in tiefen Thälern. |
| 11. | 1 Packet Samen | Momordica sp. | |
| 12. | 1 „ „ | „ „ . . . | Kleine Frucht. |
| 13. | 9 Knollen . . . | . . . . . . . . . . | Essbar, Moschusgeruch. |
| 14. | 1 Knolle . . . . | ?Kalanchoë sp. | |
| 15. | 1 „ . . . . | Tannin-Wurzel, an das Museum geschickt. | |
| 16. | 1 Packet Samen | . . . . . . . . . . | Buschmannsgras, das beste was in der Kalahari wächst. |

17. 1 Packet Samen . . . . . . . . . . Dornbusch-Samen.
18. 1 „ Grassaat
19. 1 „ Samen . Aloë sp.
20. 1 „ „ . Buphane-Samen . . . Knolle giftig.
21. 1 „ Knollen . . . . . . . . . Art Ampher, hübsche
    Blume.
22. 1 „ Samen . Dorn m. dopp. Spitzen (eine
    gerade, eine gebogen).
23. 6 Knollen . . . Lilium sp.
24. 1 Packet . . . . . . . . . . . . Purpurfarbenes Fuchs-
    schwanzgras.
25. 1 „ . . . . . . . . . . . . Samen einer Lilienart.
26. 1 „ . . . . Dipterocarpus . . . . Blühender Busch.
27. 1 „ . . . . . . . . . . . . Samen aus dem Kropf
    eines Wüstenhuhns ent-
    nommen.
28. 1 „ . . . . . . . . . . . . Geflügelter Samen, Zau-
    berstrauch oder Pillyass.
29. 1 Knolle . . . . Crocus sp.
30. 1 Packet Samen . . . . . . . . . Süssduftende Blume, Mo-
    schusgeruch.
31. 1 „ „ . Riesen-Vasiformis.
32. 1 „ Grassaat . . . . . . . . . Thimotygras ähnlich
    (Höhe 1,2 m).
33. 1 „ Beeren . . . . . . . . . . Von ihrem Saft gerinnt
    die Milch.
34. 1 „ Baumwollensamen (Staude
    30 cm hoch).
35. 6 kleine Knollen Amaryllida sp.
36. 1 Packet Samen . . . . . . . . . Kriechpflanze.
37. 1 kleine Melone
38. 1 Packet . . . . . . . . . . . . Feine Grassaat, gemischt.
39. 1 „ . . . . Umbellifera . . . . . Hoher Busch ohne Blatt.
40. 1 „ . . . . . . . . . . . . Sama-Samen (wilde Me-
    lone).
41. 1 „ Samen. Riesen-Wassermelone
    (Mangatan).
42. 1 „ „
43. 1 „ „ Süssduftende Pflanze und
    Blume.
44. 1 „ „ Aus dem Kropf eines Wü-
    stenhuhns entnommen.
45. 1 „ „ Die Buschmänner nennen
    die Beere „Raum‟.
46. 1 „ „ . . . . . Whittehatbaum.
47. 1 „ „ . . . . . . Hübscher Stachelbusch,
    rothe Beeren.
48. 1 „ Aus dem Kropf kleiner
    Vögel.
49. 1 „ „ Wie 34.
50. 2 Packete „ Schmarotzer wie die
    Mispel.
51. 1 Packet Kletternde Weinpflanze,
    essbar.
52. 2 Packete „ Im Bau der schwarzen
    Ameise gefunden.

53. 1 Packet Samen Asclepias . . . Klettergewächs.
54. 1 „ „ . . . . . . Gemischte Gräser.
55. 1 „ „ . Crinum sp.
56. 1 „ „ . . . . . . . . . Blume riecht wie Moschus, die Röhren wie süsse Kartoffeln.
57. 1 „ „ Gelbe Blume (Blätter purpurfarben).
58. 1 „ „ . . . . . . . Elefantengras, wird 2½ m hoch, Same so gross wie Kleesaat.
59. 1 „ „ Fleischiger Stengel, Kriechpflanze.
60. 1 „ „
61. 1 Asclepias.
62. 1 blüh. Strauch.
63. 1 Packet Samen Sehr schöner blühender Busch, wichtig.
64. 1 „ „ Aloë sp.
65. 1 „ „ . . . . . . . . . Gelber Wein, Vieh wird fett davon.
66. 1 „ „ . . . . . . . Als Kaffee verwandt, Akazienart.
67. 1 „ „ . . . . . . . . . Aus dem Kropf von Vögeln.
68. 1 „ „ . . . . . . . . . Kleiner rankender Kürbis.
69. 2 Packete „ . . . . . . . . . Stachelbeere vom Cap.
70. 1 Packet „
71. 1 „ „ . . . . . . . Rothe Beeren.
72. 1 „ „ . . . . . . . . Blühende Staude, vom Ngami-See.
73. 1 „ „ Wein, scharlachrothe conische Frucht, essbar.
74. 1 „ „ . . . . . . . . . Haargras.
75. 1 „ „ . . . . . . . . . Braune und gelbe Blumen.
76. 1 „ „ . . . . . . . . . Mimose.
77. 1 „ „ . . . . . . . . . Pod's Giraffenbaum oder Stinkbaum.
78. 1 „ Knollen . . . . . . . . . Essbar.
79. 1 Stengel . . . Mesembryanthemum.
80. 1 Packet Knollen . . . . . . . . . Verschiedene Sämereien gemischt.
81. 6 Packete . . . Stapelia sp. . . . . . „Aaspflanze." Vierkantiges fleischiges Blatt. Blume sternartig, 8 cm breit, mit vier spitzen, vorn übergewölbten Blättern. Farbe reich braun und mit hochgoldfarbenen Hieroglyphen gezeichnet.

## Reptilien der Kalahari-Wüste.

### Schlangen.

Von giftigen Schlangen bekommt man mehr zu hören als zu sehen. Wir sahen oft wochenlang keine. Die gemeinste ist der „gehörnte Mann" (*Clotho cornuto* oder *Cerastes aegyptiacus*), die ihren Namen von zwei kleinen Hörnern über jedem Auge hat. Sie ist kurz und platt, verschieden von Farbe, bald hellbraun oder ganz büffelgelb und bald mit kleinen Flecken in den Ecken der hellkastanienbraunen Augen. Giftdrüse gross im Verhältniss zur Grösse. Nähren sich hauptsächlich von Eidechsen.

Ausser dieser kleinen Schlange sieht man die schreckliche Puffotter am häufigsten. Ihr flacher breiter Kopf von der Form eines Pique-Ass, ruht auf den Windungen, wenn sie träge unter einem Busch liegt. Sie ist in ihren Bewegungen träge, doch nicht in dem Act des Angriffs, bei dem sie fast so schnell wie der Gedanke verfährt, obgleich sie sehr stark gereizt sein muss, bis sie in einen Stock beisst, und selten zum zweiten mal zugreift. Sie wird den Eingeborenen sehr gefährlich, weil sie bei ihrer Annäherung nie flieht oder in ein Loch zu entwischen sucht; sie werden gewöhnlich beim Laufen von ihr gebissen, wenn ihr Fuss mit ihnen in Berührung kommt; dies geschieht nie beim langsamen Gehen, weil sie dann ihren Schwanz im Sande erkennen und ihr nun aus dem Wege gehen, anstatt sie zu verfolgen und zu tödten. Das Reptil wird bis zu 1,8 m lang und in der Mitte so dick wie ein Mannsarm. Die Schlange ist rund, schwer, hat glühende Augen und ein giftiges Ansehen, kann sich aufblasen und von der Mitte aus auch flach und plötzlich nach Kopf und Schwanz hin dünner machen. Die Farbe ist ein dunkles und helles Braun, mit allerhand Flecken.

Längs der Flüsse findet man die Boom-Slange (*Dendrophidae*) oder Baumschlange, welche sich von Vögeln und ihren Eiern nährt. Die Farbe ist sehr verschieden — grau, braun, olivenfarben und gefleckt, je nach der Farbe des von ihr bewohnten Baums, und liefert damit wieder einen augenfälligen Beweis von der Kraft, die Natur nachzuahmen. Sie wird von den Eingeborenen für sehr giftig gehalten und ist es ohne Zweifel, da ich ihre Giftdrüsen fand und zwar so gross als die der Puffotter (was Brehm bestreitet). Sie ist keine sehr gefährliche Schlange, weil sie ihren

180 cm langen, Entsetzen und Schauder einflössenden Körper verbirgt, sobald sie jemand sich nähern sieht oder hört.

Die Capello- oder Spugh-Slange, *Nap-hap* oder Speischlange *(Aspis)* soll die Kraft haben, ihr Gift auf einige Entfernung auszuspucken, was ich nicht bestätigt gefunden habe, wenn ich sie verschiedentlich reizte. Gleich der indischen *Cobra* flieht sie nie vor einem Gegner, sondern ist immer bereit, jedem Herankommenden das Wegerecht streitig zu machen. Die Eingeborenen sagen, dass sie den Angriff zu eröffnen pflegt. Den Kopf erhebend bläst sie sich auf, wobei sie einen zierlichen Bogen bildet, und bewegt sich sehr langsam vorwärts, springt aber, wenn im Sprungbereich, schnell wie der Blitz vorwärts. Ein leichter Schlag über den Rücken macht sie jedoch sofort wehrlos. Sie klettert gut und geht auch zu Wasser. Ihre Giftzähne und Giftdrüsen haben fast dieselbe Grösse wie bei der Puffotter. Ihre Farbe ist zuweilen glänzend hellbraun und gleichmässig, zuweilen bunt mit unregelmässigen Flecken; andere haben breite gelbe Ringe am Vorderleib; mitunter sind sie ganz schwarz und haben das Brillenzeichen am Halse, wie die Brillenschlange in Indien. Ihre Länge beträgt 150—180 cm.

Der lange, grauweisse, schmalstreifige Schaap-sticker oder Schafstecher *(Coronella Africana)* wird von den Boers und Eingeborenen für sehr giftig gehalten und der Tod manchen Schafs seinen Giftzähnen zugeschrieben, besonders wenn er in der Nähe gefunden wurde; aber meine Untersuchung hat weder Giftzähne noch Giftdrüsen ergeben, und ich halte das kleine Reptil eher für ein harmloses vielverleumdetes Geschöpf. Aber weder den dickköpfigen Boer noch den abergläubischen Wilden konnte ich jemals davon überzeugen, dass sie unschädlich sind. Einige haben eine bräunliche Farbe, auf welcher reihenweise Flecken den ganzen Körper hinunter auftreten. Ihre Dicke nimmt vom Kopf zum Schwanz allmählich ab; die Länge beträgt 60—120 cm.

Auf dem Veldt findet man gelegentlich eine runde, graubraune, spitzköpfige Schlange mit weissem Bauch von etwa 90 cm Länge und 3 cm Dicke, welche gemach an Umfang abnimmt bis zu einem 20 cm vom Schwanz entfernten Punkt. Die Bastards nennen sie Veldt-Slange. Sie ist giftig.

Verschiedene male trafen wir auf der Jagd eine grosse gelbe Schlange an, welche sich sehr rasch bewegte, aber immer in einem Katteah- oder Meerkatzenloch verschwand, sodass wir sie nie fangen konnten. Ich bot meinen Leuten eine Belohnung, wenn sie mir eine todt oder lebendig brächten, obgleich die Wahrscheinlichkeit für letztere Eventualität sehr gering war. Sie nannten sie die Jil-Slange oder gelbe Schlange (Gelbotter, *Alecto curta*). Sie war ungefähr 180 cm lang und von glänzend goldgelber Farbe. Die Giftzähne sind fast 2 cm lang und die Giftleiter viel länger als bei der Puffotter. Sie wird für die gefährlichste Schlange der Wüste gehalten. Ich schoss eine in einem Baum in der Nähe der Kalahari-Ruinen; die Haut schenkte ich meinem Freunde Jenner Weir.

## Eidechsen.

Es gibt hier verschiedene Arten. Eine (*Reginia albogularis*) von gelbweisser Farbe, schwarz gefleckt, wird 2,3 m lang, hat längern Schwanz als Körper, der in eine stumpfe Spitze verläuft. Lebt von Insekten. Ich fand den Magen voll von einer Art Tausendfuss, welche Würmer 15 cm lang und 1 cm dick und mit einer harten hornigen schwarzen Schale bedeckt waren.

Unter den vielen kleinen Eidechsen ist bemerkenswerth der *Acantho dactylus* mit hellbraunem Rücken, an den Seiten in Orange übergehend, gescheckt auf dem Kopf und mit dunkeln braunen Flecken auf dem Rücken; zwei weisse Streifen laufen vom Auge an jeder Seite den ganzen Körper entlang. Die Zehen der Hinterbeine sind ungewöhnlich lang. Lebt von Insekten.

Die *Namaqua eremias* trifft man ganz gewöhnlich oben auf den Sanddünen. Der Rücken ist zart braun gefärbt, wie Kaffee mit Milch, hat Flecken von derselben Farbe, aber dunkler, und ausserdem vier glänzend orangefarbige Streifen, die zwischendurch laufen; an den Seiten ist die Echse rahmgelb. Ihre Hauptmerkwürdigkeit bildet ihr ausserordentlich langer Schwanz, der 15 cm misst und in eine ganz scharfe Spitze verläuft, während der Leib nur 5 cm lang ist.

Eine Abart ist nur 11—12 cm lang, hat schwarzen Leib mit weissen Tüpfeln und dabei einen scharlachrothen Schwanz.

Die *Wacht heike*, die man für giftig hält, hat viel Aehnlichkeit mit den Geckos. Aus ihrem Loch kommt sie nur zur Nachtzeit hervor und macht dabei ein eigenthümliches Geräusch, als wenn man die Zunge gegen den Gaumen schlägt und den Athem einzieht. Sie wird etwa 15 cm lang, wovon auf Leib und Schwanz je die Hälfte entfällt; die Farbe ist hellbraun mit schwarzen Flecken.

Auch einige Baumeidechsen kommen vor; einige sind flaschengrün gefärbt, andere sind dunkelblau auf dem Rücken und hellblau an den Seiten, andere wieder fast schwarz mit scharlachrothen Wangen und durchschnittlich alle etwa 18 cm lang. Auf den Felsen der Hundert Fälle sahen wir Dutzende von Eidechsen von etwa 15 cm Länge mit orangebraunem Rücken, scharlachrothen Wangen, weiss zwischen den Augen und einem glänzendgrünen Schwanz.

Eine kleine Eidechse, welche die Eingeborenen *N'auba* nennen, wird für sehr giftig gehalten, aber zugleich als Gegengift gegen Schlangengift hochgeschätzt. Ich sah niemals ein lebendes Exemplar, kaufte aber während meines Aufenthalts in Mier ein Stück dieses Thiers. Die Art der Verwendung findet man beschrieben auf Seite 366—368. Das mit nach England gebrachte Stück hätte zur Anstellung von Versuchen genügt, ob die Methode der Eingeborenen eine wirksame Verwendung desselben gegen das Gift der Schlangen in sich begreift, deren Biss tödliche Folgen hat; aber das lächerliche englische Antivivisections-Gesetz verhinderte die Anstellung dahinzielender Versuche. Angesichts der Thatsache, dass jährlich Tausende von Menschenleben in Indien allein durch Schlangenbisse umkommen, ist es eine Ungeheuerlichkeit, dass das Gesetz in England die Anstellung der einfachsten Versuche verbietet, welche ermitteln sollen, ob ein nach meiner Erfahrung in Südafrika durchaus wirksames Mittel gegen Schlangenbisse sich nicht wirksam erweist gegen Giftschlangen anderer Länder.

### Schildkröten.

Die Landschildkröte *(Testudo africana)* lebt gänzlich von Pflanzen, und besonders von Sama und Gras. Kaum ein Tag vergeht, ohne dass man sie sieht, von der Grösse eines Zweimarkstücks bis zum Gewicht von 15 Kilo. Ihr Fleisch bildet eine sehr angenehme Zugabe zu den Speisekarten mit getrockneten Fleischarten.

### Chamäleons.

Ich fing verschiedene Exemplare von *Chamaeleo vulgaris* von 38 cm Länge und hielt sie wochenlang in den Wagen, in welchen sie in vollkommener Freiheit herumkletterten. Wenn ich sie zu fangen versuchte, pflegten sie ihren Mund zu öffnen und mich anzublasen, wodurch sie die Mischlinge und meinen Führer, die sie für giftig hielten, stets sehr erschreckten. Am häufigsten war ihre Farbe hellgrün. Die Jungen werden aus weissfarbigen Eiern ausgebrütet, die fast kugelig und halb so gross wie Spatzeneier sind.

## ·Insekten und Spinnenthiere der Kalahari-Wüste.

Der Anhang würde zu lang werden, wollte ich alle verschiedenen Arten aufführen und beschreiben. Von den vielen gesammelten und der grossen Sammlung von J. Jenner Weir einverleibten Exemplaren will ich nur einige besonders merkwürdige und interessante schildern.

Die gebrechliche Natur der meisten Insekten und ihrer Verwandten, sowie der Umstand, dass wir nicht mit Netzen und für ihre Aufbewahrung geeigneten Schachteln versehen waren, machten es schwierig, viele von ihnen nach Europa zurückzubringen; doch sind die wirklich mitgebrachten ziemlich interessant.

### Lepidoptera (Schmetterlinge).

*Limnas chrysippus;* die erhaltenen Exemplare sind ungewöhnlich dunkelroth, die obern Flügel schmäler als gewöhnlich.

*Acraea horta, Belenois mesentina* und *Herpoenia eriphia* wurden gefangen, und gelegentlich auch nach langer Jagd das hellgelbe Weibchen von *Callidryas florella* erwischt; die Männchen dieser Art scheinen häufiger vorzukommen.

*Lycaena trochilus,* ein winziger Schmetterling von kaum 2 cm Flügelbreite. Bemerkenswerth ist, dass dieser kleine· Schmetterling auch im südlichen Europa vorkommt; dasselbe ist der Fall mit *Limnas chrysippus.*

Ein sehr seltener *Teracolus,* vielleicht *T. Mahopauni,* wurde einmal gefangen.

Drei Exemplare der weit verbreiteten und sehr schönen *Deiopeia pulchella* wurden ergriffen; dies Insekt wird mitunter auch in England gefunden. Es ist bemerkenswerth, dass, während einige Staubflügler eine so sehr beschränkte Verbreitung, vielleicht nur über eine kleine Insel haben, andere, wie die in Rede stehende Art, über so weite Theile der Erdoberfläche verbreitet sind.

## Coleoptera (Käfer).

Käfer gab es zahlreich, sowol Arten als Exemplare; ein Bockkäfer, verwandt mit unserm Moschusweidenbock, roch selbst stärker als diese Art.

*Buprestidae*, sehr gemein; einige 4,5 cm lang, andere kaum 2 cm, einige fühlten sich glatt an, bei andern waren die Flügeldecken dicht mit Haaren bedeckt; diese Eigenthümlichkeit findet sich bei vielen afrikanischen Käfern; ganz verschiedene Arten hatten einen hellrothen Haarbüschel am äussern Rande der Flügeldecken in der Nähe des Halsschildes; der Nutzen dieses Schmucks ist schwer zu bestimmen.

Arten der Familien *Carabidae, Cetoniidae, Cuculioniidae* und *Buprestidae* sind mitgebracht, aber die Namen noch nicht bestimmt. Die Lebenszähigkeit der Käfer der Kalahari-Wüste beweist die Thatsache, dass eine grosse Art *Brachyceras* die Reise nach England überlebte und noch mehrere Monate später lebendig blieb; selbst im December 1885 lebte noch ein Käfer.

## Neuroptera (Netzflügler).

Ein sehr grosser Ameisenlöwe, *Palpares immensus*, wurde gefangen; dieses Insekt hat bis 16 cm Spannweite der Flügel; die europäische Art dieser *Myrmeleon* hat nur die halbe Grösse. Die sogenannten Ameisenhügel, welche 4 bis 4½ m hoch angetroffen werden, sind nicht von Ameisen *(Hymenoptera)* sondern von Termiten *(Neuroptera)* gebaut; sie gleichen dem rothen Sandstein im Aussehen und sind fast ebenso hart; beim Bau scheinen die Termiten eine klebrige Masse auszuscheiden, mit denen der Sand sich verbindet; die nach England gebrachten Exemplare schienen in befeuchtetem Zustande eine kleine Quantität Traganthgummi abzusondern.

Der Unterschied zwischen den kleinen schlanken Arbeitern und den grossköpfigen, dickbäuchigen Soldaten dieser Termiten ist auffällig; nur ein Naturforscher von Fach hält sie für specifisch identisch.

### Orthoptera (Geradflügler).

Ein fast ungeflügelter Orthopteron, eine *Acridiida* oder Heuschrecke, war gemein; diese grosse Art von fast 8 cm Länge und 3¹⁄₂ cm Breite hatte im Aussehen viel Aehnlichkeit mit einer Kröte, war auch ebenso braun, wenn auch die Farbe mit dem Boden, worauf das Thier lebte, wechselte, ein Beweis der Accomodationsfähigkeit an die Umgebung; es war entweder *Batrachotettix* oder *Methone Anderssonii*. Auch eine andere grosse Art Heuschrecke, volle 8 cm lang, schlank, kam vor.

### Arachniden (Spinnen).

Die interessanteste Arachnide war eine *Solpugidea*, vielleicht eine Art *Galeodes*; dieses grosse spinnenartige Thier war volle 5 cm lang, vom Ende der Fühlhörner bis zum Ende der Hinterbeine fast 13 cm; sie waren merkwürdige Belege von Hypertrophie und Atrophie; die Fühlhörner waren beinahe 5 cm lang und dienten als Vorderbeine, wenn auch natürlich ohne Krallen; die wirklichen Vorderbeine waren sehr zart, kaum 3¹⁄₂ cm lang, das zweite Paar Beine sogar noch kürzer und bei beiden Paaren waren die Krallen unbestimmt; das dritte Paar Beine war gut entwickelt und gleich dem hintern Paar mit grossen Krallen versehen; sie schienen in Verbindung mit den Fühlhörnern die eigentlichen Gangwerkzeuge zu sein; jedes der Hinterbeine schien merkwürdigerweise gegen das Ende mit Saugnäpfchen versehen zu sein, um vielleicht der Gewalt des Windes Widerstand zu leisten, oder ihm festen Stand auf den Felsen zu geben zum Ersatz für die vielfach fehlenden Krallen. Die Kinnbacken, 12 mm lang, senkrecht arbeitend, sind stark und an den Enden hakenförmig, die zwei sonderbaren Augen stehen senkrecht mitten im Kopf übereinander; es ist darum dieser Arthropode — eigentlich kein Insekt — eins der merkwürdigsten Eroberungen der Expedition.

### Skorpione.

Schwarze und braune Skorpione kommen in ganz Südafrika häufig vor; die von ihnen gestochenen Eingeborenen wenden dasselbe Princip *similia similibus curantur* an, indem sie das Gift eines andern Skorpions gegen den Stich des Kameraden verwenden. Dies Princip ist dasselbe, welches Pasteur gegen die Hunds-

wuth befolgt, und so lässt sich wol noch mancherlei von diesen
verachteten Buschmännern und ihrer Behandlung des Gifts von
Giftschlangen lernen. Bei der gegenwärtigen Lage der Gesetzgebung in England kann man hier jedoch keine bezüglichen prak-
tischen Versuche anstellen; und obgleich sehr wahrscheinlicher-
weise ein Mittel entdeckt werden kann, dem Tode Tausender
jährlich durch Schlangenbisse getödteter Menschen vorzubeugen,
so muss ich mein N'aubu doch nach Deutschland und Frankreich
senden, damit es dort geprüft werde.

### Entomostraca (Spaltfüssler).

Diese Arthropoden, eine Unterart der *Crustacea*, sind in
England wohlbekannt als Wasserflöhe; sie hätten aber diesen
Namen nicht erhalten, wenn die englische Art so gross wie die
der Kalahari wäre; eine, von der Familie *Phylopoda*, vielleicht
vom Geschlecht *Apus* oder nahe verwandt damit, erreicht beinahe
die Grösse von 4 cm; eine andere, von der Familie *Ostracoda*,
vielleicht vom Geschlecht *Cythere*, ist etwa 1 cm lang; die Beine
werden ausser beim Gebrauch ganz in die Schale zurückgezogen;
letztere sieht aus wie die einer kleinen zweischaligen Molluske.
Die Pfuhle, in welchen die Entomostraca leben, sind oft Jahre
hindurch trocken, aber die Thiere sind so zählebig, dass sie dies
aushalten.

### Vögel der Kalahari-Wüste.

Viele von mir gesammelte Vogelbälge sind nicht bestimmt,
weil sie noch nicht dem Britischen Museum übergeben werden
konnten. Die nachfolgende Liste umfasst die in der Kalahari-
Wüste am häufigsten vorkommenden Vögel.

### Der Strauss *(Struthio camelus)*.

Häufig in den unbewohnten Theilen der Kalahari. Höhe 2,2
bis 2,5 m. Die Männchen sind kohlschwarz mit weissen Flügeln
und Schwanzfedern, der lange Hals und die Hüften sind fast
nackt. Die Weibchen sind braungrau. Sie leben gesellig, in
Paaren und Heerden von einem Dutzend und mehr. Sie sind
sehr scheu und werden leicht erschreckt, worauf sie sich zur
Rettung auf ihre Beine verlassen. Mit einem guten Pferde kann

man sie einholen, aber man geht lieber pürschen. Die Buschmänner ziehen einen Balg über, wenn sie auf die Straussenjagd
gehen und ahmen die Bewegungen des Thieres so täuschend nach,
dass die Thiere sich nahe genug heranwagen und man sie mit
vergifteten Pfeilen erlegen kann. Ihr Wildpret ist das beste,
welches man in der Kalahari-Wüste finden kann. Ihre Haupt-
nahrung besteht in Gras, aber sie fressen auch verschiedene Beeren und Baumsamen und Insekten.

### Geier oder Aasvogel.

Farbe dunkelbraun; weisser dicker Dunenring um den Hals;
Schwungfedern und Schwanz nahezu schwarz. Lebt von Aas.
Sieht alles von jedem Standpunkt aus. Voll ausgewachsen misst
er 3 m von einer Flügelspitze zur andern. Mit dem mächtigen
Hakenschnabel reisst er die dickste Haut auf und wartet nicht,
wie einige Schriftsteller behaupten, die Fäulniss ab, damit die
Haut weicher und das Fleisch schmackhafter werde. Bevor der
Cadaver einer Antilope Zeit hat sich abzukühlen und sich selbst
überlassen in Fäulniss übergeht, nagt er schon die Knochen ab.

Noch eine andere Art Geier kommt vor, welche schneeweissen
Leib, dunkelbraune erste und leichtbraune schwarzgeränderte
zweite Schwungfedern hat. Ihr Kopf ist kahl, breit, flach und
gelb von Farbe; der Schnabel desgleichen, nur die Spitze schwarz.
Der Obertheil des Schnabels leicht hakenförmig gekrümmt. Die
Eingeborenen nennen sie die „weisse Krähe" und haben den Aberglauben, dass sie nicht getödtet werden kann. Man trifft sie
gewöhnlich in der Nähe der Lager an, wo sie sich nur von Ex-
crementen nährt. Sie wird 50 cm hoch und die ausgestreckten
Schwingen messen 110 cm von Spitze zu Spitze.

### Adler (*Spizaëtus bellicosus*, Kampfadler).

Farbe dunkelbraun, Schwingen schwarz; Brust und Beine
heller von Farbe. Beine bis zu den Krallen befiedert. Lebt
von kleinen Antilopen, Hasen u. s. w.

### Namaqua-Rebhuhn oder Wüstenhuhn (*Pterocles bicinctus*).

Wo nur Wasser ist trifft man diese Vögel zu Tausenden an,
wenn sie morgens zum Trinken heranfliegen und die Luft mit
ihrem Ripriprip erfüllen. Gefieder dunkel und leicht hellgelb
mit purpurnen Flecken gezeichnet.

### Regenpfeifer.

Die grosse rothbeinige Art ist der beständige Begleiter des
Kalahari-Reisenden; lebt in Trupps von 3 bis 10.

Er ist 30 cm hoch, die ausgestreckten Flügel messen 40 cm
in Weite, die Beine 17 cm; die Schläge sind rehfarben mit Ausnahme der Schlagfedern, deren untere Hälfte nahezu schwarz,
obere Hälfte weiss ist. Der Schwanz ist weiss mit einem dunkel-
braunen 3 cm breiten Querstreifen $2^1/_2$ cm von dem Ende; der
Schnabel ist roth, die Spitze aber schwarz; der Kopf oben weiss
mit einem schwarzen Querstreifen über den Augen; der Hals hell-
rehfarben; Brust weiss mit einem rehfarbenen Flecken auf der
Kehle; Beine roth.

**Pauw** oder **Grosstrappe** (*Eupodotis, Otis tarda* oder Riesen-Koran).

Farbe lichtbraun. Am Boden stehend sieht ein ausgewachsener Trappe einem halberwachsenen Strauss ähnlich. Ist sehr
scheu, daher Annäherung schwierig. Ich sah sie zu Dutzenden,
bekam aber nur zwei. Von der Grösse eines Puters, und ein
leckerer Braten. Angetroffen in den Ebenen und um den K'gung-
Wald herum. Lebt von Würmern und Insekten.

### Koran (*Otis tetrax*), Zwergtrappe.

Eine kleinere Art Trappen, ungefähr so gross wie ein Perl-
huhn und ein ebenso guter Braten. Lebt von Käfern und Ameisen.
Farbe schwarz und weiss gesprenkelt, das Männchen hat zwei
weisse Binden um Hals und Schwanz. Diese Vögel fliegen jede
paar Schritt von der Ebene auf, erheben ein gackerndes Geschrei
bevor sie hochkommen und eilen dann so schnell fort, dass man
sie nur durch Zufall wiederfindet.

### Avocet (*Recurrirostra avocetta*), Säbelschnäbler.

Diese Vögel werden überall angetroffen wo sich Wasser befindet, selbst bei durch Regen vor kurzem gebildeten Pfuhlen,
welche jahrelang trocken waren; ihr Flug ist sehr rasch, ihre
hellorangefarbenen fetten dicken Körper liefern eine grosse Delicatesse. Gefieder grösstentheils rein weiss, mit kohlschwarzen
Zeichen am Kopf, Rücken, Hals, Flügeln und Schwanz. Füsse
mit Spannhaut versehen, Beine schieferfarbig. Der lange zarte
Schnabel krümmt sich gegen das Ende aufwärts wie eine Segel-
tuchnadel.

### Eule.

Häufig auf den K'gungbäumen gesehen; ein kleiner braungrauer Vogel, etwa 18 cm hoch, mit weissgetupften Federn.

### Nachtfalk, Nachtschwalbe (*Caprimulgus africanus*).

Dunkelbraun, mit sandfarbenen, grauen, weissen und braunen Abzeichen. Wenn gestört am Tage, fliegt er auf und scheint wie blind umherzutaumeln; am Abend aber schiesst er mit der Geschwindigkeit einer Schwalbe hinter fliegenden Insekten her. Scheint dieselbe Art wie in Amerika zu sein, doch ist der Ruf anders und mehr eine Art kreischendes Pfeifen.

### Krähe (*Corvus africanus*).

Etwas grösser als die gemeine Krähe. Hat einen weissen Ring um den Hals. Lebt hauptsächlich von Insekten. Ihre Neugierde, alles zu sehen was vorging, kostete vielen von ihnen das Leben während meiner Reise.

### Grotbek (Grossschnabel), geselliger Webervogel (*Philetaerus socius*, der Siedelweber).

Farbe braun, blass sandfarben gefleckt. Hat einen starken kurzen Schnabel, der an der Wurzel dick ist. Findet sich in der ganzen Kalahari, wo nur Bäume sind. Am liebsten baut er sich an auf dem Kameldorn, einer Akazie, welche dadurch oft ein sonderbares Aussehen erhält; der ganze Wipfel eines grossen Baumes sieht einem riesigen Pilz oder einem ausgespannten Regenschirm von vielen Centnern hellgoldigen Grases gleich, welches zu einem Dach zusammengeflochten ist, das in der Mitte 3 m und am Rande noch 1 m dick ist; die ganze untere Fläche der Masse ist eben, aber von kleinen runden Löchern durchbohrt, durch welche die Vögel zu ihren gesonderten Nestern gelangen. In einem solchen gemeinsamen Logirhause ziehen Tausende dieser kleinen 12 cm langen fleissigen Thiere ihre Jungen auf und zwar in völliger Eintracht.

Es gibt noch andere kleine Abarten von Webervögeln.

### Singfalk, Singhabicht (*Melierax musicus*).

60 cm lang; Rücken und Flügel schiefergrau, Bauch und Beine weiss, mit braunen Zickzackstreifen. Singt des Abends.

### Grauer Habicht.

Ungefähr 36 cm hoch; Flügel und Schwanz schiefergrau bis schwarz; Schnabel hellroth, Beine scharlach; Augen roth mit goldenem Ring um die schwarze Pupille. Im Fluge sieht er weiss aus. Bewohnt die Kamelbäume am Nosobfluss.

### Secretär oder Kranichgeier (*Serpentarius secretarius*).

Etwa 1 m hoch mit langen Beinen, Farbe bleigrau. Die langen Schwungfedern und das Gefieder am Oberschenkel schwarz, ebenso der Nackenschopf, welcher vom Obertheil des Kopfs und vom Hals sich erhebt. Schwanz schwarz bis auf zwei graue Federn, vor dem Ende mit einem weissschwarzen Flecken geziert. Lebt hauptsächlich von Schlangen. Brütet in den K'gungwäldern, in welchen er sich ein Nest aus dürren Stöcken macht, einen meterdicken Haufen und von gleichem Umfang. Brütet zwei Junge aus, ungefiederte, kahle, gelbbäuchige Fettklumpen.

### Teal, Knäk- oder Krik-Ente (*Anas querquedula*).

Eine sehr plumpe kleine Ente, 30 bis 36 cm lang, ähnlich *Pterocyana circia*, wird häufig bei den Wasserpfuhlen der Kalahari in der Regenzeit angetroffen. Farbe kastanienbraun, leicht gescheckt, ungefähr von der Farbe des auf dem Lande „graue Ente" genannten Vogels. Ein Theil des Vorderflügels weiss mit einem hellgrünen Streifen von 8 cm Länge.

### Taucherente.

Kleine Ente von 18 cm Länge, lebt zusammen mit der vorigen. Körper dunkelbraun. Brust aschfarbig; Schnabel schwarz und scharf.

### Hammerkop, Schattenvogel (*Scopus umbretta*).

Ein Sumpfvogel; sein dicker Kopf, langer Hals und kurzer Schwanz geben ihm ein höchst groteskes Aussehen. Der schwarze 8 cm lange Schnabel ist schmal, scharfgekantet oben und mit einem spitzen Haken am Ende. Farbe schönes Bronzesammtbraun; die Vordertheile der Flügel etwas dunkler als das übrige Gefieder. Lebt von Fröschen und Schalthieren, Fischen u. s. w.

## Mahou.

Ein Vogel, welcher bei den Eingeborenen diesen Namen führt, bewohnt die K'gungwälder. Er ist 25 cm lang. Mit seinem beschopften Kopf und langem leicht gekrümmten Schnabel gleicht er dem Wiedehopf. Hals, Brust und Unterkörper hellröthlichbraun; die Schopffedern, etwa 4 cm lang, schwarz getüpfelt; ein schwarzer Streifen trennt Halsfedern von Rücken und Schultern, und unter ihm, 3 cm entfernt, befinden sich schmale Zickzackstreifen hellbraun mit orange Flecken, die durch schwarze Flecken getrennt werden. Zunächst dem Schwanz befindet sich ein weisses Band, welches sich bis zu den Schwanzfedern ausdehnt, welche flaschengrün schillern. Flügel von gleicher Farbe mit Ausnahme der innern Schwungfedern, welche schwarz und weiss gestreift sind, mit hellbraunen Tupfen.

## Wachtel.

Die Kalahari-Wachtel ist halb so gross als die Virginische Wachtel, da sie nur 10 cm misst; im Sitzen sieht sie nicht grösser als ein Sperling aus. Flügel schwärzlichbraun mit hellbraunen Stellen gestreift. Vom Oberkopf bis zum Schwanz haben die schwarzbraun gestreiften Federn einen milchweissen Mittelpunkt, welcher wie eine besondere punktirte Feder aussieht. Kehle gelblich braun, Schnabel kurz und schwarz, Beine röthlich.

## Kamelvogel.

Eine Art Hornvogel, ganze Länge 54 cm, davon der Schwanz 25 cm: der Oberschnabel, schmutzig gelb mit schwarzer Schattirung, etwa 6½ cm lang, ist vom Obertheil des Körpers über dem Auge bis zur scharfen Spitze regelmässig gekrümmt. Der Unterschnabel, 2½ cm am untern Ende breit, schrumpft zu einem scharfen Rücken zusammen und erstreckt sich bis 2½ cm hinter dem Auge. Feine haarartige schwarzweisse Federn bilden den kurzen Schopf, welcher bis dicht vor und unterhalb der Augendeckel sich hinzieht, das Kinn aber bloss lässt; Hals weiss, mit einem weissen, den Rücken hinunterlaufenden Streifen, welcher einer Reihe kohlschwarzer Federn begegnet und sich nach den Flügeln verläuft, welche auch weiss und schwarz mit braunen Rändern aussehen. Die langen Schwungfedern sind alle schwarz, mit Ausnahme der vier äussersten (ganz wie beim Hornraben, Brehm, neue Aufl., IV, 287), welche 5 cm vom Ende einen schwarzen Flecken führen. Von den zehn Schwanzfedern sind die vier mittlern kohlschwarz, die drei an jeder Seite haben weisse Streifen und sind auch weiss getüpfelt. Die Brust und die untern Federn sind mit einer Art Dune von einer Mischfarbe aus weiss und schwarz bedeckt, ebenso die Beine. Die Füsse haben vier Zehen und kohlschwarze Krallen. Ich gebe diese eingehende Beschreibung, weil ich den Vogel für eine neue Species ansehe.

## Säugethiere der Kalahari-Wüste.

### Leopard (*Felis leopardus*).

Wird von den eingeborenen Jägern Tiger genannt. Es kommen zwei Arten vor, eine grosse und eine kleine. Die erstere ist die gefürchtetste unter den afrikanischen Katzen, weil sie einer Begegnung niemals ausweicht, vielmehr gewöhnlich angreift. Sie richtet grossen Schaden unter den Schafheerden in der südlichen Kalahari an. Im K'gungwalde kommt sie selten vor. Ihre Stärke ist im Vergleich mit ihrer Grösse geradezu wunderbar. Die Grundfarbe ist hellgelb, das Fell dicht besetzt mit sehr dunkeln runden Flecken.

### Karakal (*Lynx caracal*, Wüstenluchs).

Aehnelt sehr dem gemeinen Luchs, der kurze Schwanz und die Ohren geben ihm ein durchaus luchsartiges Aussehen. Farbe blassbraun mit einem Stich von roth und hier und da dunkelrothen Flecken. Gleich dem Schakal ist er nicht zu vornehm, an einer von einem Löwen angerichteten Abendmahlzeit theilzunehmen.

### Luchs (*Lynx* oder *Felis caligatus*, Sumpfluchs).

Farbe röthlich lohfarben, mit langen schwarzen Schnurren, welche vom Maul vorstehen, und einigen schwarzen Streifen an den Läufen und Wangen. Er ist kleiner als der Karakal, führt einen langen Schwanz mit schwarzer Spitze und ist etwa 60 cm lang ohne den 30 cm langen Schwanz.

### Tschita (*Felis jubata*, Jagdleopard oder Jagdgepard).

Wird von den Eingeborenen „Jagdtiger" genannt, obwol er von Natur nicht wild ist. Hat Aehnlickheit mit dem Leopard, aber längere Beine und kleinern Kopf. Er läuft schneller, ist aber weniger kräftig als der Leopard. In der äussern Erscheinung erinnert er mehr an das Hunde- als an das Katzengeschlecht.

### Löwe (*Felis leo*).

Die grösste Katze, über der ganzen Kalahari verbreitet, besonders wo es viele Antilopen gibt, aber nicht wo Menschen sich aufhalten. Die Gewohnheiten des sich ansiedelnden Hirten und des Löwen sind so verschieden, dass sie nicht nebeneinander leben konnten. Seine Farbe ist lohgelb, am untern Theil des Leibes heller; die Ohrränder sind schwärzlich; das Schwanzende bedeckt mit einem Büschel langer schwarzer Haare; Hals und Schulter des männlichen Löwen ziert ein Mantel von schwarzem zottigen Haar, welcher auch Kehle und Schienbein verdeckt. Die Löwin hat keine Mähne. Ein vollständig erwachsener Löwe misst 122 cm am Widerrist, die übrige Körperhöhe beträgt aber nur 107 cm, die ganze Länge 3,35 m. Er schläft am Tage und jagt in der Nacht auf Nahrung, wobei er eine Fährte aufnimmt, ihr wie ein Spürhund folgt und sich an seine Beute heranschleicht, bis er sie mit einem von Gebrüll begleiteten Sprunge erreichen kann. Der Löwe nimmt aber auch ohne soviel Umstände mit einer Mahlzeit vorlieb, und verschmäht unter Umständen selbst nicht einen faulenden Cadaver. Er greift den Menschen selten an und ein Lager nur, wenn er sehr hungerig ist. Dann macht er sich mit Vorliebe an die Pferde, für deren Fleisch er eine grosse Liebhaberei hat. Viele Jäger können monatelang des Tages seine Fährten sehen und ihn des Nachts brüllen hören, ohne ihn jemals zu Gesicht zu bekommen, während andere in ihren Lagern angegriffen und ihrer Pferde und Ochsen beraubt wurden. Die Jäger sagen, wenn der Löwe brüllt, so ist er nicht gefährlich, weil er dann schon gesättigt ist. Die Löwen jagen in Gesellschaft, und wenn es ihnen gelungen ist eine Giraffe niederzureissen, so stillen sie den ersten Hunger mit den Eingeweiden. Ohne Zweifel löschen das Blut und die Eingeweide der Thiere ihren Durst, obgleich die Eingeborenen sagen, sie frässen auch die Sama oder Wassermelone, was ich bezweifle.

### Hase (*Lepus africanus*).

Wird in der ganzen Kalahari angetroffen; gleicht dem englischen Hasen in Farbe und Gewohnheiten, ist aber erheblich grösser.

### Giraffe (*Camelopardalis giraffa*).

Das grösste Säugethier, da seine Höhe öfters 7 m erreicht.
Es gibt zwei Arten, von denen die eine schwarze, die andere fast
weisse Flecken hat; letztere Art ist grösser, die erstere schwerer.
Nährt sich hauptsächlich von Blättern und den Bohnenschoten der
K'gungbäume, deren Wälder sie bewohnt. Da sie sehr scheu sind,
entziehen sie sich der Beobachtung. Man trifft sie an in Heerden
oder Familien von 6 bis 10 Köpfen; öfters wandert das Männchen allein umher und wird, wenn plötzlich überrascht, leicht zu
Pferde eingeholt, aber es gehört ein gutes Pferd dazu, wenn es
den Jäger zuerst entdeckt. Das Fleisch wird in geklopftem Zustande (als „Biltong") sehr geschätzt. Das Fell des Nackens,
3 cm dick, wird zu Peitschenstielen mit der Peitsche daran in
einem Stück, und das übrige Fell zu Schuhsohlen, Schilden u. s. w.
verwandt. Die weissgefleckte Giraffe ist noch niemals nach Europa
gebracht.

### Pavian (*Cynocephalus porcarius*).

Die Boers nennen sie Bovians. Wurden sehr zahlreich im
Felsengebirge längs des Oranjeflusses angetroffen und einzeln auch
auf den Klippen im trockenen Bette des Nosobflusses. Zuweilen
sahen wir sie in der Wüste fern vom Wasser, welches sie zu finden verstehen sollen. Sie treiben sich in grossen Gesellschaften
zu Hunderten von allen Grössen und Lebensaltern umher und
leben von Skorpionen, Insekten und Wurzeln, von denen sie die
Kiki bevorzugen, deren Knollen sie noch zu finden verstehen, wenn
der Stengel bereits eingegangen ist. Sie sind sehr verschlagen
und werden selten ausserhalb der Felsen angetroffen, in deren
Höhlungen sie ihre Wohnung haben. Allein sie anzugreifen ist
sehr gefährlich, weil die voll ausgewachsenen Thiere die Grösse
eines Bullenbeissers erreichen und mit zwei 6 cm langen Hunds-
zähnen bewehrt sind. Die Farbe ist schwarzgraubraun, Gesicht
und Schnauze schwarz.

### Flusspferd (*Hippopotamus amphibius*).

Heimisch in allen afrikanischen Flüssen und so auch im
untern Oranjefluss. Durchschnittlich 1½ m hoch. Beine sehr
kurz, Leib klobig, unförmlich. Farbe dunkelbraun. Die Haut,
aus der Oel zu schwitzen scheint, ist mit schwarzen Flecken bedeckt. Lebt auf dem Lande und im Wasser, doch meist im
Wasser. Nährt sich von Wurzeln, Gräsern und Laub.

**Aard Varken,** Capsches Erdferkel (*Orycteropus capensis*).

Ein Ameisenfresser, bewaffnet mit mächtigen Krallen, mit
welchen er die härtesten Ameisenbaue zerstört, um die Insassen
zu verzehren, oder den härtesten Boden aufreisst, um sich eine
Höhle zu schaffen, in welche ein Mensch gut hineinkriechen
kann. Man sagt, dass es mit seinen hufartigen Krallen schneller
gräbt als ein Mann mit dem Spaten. Länge etwa 1,9 m, wovon der dicke starke Schwanz etwa 85 cm wegnimmt; letzterer ist dünn bestanden mit schwarzbraunen, groben, borstigen
Haaren. Liefert ein vortreffliches Wildpret. Wird nie bei Tage
gesehen.

**Aard Wolf,** Erdwolf (*Proteles Lalandi* oder *P. cristatus, Virerra
hyaenoides,* Zibethhyäne).

Gehört zu den Zibethkatzen, obwol er in Farbe, Gestalt und
Grösse mehr einer Hyäne gleichsieht, für welche er oft gehalten
wird, weshalb er bei den Jägern auch Hyäne heisst. Länge 107 cm,
von welcher auf den Schwanz 30 cm kommen.

**Meerkat,** Fuchsmanguste (*Cynictis penicillata* oder *Levaillantii*).

Gräbt sich ein Loch in der Erde so gross, dass ein Thier
doppelter Grösse darin leben könnte; lebt darin in Familien von
20 bis 30 Köpfen. Sieht einem grauen Eichhörnchen ähnlich,
wenn es dasitzt und einen am Bau vorübergehenden Menschen
beobachtet. Sehr hübsches Thier mit buschigem Schwanz. Loh-
braun und grau, lässt sich leicht zähmen und wird dann ein sehr
niedliches Hausthier.

**Rhinoceros,** Doppelnashorn (*Rhinoceros bicornis*).

Ein plumpes, starkes, gefährliches Thier, ein böser Gegner
wenn es verwundet wird. Soll Jäger angreifen, sobald es sie
nur zu Gesicht bekommt. Die schwarze dicke Haut soll ausser
aus grosser Nähe eine Kugel abhalten. Seine Nahrung besteht
aus Wurzeln, Gras und Laub. Die Eingeborenen machen Sjam-
boks (Peitschen) aus der Haut, welche sie zu dem Zweck in
Streifen schneiden, trocknen und dann mit dem Messer zur richtigen Gestalt abschaben. Eine solche Peitsche hält jahrelang.

**Dossi** oder **Klip Haas,** Klippschliefer (*Hyrax capensis*).

Ungefähr so gross wie ein Kaninchen, mit weichem schwarzbraunem Pelz bedeckt. Bewohnt alle felsigen Gegenden der Kalahari, wo er in den Spalten und Rissen der Felsen wohnt. Hat kleine Hufe wie ein Ferkel. Liefert ein sehr gutes Wildpret, wenn es einem gelingt eins zu erwischen, was nicht leicht ist, weil es so sehr scheu bleibt. Ist man von der ausgestellten Wache entdeckt, so ertönt von derselben ein Pfiff zum Zeichen, dass die Luft nicht rein ist, und dann kann man eine Stunde warten, bis ein Thier wieder seine Nase heraussteckt. Das wunderbarste an ihnen ist, dass einige Naturforscher dies unschuldige Thier unter die Dickhäuter classificirt haben.

**Löffelhund** (*Otocyon megalotis* oder *Lalandii*).

Von der Grösse eines mässigen Fuchses; schönes Thier von hellgrauer Farbe, mit einzelnen starken schwarzen Grannenhaaren; Ohren länger als der Kopf; Läufe dunkler als der Körper.

**Quagga** (*Asinus quagga*).

Mittelding zwischen wildem Esel und Zebra, nur dass die Streifen bei weitem nicht so breit sind noch bis auf die Füsse heruntergehen; der übrige Theil des Körpers ist braun. Durchstreift heerdenweise die Kalahari; Fleisch und Fell werden von den Eingeborenen sehr gesucht.

**Zebra** (*Asinus zebra*).

Der schönste Esel der ganzen Familie. Farbe milchweiss, regelmässig schwarz gestreift über den grössern Theil des Körpers bis zu den Hufen herunter, in dieser Hinsicht ganz ähnlich dem bengalischen Tiger. Die Streifen laufen am Körper senkrecht, an den Beinen wagerecht. Das Ende des Schwanzes ist schwarz, am Bauch und zwischen den Beinen ist es milchweiss. Lebt heerdenweise in der Nähe der Gebirge und einzeln in den Ebenen. Das von uns erlegte war das richtige Zebra, nicht Burchell's Zebra.

**Elefant** (*Elephas africanus*, *Loxodonta africana*).

Dieser mächtige Dickhäuter wird bald aus Südafrika vertrieben sein, wennschon die Regierung Gehege reservirt hat, wo sie im wilden Zustande erhalten bleiben sollen; aber die Erlaubniss, jährlich einen zu tödten, wird gewöhnlich auf mehrere ausgedehnt. Die Verwüstungen, welche sie in den umliegenden Districten anrichten, sind eine weitere Ursache ihrer allmählichen Abnahme. In wenig Jahren werden sie in allen Gegenden südlich vom Oranje- und Krokodilfluss, ausser im Zululande, ausgerottet sein.

**Hartebeest,** Hirschkuhantilope (*Alcephalus caama*).

Eine grosse Antilope, 1,7 m am Widerrist hoch und 2,1 m lang. Ihr besonderes Gehörn sagt dem Jäger sofort, welches Thier er vor sich hat; es ist dick und stark; anfangs recht nahestehend, steigen die Stangen etwa 18 cm aufwärts und biegen sich dann plötzlich im rechten Winkel nach rückwärts. Farbe gräulichbraun; ein schwarzer Streifen läuft vom Ende der Nase bis zum Schwanz und desgleichen an jedem Bein herunter. Es lebt gewöhnlich in kleinen Familien von 15 bis 20 Stück.

**Kudu-Antilope** (*Strepsiceros Kudu*).

Die schönste Antilope der ganzen Familie. Dieses prächtige Thier misst etwa 1,3 m am Widerrist und ist überall kräftig entwickelt. Die schraubenartig gewundenen gewellten Stangen des Gehörns sind bis 1,1 m lang. Ist sie fett, so überholt ein gutes Pferd sie in zwei Stunden.

**Elenantilope** (*Oreas canna*).

Die grösste aller Antilopen, an Gewicht einem Ochsen gleich. Ein ausgewachsener Stier misst über 1,3 m am Widerrist. Sie ist kräftig gebaut, setzt aber oft so viel Fett an, dass sie leichter als jede andere Antilope der Kalahari niedergeritten wird. Das Fleisch ist sehr saftig. Farbe blass gräulichbraun. Es gibt zwei Arten, welche sich blos in der Farbe unterscheiden; die eine ist gestreift.

Alle diese Antilopen leben ohne Wasser, da die saftigen Blätter und Gräser ihnen die für ihren Bedarf ausreichende Feuchtigkeit liefern. Ich beobachtete bei einigen von mir geschossenen Exemplaren eine fleischige Protuberanz an der Nase, welche die Eingeborenen auf eine Quetschung zurückführten, die aber nicht von einer Verletzung herzurühren schien, weil sie, wenn geöffnet, einen ganz normalen Zustand des Fleisches ohne jede Entzündung zeigte.

## Büffel (*Bos caffer*).

Eins der wildesten südafrikanischen wilden Thiere, welches den Jäger, der es verwundet, sicher annimmt. Seine blauschwarze Haut durchdringt eine gewöhnliche Kugel nur selten. Die Wurzelenden des weiten Gehörns bedecken völlig die obere Stirn und bilden einen undurchdringlichen Panzer gegen den Angriff anderer Thiere. Ist gesellig, ässt gewöhnlich des Nachts und liebt schattige Ruheplätze am Tage.

### Springbock (*Antidorcas euchore*).

Ein sehr passender Name, den das Thier wirklich verdient, da es, wenn beunruhigt, ganz ausserordentliche Sprünge vollführt, indem es 3—4 m hoch in die Luft springt, und häufig zur eigenen Belustigung auf diese Art vorwärts läuft. Ein sehr zierliches, dabei furchtsames Thier, welches in ungeheuern Heerden von 10000 bis 50000 Stück umherschweift, dem Regen folgend und frische Weide suchend. Wenn sie „trekken" (unterwegs sind), so zieht jedermann aus, um sich einen Vorrath neuer Felle und des denkbar besten Wildprets zuzulegen.

### Steinbock, richtiger Bleichbock (*Scopophorus scoparius*).

Ein hübscher kleiner Bock, der überall in den Sandebenen angetroffen wird: Farbe blass lohfarbig, unten weiss; der Bock trägt kleine, scharfe, schwarze Stangen als Gehörn. Aus dem Lager aufgeschreckt, springen sie hoch über das Gras weg, erst bald rechts bald links zur Seite weichend, wie eine flüchtige Schnepfe, und dann verschwinden sie plötzlich, indem sie sich niederducken.

### Klippspringer (*Oreotragus saltatrix*).

Gewöhnlich auf steinigen Bergen anzutreffen (wie zuweilen der Bleichbock), und ebenso behend wie eine Gemse die senkrechten Klippen von einer zur andern überspringend. Es ist ein kleines Thier, von nicht mehr als 60 cm Höhe wenn voll ausgewachsen. Farbe griesbraun, rehfarben.

### Ducker, Duyker-Bock (*Cephalophus mergens*).

Ueber die ganze Kalahari verbreitet, lebt sehr einsam, sodass man selten mehr als einen auf einmal zu sehen bekommt. Bewohnt

Flächen mit langem Grase und Krüppelbusch. Farbe bräunlich-
gelb; Beine, Schwanz und Nase schwarz.

### Capscher Gemsbock (*Oryx leucoryx*). Beisa-Antilope.

Die schönste und sehr häufig in der Kalahari anzutreffende
Antilope. Wird nahezu 1,3 m hoch und sieht grasend so gross
wie ein Ochse aus. Die durchgängig graue Färbung wird be-
sonders hervorgehoben durch schwarze Streifen längs des Rückens
und der Seiten, während ein ähnlicher schneeweiss geränderter
Streifen quer über die Stirn läuft und sich unter das Kinn zieht.
Sie hat einen langen schwarzen Schwanz und eine kurze Mähne.
Die Stangen des Gehörns sind oft über 1 m lang, so scharf wie
Nadeln und fast schnurgerade von der Wurzel bis zur Spitze.

### Wildebeest oder Gnu (*Connochaetes gorgon, Catoblepas Gnu* oder *Bos connochaetes.*)

Die wenigst scheue Antilope und deshalb am leichtesten zu
schiessen. Ihre Neugierde, jeden fremden Gegenstand zu betrachten, macht sie zur leichten Beute des Jägers und wie ich glaube
auch ihrer fleischfressenden Feinde. Sie sieht mehr einem Pferd
mit Hörnern als einer Antilope ähnlich, die Farbe ist jedoch abweichend, nämlich bläulich grau. Das Gnu wird etwa 1,2 m hoch
und 2,3 m lang.

### Schakal (*Canis mesomelas*. Schabrackenschakal).

Grösser als ein starker Fuchs. Röthlich lohfarben mit einem
schwarzen Streifen über den ganzen Rücken. Statt der „Versorger
des Löwen" zu sein, heult er umher und passt auf die Brocken
von des Löwen Tafel; der Reisende kann fast nicht dem Klange
seiner nächtlichen Serenaden entgehen.

### Wilder Hund, Hyänen- oder Steppenhund (*Lycaon venaticus*).

Von den Eingeborenen Wolf, von den Boers wilder Hund
genannt. Sein Kopf gleicht dem der Hyäne, aber er hat nicht
den hinten abfallenden Körperbau derselben, und so fragt es sich,
ob er mehr von der Hyäne oder vom Hund hat.

### Hyäne (*Hyaena crocuta*).

Höhe am Widerrist 78 cm, nach hinten abfallend. Kopf kurz,
Hals sehr dick. Allgemeine Farbe braun, Nase und Füsse schwarz.

Körper bedeckt mit kreisrunden Flecken. Das Haar auf dem Rücken und Widerrist wird etwa 25 cm lang. Allgemeiner Aasfresser, frisst aber fast alles. Mit den mächtigen Kinnbacken zermalmt die Hyäne die stärksten Knochen.

**Ah** (*Vulpes ah*, Wüstenfuchs, *Canis Zerdo*).

Eine Art Fuchs, dessen Pelz von den Betschuanen noch höher geschätzt wird als selbst der des grossen schwarz gestreiften Schakal. Grosser Feind der Strausse, deren Nester er plündert.

**Stachelschwein** oder **Eister Vark** (*Hystrix cristata*).

Nachtthier. Wenn überrascht, rollt es sich zu einer Kugel zusammen und hebt die Stacheln, welche alles durchbohren, was angreifen will, und dabei ein Geräusch machen gleich dem Rasseln einer Klapperschlange. Das Fleisch liefert ein gutes Wildpret und schmeckt dem eines Saugferkels ähnlich.

**Springhase** oder **Cap-Jerboa** (*Pedetes caffer* oder *Helamys capensis*).

In der ganzen Kalahari anzutreffen. Gestalt wie die eines Känguruh. Nachtthier, gräbt sich Höhlen in den Sand, in welchen es bis Sonnenuntergang schläft. Lebt durchaus von Pflanzen und ist die Pest der südafrikanischen Gärtner. Gejagt springt es 6 bis 10 m in einem Satz. Farbe dunkelrehfarben, abblassend zu gräulichweiss unter dem Leibe. Schwanz so lang als der Körper und bedeckt mit steifen Haaren.

---

## Geologisches.

Die geologischen Proben, welche ich aus der Kalahari mitgebracht habe, umfassen Diamanten, Kupfer, Krokydolith, Asbest, Achate, Seifenstein, Schiefer, Kohle, Eisen und ein weiches schwarzes Gestein, welches die Eingeborenen zu einem feinen Pulver mahlen und mit Fett mischen, um ihre Gesichter damit zu schwärzen.

## Uebersicht der Entfernungen.

### Von Upington nach Mier.

3½ bis 4 Tage zu Pferde oder 6 bis 7 Tage mit dem Ochsenwagen. Die Entfernungen sind immer stundenweise gerechnet; jede Stunde zu Pferde wird zu rund 10 km gerechnet. In der nachstehenden Tabelle verstehen sich die Zeiten immer zu Pferde.

Von Upington nach Zwart Modder, direct, 10 Stunden.

„      „      „ Arikaap, 2½ Stunden . Regenpfanne.

„ Arikaap nach Rooi Pits, 1½ Stunden Brackischer Brunnen.

„ Rooi Pits nach Blau Bosch, 2 Stunden Regenpfanne.

„ Blau Bosch nach Grundnuse, 2½ Stunden      „

„ Grundnuse nach Kukup, 2 Stunden .      „

„ Kukup nach Zwart Modder, 2½ Stunden Süsswasserbrunnen.

„ Zwart Modder nach Zout Pits, ½ Stunde Brackischer Brunnen.

„ Zout Pits nach Blomfontein, ½ Stunde Süsswasser.

„ Blomfontein nach K'abeam, 1 Stunde . Grosser Pfuhl.

„ K'abeam nach Springbock-Vley, 1 Stunde Vley oder Thal (Niederung).

„ Springbock-Vley nach K'hamkigora, 2 Stunden . . . . . . . . . Vley und Brunnen.

„ K'hamkigora nach Anerougas, 2½ Stunden Dam.

„ Anerougas nach Schoon Veldt, 1½ Stunden Grosser Dam.

„ Schoon Veldt nach Rautenbach's Gut. 3 Stunden .      . Brackischer Brunnen und Süsswassersee.

„ Rautenbach nach Mier, 2 Stunden . Süsse und brackische Brunnen.

### Von Zwaart Modder, den Hyobfluss abwärts, nach den Hundert Fällen:

1½ bis 2 Tage zu Pferde, 3½ bis 4 Tage mit dem Ochsenwagen.

Von Zwart Modder nach N'gous, 1½ Stunde Süsswasserbrunnen.

„ N'gous nach Smallfish, 1 Stunde .      „

„ Smallfish nach N'eintas, 1½ Stunden .      „

„ N'eintas nach Harper's Gorge, 2 Stunden      „

„ Harper's Gorge nach Oranje Berg Warf, 2½ Stunden . . . . . . . . Oranjefluss.

„ Oranje Berg Warf nach den Hundert Fällen, 1½ Stunden .      .      „

## Von den Hundert Fällen nach Upington.

1¹/₂ Tage zu Pferde, 3 Tage mit Ochsenwagen. Eine Strasse folgt dem Flusse, die andere schneidet dessen Krümmungen ab und geht quer durch das Land. Ich gebe die letztere:

Von den Hundert Fällen nach Oranje Berg
 Warf, 1¹/₂ Stunden . . . . . . Flusswasser.
„ Oranje Berg Warf nach Lilagh Hoghta,
 1¹/₂ Stunden . . . . . . . . . Kein Wasser.
„ Lilagh Hoghta nach Nooit Gedacht,
 3 Stunden . . . . . . . . . Oranjefluss.
„ Nooit Gedacht nach Upington, 4 Stunden „

### Handelsstrasse von Upington nach Damara-Land.

Die Entfernungen zwischen diesen Plätzen werden sehr verschieden angegeben, da bald die Stunden eher zu 16 als zu 10 km, bald geringer gerechnet werden. Wasser findet sich überall zwischen ihnen. Die durchschnittliche Entfernung von einer Wasserstelle zur andern beträgt 2 Stunden, die grösste 8 Stunden:

Von Upington nach Zwart Modder, 10 Stunden Süsswasser.
„ Zwart Modder nach Hodap. 14 „ „
„ Hodap nach Scrap Klip, 1¹/₂ Stunden . „
„ Scrap Klip nach Ungas, 2¹/₂ „ „
„ Ungas nach Kheis, 2¹/₂ Stunden . . . „
„ Kheis nach Leo River, 7 „ . . . „
„ Leo River nach Warm Bakies, 3 Stunden „
„ Warm Bakies nach Zwart Modder,
 3¹/₂ Stunden . . . . . . . . „
„ Zwart Modder nach Blau, 3 Stunden „
„ Blau nach Daboras, 8 Stunden . „
„ Daboras nach Amadap, 6 Stunden . . „
„ Amadap nach Narougas oder Oup,
 5 Stunden . . . . . . . . „
„ Narougas nach Zett Fontein, 12 Stunden
„ Zett Fontein nach Zwart Modder, 1¹/₄ „ „
„ Zwart Modder nach Quakengas[1], 2 „ „
„ Quakengas nach Bitter Pits, 1¹/₂ „ „

---

[1] Hauptquartier von Manassa, dem Häuptling der rothen Nation.

Von Bitter Pits nach Lekker Water[1], 7 Stunden     Süsswasser.

„ Lekker Water nach Kankuis, 4    „      „

„ Kankuis (Abbas Berge) nach Windhoek[2],

    7 Stunden. . . . . . . . . .     „

„ Windhoek nach Barmen, 10 Stunden .     „

„ Barmen nach Klein-Barmen[3], 2 Stunden     „

„ Klein-Barmen nach River Pit[3], 4    „     „

„ River Pit nach Ouit Drei[3], 2    „     „

„ Ouit Drei nach Otschimbingue, 2    „     „

---

[1] Vier nicht sehr grosse Sanddünen.

[2] Tausend Quellen entspringen aus weissem Kalksteingebirge und bilden einen Fluss, der meilenweit warm bleibt.

[3] Am Schwachob-Fluss.

# NAMEN- UND SACHREGISTER.

Aaspflanze 429, 412.
Abgrund, Sprung über den 421.
Abram's Dam 81.
Ackerbau bei den Bakalahari 201.
Affen 98, 414.
Afrikander, Jan 269.
Ah, die 279.
Ameisen, essbare 103.
—, weisse 103, 449.
Anerongas 265.
— -Dam 370.
Anna-Bäume 247.
— -Fälle 401.
Antilopen 56, 65, 78, 154, 175, 229, 309, 346, 461.
Archäologische Entdeckung 259, 349.
Avocets 123, 124, 452.

Baden Powell 438.
Bakalahari, die 203.
Bakaris 140.
Balala, die 193.
Bangweketsi, die 181.
Bartlett, der Missionar 57.
Bastard, Familie 111, 267.
—, Gebräuche 81, 272, 271, 286.
—, Geschichte der 270.
- , Lager 46, 94, 110, 369.
Baum, Nacht in einem 287.
Beere, besondere 209.
—, essbare 281.
Begräbnissfeierlichkeiten 263.
Beschwörung in der Wüste 185.
Bewässerung, Anlagen in Upington 428.
—, Dämme 10, 13, 81.
Bienen, Jagd 333.
—, wilde 103, 333.

Bier, sonderbares 426.
Bildhauerarbeiten bei Berg-Buschmännern 119.
Biltong, Bereitung des 307, 347.
Blauer Grund 19, 24, 30, 33.
Boer, Bedeutung des Wortes 4.
—, Charakter 48, 79, 431, 434, 435, 436, 437.
—, der biedere 10, 436.
—, Familie 4, 48.
—, Gruss 46, 48, 101.
—, Wohnung 8, 67.
Boy, Junge, Ursprung des Worts 270.
Braktfluss 436.
Brunnen 81, 141.
Buchfels 390.
Büffeljagd 256.
Buschmann-Kartoffel 102.
— -Reis 102.
—, Tödtung eines aus Versehen 338.
Buschmänner 94, 435.
— -Arznei 196.
— Berg- 118, 431.
— -Wandzeichnungen 119.
—, ihre Nahrung 101, 146, 431.
—, Schwelgerei 120, 347.

Cactus, giftige 99.
Campbell 55.
Cann, der Handelsmann 141, 355.
Carboom 433.
Chamäleon 326, 446.
Christie 67.
Colesburg Koppje 18.
Cope's Landgut 80.

Damara, die 144, 262.
—, König der 263.

Dam, Werth des 10. 13. 82. Vgl.
Bewässerung.)
Davis 93.
De Aar, Knotenpunkt 6.
Diamant, Diebe 30. 35.
—, erster 17.
— -Fall 406.
— -Gesellschaften 17, 23. 36.
—. grosser 106.
— -Gruben 17.
— -Makler 20.
—, Sortiren der 34.
—, Suche nach 107.
—, Verschlucken der 30.
—. Waschen der 32.
—, Werth der 34. 36.
Diamantenkauf, unerlaubter 21, 24.
Dirk 144.
Docha oder wilder Hauf 120, 205.
Dörrfleisch 307, 347.
Drahtzaun 13.
Dürre. grosse 3, 5. 121.
Durst. Tod durch 130.

Eau-de-Cologne 205, 313.
Eidechsen 145.
Eisenbahn 6.
Elefantenjagd 248.
Elenantilope 229.
Enten 123, 223.
Entfernungen, Schätzung der 65.
—, Tabelle der 465.
Euphorbia candelabra 378.

Fälle des Oranjeflusses 374. 381.
— im Vergleich zum Niagarafall 410.
Farini-Fall und Thürme 397.
Fartein. Michael 72.
Fasanen 395.
Felle, Gerben der 196.
Flamingos 123.
Fledermäuse 292.
Fritz s. Ich will's machen.
Flötz, Einsturz des 18.
Flora der Kalahari 99. 120, 126. 174.
205, 281, 370. 377. 429, 410.
Flüsse, rasches Steigen und Fallen
12. 50. 394. 398. 407.
Flussbett. trockenes 1, 278.
Flusspferd 422.
Fryer. Herr 423.

Gause 123 vergl. Wasservogel.
Gamkafluss 1.
Garten. schöner 428.

Garten von König Mapaar 205.
Geheimpolizei 25.
Geier 278, 289. 451.
—. Sehweite der 291.
Geistige Getränke, Geschmack an
205.
Gemsböcke 154, 309.
—, Jagd auf 346.
Geologie der Kalahari-Wüste 410.
464.
Gerben von Fellen 196.
Gewitter 54.
Gewohnheiten und Sitten der Ein-
geborenen 94. 117, 208. 218, 246.
263.
Ghanze 237. 243.
Giftige Wurzeln, Essen von 152.
Giraffen. Abhäuten der 316.
—. Jagd auf 282. 310.
—. Junges gefangen 314.
— -Vogel 295. 455.
—. weiss gefleckte 286. 458.
Gnu oder Wildebeest 124.
Gordon. General. Tod des 115.
Gorillafels 390.
Gras in der Wüste 121, 125, 152.
178.
Grausamkeiten gegen Eingeborene
361, 436.
Griqua, Frau des Häuptlings von 58.
— -Land. König von 71.
— —, verkauft an die Engländer 71.
Griquatown 66.
— gegründet 72.
Groot Drink 433.

Halliburton. Secretär 276, 363.
Harris, Ermordung von 163.
Häuser aus Zinnbüchsen 14.
Hebung des Continents. allmähliche
262.
Heimchen, Riesen- 278.
Heirath. leichte 202.
Helm, Missionar 72.
Hercules-Fälle 390, 407. 419.
Herrero, die 70.
Hexe-Berge und Fluss 2.
Holzhandel 49, 51.
Honigbier und seine Wirkungen 335.
Hopetown 6, 437.
Hottentotten, Arzneien der 425.
—, die 111. 376.
Hundert Fälle, die 110 (vgl. auch
Fälle des Oranjeflusses.
Hyäne 295. 463.
, —. Verschmausen einer 121.

Ich will's machen, Rettung von 173.
I.-D.-B. 24, 30.
Insekten 102, 103, 238, 278, 333, 447.
—, wohlriechende 212.

Jagd mit den Bakalahari 207, 211.
Jan, der Treiber 43.
verirrt 84, 97.
Janssen, Missionar 72.
Junge, Boy, Ursprung des Worts 270.

K'abiam-Pfuhl 372.
Käfer 243, 351, 448.
Kaffern und die Civilisation 26.
Kalahari, Vögel der 47, 52, 64, 82, 123, 125, 190, 223, 278, 289, 295, 395, 450.
—, Flora der 99, 120, 126, 174, 205, 281, 370, 377, 429, 440.
—, Geologie der 410, 464.
—, Gras in der 121, 125, 152, 178.
—, Insekten der 102, 103, 238, 278, 333, 447.
—, Säugethiere der 456.
—, Wild in der 69, 276, 309.
Kamahamahero, König 263.
Kamelvogel, s. Giraffenvogel.
Kameroo 366, 367.
Kartoffeln, Buschmann- 102.
Karroo, die grosse 2, 3.
Katti, die 171.
— -Stamm 340.
Kerses 265.
Kert, Abenteuer in England 148.
—, unser Führer 91, 94.
K'gung-Bäume 189, 228.
Kheis 90.
Ki-ki-Berge 279, 348.
Kimberley 14, 37.
Kirchgang mit den Bastards 274.
Klaas 144.
Knäkente 223.
Königin und die Boers 434.
Kok, Cornelius, Witwe von 58, 59.
Koran oder Trappe, der, 64, 452.
Koranna, die 110, 428.
—, Krieg mit den 361.
Korap, der Zwerg 165.
Kraniche 10, 123.
Krankheiten des Viehs 11, 62.
Krieg zwischen Damara und Namaqua 143.
Kudu-Haut 197.
Kühe, Werth der 178.
Kuis 141.

Lady Anna (Pferd) gekauft 77.
— getödtet 358.
Larven, Essen der 170.
Libuschani-Thal 124, 126.
Lihutitung 197.
Livingstone, Dr. 57.
Löwen 147, 154, 230, 264, 457.
—, gebissen von 193.
—, gespiesst 160.
—, Gewohnheiten des 296.
—, grosser Sprung des 297, 303.
—, Photographiren des 298.
Löwenjagden 156, 231, 298.
Lulu-Fall 388.
Lungenkrankheit 62.

Makgoe, der Häuptling 141.
Mapaar, der Häuptling 197, 200.
— Garten 204.
Mururututlu 229.
Maulesel oder Ochsen 45, 86.
— bleiben stecken 85.
Melken der Kühe 234.
Melonen-Bau 204.
—, wilde s. Sama.
Meteor, ein 431.
Mier 266, 360.
Milch, geronnene 209, 265.
Milchblume 386.
Minen-Pionniere 39.
Missionare 72.
M'kabba-Stamm, der 169, 244.
Modderfluss 12.
Moffat, Dr. 73.
Moralität, lockere Vorstellungen von 203.

Nacht auf einem Baum 288.
— in der Wüste 306.
Namaqualand ohne Regen 5, 70.
N'aubu, die 366, 368, 446.
Nest, ungeheueres 190, 352.
— von Spinnen 206.
Newman 64.
Noi-Busch 149.
Nooit Gedacht 423.
Nosobfluss 278.

Ochsen oder Maulesel 90, 101, 115, 236, 357, 377.
Ochsenjoche 90.
Ochsenritt 117.
Oranjefluss, Endstation 6, 375.
—, Fälle 374, 381.
—, Ueberfahrt 87.

Pavian, Verspeisen eines 414.
Perlhühner 395.
Pfeile. vergiftete 246, 322.
— —. Anfertigung 327.
Pferd, mein, ertrunken 112.
Pferde, Häuser für 148.
Pferdekauf 77.
Pferdekraukheiten 63.
Photographiren der Eingeborenen 208, 215.
— der Fälle 392, 398, 419.
— einer Explosion 41.
— eines Löwen 298.
— in Kimberley 17.
Pillyass (Wunderdoctor) 181, 222.
Ponte, eine 49, 111.
Preise von Lebensmitteln in Kimberley 37.
Prieska 435.

Quagga 260.

Rautenbach's Pfanne 272, 278, 368.
Rebhühner, Namaqua- 47, 52, 82.
Regenmenge, starke 54, 225, 233.
Regenprophezeiung 221.
Regen, Seltenheit des 5, 70, 73.
Reptilien der Kalahari-Wüste 348, 359, 366, 413.
Rettung eines kranken Reisenden 171.
Rhinocerosjagd 230.
Rosinenbüsche 281.
Ruinen in der Kalahari-Wüste 259, 319.

Samen, Einsammeln von 125.
Säbelschnäbler 123, 124, 452.
Salzpfannen 368.
Sama 125, 141, 173, 258, 316, 358, 373 (vgl. auch Wassermelonen).
—. bittere 145.
. Kochen der 141.
Samawasser, Waschen in 198.
Sanddünen, Passage der 101, 114, 278.
Sandfontein 261.
Säugethiere der Kalahari-Wüste 456.
Schakal, der 279, 280, 292, 463.
Schildkröten 416.
Schlange plündert ein Vogelnest 352.
Schlangen 60, 413.
Schlangenbiss 348, 359.
—, Mittel gegen 359, 366, 416.
Schmetterlinge 325, 346.
Schnepfen 123.
Schoon Veldt Dam 369.
Scott, J. 427.

Scott-Wasserfälle 406.
Sitten und Gebräuche der Eingeborenen 94, 118, 208, 218, 247, 263.
Skorpionenstich 238, 449.
Smidt's Ponte 49.
Smith, Coe 420.
Spinnen, grosse 206, 419.
Springbock 65.
—, vergiftet 174.
—, der Wildbraten des Landes 11.
Stachelbusch 149.
Stachelschwein 121.
Starrkrampf 63.
Steinbock 79.
Steine, merkwürdige 259.
Stinkholz 51.
Stinkpflanze, eine 129.
Strassen in Südafrika 81.
.Strausse 121, 150.
Straussenessen 128, 320.
Straussenfedern, Werth der 319.
Straussenjagd 126, 317, 322.
Straussenstimme 321.
Straussenzucht 6, 48, 438.
Suunja 181.

Taback 204, 363, 421.
— Ersatz dafür bei den Eingeborenen 120, 205.
Temperatur 51, 351.
Thau, schwerer 351.
Tränken des Viehs 236.
Trappe s. Koran.
Trüffeln 216.
Turteltauben 56.

Upington 127.

Vaalfluss 49.
Vaalpen 229, 310, 311.
Verlander, Dirk 266, 360.
Verloren in der Wüste 131, 167.
Vieh, Damara- 143, 263, 356.
—. Krankheiten des 10, 62.
, Preise des 62.
Viehzucht in Südafrika 228.
Virtue's Landgut 62.
Vogelnest, grosses 190, 352.
Vögel der Kalahari-Wüste 47, 52, 61, 82, 123, 125, 190, 223, 278, 289, 295, 395, 450.

Wagen, Bepackung der 13, 176.
Wald, ein 189, 228.

Wanze, wohlriechende 243.
Wasserinsekten 351, 450.
Wassermelone 102, 204, 243 (vgl. auch Sama).
Wassersammeln in Strausseneierschalen 345.
—, schlammiges, als Trinkwasser 139.
—, Seltenheit des 126, 237, 345.
—, unterirdisches 121, 126, 192.
Wasservögel 123, 222, 372.
Webervögelnester 190, 352.
Weiber, Seltenheit der, in Kimberley 22.
Weintrauben 424.
Weizen 204, 364.

Wildebeests 124.
Wildreichthum 69, 276, 309.
Wilkerhout's Furt 105, 432.
Wittewater 77.
Wurzeln, essbare 102, 120, 170
—, giftige 100, 175, 371.

Zauberdoctor, ein 181.
—, ich werde ein 222.
Zebras 260.
Zechobaar 82.
Zwart Modder 375.
Zwerg, Besuch von einem 161
Zwerge am N'gami-See 172,
Zwiebeln vgl. Wurzeln.

Druck von F. A. Brockhaus in Leipzig.